パーソナルな関係の社会心理学

W・イックス／S・ダック 編
大坊郁夫・和田 実 監訳

北大路書房

THE SOCIAL PSYCHOLOGY OF PERSONAL RELATIONSHIPS

Edited by
WILLIAM ICKES AND STEVE DUCK

All Rights Reserved. Authorized translation from the English language edition published by John Wiley & Sons, Ltd.

Copyright © 2000 by John Wiley & Sons, Ltd.

Japanese translation published by arrangement with John Wiley & Sons, Ltd. through The English Agency (Japan) Ltd.

日本語版への前書き

ウィリアム・イックスと名久井俊彦*

　日本は，地理的な条件によって，そしてある程度偶然に，1800年以上もの間，比較的自治独立し，自給自足的な国であった。さらに，その非常に長い歴史の間，日本文化は中国と朝鮮という近隣の文化によって大きく影響を受けてきた。仏教と儒教の影響は，日本の法律への影響と組み合わさって，"親－子"あるいは"教師－学生"といった縦の関係を強く強調する集団主義文化をうみだした。西洋文化の影響は19世紀の中頃に始まっていると思われ，そして第2次世界大戦の終結以来，アメリカ文化がとくに強い影響を及ぼしているけれども，日本国民は，まだ自分たちを年齢，権威，および伝統を尊重する集団主義国家の居住者と見ている。

　しかしながら，日本はますます均質でない国になってきている。今日，"日本人のものの見方"についての単純な一般化は，もはや当てはめることはできない（かつて実際になされていたとしても）。たとえば，「すべての日本人は典型的なアジアの集団主義的な考え方をする」あるいは「すべての日本人が，現在，アメリカ人のようにさまざまな考え方をする」と仮定するのは適切ではない。より正確な言い方をすると，ほとんどの日本人の価値観と信念は彼ら自身の文化だけでなく，他の文化によっても影響を受けるということであり，しかも，この影響の度合いは本質的に人によって異なる，ということである。

　バックグラウンドとしてこれらを知ったうえで，われわれは『パーソナルな関係の社会心理学（The Social Psychology of Personal Relationship）』というこの翻訳書で提示されたアイデアは，日本の読者にとって無関係というよりも非常になじみのあるものに思えるはずだということを強く主張したいと思う——たぶん，少し大胆ではあるが——。この本の最初の版は，英語を話す読者のために書かれ，一定量の社会科学の専門用語を含んでいるけれども，専門用語が示す社会心理学的概念のすべて（あるいはほとんどすべて）が，イギリス人，アメリカ人，またはオーストラリア人の読者と同じように，日本の読者にとっても理解されるはずである。

　もちろん，本書のいくつかの章は，ほかの章よりもより適用範囲の広い興味を引き起こすものとなっている。たとえば，第3章は，アタッチメント・プロセス

についての興味をそそる新しい観点を読者に紹介するために，（A，B，Cとラベルづけられた）3組の異なったカップルという人の心を魅了する例を用いている。同様に，他の章の多くが，より広い概念的なポイントをわかってもらうために，日々の生活例――日本の読者にもなじみ深くて，適切な例――を用いている。そして，研究方法と統計について議論している2つの章（8章と9章）は，ふつうの読者にとってはわかりにくいものであろうけれども，それにもかかわらず，それらの章は社会心理学の専門家と，パーソナルで社会的な対人関係のさまざまな面についてどのように研究すべきかを学ぶことに関心のある学生にとって特別な関心を持たれるべきである。

　2章の進化論的な見方は，人間関係の最も普遍的な面のいくつかに焦点を合わせており，したがって，他のどんな文化とも同じくらい日本文化にも関連している。アタッチメント・プロセス（3章）は，同じような普遍性が仮定される。二者間の相互依存性のプロセス（5章）と自己拡張（6章）も同様である。自己呈示（7章）は，世界のほかの地域とは異なる形態を日本ではとることになるかもしれないが，あなたがどこに行っても，基本的な目標と過程はたぶん似たり寄ったりである。そして，最先端の研究方法（8章）と統計技法（9章）には，どんな国籍もなく，世界中の科学者という共同体のものである。

　したがって，本書のさまざまな章のうち，異なる人種間の対人関係についての章（4章）だけが，日本の読者に明らかになじみのない"趣"（flavor）を持っているだろう。しかし，たぶんこの相違がそれ自体利点となるかもしれない。というのは，北米という文脈のなかで議論された異なる人種間の対人関係の問題を理解することは，実際のところ，その章をますます腹立たしいと考えさせるかもしれないからである。結局のところ，日本の読者は，長い間，異なる人種間の問題になじんでいる。そして，"ウチ"という見方が，いかに"ソト"という見方と激しく衝突するかという4章の議論は，日本国民が毎日対処しているある種の関係に興味深い含蓄をもたらしてくれるかもしれない。たとえば，"ウチ"対"ソト"という見方は，日本人従業員と外国人従業員間の関係にどのような影響を及ぼしているのだろうか？　そして，そういう見方は，純粋な日本人と在日朝鮮・韓国人との関係にどのような影響を及ぼしているのだろうか？

　同様に，本書で示されたアイデアは，日本の読者にとくに関連するほかの社会的現象にも適用されるかもしれない。たとえば，進化論的アプローチ（2章）は，"パラサイト・シングル"現象を説明する助けとなるかもしれない。パラサイト・シングル現象とは，日本人の親が彼らの子どもたちが大人という地位を獲得し，自分自身で生きていくのに十分な年齢になったあとも，食物，住みか，およびほかの生活を便利にするものを子どもたちに提供し続けるのをいとわないとい

う気持ちに依存する現象である。そして，自己呈示の見方（7章）は，クラスメートによるいじめによってくり返された人前での屈辱を経験した日本の学童に起こる自殺という悲惨なケースを説明する助けになるかもしれない。

　まとめると，本書は，社会心理学者とその大学院生だけに関心を持たれるのではなく，日本と地球上のあらゆるほかの国々で見いだされている人間関係について社会心理学者が何を言っているのかを知りたがっているどんな人にも興味を持たれるはずである。社会心理学の，より科学的な面に興味を持っていない人々でさえ，本書が記述している多くの魅惑的な話題——恋愛，嫉妬，相互依存，忠誠，コミットメント，傷ついた関係の修復など——のために，本書を読むのを楽しめるはずである。それゆえ，われわれが日本の読者に『パーソナルな関係の社会心理学』を紹介するということは，たいへん光栄であり，ある程度自信ももっている。われわれはまた，われわれの同僚スティーヴ・ダックに加えて，そのような推賞すべき翻訳をまとめ上げてくれた大坊教授と和田教授に，心から感謝している。

＊Ickes, W. の大学（テキサス大学アーリントン校）の大学院生で，本書そのものには関係ないが，日本語版への前書きを書くにあたって，Ickes に協力してくれた。

　　　ウィリアム・イックス　　　　　スティーヴ・ダック

●目次

日本語版への前書き　　　　　　　　　　　　　　　　　　　　　ⅰ

1章　パーソナルな関係と社会心理学　　　　　　　　　　1
歴史的背景　　　　　　　　　　　　　　　　　　　　　　　　　3
この本で扱う内容　　　　　　　　　　　　　　　　　　　　　　5
その後の章では　　　　　　　　　　　　　　　　　　　　　　　5
一同退場，歓談　　　　　　　　　　　　　　　　　　　　　　　9

2章　人間関係を進化論的視点から見る　　　　　　　　13
進化心理学の基本仮説　　　　　　　　　　　　　　　　　　　　13
いくつかの重要な一般原理　　　　　　　　　　　　　　　　　　15
関係の適応的機能　　　　　　　　　　　　　　　　　　　　　　20
進化心理学からの実証的知見　　　　　　　　　　　　　　　　　24
進化論的アプローチの結合性　　　　　　　　　　　　　　　　　37
進化心理学と既存の関係モデル　　　　　　　　　　　　　　　　40
適応的に"不合理な"恋愛相手の選択　　　　　　　　　　　　　42
結論　　　　　　　　　　　　　　　　　　　　　　　　　　　　44

3章　成人のアタッチメント形成についての
　　　　プロセス・モデル　　　　　　　　　　　　　　　47
動物行動学的なアタッチメント理論　　　　　　　　　　　　　　49
成人のアタッチメント　　　　　　　　　　　　　　　　　　　　53
アタッチメントにおける個人差　　　　　　　　　　　　　　　　65
結論と将来への展望　　　　　　　　　　　　　　　　　　　　　67

4章　2つの観点から異なる人種間の対人関係を見る　　71
異なる人種間の対人関係と他の対人関係との相違点　　　　　　　72
異なる人種間の対人関係を見る"部外者の観点"　　　　　　　　76

異なる人種間の対人関係を見る"当事者の観点" 85
　　異なる人種間の対人関係についての"当事者"の観点と
　　　　"部外者"の観点との緊張関係を解決するには 94
　　結論 101

5章　パーソナルな関係における相互依存性 —— 103
　　相互作用の経験と関係 104
　　成果相互依存性の構造 110
　　動機づけの変換 117
　　習慣的な変換傾向 125
　　意味分析と自己呈示 130
　　将来の研究の方向性と結論 133
　　結論 135

6章　自己拡張動機と他者を自己に内包すること —— 137
　　自己拡張モデル 137
　　2つの主要なプロセスのひとつめ
　　　——関係と自己拡張とが関連することによる関係満足感の高揚 141
　　2つの主要なプロセスの2つめ
　　　——互いの自己に互いを内包することとしての対人関係 149
　　関係に関する自己拡張モデルにかかわるいくつかのさらなる示唆 155
　　さらなる示唆と結論 159

7章　パーソナルな関係における
　　　　自己呈示的なパースペクティブ —— 161
　　自己呈示の本質 162
　　対人関係における印象動機づけ 165
　　関係における印象構築 174
　　関係の自己呈示 186
　　結論 189

8章　親密な関係を研究する方法 ———————————— 193

日常生活で，親密な関係についてどのように知るのだろうか？　193
トレード・オフ問題　195
トレード・オフ問題への解答　198
社会科学者は親密な関係についてどのように知るのだろうか？　199
親密な関係研究におけるトレード・オフ問題　213
方法選択の際の一般的なトレード・オフ　217
トレード・オフ問題への解決として方法を組み合わせる　218
結論と要約　218

9章　相互依存性についての統計学
　　　——二者間データの慎重な取り扱い ———————— 221

4つの共通のエラー　222
単一変数における相互依存性の評価　224
包括的相関とクロス級内相関　230
個人と二者関係の効果を分離するための潜在変数モデル　237
二者関係研究における構造的モデル　244
同一デザインにおける交換可能で識別可能な二者関係
　　——特別な行為者-パートナー効果　251
結論　252

10章　社会的なるものをパーソナルな関係と
　　　その研究に取り込むには ———————————— 257

研究対象の選択によって社会的なるものを明らかにする　261
対人関係と社会的体験を科学的に理解する方法（パラダイム）　264
結論　271

文献　275
索引　304
訳者あとがき　309

1章
パーソナルな関係と社会心理学

ウイリアム・イックス　William Ickes
スティーヴ・ダック　Steve Duck

　シェークスピアが「ハムレット」を，あの第3幕第1場の57-91行（章末の訳注*参照）だけではなく，全編を，ハムレットの独白で書いたと想像してほしい。芝居の常連のあなたは，ハムレットの父親の幽霊も母親のガートルードも，クローディウス叔父，ポローニアス，オフィーリア，レイアーティーズもけっして見ることはなかったろう。もちろん，ハムレットは彼らを描写するだろうし，彼らを含めた，彼の人生の出来事を語り，彼の行為――彼の語りのおのおのの時点で――がそのときに彼が状況や出来事を解釈するにつれ，それらによっていかに影響されているかを示してくれるだろう。しかし，この完璧に"独白"で表わされた「ハムレット」を観劇して，芝居好きのあなたなら，どのような思いを抱くことであろうか？

　ひとつの可能性としては，この作品ではハムレット自身のキャラクターだけがリアルでいきいきと見えることだろう。おそらく，オリジナルの作品よりも，ハムレットのものの見方を理解し，一体感をもちやすいのではなかろうか。一方，他の登場人物の考え方などはあまり語られないので，ぼんやりとわかりにくく，"リアル"には受け取られないだろう。あるいは，彼が死んだ父親の幽霊と出会ったという話を始めるとき，彼の証言を確かなものとする幽霊が舞台のうえに現われるということがなければ，ハムレット自身のものの見方が，それ自身，疑わしくなるかもしれない。そして，いったん，ハムレットが妄想にとりつかれているのではないかという――完全に狂っているというものではないにせよ――，不幸な第一印象を人々に与えてしまったなら，彼が語ることをもうこれ以上信じることができようか？

　どちらの可能性も，芝居好きの，たとえ客観的な事実でないにしろ，ある種の芸術的な真実味への願望を満たすという約束はできない。最初の可能性は，ハムレットの社会的な現実についての見方に重点を置きすぎ，他の"社会的役者（social actor）"の見方を軽んじてしまうことになる。他方，第2の可能性は，われ

われが観察者としてのハムレットの"自己報告"を重視することをためらうほどに，ハムレットのものの見方の客観性に疑問を抱かせるのである。いずれにせよ，独白の「ハムレット」はオリジナル版のもつ迫真性や情感の強さにけっして迫ることはなさそうに思える。

独白のハムレットに価値があるのか疑問を抱くのが当然であるのと同様に，社会的認知と社会的行動についての同じように内面にかかわる研究の価値についても相応の疑問を受け入れるべきだと考える。もしも，たったひとりの行為者の見方だけで，彼あるいは彼女の社会的関係を演じるような演劇の価値に満足できないならば，同様にたったひとりの役者の自己報告にのみ基づいた社会心理学的説明にはけっして満足できないであろう。

過去50年間の社会心理学は，名ばかりの"社会的"刺激や"社会的"状況に対して，各個人が自分自身の主観的反応を答えるよう求められるという，単一参加者研究のパラダイムにおもに頼ってきた。これは，皮肉で，たぶん矛盾したものでさえある。こうした人々が，ある状況に"社会的"性質を与えるための，姿かたちがはっきりしない他者——現実か想像上か——すらからも完全に引き離されて自己報告を求められるというのも皮肉なことである。要するに，伝統的な単一被験者パラダイムの研究参加者は，他者との実際の相互作用からよりも記憶や予想される行為による社会的経験を伝えなければならない，独白のハムレットの役割を演じてきたことになる (Ickes & Dougosh, 2000)。

われわれや他の研究者が論じてきたように (Duck, 1994a; Ickes & Dougosh, 2000; Ickes & Gonzalez, 1994, 1996)，単一被験者パラダイムが，この問題の大きな要因であるから，主たる改善策としては，これもわれわれおよび他の研究者が論じたように (Gonzalez & Griffin, 1997; Ickes, Bissonnette, Garcia, & Stinson, 1990; Ickes & Gonzalez, 1996; Kenny, 1994; Wegner, Giuliano, & Hertel, 1985)，相互作用しているペアや小集団を分析の単位とするような研究パラダイムをより多くしていくことである。対人関係の研究が，過去30年間で社会心理学の分野に革命的であるほどのインパクトをもたらしたのはこのためである。

初期には対人魅力の研究から展開してきた，パーソナルな関係の社会心理学は，2つの関連する領域で急速な，おそらく爆発的でさえある発展を遂げてきた。ひとつは，独自に学問の刺激的な学際的な領域が認知され，発展してきたことである (Acitelli, 1995; Berscheid, 1994, 1995)。もう一方は，社会心理学者によって伝統的に研究されてきた多くの現象を実証する中枢的，基本的な社会的過程を扱う領域として，しだいに注目されるようになったことである。そうした現象としては，攻撃，愛他性，集団間関係や社会的影響 (Reis, 1998) が含まれる。さらに，パーソナルな関係を研究する者がよく言及してきたように，ストレス (Hobfoll & de Vries, 1995)，ソーシャルサポート（Sarason, Sarason, & Gurung, 1997），自己の性質（Swann, 1983; Tangney & Fischer, 1995），帰属（Fletcher & Fincham, 1991a）や集団／陪審員の意思決定（Duck, 1998）といった多くの理論的に興味深い社会心理学的な話題は，以前には認知もされていなかったし，また現時点でも十分には解明されていないが，さまざまな関係性の持つ力動によって影響されるものなのである。

　この本の各章では，対人関係の社会心理学の理論的基礎だけではなく，対人関係についての研究によってより伝統的な社会心理学的な話題がどれほど解明されるのかを扱う。この本では，『パーソナルな関係ハンドブック』第2版（1997）の社会心理学の部にあった序章とそれ以降の6章の改訂版を盛り込んでいる。さらに，前の版にあった理論的，メタ理論的展望を補足するために，書き下ろし，もしくは特別に改稿された3章も加えてある。パーソナルな関係の社会心理学についての各章の位置づけを理解するために，以下に歴史的な背景について述べる。

歴史的背景

　パーソナルな関係についての社会心理学的研究がさかんになった当初には，適用できる理論の幅が狭いことが批判の格好のターゲットであった。見当違いの批評家が示唆しようとしたように，理論がまったくないということが問題だったのではない。むしろ，問題になったのは，この新しい領域でただひとつの理論的な視点——交換理論——だけが，優勢であったことである。この研究の系譜のプロトタイプである，ブラウ（Blau, 1964）の交換理論は，ハイダー（Heider, 1958）の均衡理論で得られた対人関係の諸公理を拡張したものである。認知的な均衡や調和に向かう個人の要求から推論して，ブラウは，各人のコストと報酬について相互に受容できるバランスを実現するように働く社会生活に見られる力と関係する相手の抱く要求に注目した。

　均衡理論に由来する交換理論自体は，衡平理論を生み出すことになったが（Adams, 1965; Homans, 1961, 1974; Hatfield, Walster & Berscheid, 1978），これらの見解は，対人的，関係上の投資に見合う返報価（turns）をはじき出すのに人が用いる直観的な公式をより精密に求めようとするところで別ものとなっている。一方，衡平理論——これは相互依存性理論（Kelley & Thibaut, 1978）を生み出した——は，社会的相互作用は衡平さや公正な交換への相互の願望を反映するとは限らないという前提に基づいている。パーソナルな関係の多様性や複雑さの両方に気づくにつれ，相互依存性理論は，攻撃，利他性，競争，降伏，協同や非妥協などのような多様な成果を導くように，関係相手の動機が互いに一致もす

るし，衝突するものでもあることを仮定した（本書の Rusbult & Arriga を参照）。こうして，個人の態度，動機，価値ないし目標に対する主観的な調和ないし不協和についての理論は，他者との多様な社会的関係にある個人の態度，動機，価値，目標についての間主観的な調和と不協和についての理論に拡張，変換されるようになった。

　対人的な交換アプローチは，利他性から集団の機能にわたる多くの論点について，社会心理学研究を促す暗喩と理論的枠組みを与えるものである。このアプローチが，多様で複雑な対人的な交換プロセスの理解を増してきたことは主要な貢献であるが，あわせて，このようなプロセスの基礎となっている関係の構造を明らかにしたいという要求に理論家たちの注意を向けさせてきたのである。それゆえに，パーソナルな関係の社会心理学の発展は，社会心理学の**社会**とは何かという昔から問われ続けている問いに研究者が直接に答えるよう求めている（Stroebe, 1980）。研究者たちが作りあげてきた答は，日々の社会生活において主観性や間主観性（Mead, 1934; Schutz, 1970）がもつれ合っている，多くの人を当惑させている現状をよりわかりやすくさせるものである。

　交換についての理論から生み出される概念はパーソナルな関係の領域にとどまることなく，社会心理学のより広い領域にとって最も重要であるが，対人的な調和／不調和に関するすべての理論は，基本的な問い——対人的な緊張（共生）を生み出すような態度，動機，価値や目標についての葛藤（あるいは相補性）の原因は何か？——を見過ごす傾向がある。この問いに答えようとする要求から，パーソナルな関係の研究に関連する新しい理論的なアプローチへ向かう勢いが高まっている。このようなアプローチによって得られた答は，葛藤や共生の原因（たとえば，なぜどのようにしてコトの第一歩が生じたのか）に比べると，関係のなかで起きるような葛藤や共生のダイナミズム（たとえば，どのようにして最後までうまくコトが運んだか，どのように問題が解決したのか）にはあまり焦点を向けたものではない。その結果，パーソナルな関係についての最近の社会心理学的な理論づけのなかで見い出されてきた少なくとも 2 つの主要なテーマがある。（1）各個人の動機が，相互依存的な関係の脈絡のなかで，どのように衝突したり，一致したり，さまざまの個人的な成果や対人関係による共有の成果を得て解決していくのか。（2）葛藤や共生をそもそも引き起こすことにつながる個人特性の根拠となるものは何かという，新しいというよりも "まだ探索中（precursory）" のテーマである。

この本で扱う内容

　上述の2つの研究テーマが正しいことを示す根拠は，この本で扱っている各章で明らかにされている。パーソナルな関係の葛藤や共生をもたらす個人特性の根拠についての先駆的テーマは，パーソナルな関係についての進化論的アプローチを扱うケンリックとトローストの章，また，アダルト・アタッチメント形成のプロセスについてのザイフマンとハザンの章，そして，異なる人種間関係についてのゲインズとイックスの章において扱われている。また，どのようにして，各個人の動機が衝突したり，一致したりしながら，個人的な成果や対人関係による共有の成果を得て解決していくかという伝統的なテーマは，2つの明らかに異なる理論的な視点から発展している。それは，相互依存性（interdependecy）理論（Rusbult & Arriaga）と自己拡張（self-expansion）理論（Aron & Aron）の視点である。この同じテーマは，イックスの方法上の諸問題についての章のなかで，データ分析の視点から展開され，また，ゴンザレスとグリフィンの「相互依存性についての統計学」の章でも述べられている。

　個人差と相互依存性の問題は，その後の2つの章でも検討されている。レアリーとミラーは，自分自身と他者の眼前に，望ましいイメージを作りあげ，維持しようとする動機から，どのようにして，他人を欺むき，時には共謀したりする方向に向かうのか，また，だいたいいつも，どのようにして，個人，二者間，あるいは集団のレベルにおいて，"面子を保つ"ようにするのかについて論じている。アシテリ，ダックとウエストは，対人関係にかかわる経験（relational experience）の恒常性ばかりではなく，変化性についても十分注意を払うように，また，伝統的な社会心理学上の現象が，所属する集団間の関係によって実証されるような方法にもっと鋭敏になるべきであると研究者に注意を喚起している。これらについての詳細な概観や本書のほかの章については以下に述べる。

その後の章では

　親密な関係における葛藤や共生をもたらす個人特性の進化的起源は，ケンリックとトローストの章の主題である。彼らは，人間関係の研究に進化心理学の基本的な仮説や原理を当てはめようとしている。協調的な人間関係は，個人や血縁のすべてを含んだ適合性を確保するためには一般的に適応的であるという前提から始めている。ただし，この指摘の一般化には注意を要するとも述べている。数多くの競争的，葛藤的現象に見られるような，潜在的な関係もしくは現実の関係にある個人に応じて，進化的に見た"利得"には，いかに違いがあるのかに注意

を向けるべきであろう。ここには，嫉妬，同性内の競争，配偶者選択のための欺瞞的方略や家庭内暴力も含まれる。ケンリックとトローストは，「進化的視点は，関係の包括的なモデルを提供する」ものであり，これによって，明らかに異常な行動でさえ解釈され，説明できると結論づけている。

　ザイフマンとハザンの章では，大人がロマンティックな関係を発展させ，維持できるように仕向ける，個々人の要求や動機は発達の時期を超えて一致することに関心をもっている。ボウルビィ（Bowlby, 1969/1982, 1973, 1980）の動物行動学的なアタッチメント理論を方向づけの枠組みとして用いながら，著者たちは，成人のアタッチメント形成の規範的なモデルの概要を述べている。幼児／養育者のアタッチメントと成人のロマンティックな関係にあるペアでの，アタッチメントとの間には明らかな違いがあることをふまえながらも（たとえば，成人のロマンティックな関係にあるパートナーとのアタッチメントの結びつきは，相補的というよりは，典型的には相互的である。そして，成人のアタッチメントは性的な再生産の機能を果たしている。），ザイフマンとハザンは，成人のアタッチメント（魅力や男女の戯れの恋，恋に落ちる，愛することやふつうの生活）が生じる段階は，ボウルビィの幼児／養育者のアタッチメントの4段階（前アタッチメント，関係を築く際のアタッチメント，明瞭なアタッチメント，目標修正されたパートナーシップ）に相当すると強く主張している。とくに，彼らは，成人のロマンティック・アタッチメントの各段階において引き起こされる要求や情動が，幼児／養育者の相互作用の，これに対応する各段階において呼び起こされる要求や情動に類似していること，および，各段階におけるパートナー双方の要求の相補的充足が，彼らの関係の形成，強化，継続を可能にするのである，と示唆している。

　ゲインズとイックスの執筆になる章の主題は，異なる人種間関係に対する"当事者"と"部外者"との間に見られる見解の相違のそもそもの原因である。この章で，著者たちは，進化論的，知覚・認識論的および社会史的影響が複合して，異なる人種間関係に対する外部の観察者の見方をその関係の当事者自身の見方と異なるものとしているとし，これらの影響について検討している。著者たちは，これらの2つの見方の間の緊張は，異なる人種間関係のタイプ（たとえば，男性－男性および女性－女性の友情関係，異性間および同性間の恋愛関係）が異なれば，特徴的に異なる形態を取ると論じている。したがって，これらの関係の当事者は，それぞれの場合に存在する特有の緊張を予測し，解決するために理解する努力が重要である――ただし，変化に対してきわめて強い抵抗を示すことがわかっている反"人種混合（race-mixing）"的な考え方をものともせずにこれを成し遂げることはけっして容易なことではない。

次の章では，パーソナルな関係についての理論構築における伝統的なテーマ，すなわち，これらの関係の文脈において個々人の動機がいかに対立し，収束し，さまざまな個人の成果や共有の成果に帰着するかというテーマを扱い，その最新化を行なっている。ラズバルトとアリアガによる，相互依存性理論に関する研究の包括的レビューは，理論そのものを適切に要約すると同時に，その理論に触発されたさまざまな系統の研究をひとわたり見渡しているので有益である。彼らの執筆になる章は，関係当事者たちが，彼らの社会的経験の基本的特徴である相互依存構造という制約のなかで，いかに認知し行動しているかに焦点を当てている。とくにこの章では，個々人の動機，状況の特徴，および関係そのものの特徴によって相互依存構造がいかに決定されるかということを検討している。この依存構造は，個人的成果や共有の多様な成果（利他主義，競争，非妥協など）が導き出せるよう，パートナーの一方あるいは双方の動機づけを変容させることができるもので，両者に密接な関係があることが知られている。

　相互依存の上限——自己とパートナーとの間の境界の壁——がアロンとアロンの執筆になる章の主題である。彼らは，自己拡張の動機づけに関する彼らのモデルについて概説しているが，このモデルは，他人との関係を通じて「人はみずからを拡張しようとする」（たとえば，彼らの物理的・社会的影響力，知識・洞察力およびアイデンティティー・所属意識について）という見解に基づくものである。アロンとアロンは，自己拡張に対する欲求は，他のさまざまな理論家（たとえば，Bandura, 1977; Deci, 1975; Gecas, 1989; White, 1959）が言及しているように，個々人の自己探究，能力，効力感においてのみでなく，関係への関与を通じても示される根本的な動機である，と論じている。彼らの研究は，自己拡張モデルによって示唆される2つの基本的な過程，すなわち，「まず第1に，関係の満足度はその関係が自己拡張と結びつくことによって増大し，第2に，認知的には，関係とは各パートナーがその相手を，彼あるいは彼女の自己のなかに包含していることを意味する」，という過程を実証づける助けとなる。このモデルは，片思いの動機づけや，恋することが自己に及ぼす影響といった，他の理論ではほとんど扱われなかった現象を説明するのにとくに役立つことが示されている。

　レアリーとミラーは，パーソナルな関係における自己呈示的なパースペクティブ——対人関係のあらゆる段階における印象操作の過程を説明する見解——を提示している。もちろん，われわれの行動のすべてが自己呈示的であるわけではなく，また，われわれの自己呈示的行動のすべてが人を欺くことを意図しているわけでもない。しかしながら，われわれの日々の行動の多くの部分は，われわれに対する他人の認知に，われわれの個人の目的および関係の目的の両方をともに促進させるような影響を及ぼしたいという欲求によって動機づけられている。レア

リーとミラーは，そのような印象操作を行なおうとするわれわれの動機づけは，その結果としてもたらされる印象がわれわれの目的を達成する助けとなる可能性の程度，これらの目的に対してわれわれが置く価値，および伝えたいと思っているイメージと実際にわれわれが与えていると思われる印象との落差によって異なる，と論じている。さらに彼らは，人が意図する自己呈示の性質および内容は，受け手の価値感や，顕著な社会的役割や規範，ならびに，自己像およびわれわれが現在および将来受けたいと願っている社会的評価などの要因によって影響される，と論じている。自己呈示は，関係のどのレベルでも起こり得るもので，結婚，事業上の提携，あるいは他者との協力について，他人がどう認知するのかに影響を与える。

　方法論的および統計的問題を扱う2つの章のうちの最初の章では，イックスが，親密な関係を研究する際に研究者が利用できるさまざまな方法について概観している。これらの方法は，本質的には同一群の方法であり，日常生活における緊密な関係についてより詳しく知ろうとする際にだれでも利用できるものである。これらの方法論的選択肢には，個々の関係当事者から（質問紙，面接，相互作用記録，日記そのほかの記述によって）得られるさまざまなタイプの自己報告が含まれる。また，これらの方法には，当人をよく知っている人から得られる仲間（peer）報告，さまざまな状況で収集される観察データ，記録文書から収集される生活出来事についてのデータ，特定の仮説の検証実験，関連する生理学的反応の評価，および，これらの方法論的選択肢を2つあるいは3つ組み合わせた折衷的な手法も含まれる。イックスは，研究者が所与の研究にどの方法を利用するかを決定する際に行なわなければならないさまざまなトレード・オフについて論じている。彼は，このようなトレード・オフは，さまざまな方法の相対的報酬およびコストに関する研究者の認識だけでなく，研究者の哲学的および理論的かかわり方をも反映する，と示唆している。

　その次の章では，ゴンザレスとグリフィンが，パーソナルな関係の研究に内在するユニークな統計的問題に取り組んでいる。彼らは，彼らのデータにおける二者相互依存の問題にまともに取り組むことをせず，これらの問題を回避しようとしてきた研究者世代によって"二者間関係のデータが形式的に分断されている（ritualistic mutilation）"ことを，まず批判している。より建設的かつ適切な代替となる方法を研究者に提供するために，ゴンザレスとグリフィンは，級内相関とそれを計算するための組合わせ（ペアワイズ）法に基づく独創的な統計手法を提示している。これらの手法により，個別のレベルならびに二者（ダイアディック）のレベルの共分散を，さまざまなタイプの二者計画法の潜在変数としてモデル化できる。これらの手法の1変量および多変量解析への応用が，斬新で"ユー

ザー・フレンドリー"な形で提示，検討されている。二者間関係のデータを適切に解析したい研究者は，その主たる関心がとくにパーソナルな関係にあるのか，あるいはより広く社会的相互作用にあるのかにかかわらず，まずこの章を読むこと——あるいは再読すること——から始めるべきである。

　最終章ではアシテリ，ダックとウエストが，社会心理学における関係研究の2つの側面に焦点を当てている。まず第1に，彼らは，関係当事者の生活経験について，その矛盾，ジレンマ，マネージメントの難しさをも含めて調査することの必要性に注目している。彼らは，研究者に対して，恒常性（訳注：その関係がどれだけ継続するのか）に関しては関係経験の変動性にできるだけ注意を払い，パートナーが彼らの関係のなかでこれらの変動性，緊張，相一致しない誠実さ，および善と悪との間のトレード・オフを処理するしかたに基づいてその関係の特徴をとらえるよう努めることを促している。第2に，彼らは，関係経験およびその関係状態が，しばしば他の社会心理学的活動の土台となっている，と主張している。彼らは，多くの伝統的社会心理学的現象（たとえば，集団意志決定，態度変容，および自己という社会心理学的概念作用）が，当事者間に存在する関係にいかに基づいているかということを示す実例をあげている。最後に，彼らは，真に**社会的な**社会心理学が今後発展するにつれ，関係研究の役割がますます増大すると予測している。

†一同退場，歓談

　ひとことで言えば，本書の諸章は，パーソナルな関係に関するおもな社会心理学的理論を概観するだけでなく，新たに起こりつつあるこの学際的研究分野がとくに社会心理学者によって研究されている広範な過程に及ぼす相互影響についても説明している。本書で述べられている理論的手法は，われわれの考えでは，独特かつ視野が広いと断言するに値するものであるが，さらに，この広範な学際的研究分野に他の多くの理論的ないし準理論的伝統が最近登場してきたということを，取りあえず記しておきたい。これらの理論には，さまざまなタイプのパーソナルな関係の分類学的モデル，時間の経過にともなう関係の変化に関する段階・発達理論，特定の関係についての現象あるいはその結果に焦点を当てるプロセス理論，および弁証法的ないし対話的手法（Duck, West & Acitelli, 1997）が含まれる。

　30年前であれば評論家たちが抱いたであろうと思われる，パーソナルな関係に関する理論に見られる多様性の欠如あるいは不足に対するいかなる不満も，次の新しい千年期を迎える今（訳注：原著の出版年が2000年），本書の諸章および本シ

リーズのほかの巻（章末の訳注** 参照）が解決してくれるので，もはや妥当でない。さらに，今後数十年間に，パーソナルな関係の理解における理論的発展が加速され，それにともなってこれらの洞察が社会心理学的現象の全領域によりいっそう応用されるようになるであろうと予言することができる。

訳注

* 「生か，死か，それが疑問だ，どちらが男らしい生きかたか，じっと身を伏せ，不法な運命の矢弾を堪え忍ぶのと，それとも剣をとって，押しよせる苦難に立ち向い，とどめを刺すまであとに引かぬのと，一体どちらかが。いっそ死んでしまったほうが。死は眠りに過ぎぬ——それだけのことではないか。眠りに落ちれば，その瞬間，一切が消えてなくなる，胸を痛める憂いも，肉体につきまとう数々の苦しみも。願ってもないさいわいというもの。死んで，眠って，ただそれだけなら！　眠って，いや，眠れば，夢も見よう。それがいやだ。この生の形骸から脱して，永遠の眠りについて，ああ，それからどんな夢に悩まされるか，誰もそれを思うと——いつまでも執着が残る，こんなみじめな人生にも。さもなければ，誰が世のとげとげしい非難の鞭に堪え，権力者の横暴や驕れるものの蔑みを，黙って忍んでいるものか。不実な恋の悩み，誠意のない裁判のまどろこしさ，小役人の横柄な人あしらい，総じて相手の寛容をいいことに，のさばりかえる小人輩の傲慢無礼，おお，誰が，好き好んで奴らの言いなりになっているものか。その気になれば，短剣のひと突きで，いつでもこの世におさらば出来るではないか。それでも，この辛い人生の坂道を，不平たらたら，汗水たらしてのぼって行くのも，なんのことはない，ただ死後に一抹の不安が残ればこそ。旅だちしものの，一人としてもどってきたためしのない未知の世界，心の鈍るのも当然，見たこともない他国で知らぬ苦労をするよりは，慣れたこの世の煩いに，こづかれていたほうがまだましという気にもなろう。こうして反省というやつが，いつも人を臆病にしてしまう。決意の生き生きした血の色が，憂鬱の青白い顔料で硬く塗りつぶされてしまうのだ。乾坤一擲の大事業も，その流れに乗りそこない，行動のきっかけを失うのが落ちか——しっ，気をつけろよ。美しきオフィーリア……おお，森の女神どの，その祈りのなかに，この身の罪のゆるしも。」（福田恆存訳，新潮社版『ハムレット』，1967 年）

** 本書以外に，このシリーズのほかの巻としては，

『パーソナルな関係の発達心理学』　ミルズ，R. S. L. とダック，S.（編）
『コミュニケーションとパーソナルな関係』　ディンディア，K. とダック，S.（編）
『関係としての家族』　ミラド，R. とダック，S.（編）
『臨床・コミュニティ心理学』　サラソン，B. とダック，S.（編）

がある。

1章 パーソナルな関係と社会心理学

●1章のまとめ●

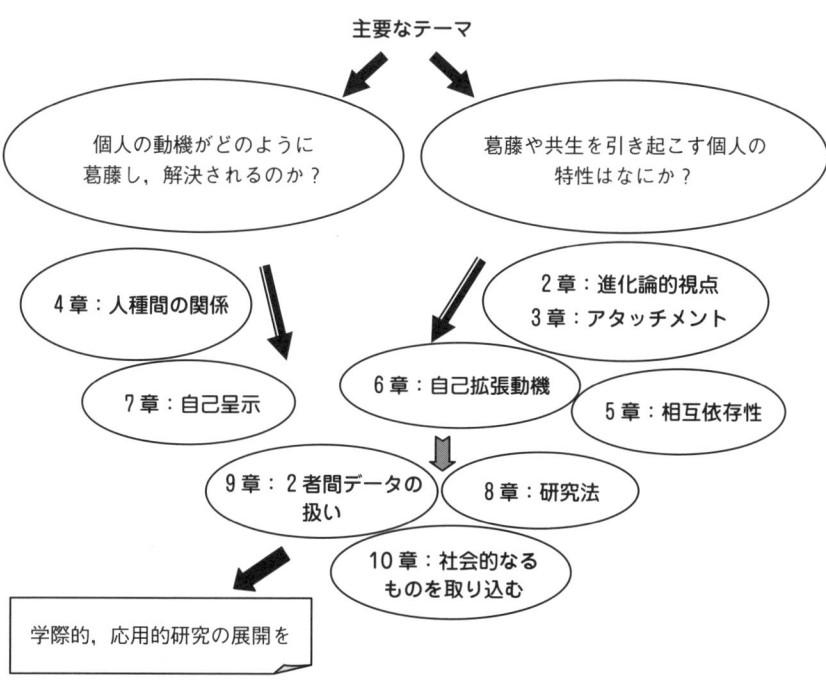

2章
人間関係を進化論的視点から見る

ダグラス・ケンリック　Douglas T. Kenrick
メラニー・トロスト　Melanie R. Trost

　おそらく進化論は生命科学において最も有力な思想である。コウモリの翼やアザラシのひれ足，キリンの長い首を研究している自然科学者のなかで，自然淘汰による進化というダーウィン（Darwin）の進化論を無視する者はいない。コウモリやアザラシやキリンの生態と同じく，これらの動物の独特な身体は明らかに何らかの目的にそって進化したものであり，進化論はこの身体形態学と行動の共進化を理解する手助けとなる。進化論的視点は，直立した姿勢や物をつかむのに適している手，複雑な言語を生み出すことのできる大きな脳をもつ人間の身体を理解するために必要不可欠であることに同意しない者はいないだろう。しかし，社会科学者の多くは進化論的視点が人間行動の完全な理解にとってまさに必要不可欠であることをいまだに理解していない。コウモリが夜の空を飛び，アザラシが深い海を泳ぎ，キリンがアフリカの草原を歩くことで生き残るように設計されているのと同じく，人間もある状況ではある種のやり方でふるまうように設計されている。大部分，人間は他の人間と形成する社会集団のなかで生きるように設計されている。したがって，進化論的視点によって，この本で考察されているパーソナルな関係のあらゆる側面――愛，相互依存，ソーシャルサポート，親子関係，および家族の葛藤――についての理解を深めることができる。実際に，進化論的視点のおかげでわれわれは人間関係のこれらのさまざまな側面のすべてがどのように相互に関連しているのかを理解することができる。次の段階では，人間の身体や脳の進化した設計とそれらがどのように関連しているか，そして究極的には，すべての生命体を形づくる設計の背後にある基本原理とどのように関連しているかを理解することができるのである。

進化心理学の基本仮説

　生命についての進化論的説明はダーウィン（1859）による一連の単純な仮説に

始まる。
1. 生物はとても速く繁殖するので，もし抑制がなければ，幾何級数的に増加する通常のプロセスによって，象のようにゆっくり繁殖する動物でさえ数世紀で地球上を覆いつくすだろう。だから，もし仮に同じ資源を得るためにほかの動物と争うということがなければ，どんな種でもすぐに利用可能な限られた資源を消費しきってしまうだろう。
2. 自分と同じ種およびほかの種のメンバーとの競争で動物が生き残ることができるのかどうかを左右する方法はさまざまである（キリンのなかには首がより長いものもいれば，より短いものもいる）。
3. 遺伝的な特性によって資源の入手が有利になる生物はより長く生き残るだろうし，交尾にも成功しやすいだろう。結果として，あまり適応的でない競合体に比べ，その遺伝子はその集団のなかで増加するだろう（もちろん，比較的よく適応した動物であるといっても，その集団の成長は資源の利用可能性，他の種，捕食者，寄生体などのメンバーとの競争によってさらに制限される）。

ランダム変動（random variation）と淘汰の保持というこれらの過程は，自然淘汰の基礎を成すものである。短い毛や温和な気質の犬を選ぼうと，ブリーダーによって行なわれている人工的な淘汰と同じく，自然の力は他のものに優先してある特質を選んでいる。

　ダーウィン（1872）が情動に関する古典的研究のなかで詳細に述べているように，自然淘汰のプロセスは行動にもまた当てはまる。うなり声は攻撃する意図を相手に伝える。その合図を認識し，うなり声をあげる敵を避ける動物は，そのことによって手痛い，血にまみれた出会いから自分自身を守ることができる。情動についての情報を伝え，そして受け取る能力のどちらも，このようにして選択されたものである。社会心理学の先駆的な教科書はダーウィンの視点から書かれているけれども（James, 1980; McDougall, 1908），近年の行動学者は自然淘汰が人間に対して意味するものを大部分無視している。しかしながら，1970年代にはウィルソン（Wilson, 1975）の著書『社会生物学（Sociobiology）』にいくぶんか刺激され，社会科学者は進化論を人間の社会行動に関するモデルに組み入れ始めた。

　遺伝的形質と心理的発達の関係についての誤った理解のために，人間行動が遺伝子 対 文化的環境，あるいは遺伝子 対 合理的思考によってどの程度コントロールされているのかについてのまちがった議論が行なわれてきた。文化を創造し，複雑な認知を行なう人間の能力は，それ自体がわれわれの遺伝的形質によって可能となるものである。他の文化的習慣ではなくある種の文化的習慣が選択される

こと,および環境のある特徴に注目し,積極的に考え,記憶しようと思うのは,これらの遺伝的形質によって影響を受けているからである (Lumsden & Wilson, 1981; Tooby & Cosmides, 1992)。遺伝的形質は経験と相互作用するなかで展開する。その結果,社会的物理的環境内での出来事によって引き起こされ,その出来事と調和する認知的および行動的メカニズムが生じる (Buss, 1995; Crawford & Anderson, 1989)。わかりやすい例を言語に見つけることができる。ピンカー (Pinker, 1994) が述べたように,言語は疑いもなく人間という種に特有の特徴として進化したものである――脳のメカニズムは言語を生み出し理解するためにある,言語の複雑さのレベルはすべての人間集団において同じ水準にある,子どもたちはほとんど努力することなしに言語を獲得する,サイン言語 (sign language) は発話言語と同じく深い構造を示す,等々。しかし,子どもが学ぶ特定の言語は外部環境からの入力情報によって決定される。子どもが「Come vanno le cose, signore?」と言うか,「Hoe gaat het met je, mijnheer?」と言うか,あるいは「How's it going, man? (ごきげんいかがですか。)」と言うかを決める遺伝子はないのである。

外部環境からの入力情報によって,ある程度,遺伝的形質は種のさまざまなメンバーにかなり違う形で展開するであろう。たとえば,ある種の魚では,オスは,多くのメスを引きつける大きななわばりをもつように成長し,また他の種の魚のオスはメスのように見え,"こそこそと交尾 (sneak-copulate)" をしようとする小型の動物に成長し,さらに他の種の魚のオスはメスとして生活をはじめ,大きななわばりを持つオスが死んだときにようやくオスになる (たとえば, Gross, 1984; Warner, 1984)。したがって,進化論は環境に抵抗して働きかける固定的で不変の遺伝子を仮定するものではない。進化論は文化を超えて人間行動の背後にある行動や認知のメカニズムを形づくる一連の一般原理を提起している。一般原理のいくつかは,共通の起源や生態環境的要求によって他の種とも共有されているのであろう。これらの一般原理は時には信じられないほどの柔軟なメカニズムをもたらすかもしれないし,またあるときにはより頑固なメカニズムをもたらすかもしれない。たとえそうであっても,行動の進化的設計の基礎となる一般原理を無視することは,その行動の背後にある根本的な因果関係のメカニズムが見えなくなることである,と進化論者は考えるのである。

† いくつかの重要な一般原理

この節では,行動についての進化的な仮説を生み出すのに用いられてきたいくつかの一般原理を考える。その前に,究極水準による説明と近接水準による説明

を区別することが重要である。**近接的説明**（proximate explanation）は，行動を現在の外部環境や内部のホルモン状態といった直接的な決定因子の点から考える。実験室実験を行なう者は近接的原因——攻撃的な状態（prime）やサクラの発言といった直接的な環境における事象——を考える傾向がある。**究極的説明**（ultimate explanation）は，ある意見を侮辱であるとするような文化的規範や，ある人を攻撃的にさせる個人差，あるいは男性は女性より支配への挑戦に関心を抱いてきたというような進化的な過去の経緯といったより恒久的な背景要因という点から行動を考える。進化論者は近接的説明に関心がないのではなく，単に"なぜ"特定の事象が特定の状況で特定の反応を引き出すのか，あるいは引き出さないのかという問いを発さずにはいられない傾向にあるというだけなのである。

生殖，血縁選択，包括適応度

　進化のゲームの名前は，遺伝子複製である。遺伝子複製は直接子どもを産み出すことをとおして達成されるので，進化論者は男女の性（sexuality）や異性間の関係に強い関心を抱いてきた。しかしながら，遺伝子複製はその遺伝子と同じ情報を共有する人々を援助することによっても，間接的に達成されうる。よって，進化論は性的行動だけでなく，仲間の魅力や選択，仲間の維持，および血縁関係にもまた当てはまる。直接の生殖の機会をなくすことでさえ，より多くの遺伝子をコピーするという"究極の報酬"を増加させるかもしれない。たとえば，資源が乏しく，孵化したての幼鳥にとって生存率が低いという状況下では，オスの鳥は，きょうだいを助けて一度にかえったひなを育てる方が，つがいを作るよりもうまくいくであろう（Trivers, 1985）。援助者によってもたらされた別の資源を受け取った幼鳥は，たった2羽の親のみに育てられた鳥よりも生き残りやすい。きょうだいは自分の遺伝子の半分を共有しているので，両者の最終的な利益は単独で生きるよりも協力した方が大きくなる。これは**血縁選択**における一般的な過程の一例であり，ここには血縁関係にある者の生存と生殖を重視するために，直接の生殖の機会を犠牲にすることも含まれる。血縁選択のモデルは動物に広く生じている愛他的で協力的な行動を説明することができる。このモデルは，"歯とかぎづめの赤"（訳注：敵に歯を剥いて，あるいは，赤いつめを向けることが，闘うことに有効であったことを例示している）を進化論的にとらえる見方を，個々の競争による生き残りだけを含むひとつの過程にすぎないものとしてとらえている。

　血縁選択のような考えが展開される前に，進化生物学者は個々の"適応度"に関して動物の生殖の潜在可能性を見積もっていた。時どき，この概念は生殖年齢に達するまでうまく育てることができた子どもの数として操作的に定義された。しかしながら，基本的に，進化的意味合いにおける適応度は単に生き残ることを

意味するだけではなく,自分の遺伝子をうまく再生産することができることをも意味する。**包括適応度**(inclusive fitness)(訳注:ある遺伝形質が近縁個体の生存や繁殖成功度すなわち適応度に相加的な作用を加えるとき,それが自然淘汰に有利かどうかを示す尺度)は,単純にこの考えを論理的に拡張したものであり,未来の世代に伝えた最終的な遺伝子の正味の数をいい,この数は自分自身の子どもをとおした個々の直接的な貢献だけでなく,同じ遺伝子のコピーを共有している血縁関係にある者の生き残りと生殖への間接的な貢献をも含んだものとなっている(Hamilton, 1964)。

性選択

たった今述べたように,ある特性は,自分や血縁関係にある者にとって生き残るうえでの利益をもたらすので,自然に選択されうる。しかしながらダーウィンは,孔雀の羽根やオスの哺乳動物が持つ大きな角は**性選択**の過程を経て選択されると考えていた。性選択はある特性が異性を惹きつけるうえで有利に働く場合に起こる。たとえ,そのために個体の生き残りが妨げられることがあってもである。性選択には,(オスの鳥の羽根のように)ある特性が異性を惹きつけるので利益を得られるという**異性間選択**(intersexual choice)と,(哺乳動物のオスの角のように)ある特性が同性のライバルと競争するのに役立つので利益を得られるという**同性内競争**(intrasexual competition)の2つの型がある。現代の進化論者は,性選択は自然淘汰の特別なケースにすぎないと考えている。そこでは,選択するエネルギーは同じ種のほかのメンバーに働くのである。同じ性をもつ個体は,互いに異性との交尾を妨げようと障害を作り,異なる性をもつ個体は交尾の前に通過しなければならないテストを与えているのである。

親の投資

ダーウィンは,性選択が起こると,メスはより選択する側になりやすく,オスはメスの注意を引くために互いにむなしく努力するようになりやすい,と述べた。トリバース(1972)はダーウィンの考えを発展させて,**異なる親の投資**(differential parental investment)に関する理論を提唱した。この理論に従えば,子どもに最初に多くの投資を行なう性は少ない配偶者選択から失う多くのものがあり,交尾に同意する前に多くのことを要求するだろう。概して,メスは大きな初期投資をするので,配偶者の選択はより選択的になるはずである。しかしながら,オスのほうが大きい投資を行なう種もあり(たとえば,タツノオトシゴのように,卵や幼い子どもの世話をすることによって),そういった種ではオスは配偶者に対してより選択的になる傾向にある(Daly & Wilson, 1983; Trivers, 1985)。しかし,哺乳動物においてはメスがその子どもを体内に身ごもり,生まれた後も世

話をするので，オスとメスの間に通常不一致があることがはっきりとしている。哺乳類のオスはほとんどコストを払うことなく再生産することができ，しかも，しばしばオスの直接的な投資は1回の交尾行動にすぎない。そのような種において，オスは配偶者について選択的でない傾向にある。一方，メスは交尾の前に配偶者が遺伝的によりすぐれた可能性を持っている証拠を要求し，しばしばよりすぐれた能力を示すオスとだけ交尾するだろう。人間もまた，典型的な哺乳動物のやり方で，あまりコミットしていない関係でも，時どき性的関係を持つことがある。それらの状況において，進化論的視点は典型的な哺乳類の違い——女性の選択性は高く，男性は低い——を予測するということになる（Kenrick, Sadalla, Groth, & Trost, 1990）。

しかしながら，多くの哺乳動物と違って，人間は長期にわたるカップルのきずなを形成する傾向がある。したがって，人間のオスはしばしば努力，時間，お金，そして情動的サポートといった資源を自分の子どもに投資する。それらの状況において，男の選択のしかたは女性の選択のしかたに近づくことが予測される。しかし，男性と女性が子どもに対して異なった貢献をするので，いくらか異なる次元に沿ってパートナーを選択するであろう。女性は体内での妊娠や養護をとおして，自分の体をもって貢献する。したがって，男性は健康的な外見や若々しい性的成熟を示すウエストとヒップの比率を含む，多産の指標を評価することが予想される（Singh, 1993）。一方，男性は主として自分の遺伝子とお金や保護といった間接的な資源によって貢献する。おそらく，女性は身体的魅力と支配階級における地位から男性の遺伝子の能力を評価することができるのであろう（Thornhill & Gangestad, 1994; Sadalla, Kenrick, & Vershure, 1987）。男性が資源を供給する能力は間接的にはその覇気（ambition）から，直接的にはその社会的地位や獲得している富から計測される（Buss & Barnes, 1986; Daly & Wilson, 1983; Symons, 1979）。これらさまざまな傾向を持っているにもかかわらず，人間は子育ての際に協力する。したがって，感じのよいこと，やさしいこと，誠実であることといった多くの特性が両方の性から望まれるはずである。（Buss, 1989a; Kenrick, Groth, Trost, & Sadalla, 1993）。

頻度依存戦略と個体差

ある特性の適応価は個体数の分布に依存する。頻度依存戦略（frequency-dependent strategy）は同じ特性を持つ他の個体の数によって，適応度を高めたり高めなかったりする戦略である。このダイナミックな過程を説明するため，理論家はしばしばタカとハトの個体数についてのアナロジーを用いる（たとえば，Dawkins, 1976）。もし，ある母集団のほとんどの鳥がおとなしく，競争をしない

"ハト"戦略をとり，闘争をしなければ，代わりに攻撃的な"タカ"戦略をとり，資源をめぐって争うどんな鳥でも，その資源からハトをたやすく追い払ってすぐに利益を手に入れるだろう。こういった利点があるため，"タカ派的"傾向に向けられた遺伝子の特性はどんなものでも，その母集団のなかで増加するだろう。しかし，もし母集団の大多数が凶暴なタカになり，食料の一片一片すべてにわたって自分以外の鳥に常に心を悩ますということになれば，今度は"すばやく食べて逃げる"というハト戦略のほうが"立ち上がって戦う"という戦略に対して有利になる。さらに，いったんハトが再び大多数となれば，タカ派的な戦略は危険でなくなり，また増えるだろう。本来，捕食者と被食者の関係は，そのどちらの個体数の増大もすぐに自己限界に達するので，流動的な均衡という同じ状態を維持する傾向にある。この同じアナロジーは別の種の**なか**でも適用され，異なる戦略をとるように設計されたさまざまな形態は安定的な均衡を保って維持される。この変動する均衡という考えは，反社会的な人間と十分に社会化された人間がともにいつでも存在していることのひとつの説明として指摘されている（Kenrick & Brown, 1995; Kenrick, Dantchik, & macFarlane, 1983; Mealey, 1995）。つまり，反社会的行動の限界収益は，母集団内に反社会的個人の数がふえるにつれて減少するのである。

親の投資が異なるという考え方にそうと，種内における最も大きな差異はしばしば性と関連し，メスとオスは異なる交尾戦略をとる。しかしながら，他の動物についてはどうかというと，人間では同じ性であっても個人個人で異なる性行動パターンを持つという証拠もある。たとえば，ガンゲスタッドとシンプソン（Gangestad & Simpson, 1990）は女性の間で**社会的性の指向**（sociosexual orientation）が異なっていると考えた。"制限された戦略"をとる女性は長期にわたる関係のなかで排他的な性的関係を好む。別の女性は多様なパートナーをより持つ傾向にあり，比較的親しくない人と性的関係を持つのをいとわないだろう。関係を制限する女性は貞節と長期にわたる投資を示す特徴により多くの価値をおくように思える。一方，関係を制限しない女性は，よい"遺伝的可能性"を示すかもしれない身体的魅力により多くの価値をおくように思える（Buss & Schmitt, 1993; Thornhill & Gangestad, 1994）。

進化論的仮説は他のどんな仮説とも同じ基準の実証的証拠を必要とする

さきに述べた原理は数多くの動物行動についての研究で検証されてきており，そのなかのいくつか（血縁選択や異なる親の投資といったもの）は十分に立証されている（Alcock, 1993; Daly & Wilson, 1983; Trivers, 1985; Wilson, 1975）。それにもかかわらず，人間行動のどんな例にも当てはめることは適切であるかもし

れないし，適切でないかもしれない。進化論的原理から導き出される仮説は，情報処理過程や古典的条件づけの原理から導き出される仮説よりも論破する余地がないということはまったくない。導かれた仮説のいくつかは鋭いものであり，あるものは拡大解釈されたもの，あるものは完全にまちがったものである。したがって，導かれた仮説のいくつかは実証的な支持を受け，あるものは否定されている（Buss, 1995; Buss & Kenrick, 1998; Kenrick, 1994）。以下に示すように，進化論的原理は性行動，配偶者選択，および攻撃行動における性差を説明するうえで有益であることがわかってきている。ある例では，その知見によって伝統的な社会科学モデルからなされるもうひとつの説明を否定するように思われる。一方，別の例では伝統的な仮説と進化論的仮説が互いを補完するように使われてきている。また，血縁関係や友人関係のようないくつかの領域では，進化論的仮説の検証はほとんどなく，その有用性が見込まれるにとどまっている。

関係の適応的機能

　進化論的視点から，身体的あるいは行動的特徴について投げかけられる最も重要な問題は「身体的特徴や行動的特徴は何をするために設計されたのか」というものである。人間の認知的，行動的メカニズムの機能的な設計について議論するなかで，進化論者はしばしば進化適応的環境（environment of evolutionary adaptedness: EEA）について議論する。ある別の遺伝子の配列が数世代のうちに変化するということはあり得るが，（キリンの首の発達のような）機能的な特徴の再構築は最低でも数千年かかると考えられている（Lumsden & Wilson, 1981）。このように，進化にはかなりの"時間的なズレ"が生じるものであり，進化によって獲得した人間のどんな認知的メカニズムも現代のロサンゼルスを走る高速道路や中央分離帯での生活に対して設計されたものではなく，狩猟者と採集者という小さな集団で共存するために設計されたものである。狩猟と採集という生活様式が100万年以上もの間，人間の社会的な環境（arrangement）の準備をし，農業が広まったのはここ数千年のことにすぎなかった（しかもそのときは，われわれの祖先の少数のみであった）。そして，巨大な都会が中心的存在になり始めたのはここ数百年のことである。したがって，進化心理学者は，人間の精神は親密な関係にある人々で構成される小さな集団での生活に合わせて構成されたと仮定している。そこには十分に確立した支配の階層性，性による労働の分割（女性は出産と採集に，男性は狩猟により多くの時間を割く），非常に類似した素性の者との結婚（たいてい近隣の集団出身の縁者）などが存在した（Lumsden & Wilson, 1981; Tooby & Cosmides, 1992）。あらゆる場所で狩猟者と採集者はそ

の生活様式の機能に関していくつかの非常に類似した問題を共有しており，結果として進化論者は現代文化の表面上の多様性のもとに数多くの人間の普遍性を発見することを期待している。(Brown, 1991)。疑いもなく，さまざまな文化によって心理学的に重要な違いが存在し，現代生活は多くの新しい問題を人間の精神にもたらした。しかしながら，もしわれわれの祖先が進化してきた社会的環境について考えれば，現代の文化の多様性に人間がどのように対応するかをより理解しやすくなると考えられる。進化論者はまた，現代文化はでたらめに作られるのではなく，先史時代の生活様式に適するように設計された人間によって積極的に作られた多くの習慣や制度を含んでいると考えている (Lumsden & Wilson, 1981; Kenrick, 1987; Tooby & Cosmides, 1992)。次の項では進化適応的環境において，関係が果たしている機能のいくつかについて考える。

恋愛関係

恋愛関係の第1の適応的機能は，性的再生産 (sexual reproduction) と子どもを世話するためのきずなであると思われる (Kenrick & Trost, 1987; Mellen, 1981; Morris, 1972)。恋愛関係はまた，相互共有，ソーシャルサポート，および保護といった2つめの適応的利益をもたらす。子どもに共同投資することによって，カップルは個々人の寄与や資源の明細をほとんど説明することなく，わかち合ったり，強い共同体的な様式へと移行する手助けとなるはずである。したがって，男性と女性は協力的でうまが合うパートナーを見つけ，子孫の生き残りを確実にするといった共有した目的をもっているはずである。

しかしながら，先の議論にそうと，男性と女性はまた，恋愛関係においていくつかの異なる目的を持つと考えられる (Buss, 1995; Kenrick & Trost, 1987, 1989)。たとえば，女性は男性がその役割（すなわち，資源）を子育ての責任に割り当てているかを心配するのは当然である。こうして，女性はパートナーが他の女性と関係を持つことで，ひょっとしてその資源をむだに使っているのではないかと気にかけるはずである。一方，男性は父であることを確実にすることにより関心をもつはずである。つまり，自分が投資している子どもが確かに自分の子どもであるということに関心を持つはずである（言うまでもなく，母としての確実性は女性にとって問題ではない）。加えて，男性は別の異性に近づくことにより関心がある。この目的は女性にとって有益ではないが。

親族関係

血縁の近い親族関係は，まず究極的な目的である遺伝子の複製に役立っている。親族を助けることは，自分自身の遺伝子を助けることになる。ある進化論的視点

からすると，血縁の近い親族間では，人は応報的な（tit-for-tat）交換を行なう関係よりも，クラークとミル（Clark & Mill, 1979）のいう共同体的関係（communal relationship）のほうが多く存在するというのを見いだすことが予想される。実際，交換された報酬の明確な合計は r（血縁の指標。ある女性とその姉妹は 0.5，ある女性とその母の姉妹は 0.25，ある女性とその最初のいとこは 0.125 など）と負に相関しているはずである。また，自分の血縁に快く利益をもたらそうとすることは将来の生殖可能性の関数であると予想される（Burnstein, Crandall, & Kitayama, 1994）。そういうわけで，40 歳の女性にとって 17 歳の娘と 70 歳の母は同じ程度の血縁関係の強さであるが，その資源は娘（生殖可能性は明らかに高い）に投資する方が，70 歳の母（祖母としてその血縁集団に間接的な利益をもたらすことはまだできるが，比較的低い生殖可能性しかない）に投資するよりも，より肯定的に感じると予想される。

友人関係

　進化論者は血縁関係にない者どうしの互恵的な協力にいくらか注意を払ってきた。たとえば，吸血コウモリはしばしば夜ごとの血の収穫を他者と共有する。この共有は血縁関係にある個体間か，あるいは互恵的な交換関係を築いている個体どうしで行なわれていることが，研究から明らかになっている（Wilkinson, 1988, 1990）。同じ種類のとり決めが人間の狩猟－採集集団で見いだされている（Hill & Hurtado, 1989）。伝統的な狩猟－採集集団社会において，獲物を獲得する可能性は，どんな場合でも，だれにとってもかなり低いものであろう。しかも，もし大きな魚や鹿を捕まえたとしても，ひとりで消費するには量が多すぎる場合がほとんどであり，分け与えなければ腐ってしまうだろう。共有することで，同じ集団に属するほかのメンバーを生き残らせることができ，さらに自分の運がなくなるかもしれない将来のためのつけ（credit）を増やすことができる。

　ほとんどの伝統的な社会では，今日でさえ，最良の友はたいていいくらかは血縁関係にある（Moghaddam, Taylor, & Wright, 1993）。現代の都市社会でさえ，ほとんどの女性は親しい人の名前を聞かれると近い血縁にある人をあげる。われわれの祖先が進化してきた社会のような狩猟－採集社会では，人々はみな近い血縁関係にあった。こうして，人間の互恵的な共有にとっての直接的で利己的な障害は，潜在的な血縁淘汰によって減らされたのである。しかし，われわれの祖先は近い血縁と遠い血縁の相違に敏感になることによって利益を得ていただろうし，より遠くの血縁と互恵的な協力をすることはより直接的な利益をともなっていたと思われる。資源を交換するという利点に加えて，友人関係はわれわれの祖先にとって別の機能も果たしていただろう。チンパンジーでは，仲間どうしは互いを

守り，また交尾の同盟（mating alliances）を組む（deWaal, 1989）。グループで最も頂点に立つオスは，交尾の際にメスの注目を独占することができるが，下位のオスの同盟によって倒される可能性がある。確かに人間においては，ある者の社会的地位は"それがだれであるかを知っていること"にもしばしば関連しており，協力的同盟は大きな集団となることが多い。

順位性

生き残るために協力することに加えて，グループメンバーは時に互いに競争することもある。順位性は，絶え間ない争いを減らして安定的な集団にすることに役立っている。つまり，一度だれがだれを打ち負かすことができるかを知ってしまえば，あらゆる新たな資源をめぐって格闘する必要性は少なくなる。新メンバーが既存の集団に加わったとき，新しい順位が確立するまでしばしば争いの時期が訪れることになる（たとえば, deWaal, 1989）。争いを減らすことに加えて，オスの順位性は選ばれたメスにとって最も望ましいつがいの相手をも規定する。このようにして，哺乳類のオスはメスよりも順位性における自分の地位をより気にする傾向にある。ここでは愛他性という想定はないことに注意する必要がある。というのも，動物は争いを減らしたり，他の性の交尾相手を決める手助けとなるために順位性のなかで所定の位置についているのではない。最も手に入りやすい地位をめぐって争い，時にはすぐ上の者たちに一致団結して再チャレンジするだろう。しかし，不必要でコストの大きい争いを避けるため，自分よりかなり上にいる者を認識することが彼らにとって最も関心のあることである。このように，順位性によって集団が安定化するという結果は，それぞれが利己主義であることの間接的な副産物である。

究極の目標は，必ずしも自覚しているものではないし"理性的な"ものでもない

進化心理学者は人々や他の生命体が自分の行動の究極的な目的を認識していないと仮定していることに気づくのは重要である。たとえば，ある女性が遺伝的可能性の点で優位な男性を選んだことを認識している必要はない。実際，進化論者は隠れた動機について"自分を騙すこと"が適応的であるさまざまな状況について考究してきた（たとえば, Lockward & Paulhus, 1988; Trivers, 1985）。人間にはある程度自己認識の能力があるからといって，毛虫やプラナリア以上に自分の行動の背後にある究極的な動機づけを十分認識していると仮定する必要はないのである。

また，進化したメカニズムはあらゆる選択の適応的な結果について全知全能を与えるよう設計されているわけではないということに注意することも大切である。

むしろ，それらのメカニズムはわれわれの祖先に生じた行動の平均的な結果に盲目的に対応しているのである。ひとつのよい例が砂糖に対する人間の好みであり，このおかげでわれわれの祖先はどの果実が熟しているかを特定できた（Lumsden & Wilson, 1981）。この好みは数百万年にわたって役立ってきており，現代社会のなかで飢餓の危険性がない人々や脂肪という形で数か月分に値するカロリーを蓄えている人々においてさえ，いまだに強いものとなっている。同様にして，「私たちの恋愛はベートーベンに同じ関心があるから生じているのであって，子どもを作ることには関心がない」という発言は自己認識する人間の深遠さを反映したものであろう。しかし，これは配偶者選択のメカニズムにおける進化論的な重要性を否定するものではない。

進化心理学からの実証的知見

進化論的仮説は近年数多くの実証的知見を生み出してきた。われわれはまず対人コミュニケーションにおける普遍性の知見について概観する。次にセクシュアリティ，交尾，配偶者選択についての知見について考える。それらの多くは，性選択や親の投資といった進化論的モデルから直接導かれたものである。これと同じモデルから同性間競争，嫉妬，欺きについての予測が導かれている。それらの議論は攻撃や児童虐待について進化論に端を発する研究を概観することで生じてきたものである。最後に，あまり広範囲にわたらないが血縁関係や友人関係についての研究について考える。

コミュニケーションにおける普遍性

進化心理学の分野における最初の研究は，ダーウィン（1872）によって行なわれた。彼は，情動表出の普遍性の証拠を得るために昔の人類学者と宣教師を調べた。人間の情動表出におけるある側面が普遍的であるという彼の結論は，エクマンとその共同研究者による一連の研究によって確かめられた（たとえば，Ekman, 1992; Ekman & Friesen, 1971; Ekman et al., 1987）。一般的に，怒りや幸福というような基本的な情動状態をさし示す表情は全世界的に認められることを彼らは見いだした。それらの表情は必要な場合には人前で抑制されるか，部分的に隠されることはあるけれども，共有する文化的な影響にふれることによらないらしいのである。

アイブル＝アイベスフェルト（Eibl-Eibesfeldt）は西洋文化から西洋でない文化まで幅広い地域にわたって，戯れの恋（flirtation）に対する女性の反応をそっとフィルムに記録し，これら一連の動きのなかである普遍性を発見した。そのパ

ターンはあまりに微妙なものなので訓練して獲得できるものではないが，サモアからパプア，フランス，日本，アフリカ，南アメリカのインディアン部族において詳細な部分にまで一致していた（Eibl-Eibesfeldt, 1975）。戯れの恋の際の女性のしぐさは笑顔やいつもより少しだけ見つめ合う時間を長くするというような"誘惑的（proceptive）"な合図をともなっている（Beach, 1976; Perper & Weis, 1987）。それは，選ばれた男性からの誘いを引き出すのである（Givens, 1978; Moore, 1985）。

セクシュアリティ

親の投資という点で生まれつき異なるため，男性と女性は行きずりの（casual）性関係においてコストと利益の異なるマトリックスに直面する。男性は比較的少ないコストで遺伝子を複製する機会を持つ。女性はあまり子どもに投資する気のない男性によって妊娠させられる危険がある。もし女性がすでにパートナーを得ている場合，さらなるパートナーによって別の遺伝子を獲得することはずっと少なくなるし，しかも現在のパートナーから見捨てられたり，激しく妬まれる危険性はたいへんコストの高いものとなりうる。

女性は男性より乱交することをあまり熱望していないという証拠は豊富にある。クラークとハットフィールド（Clark & Hatfield, 1989）はサクラに異性の生徒に，3つの誘いの言葉（「夜，出かけない？」「自分のアパートに来ない？」「ベッドをともにしない？」）のうちのひとつを言いながらアプローチさせた。ほぼ半分の女性がデートに対してイエスと答えたが，男性のアパートまで行くのを受け入れたのはたった3％であり，ベッドをともにする誘いに応じたのはひとりもいなかった。男性が同じ質問でアプローチされた場合，約半数がサクラのデートの誘いに好意的に応じ，ほぼ70％が女性のアパートまで行くのをいとわず，70％以上がベッドをともにするのをいとわなかった。また，バスとシュミット（Buss & Schmitt, 1993）は，大学生の男性が女性よりもずっと関係の早い段階でセックスをしたいと考えていることを見いだした。

セックスをより好んでしようとすることに加えて，男性は女性よりもより多くのパートナーとセックスをしたいとも考えている。バスとシュミット（1993）は大学生に，残された人生の間に理想的にはどのくらいのセックスパートナーがほしいかを尋ねた。男性は平均で18人以上を望んでおり，一方，女性が望んだのは平均で5人以下であった。一貫した知見はまた，性愛を扱った作品（erotica）についての調査でも見いだされている。それによると，一般に男性は性愛を扱った作品に対する興味がより強く，見知らぬ人と性行為をもつ空想にふけりやすい（Ellis & Symons, 1990; Kenrick, Stringfield, Wagenhals, Dahl, & Ransdell, 1980）。

男性は女性より婚外性交の経験がいくらか多い。たとえ女性が婚外性交を好んで行なった結果ではないとしても，男性同性愛者と女性同性愛者の間にもとても大きな性経験の違いがあることによっても指摘されるように，パートナーにおける性差は非常に著しいものがある（Daly & Wilson, 1983; Symons, 1979）。
　男性はまた，行きずりの性的パートナーについてもあまり選択的ではない。ケンリックら（Kenrick et al., 1990）は男女大学生に対して，1回きりのデート，セックスパートナー，ステディなデートを重ねる関係，あるいは結婚のための異性に対して求める最低限の基準について尋ねた。2つの性の最も注目すべき違いはセックスパートナーに求める基準であり，男性は1回きりのデートにとっての最低限の基準を満たさない人とでもセックスをすることをいとわなかった。
　これらの性差は単にアメリカあるいは西洋の男性と女性に対する性行動の"二重基準（double standard）"を反映しているだけなのだろうか？　婚前および婚外のセックスを含む規範に文化を越えた多様性があることは明らかであるけれども，女性が男性と同じく行きずりのセックスに興味を持つ社会についての初期の人類学的報告も，調べてみるとそれほど強力なものではない（Freeman, 1983）。セクシュアリティの性差に関する比較文化的データを概観して，人類学者であるドナルド・シモンズ（Donald Symons）は「どこでも，セックスは，男性が望み，女性が持っているものであると理解されている」(1979, p.253) と結論づけている。セックスパートナーを選択する際のもともとの性差による不幸な結果のひとつは，男性がセクシュアル・ハラスメントの加害者となり，女性が犠牲者になりやすいことである（Studd & Gattiker, 1991）。クラークとハットフィールド（1989）によって述べられたように，男性は性的な誘いを快く受け入れる，あるいは悪くても得意気になるが，女性は多少の嫌悪感をともなって対応しがちである。

愛と結婚
　人類学者は配偶関係における文化的多様性を観察してきた。一妻多夫を許す社会もあれば，一妻多夫を認めず一夫多妻を許す社会もあり，一夫一婦しか認めない社会もある。しかし，この組み合わせの可能性はランダムでもなければでたらめでもない。当初，すべての人間社会はいくつかの結婚形態を持っていた（Daly & Wilson, 1983）。一雌一雄の結びつき（pair-bonding）が他の哺乳類のなかでは比較的まれであることに注目すれば，このことはただただ驚くばかりである。もし人間の配偶パターンが完全に場当たり的であったとしたら，ボノボ・チンパンジーのように，あるいはウガンダコーブ（訳注：ウガンダからスーダン南西部に生息する偶蹄目ウシ科の動物）に見うけられるような競争による配偶パターン（メスはかなり優勢なオスを選択するが，オスは生殖以上に子どもに投資することはな

い）といった完全な乱交状態の社会となっていただろう。これとは反対に，一雌一雄の結びつきは，われわれと同じく徹底的な親の世話を必要とする無力な子どもを持つ鳥の種でもっとふつうに見うけられる。強いきずなを形成することは人間においても鳥における機能と同じ機能を果たす。つまり無力な子どもを世話する際の協力を確かなものにする点で役立つことを進化論者は主張してきた（たとえば，Kenrick & Trost, 1987; Mellen, 1981）。

もし人間が子どもの世話に励むために互いのきずなを結ぶように設計されているなら，ロマンチックな愛はわれわれの種に普遍的な特徴であると仮定できる。この仮定は，ロマンチックな愛は中世ヨーロッパにおいて仕事を持たない宮廷階級にさかのぼることのできる最近の現象であるという社会科学者共通の見解（たとえば，Stone, 1988）と一見矛盾する。しかしながら，166の社会からの報告を最近概観して，人類学者がロマンチックな愛が存在しないと明確に述べている報告はたったひとつだけであるとジャンコウィークとフィッシャー（Jankowiak & Fischer, 1992）は見いだしている（しかも，補足された証拠によると，その報告を肯定するにも否定するにも不十分なものだった）。ほかの18の文化において情事を示す証拠があったが，民族学者はロマンチックな愛について尋ねたことはないし，ジャンコウィークとフィッシャーは被調査者が愛を感じているかどうかを確定できなかった。しかし，残り147の文化については，ロマンチックな愛についてはっきりと肯定的な証拠を見いだした。

ロマンチックな愛は人間のきずなを結ぶパターンとして一般的なものだけれども，ほとんどの社会では一夫一婦の関係内で起こることを必要不可欠とはしていない。ダーリーとウィルソン（Daly & Wilson, 1983）は849の文化からの証拠を概観し，わずか137の文化だけがいちおうは"厳格な"一夫一婦制がある（これらの社会でさえ，男性は女性よりも多くの婚外の性交をするらしいが）ことを見いだした。ほとんど（708）の文化で一夫多妻（polygyny：ひとりの男性が複数の妻を持つ）を許し，一妻多夫（polyandry：ひとりの女性が複数の夫を持つ）を許す文化はたったの4つであった。さらに言えば，一妻多夫が認められる場合はいつでも一夫多妻も許されていた。たとえば，インドのパハーリ族の兄弟は妻を守るために資源を共同出資する。しかも，彼らは妻を共有している。さらに，もしより多くの富を蓄積すると，彼らは妻をあらたに加える。この一妻多夫に対して一夫多妻へといたる傾向は親の投資モデルと一致している。女性は自分の資源のために男性を選ぶので，ローマ皇帝のような大きな富と権力を持つ男性は，複数の女性を引きつけることができる（Betzig, 1992）。というのは，裕福な夫を共有することは貧しい男性ひとりを持つ利点よりも価値があるだろうからである。しかし，この反対は真ではない。男性は女性を直接的な出産可能性によっ

て選択するため，たいへん望ましい場合でさえ，女性を共有する男性は自分にとってあまり魅力的でない女性を持つ男性に対して不利益を被らせることになる。また複数の夫と結婚する女性は資源を獲得するが，男性の嫉妬といったような付加的なコストに実質的に十分見合うほど自分自身の出産数を増やすことはできないのである (Daly & Wilson, 1983, 1988a)。

配偶者選択基準
　"独身者のパートナー募集広告"(singles' advertisement) において相手に求められ，そして相手に申し出る特徴についての研究は，親の投資モデルからなされる予測を支持している。つまり，男性はパートナーに若さと魅力を求め，経済的，情緒的資源を女性に約束する。一方，女性は資源を求め，魅力を申し出る傾向が高い（たとえば，Harison & Saeed, 1977; Rajecki, Bledsoe, & Rasmussen, 1991; Thiessen, Young, & Burroughs, 1993; Wiederman, 1993)。そのような基準はアメリカ社会の規範を反映していると主張することも可能であるが，婚姻選択についての広範な比較文化研究 (Buss, 1989a) によれば，さまざまな文化で，男性は女性よりも潜在的な配偶者の若さと美しさに大きな価値を置くけれども，女性は潜在的な資源に関連する特徴に大きな価値を置いているという。また，女性の魅力判断についても，メディアをとおして西洋の美の基準にさらされたからという理由では説明できない文化をこえた本質的な一致がある (Cunningham, Roberts, Barbee, Druen, & Wu, 1995)。

配偶者についての年齢の好み
　"独身者のパートナー募集広告"について研究している研究者は，強力な類似性－魅力原理との一貫した矛盾，つまり女性は一般的により年上の男性を好み，男性はより若い女性を好むといった矛盾に悩まされてきた (Harrison & Saeed, 1977; Bolig, Stein, & McKenry, 1984; Cameron, Oskamp, & Sparks, 1977)。この例外への説明は，もっぱら，夫は妻より"精神的にも肉体的にも優れている"とみえるように，年上で背が高くあるべきだ (Presser, 1975) と規定している文化規範の影響によるものだとされた (Brehm, 1985; Cameron et al., 1977; Deutsch, Zalenski, & Clark, 1986; Presser, 1975)。これに代わる進化論的な説明は，男女が互いの関係にもたらす資源の生得的な性差に注目している（たとえば，Buss, 1989a; Symons, 1979)。男性の間接的な資源（たとえば，食料，お金，保護，安全）は，実際に人生をとおして増加していくであろうが，女性によって提供される直接的な生殖可能性は，年を重ねるごとに減少し，50歳付近の更年期で終わってしまう。

そのどちらの視点からでも，パートナー募集の個人広告を出したすべての者に望まれるような平均2～3歳の年齢差を予測することが可能であるけれども，もしこの好みが人生をとおして維持されないのであれば，これらの予測は異なったものとなる。社会的規範というのは，その社会のすべての人々にとって年齢にかかわらず同じように機能しなければならない。この社会的に"標準である"とみなされていることをするという独創性のない欲求は，とくに性役割規範に敏感である若い人々の間で最も顕著である（Deutsch et al., 1986）。実際，年齢差というのは，性役割にあった行動に最も関心のある10代の男性の間で一番口に出されることであろう。しかしながら，進化論的な視点は，社会的規範ではなく，男性と女性の生殖的価値が好みの年齢の性差の根底にあると指摘する。女性の生殖能力のピークは24歳付近であり，それから後は男性の生殖能力よりも急激に減少する。実際，男性は人生のずっと遅くまで子どもを作ることができる。それゆえ，男性がパートナーに望む年齢は，歳を重ねるにつれて，しだいに自分の年齢よりも若くなっていくのである。40代の男性にとって，類似した年齢の女性に残された生殖年数はほとんどないが，より若い女性の生殖年数はそれよりもずっと多いものとなる。

　この視点に従えば，10代の男性も自分のパートナーの生殖能力に気を配っているはずである。類似した年代の女性は，残された生殖年数は多いものの，彼女たちの生殖能力は低いものである。規範的説明とは反対に，この生殖的なやり取りの強調からは，若い男性が実際に数歳年上の女性を差別しないはずであるということが予測されるのである。一方，女性は地位と富の徴候を探している。年齢を重ねた男性は身体的な資源（健康や性的興奮のような）を失ったとしても，そのかわりに間接的な資源や社会的地位を獲得する。実際，レオナルド（Leonard, 1989）は，女性は自分より10歳年上の男性を選ぶことで自分の生殖可能性を最大限に利用することができると主張している。つまり，10歳年上の男性というのは，女性と類似した年齢の男性よりも多くの資源と高い地位を持っているだろうし，自分の子どもが若いうちに死んでしまうほど年老いてはいないからである。もし年齢の好みが生殖メカニズムと結びついているのであるとすれば，あらゆる社会の女性が子育てと更年期を経験するので，いかなる性差も文化を越えて普遍的なようである。

　ケンリックとキーフェ（Kenrick & Keefe, 1992）は，男性の年齢の好みについて一連の公文書の分析を行ない，進化論的生活史モデルに一致する結果を見いだした。女性の好みは，10年ごとに分けて検討しても，驚くほど一貫していた。あらゆる年齢の女性が，平均して，2，3歳若い男性から約5歳年上の男性を好ましいとしていたのである。しかし男性の好みを10年ごとに見た場合，数歳年

下の女性と結婚するという想定された規範的圧力を反映してはいなかった。20代の男性は年上の女性にも年下の女性にも同じように魅力を感じていたが，年を重ねていくごとに男性はますます異なる年齢の女性への好みを示すようになっていた。とくに50代，60代の男性はより若い女性に強い興味を示す傾向があった。これと同じ性差のパターンはアメリカ合衆国の異なる地域（比較的裕福な東海岸の男性と女性によるものであっても）での独身者のパートナー募集広告，ならびにオランダ，ドイツ，インドでの独身者のパートナー募集広告でも見られた。また，これと同様のパターンは，いくつかの伝統的なアフリカ文化で得られた資料（Boude, 1992; Harpending, 1992）だけでなく，今世紀初頭のフィリピン島における結婚記録（Kenrick & Keefe, 1992）においても見いだされた。これらの証拠は，年齢の好みが現代のアメリカ社会における任意の規範によるものであると主張することを困難なものにさせる。

規範的な説明をさらにむずかしいものにさせるのが，若い男性の年齢の好みである。20代の男性だけが年下と年上の女性に興味を抱くというのではなく，青年期の男性（12〜18歳）の好みも自分より年下よりもかなり年上のほうにまで広がった年齢幅を示している（Kenrick, Gabrielidis, Keefe, & Cornelius, 1996）。さらにいえば，"理想的な"パートナーというのは，自分より数歳年上の女性とされていた。少し若い女性を好むという規範は，明らかに彼らの年齢の好みには当てはまらない。しかし，繁殖能力のある女性のほとんどは10代の男性よりも若くなく年上であるので，生殖交換モデル（reproductive exchange model）とは完全に一致しているのである。

同性内競争

先で述べたように，人間の進化もまた性淘汰，つまり性行為の機会をめぐる同性メンバー間での競争（Darwin, 1859）に従っている。ほとんどの種で，性的な競争がおもにオスの間で生じており，これは（a）他のオスがメスに対して接近するのを防ぐための攻撃行動，（b）メスを求めるためのより広範囲にわたる競争，（c）メスに対する求愛の競争（Trivers, 1985）などからも明らかなことであろう。ただし，人間においては，男女の両方が重要な資源を子どもに対して与えるので，性淘汰はいくらか違った形で生じる。たとえば，一般的に人間の男性は，ゾウアザラシやオオツノヒツジのように女性に接近するために直接闘うことはないし，特定のメスを魅了するためのクジャクの美しい羽のように何かを見せびらかすということもない。加えて，悪い結果に結びつくような性行為は，女性にとって非常にコストの高いものであるので，男性が健康的で多産な女性を魅了したがるのと同じように，女性のほうも子どもに投資するのをいとわず，それが可能

である男性を魅了したいと思うのである。

　人間の同性内競争は，(a) 相手を探す，(b) 興味や利用可能性を示す，(c) 異性の望む資源を獲得する，(d) より魅力的に見えるように外見を変える，といった異なったスキルをとおして男女双方によって行なわれる (Buss, 1988a)。相手を魅了するための最も効果的な戦術は，異性に最も評価される特徴を強調することであろう。バスは，異性に対して魅力的であると思わせるためにとっている行動について記すように被験者に求めた。その結果，男性と女性ともに相手を魅了する行動だけでなく，それら行動の効果の評価についても高い類似度を見せた。たとえば，ユーモアのセンスのよさや思いやりがあること，礼儀正しいことや身だしなみのよいことは，どちらの性にとっても最も効果的な行動であるとされていた。また，バスは資源交換の視点からなされる予測と一致している結果を見いだしている。男性は資源の誇示（たとえば，相手の気を引くためにお金を見せびらかす）に関連した戦術を有意に取りやすく，それは女性が資源を誇示することよりも効果的であると判断されていた。一方，女性は外見を向上させること（たとえば，実物以上によく見せる化粧やダイエットを行なう）に関連した戦術を取りやすく，それは同じことを男性がするよりも効果的であると判断されていた。一般的に，同性内競争で用いられる戦術というのは，長期的なパートナーに望まれるような特徴と非常に関連しているのである (Buss & Barnes, 1986; Kenrick et al., 1990, 1993)。

嫉妬

　適切な相手を選択することは生殖の成功には欠かせない要素である。しかしながら，安定した関係が結果的に子どもの生存可能性を高めることから，一度形成した関係を維持することもわれわれの祖先が生殖に成功するうえで重要なことであった。先行研究では，献身的な両親を持つ伝統的な社会の子どもたちは，親がひとりだけである場合よりもより完璧な成人 (adulthood) になる可能性が高いといった証拠が提出されている (Geary, 1998)。嫉妬というのは，さまざまな否定的な個人的特徴と関連づけられる傾向にあるが（たとえば，White & Mullen, 1989），相手をつなぎ止めておくためのメカニズムとして適応的な役割を同時に果たしているのであろう (Buss, 1988b; Daly & Wilson, 1983)。嫉妬は非常に一般的なものであり (Buunk & Hupka, 1987)，同時に関係を破壊する可能性のある反応でもある (Daly, Wilson, & Weghorst, 1982)。ハンガリー，アイルランド，メキシコ，オランダ，旧ソビエト連邦，アメリカ合衆国すべての男女ともに，自分の恋愛相手が浮気をする，もしくは他の人と性行為を持つという考えに強い否定的な反応を示した (Buunk & Hupka, 1987)。さらに人類学的証拠からは，い

ろいろな文化で共通して，嫉妬の爆発によって妻を殴り，配偶者を殺害するという結果を招くことが指摘されている (Buss, 1994; Daly et al., 1982)。嫉妬は一般的に望ましくないものとして述べられているが，われわれの祖先にとって，嫉妬は広範囲に生じる出来事に適応するうえで役立ったのであろう。

もし嫉妬によって自分のパートナーがライバルに注意を惹かれるのを妨げることができるのであれば，男女ともに遺伝的な適応度を増加させることができる。つまり，女性は子どもを育てるうえで必要とされる資源の喪失を防ぐことができ，男性は父性の確実性に対する脅威を避けることができるのである。受精は女性の体のなかで生じることなので，男性は価値ある資源を他の男性の子どもに投資する危険を負うことになり，このような可能性を減らすための行動はどのようなものでも選択されてきたと考えられる (Daly et al., 1982)。先祖代々の女性にとって，自分の子どもとの遺伝的な関係は常に確実なものではあったが，援助を受けることなしに依存しきっている子どもを育て上げることは困難であった。それゆえ，関係への脅威を防ぐことのできる女性は，自分の子どもを成人にまで育てやすかったのである (Daly et al., 1982)。だから，関係が引き裂かれたときには男女ともにすべてを失うことになるので，嫉妬は相手を監視するための戦略を活性化する心理的メカニズムのひとつなのであろうと考えられる (Buss, 1994)。

男性と女性によって経験される関係の脅威は異なっているので，嫉妬を生み出す状況は性によって異なるはずである。男性も女性も同程度の嫉妬を報告するけれども (Wiederman & Allgeier, 1993)，男性は恋愛相手の性的な軽率さ（父性に対する過度の懸念）を描いたシナリオに対してより激しい嫉妬を報告し，女性は恋愛相手が自分のライバルに対して情動的に愛着を抱く（男性に資源の投資先を他に向け直させる）のを描いたシナリオにより多くの嫉妬を報告する。このパターンはアメリカ合衆国 (Buss, Larsen, Westen, & Semmelroth, 1992; Wiederman & Allgeier, 1993) だけでなく，オランダやドイツ (Buunk, Angleitner, Oubaid, & Buss, 1996) においても見られた。さらに言えば，性差は実際に不貞行為が起こる前に，それを想像したときに，とくに男性にとって最も印象的であった (Wiederman & Allgeier, 1993)。一度でも不貞行為が起これば，その汚点のついた関係を終わらせ，新たに潜在的に一夫一婦となれる相手をみつけることは，最も適応的なことであろう。比較文化的な証拠からは，妻の不貞行為は夫のそれよりも離婚の原因となる可能性が高いことが指摘されている (Betzig, 1989)。夫のほうが婚外性交の相手を持つ可能性は高くてもである。さらにいえば，男性のほうが暴力的であるという一般的な傾向と一致して，男性は嫉妬で怒り狂って相手を殺してしまう可能性が女性よりも有意に高い (Daly et al., 1982)。不貞行為が起こる以前に夫婦間に子どもができていることを前提とするなら，われわれ

の進化史の大部分で，両方の親を持つ子どもはひとりの親しか持たない子どもと比べて生存上有利であったため，不誠実な相手のもとを去るというこの傾向は，子どものいるカップルにおいては小さくなるであろう。

交配と資源獲得の際の欺き戦略

動物はさまざまな精巧な欺きのシステムを進化させてきた（Trivers, 1985）。これらのメカニズムは食料や配偶者のような価値ある資源をめぐって，捕食者を欺くか，もしくは競争者を欺くかのどちらかの形をとる傾向にある。捕食者を欺くように設計された身体的特性の例としては，毒のないショベルノーズ・スネークが明るい色の帯を持ち，強い毒性を持ったサンゴヘビ（訳注：米国南部に生息する毒ヘビ）のそれを擬態することがあげられる。捕食者を避けるためのもうひとつの方法としては，欺き行動戦略を発展させることにある。たとえば，メスのプロングホーン・アンテロープ（カモシカ）は，コヨーテによって自分の子どもが補食される可能性を減らすために，おそらくいつも自分の子どもとは離れている（Byers & Byers, 1983）。食料や異性のような価値ある資源に接近するために競争相手を欺くことは，遺伝的適応度を高めることも可能にする。たとえば，オスのシリアゲムシはメスの求愛行動をまねて他のオスをおびき出し，求愛のための贈り物である食料を手に入れて本当のメスに求婚しようとする。欺いた方のオスは，この行動ひとつで求愛相手を魅了する可能性を高めると同時に，競争者を不利にするという二重の利益を獲得する（Trivers, 1985を参照）。これらの例が示すように，成功した欺きは生殖の利点を増すことになるのである。

現代の人間は捕食者を追い払うために"（動物のように）縞模様を変化させる"必要はないかもしれないが，われわれの性交渉戦略には，しばしば競争者と潜在的な相手の両方に対する欺きを必要とする（Tooke & Camire, 1991）。さらにいえば，同性内競争や異性間の関係で示されるような欺きのタイプは，よく見慣れたものである。すなわち，男女ともに異性から最も望まれるような特徴に関して他者を欺く。女性は香水をつけたり，肌を焼いたり，また，男性の前ではいつもより腰を振って歩くといった行動によって，自分の身体的な外見を高めようとする傾向がある。男性は自分の優位性や資源を誇張し（たとえば，実際には手に入れることのできない高価な"ブランドの"服を着たり，キャリアについて相手に嘘をついたりする），また，自分のコミットメント（たとえば，誠実さ，信頼性，もろさ，優しさ）を強調する。さらに，男性は自分が競争者よりも女性にとって望ましい存在であるという幻想を作り出すために同性内競争にもよく加わる。たとえば，他の男性との相互作用において，男性は自分の優位性（たとえば，知性や忍耐など）を入念に作り上げて，性的活動や性的な強さ，性的な人気を誇張し

ようとする傾向がある。さらに，女性は比較的受身的な欺きのテクニックを使用するのに対し，男性は能動的な欺きを使用する傾向がある。これは女性の選択が男性の生殖成功の鍵を握っており，男どうしの競争をいっそう激しいものにするという考えと一致している。

狩猟-採集集団は相互にかなり依存しあっていたので，社会的交換の返報性に違反する行為の検知能力は非常に適応的なものであったと考えられる（Axelrod & Hamilton, 1981）。コスミデスとトゥービー（Cosmides & Tooby, 1989）は，われわれがこれまでに欺きを素早く効果的に検知するための"社会的契約技法（social contract algorithms）"を進化させてきたと主張している。この推論に沿うように，コスミデスとトゥービー（1989）は，問題内容が標準的な社会的契約（コストと利益）と関連のない場合には，学生は形式的論法（ウェイソン課題とよばれる［章末の訳注＊を参照］）を用いるのにたいへん困難をともなうことを見いだした。しかし，問題が"ごまかしている者を探すこと"といった観点から構成された場合には，人々は伝統的にむずかしいとされてきた論理問題を容易に解いてしまった。そこで，コスミデスとトゥービー（1989）は，人間は"多目的学習メカニズム"として機能する脳を持っているというよりも，ほとんど学習することなしに社会的交換問題についての推論を容易にするような特別な技法を人間の脳は備えているのだと主張している。

関係における暴力

犯罪学者はしばしば家族メンバー間での殺人の発生率が高いことに注目してきた。ジェレスとストラウス（Gelles & Straus, 1985）は「われわれの社会において，警察と軍隊を除いて，おそらく家族は最も暴力的な社会集団であり，家庭は最も暴力的な舞台である」（p.88）と述べている。実際，殺人についてのある古典的研究は，全犠牲者のうちほぼ4分の1は"親族"である（Wolfgang, 1958）と指摘している。血縁選択と包括適応度のモデルの立場からは，家族の暴力は人間行動の進化論的観点にとって混乱を生じさせるものであると思われていた。しかしながら，古典的な統計量のより綿密な調査によると，"親族"であるとされた殺人の犠牲者のほとんどが血のつながった親族ではなく，配偶者であったことが指摘されている（Daly & Wilson, 1988b; Kenrick et al., 1983）。また，その多くは共通の遺伝子をもっているのではなく，共通の資源を争うであろう義理の親族であった。さらに，2つのサンプルにおいて，義理の親，あるいは里親と暮らす子どもたちは，ふつうに両親と暮らす子どもと比べて70から100倍近く不可避な虐待を受けやすかった（Daly & Wilson, 1988b, 1994）。親族はまた多くの時間を共有するので，けんかをする機会も必然的に多くなる。しかし，殺人が起

こるリスクは血縁関係にない共同生活者の場合のほうが，血縁関係にある共同生活者の場合よりも 11 倍も大きくなるのである（Daly & Wilson, 1988b）。

　ダリーとウィルソン（Daly & Wilson, 1988a, 1989）は，一般的に受け入れられている殺人の文化決定論的な説明を批判してきた。たとえば，著名な犯罪学者であるマーヴィン・ウォルフガング（Marvin Wolfgang）は，彼が見いだした殺人における歴然とした性差は，"アメリカ文化における男らしさというテーマ"と女性は暴力にかかわらないものだという文化的期待のせいだと言う。確かに FBI の情報に基づく犯罪報告書における殺人統計の調査では，毎年，殺人の全体的な割合は変化しているにもかかわらず，全殺人の 80% 以上は男性が犯していることが示されている。しかしながら，どんな現象も特定の文化のせいにするには，異文化間比較が必要となる（Daly & Wilson, 1989; Kenrick & Trost, 1993）。殺人については，ダリーとウィルソンは記録のあるすべての文化，および調査を行なった歴史上のすべての期間において同じ性差が見られることに注目した。実際，アメリカ社会では他の文化と比べて性差がいくぶん顕著ということはない。つまり，どのような社会でも男性の犯した殺人が全体の 80% 以下になることはなく，ときおり 100% 近くにもなることがある。性差の普遍性は親の投資と性選択モデルに一致している。人間はやや一夫多妻傾向にあり，女性は高い地位にある男性を選択するのであるとすれば，男性はどこにおいても他者に対してより競争的であるべきということになる。さらに男性の暴力は，若くて未婚の，資源の乏しい男性の間でとくに見られる（Wilson & Daly, 1985）。殺人事件の報告書によると，男どうしの暴力は，知り合いどうしが出くわした場合に最も多くなることが明らかになっている（Wilson & Daly, 1985）。彼らのうちのひとりが他者に恥をかかせようとすることで，特定地域のヒエラルキーにいる他者の地位をおびやかそうとするからである。

　夫婦間の殺人の調査によると，夫と妻の子作りに対する関心が対立する場合に殺人が起こりやすいことが明らかになっている。さきに述べたように，女性ではなく男性のほうが妻の不義による危機に直面しやすい。その結果，文化に関係なく，嫉妬が女性を殺した男性にとっての顕著な理由となっているのである（Daly & Wilson, 1988a; 1988b）。女性が男性を殺す場合は，他の女性に対して嫉妬を感じている可能性は低く，男性の嫉妬の脅威から自分を守ろうしている可能性が高い（Daly & Wilson, 1988a）。また，ダリーとウィルソン（1994）は，父親が自分の子どもを殺すような特異なケースでは，同時に自殺や妻殺しが起こりやすいことを指摘している。子どもを殺した場合でも，継父は自殺をしたり，妻を殺す可能性は低く，より残忍になりやすい（子どもを死ぬまで殴る）。著者たちは，継父による殺人は犠牲者への嫌悪感のために生じているように思われるが，

実の父親による殺しはその背景にある動機がかなり異なっていることを指摘している（たとえば，自殺者のメモには，しばしば救いようのない状況から子どもを"助けるため"というような動機が述べられている）。このように，継父母による殺人の異なった流布や意味は，包括適応度理論と一貫するさまざまな隠された葛藤があることを示している。

　進化論者は，精神病理学の観点から個々の殺人を見るというよりも，それを氷山の一角とみなし，遺伝的に重要な状況において進化してきた強制的な衝動を明らかにする。おそらくすべての人間は，生き残りや生殖上の利害関係が脅かされる状況では競争と敵意を表出するように設計された同じ認知的メカニズムを処理する。ケンリックとシーツ（Kenrick & Sheets, 1994）は，人々にこれまで人を殺したいという空想を抱いたことがあるかどうか，そして，もしあるとすればだれが，何がその原因となっていたかを尋ねた。その結果，ほとんどの男性（75％）と女性（62％）は少なくとも1回は人を殺したいという空想を持ったことがあると報告していた。男性の空想は，女性のものと比べてより頻度が高く，長期にわたり，しかも詳細なものであった。回答者のうち継父母と暮らしていたのはわずか13％しかおらず，また，彼らは6年以上その継父母と暮らしていたが，その59％の回答者は少なくとも1回はその親を殺すことについての空想を抱いたことがあったと報告していた（実の父親に対しては25％，実の母親に対しては31％であったのと比較してもらいたい）。このように，一緒に過ごした時間単位あたりに換算すると，殺人の空想は継父母によって引き起こされやすく，これは継父母が子どもを虐待しているという統計量を補完するものである（Daly & Wilson, 1988b; Lenington, 1981）。

血縁関係と友好関係と愛他性
　これまで血縁関係に関する研究はあまり多くなされてこなかったが，包括適応度理論からは親族への優先的な扱いについての多くの予測が導かれる。ラシュトン（Rushton, 1989a）は，愛他性，家族関係，友好関係と遺伝的類似性を関連づける人間と動物での証拠について再検討を行なった。実証的調査から，動物は自分の血縁を認識することができ，優先的に扱いやすいことが示されている（Greenberg, 1979; Holmes & Sherman, 1983）。たとえば，アカゲザルは乱交をすることから，オスは自分の子どもを知るのは困難である。それにもかかわらず，大人のオスと群れの子どもとを対応させる血液テストから，オスは他のサルの子どもよりも自分の子どもの世話をすることが示されている（Suomi, 1982）。両親の遺伝子間でランダム変動と重なりが生じるため，子どもたちが一方の親に対してより遺伝的に類似するということが起こりうる（Rushton, 1989a）。親とより

多くの遺伝子を共有する人間の子どもは，遺伝子をあまり多く共有しない子どもよりも親に似ていると知覚されるという証拠がある。つまり，遺伝的な関連の強い親のほうにより"似ている"と見られるのである。子どもが死んでしまったとき，その子どもが自分に似ていると思っていた親ほどその子を失うことにより深い悲しみを覚える（Littlefield & Rushton, 1986）。二卵性双生児と比べて，一卵性双生児は互いに対してより愛他的であり，愛情を感じている（Segal, 1988）。最後は，人は遺伝的に類似した友だちを選び，その類似性は自分と外見が似ている友だちを選ぶという傾向だけでは完全に説明できないという証拠がある（Rushton, 1989b）。

バーンスタインら（Burnstein et al., 1994）は，遺伝的な関連性，年齢，健康の点で異なった他者のだれを助けやすいかを尋ねた。その結果，人々は血縁関係が深いほどその人を助ける傾向にあった（たとえば，同じ年齢では甥よりもいとこのほうが助けられやすかった）。最も興味深いことに，生きるか死ぬかの条件では，遺伝的血縁者を助けるという選択率が著しく増加し，それは回答者の生殖可能性と関連していた。日々の状況では，人々は社会的に適切な行動，つまり，10代の妹よりむしろ祖母を助ける，あるいは健康的な親類よりも病気の親類を助けるといった行動を選択していた。しかし，生きるか死ぬかの状況では，援助は，共有遺伝子を伝えるであろう人々により向けられる傾向があった。つまり，祖母よりも10代の妹が，病気の親類よりは健康な親類が援助されやすかったのである。生きるか死ぬかの状況において援助に血縁関係が強い影響を及ぼすことを示すこれらの実証的知見は，実際の災害を扱った研究によっても確かめられており，血縁者がまずはじめに助けられていた（たとえば，Form & Nosow, 1958）。

共有遺伝子の利害は，ロマンティックな関係の安定にも影響を与える。たとえば，前の結婚の際の子どもがいる次の結婚は離婚率を増加させるが，結婚して夫婦に子どもがいる場合には，離婚する可能性が低くなる（Daly & Wilson, 1988b）。共有遺伝子の利害の重要性は，たとえ結婚の満足度が減少するとしても，子どもを持つことが結婚の安定性を増すという事実からも明らかであろう。

進化論的アプローチの結合性

進化論的アプローチはその知的な結合性と包括性を主張している。われわれは嫉妬や暴力から出産や愛まで幅広いトピックに照準を合わせてきたが，それらはすべて密接に関連している。図2.1はこの章で扱ってきた概念間の主要な関連について描写している。

進化心理学の基本的概念は，この本で議論されてきた多くのトピックについて

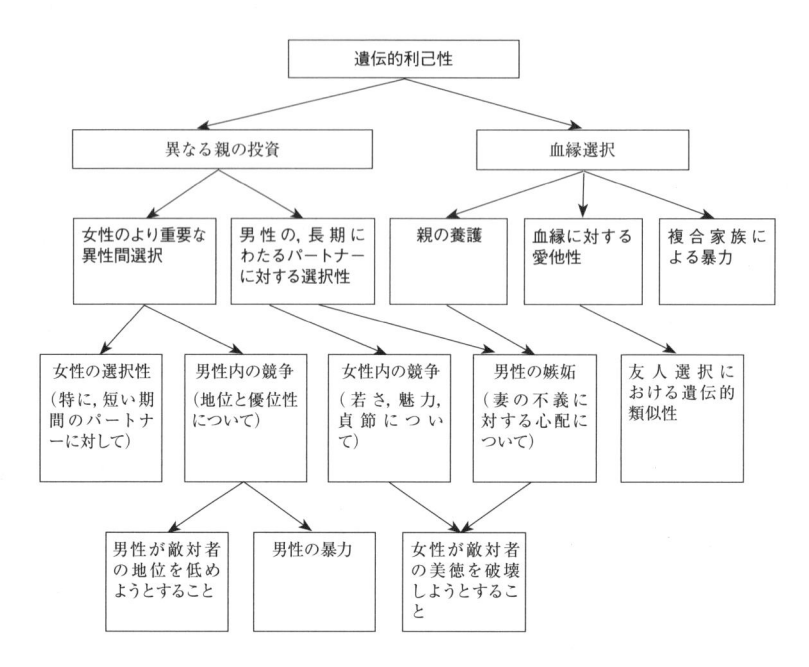

```
                          遺伝的利己性
                          /        \
                  異なる親の投資    血縁選択
                  /        \       /    |    \
          女性のより重要な  男性の,長期に  親の養護  血縁に対する  複合家族に
          異性間選択      わたるパート            愛他性      よる暴力
                         ナーに対する
                         選択性
            /             |            |           |            |
      女性の選択性    男性内の競争   女性内の競争   男性の嫉妬   友人選択に
      (特に,短い期   (地位と優位性  (若さ,魅力,   (妻の不義に  おける遺伝的
      間のパートナ   について)     貞節につい    対する心配に  類似性
      ーに対して)                  て)          ついて)
            |             |                        |
      男性が敵対者    男性の暴力              女性が敵対者
      の地位を低め                           の美徳を破壊
      ようとすること                         しようとするこ
                                             と
```

図 2.1 関係についての一般的な進化論上の想定間の相互関係。自然淘汰による進化の理論は異なる遺伝子間での競争を想定する。この中心となる想定から，(血縁選択や異なる親の投資のような) 多くの一般原理は間接的に生じる。次に，人間関係の様々な特徴はこれらの一般原理から引き起こされる。この図は単に枠組みの結合性を示すことを意図するものであり，異なる過程の間の関連を完全に列挙しようとするものではない。

経験的問題を説明するのに活用できる。たとえば，コミュニティー心理学とソーシャルサポートについて考えてみると，ソーシャルサポートにおける血縁関係ネットワークの果たす役割について進化的視点から予測することが可能であろう。非常に脅威的な状況では血縁者が助けられやすいことから，ストレスの強さを統制すると，血縁関係にない者よりも血縁関係者に囲まれている人のほうが心理的異常は少ないと仮定されるであろう。抑うつは20世紀の間に劇的に増加した。この抑うつの増加は都市化や現代の労働環境にともなう，血縁者との接触の減少と関連しているのだろうか？　もしそうであるなら，血縁者と親密な関係を維持している人々の間では，抑うつはそれほど蔓延しないであろう。興味深い問いは，進化論的に重要な生活のストレスに関する問題についても投げかけることができる。たとえば，最もストレスの大きい生活上の出来事には，離婚や配偶者の死，失業などがある (Holmes & Rahe, 1967)。そしてそれらの出来事は生殖可能性に直接的に関連している。ジェンダー，血縁関係ネットワーク，ライフサイクル

の段階がこれらの出来事のストレス度に及ぼす影響について進化論的な仮説をたてることができるだろう。たとえば，ソーンヒルとソーンヒル（Thornhill & Thornhill, 1989）は，進化論的視点から心理的苦悩の証拠と理論を再検討している。

同様に，私たちは，血縁関係およびアロンとアロン（Aron & Aron）（本書の6章参照）の自己と他者の重なりを測定する尺度の役割，あるいは順位制において"面子"を懸念することの効果について問うだろう。たとえば，ウィルソンとダリー（Wilson & Daly, 1985）は，"面子を保つ"ことは若い男性によって犯された殺人での非常に重要なことがらであることに注目しており，また，ホーガン（Hogan, 1982）は，社会集団における自己呈示の進化的抑制についての考察を行なっている。本書のいくつかの章においては，発達と加齢の問題についての考察が加えられている。進化論的生活史の視点からは，社会的，物理的環境の変化と交互作用するような異なった年齢における生殖的行動の変化が仮定される（Belsky, Steinberg, & Draper, 1991; Kenrick & Keefe, 1992）。それの例として，われわれは，ある魚はなわばりが利用可能になると，小さな淡い茶褐色のオスから大きく色鮮やかなオスに変化し，もしオスが死んだ場合でもハーレム内のメスが性を変化させるということに注目をした。同じような過程は人間にも当てはまるのであろうか？　たとえば，（適切な性比率や前青年期の相対的な魅力についての異性からのフィードバックによって伝えられる）異性の魅力を利用できるかどうかによって，思春期の始まりは影響されるのであろうか？　また，そばに健康な子どもや孫がいるかどうかによって，更年期の始まりは影響を受けるのだろうか？　これらの問いは必ずしも網羅的であることを意味しているわけではなく，また上述したように実証的研究からはそれらは発想がよくないことが示されるかもしれない。しかしながら，現代の人間を含め，すべての生命は何百万年にわたる自然淘汰によって設計されたメカニズムの集塊である。われわれの課題はそのようなメカニズム自体と，そのメカニズムがどのように社会的，または物理的環境と相互作用するのかを同定することにある。人間は種として多くの点で独特であるが，しかし，それはキンカジュー（訳注：アライグマ科，メキシコ南部からブラジルにかけて棲息）や吸血コウモリ，オオアリにも同様のことがいえる。進化論的な視点は，われわれが種特有の適応性を無視し，すべての生命に当てはまる最も強力な原理にてらして，どのようにその適応性が明らかになるかを考えているだけであると示唆しているのではない。

進化論的視点は行動の文化的規定因についての関心とまったく矛盾しない（たとえば，Barkow, Cosmides, & Tooby, 1992; Lumsden & Wilson, 1981）。ここで，文化を考える研究者は，"われわれ"と"彼ら"の間の表面上の奇妙な相違のい

くつかに加えて，文化を越えた規則性をも考慮に入れるべきである。これまでに愛や結婚，戯れの恋，攻撃，配偶者の基準に関するもので，文化にかかわらない普遍的特性の証拠が出てきていることは，表面上の多様性のもとに人間の本質には類似する中心部分があるだろうということを示唆している。結婚様式の例のように，比較文化的な相違でさえも，順位制があって基本的なメカニズムを反映しているであろう。たとえば，かなり乱婚の程度が高い文化では，一夫一婦制の規範が強い文化に比べて，父性の確実性がより問題になってくる。これらの文化においては，母方の叔父は姉妹の子どもに比較的強い関心を抱くが，妻の子どもたちには比較的関心を抱かないことがある（Daly & Wilson 1983）。このような反応は，母方の叔父は姉妹の子どもと遺伝子を共有していることが確実であるといった進化論的視点に立つことで理解できるであろう。進化論的レンズをとおして文化を考えるということは，文化を越えた特性を考えることになる。それは，文化的な慣習がわれわれの種の生態学的要求と，進化してきた認知的，情動的メカニズム間の相互作用をどのように反映しているのかを考慮するためである。

進化心理学と既存の関係モデル

進化論的視点が関係についての既存の実証的証拠を強化し，そして実証的証拠によって強化されたりすることができるように，進化論的視点はまた既存の理論的視点を強化し，また既存の理論的視点によっても強化される。たとえば，関係についての伝統的な社会心理学的モデルは，(a)"公正な交換"の認知における自己評価の重要性（自分の"市場価値"と合致するか，もしくはそれを超える相手が望まれる），(b) 相手を評価する際に関係の段階を考慮することの重要性（関係への期待はその関係へのコミットメントに依存する）を強調してきた。進化論的な視点は，自己評価と社会的交換の過程が関係における投資レベルだけでなくパートナーの性によってもどのような影響を受けるかについての予測をはっきりとしたものにする。われわれは，男性が行きずりの性的関係をもつことによって失うものがほとんどないことに注目する。このことから，男性は行きずりの性的関係の相手にはあまり基準を設けず，また，その基準は自分自身の市場価値とはあまり関連していないはずである。これに対して，女性は行きずりの性的関係においてでさえ依然として，妊娠するというリスクを負っている。このことから，女性は非常に選択的で，相手が自分自身による自己評価の"市場価値"と合うかどうかを気にし続けるはずである。ケンリックら（Kenrick et al., 1993）は，被験者の自己評価と，デートの相手，ひと晩限りの相手，長期にわたる相手に対する交際基準について調べ，上述の予測を明確に支持する結果を得た。コミット

した長期にわたる関係では，女性も男性も同様に選択的であり，自分の社会的価値に見合うようなパートナーを求めていた。ひと晩限りの相手について考えるのが女性であった場合は同じ評価基準を用いていた。しかし，男性がひと晩限りの相手について考えた場合は，あまり望ましくない相手でも快く受け入れようとするだけでなく，行きずりの性的関係の相手にもとめる基準と自己評価の間にはあまり関連がなかった。

　これらの知見は，どのように進化論的，および伝統的な社会心理学的視点が相互に補完し合い，人間行動のより複雑な理解へと導くことができるかを示している。関係の段階についての社会心理学的研究は従来の進化論的モデルを拡張するうえで有用であった。次に，進化論的視点は社会的交換の内容についての性差の重要性に注目した。進化論的視点は，本質的には社会的交換モデルであるが，社会的交換の内容について特定の仮定をし，何が評価されているのかを恣意的に文化へ求めようとする暗黙の仮説を否定する点で他のモデルとは異なっている。

　また，社会的行動に対する認知的アプローチもまた，進化論的視点によって充実したものとなる (Kenrick, Sadalla, & Keefe, 1998)。判断領域を越えて適用される一般的な認知プロセスを仮定するよりも，進化論的視点は生き残りと生殖にとって重要な問題を効果的に扱うために設計された適応的で領域限定的なメカニズムを仮定している (Tooby & Cosmides, 1992)。ひとつ簡単な例をあげるなら，先行研究からは魅力判断を含む広範な判断課題において知覚的な"対比効果"のあることが指摘されていた (Kenrick & Gutierres, 1980)。つまり，平均的な美貌は，魅力的な人を見た後に判断されるとあまり魅力的ではないとされ，魅力的でない人の後に評定されるとより魅力的であると評価されるのである。興味深いことに，長期的関係をもつ男性でも，魅力的な女性の写真を見ると，現在のパートナーをあまり魅力的でないと評価しただけでなく，自分自身があまり恋愛相手に恋愛感情を抱いていないと評価していた。魅力的な男性の写真を見せられた女性も同様の傾向を示していたが，それは男性のものよりもずっと弱いものであった (Kenrick, Gutierres, & Goldberg, 1989)。進化論的視点から，性差は身体的魅力の証拠を評価する際のジェンダー差を反映したものであると考えられる。つまり，女性は（写真に示されたような）性的で魅力のある若い体をあまり評価しない傾向にあり，（写真では明らかにならないような）社会的な優位性をより評価する傾向にあるのである。引き続き行なわれた研究では対象異性の身体的魅力と社会的優位性の両方を変化させた (Kenrick, Neuberg, Zierk, & Krones, 1994)。男性は，先行研究と同様に魅力的な女性を見た後では自分の恋愛相手に対してあまりコミットしていないと評定したが，魅力的な男性を見た後でも女性は関係へのコミットメントが減少しないことが示された。しかしながら，女性の関係への

コミットメントは優位性の高い男性たちにさらされることで徐々に低くなっていった。つまり，現在進行中の認知でさえも進化適応的メカニズムによって影響を受けうるのである。

適応的に"不合理な"恋愛相手の選択

進化論的な枠組みを用いる研究者は，しばしばまちがった仮定から生じた問題に直面する（Buss, 1995; Kenrick, 1994; Kenrick & Trost, 1987; Tooby & Cosmides, 1992 を参照）。しかし，くり返し生じるある問題にいまだに解答は与えられていない。つまり，同性愛とはいったい何であろうか？ 同性愛は生殖に失敗することになるため，遺伝的に不適応的であるように見える。しかしながら，遺伝的気質やホルモン，神経構造のからみ合いが，同性愛という困惑させる生物学的状態の大きな原因となっている（たとえば，Bailey & Pillard, 1991; Whitam, Diamond, & Martin, 1993; Ellis & Ames, 1987; LeVay, 1993）。さまざまな仮説が同性愛の潜在的適応性について提出されているが（Kenrick, Keefe, Bryan, Barr & Brown, 1995 を参照），環境による影響の結果にすぎないとか，進化適応的メカニズムにとって価値のないものであると仮定することは時期尚早であろう。

ベイリー，ガウリン，アーゲイとグラドュー（Bailey, Gaulin, Agyei, and Gladue, 1994）は，同性に対する好みを知ることは異性愛メカニズムを知るのに，実際のところ有益であると示唆している。彼らによれば，同性愛女性は，異性愛女性と同様に，行きずりの性行為に比較的興味を示さなかった（Buss & Schmidt, 1993; Kenrick et al., 1990, 1993 を参照）。明らかに，この回避は妊娠という相対的なコストを意識的に検討した結果ではない。すなわち，同性愛女性にとって行きずりの性行為は異性愛女性より好ましいものだったかもしれない。また，ベイリーらは，同性愛男性が異性愛男性と同じく身体的魅力に興味を示すことを見いだしており，これは異性愛男性が外見的魅力に興味を示すことが，単に女性の美しさを強調するメディアの副産物ではないだろうことを示すものである。ベイリーらは，一般的に生物学的な性差のほうが性志向の影響より強いことを見いだした。加えて，同性愛男性の生涯にわたっての年齢好みのパターンは，異性愛の男性によって示されるものとまったく同じである。つまり，若い男性はわずかに年上，もしくは少し年下の相手を求めるが，年老いた男性はしだいにより若い相手を好むようになる（Kenrick et al., 1995）。このような知見は，（恋愛）市場に基づいた合理性や文化的規範の観点から説明することはむずかしい。たとえば，年老いた同性愛の男性は自分の好みの相手にとって望ましいものではない。さらにいえば，もし理想的な異性がメディアで放送されることよって恋愛相手の

好みが決定されているとすれば,同性愛の男性は異性愛の女性と同じように比較的年上のパートナーを好むはずである。そのかわりに,これらのデータは,他の適応的システムと同様に,性的魅力もおのおのが独立した発達過程の統制下にある類似したメカニズムの多面的な集合であるという考えにより一致している(たとえば,Buss, 1995; Tooby & Cosmides, 1992)。

現代の進化論者は,自然淘汰が"一般に適応的"であるように,考え,感じ,また行動するように設計された個体を生み出すというよりも,特定の環境で引き起こされるメカニズムに作用すると考えている。一般に適応的な生物はどういうわけか適応できているがゆえに全知全能と見なされている。つまり,特定の遺伝子が有利であるという先行知識は,特定の環境群でおのおのメカニズムを使用することで獲得されやすいと仮定される。この仮定についての誤った考えは,過去の適応的結果から進化してきたであろういくつかのメカニズムを考慮することで示される。すでに述べたように,甘い味に対する進化的嗜好性は,甘い食料がたくさんある現代の環境においては肥満や糖尿病を引き起こす可能性がある。しかしながら,この嗜好性は概して生き残るうえでポジティブな効果のあった環境において選択されたものである。シェファー(Shepher, 1971)は,キブツ(訳注:私有制を廃止して独自なコミューンづくりをめざすイスラエルの農業共同体。心理学の文脈ではその集団保育・教育システムに注目する)と同じような家庭環境で育てられた血縁関係のない子どもたちは,後に驚くほど性的,または恋愛的な魅力の欠落を示すことを見いだした。シェファーは,子どもを育てるうえでふつう見られないような条件がきょうだい間のロマンティックな魅力を低下させるように設計されたメカニズムを引き起こした(それによって,近親相姦による劣性遺伝的な組み合わせが起こる危険性を減らした)と考えた。近親相姦メカニズムを単独で,そして新たな現代の文脈のなかで考えると,それはやはりいくぶん"不合理なもの"のように見えるのである。

モジュール方式の観点から考えると,どうして同性愛や異性愛の男性が非常に多くの点で類似しているのかということが理解しやすくなる。類推によって,視覚について考えてみると,われわれは一般的に"見る"ためのメカニズムを持っているのではなく,視覚刺激の色や形,動きや深さ,そして他の複雑な特徴を分析するための多くの異なった構造を持っている(Livingstone & Hubel, 1988)。進化にとって生殖が最も重要であると考えると,人間の脳が"男性のように生殖を行なうか"あるいは"女性のように生殖を行なうか"をコントロールする単一のメカニズムを持っているとしたら,驚きである。生殖は,一連のかなり異なった課題をともなっている。それらの課題は,相手を選ぶこと(身体的な健康,地位,美しさ,誠実さの相対的な重要性を評価すること),相手を引きつけるため

の自分の能力を評価すること，潜在的な可能性のある相手に対して魅力的にふるまうこと，その相手をめぐって同性メンバーと競争すること，継続中の関係を確立することなどが含まれる（Buss, 1995; Kenrick & Trost, 1989）。たとえこれらの異なる過程が視覚や言語の背景にある過程と同じように，独立したメカニズムによってコントロールされているものであるとしても，あるひとつのメカニズムの変化がそれに関連するすべてのメカニズムの反転にともなって起こる，とわれわれは思わない。つまり，もし性的指向をコントロールする生物学的なメカニズムがあるならば，それは他の生物学的な男女を区別するためのメカニズムの完全な反転にともなわれる必要はないのである。たとえば，同性愛の男性の場合，明らかに幅広い腰つきや胸といった身体的に女性らしい第2次性徴の発達はない。それゆえ，同性を愛することに含まれるいかなる生物学的メカニズムも，生物の"一般的な"生殖生態における全体的な変化ではなく，ひとつ，もしくは2～3の特定の認知的メカニズムにおけるずっと狭い範囲の変化を映しているにすぎない。さらに広く考えるなら，この線にそった研究は，認知科学と進化生物学の新たな学際的統合の観点から考えた場合，特異な行動でさえ興味深い洞察を導くことを示唆しているのである（Kenrick et al., 1995）。

結論

進化論的視点は，関係研究のあらゆる領域を説明し，統合する可能性を秘めた関係の包括的なモデルを提供している。さらに，このモデルは，生態学や発生学，動物学，そして生物に関係するほかの科学と同様，認知科学，人類学，そして社会科学のほかの領域とわれわれの研究を結びつけている。

訳注
* ウェイソン課題（4枚カード問題）:「4枚のカードがある。もし表が母音なら，裏は偶数であるという規則が成り立つかどうかを確かめたい。裏返して見る必要があるのはどのカードか。必要最小限の枚数で確かめよ」という推論問題。人はこの種の問題を解く場合，実用的な論理推論スキーマを用いている可能性があるとされている。

●2章のまとめ●

> 進化論的視点

関係研究のあらゆる領域を説明する可能性を秘めた包括的モデルを提供する

- 行動の文化的規定因についての関心と矛盾しない
- 既存の理論的視点と相互に補完しあう

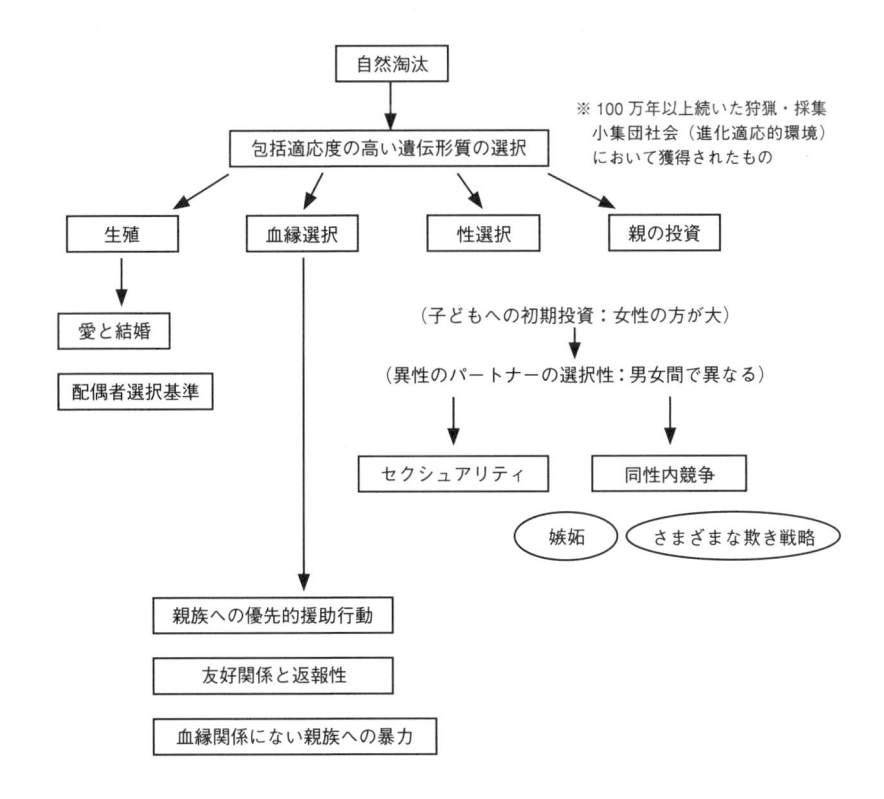

```
                    自然淘汰
                       │
                       ▼
          包括適応度の高い遺伝形質の選択        ※100万年以上続いた狩猟・採集
          │      │       │       │              小集団社会（進化適応的環境）
          ▼      ▼       ▼       ▼              において獲得されたもの
         生殖  血縁選択  性選択   親の投資
          │      │
          ▼      │      （子どもへの初期投資：女性の方が大）
        愛と結婚  │
                 │      （異性のパートナーの選択性：男女間で異なる）
        配偶者選択基準           │          │
                                ▼          ▼
                            セクシュアリティ  同性内競争
                                         （嫉妬）（さまざまな欺き戦略）
                 │
                 ▼
          親族への優先的援助行動

          友好関係と返報性

          血縁関係にない親族への暴力
```

> 適応的機能を果たす対人関係

| 恋愛関係 | 親族関係 | 友人関係 | 順位性 |

3章
成人のアタッチメント形成についての
プロセス・モデル

ディーブラ・ザイフマン　Debra Zeifman
シンディー・ハザン　Cindy Hazan

　ある晩食事に出かけ，3組の異なるカップルの相互作用を観察しているという場面を想像してもらいたい。1組目のカップル（A）はカウンターに立ってありふれたことがらについて表面的な会話をしている。にもかかわらず，カップルは互いがしゃべっているあらゆることに夢中で非常に興味を持っているように見える。彼らの活気に満ちた会話は，笑い声とぎこちない静寂によってしばしば中断される。男性は自分の飲み物に手を伸ばして，"偶然"にも女性の腕にふれてしまった。彼らはしばし見つめ合い，互いに微笑むと，女性のほうは自分の飲み物に目をやり，それを緊張した面持ちでかき混ぜ始める。部屋の反対側には，2組目のカップル（B）がかどのテーブルに腰掛けている。彼らは周囲の冗談や喧騒に気づかないかのように，互いに見つめ合ったまま，いちゃついてテーブル上の手を絡め合っている。彼らは息をひそめるようにしてしゃべり，互いに完全に心を奪われているかのように見える。ウエイターが目の前に置いていったスープがしだいに冷めつつあるのに気づかないのか，もしくは，まったく気にもかけていないといった感じである。そのそばには，3組目のカップル（C）が向かい合って座り，メニューをじっくりとながめている。注文し終わったあと，彼らは日常の出来事をごくふつうの口調でしゃべり，料理がくるとすぐにそれをパクパクと食べ始めた。彼らはくつろいだようすで，互いのことよりも料理や周囲に目を配っている。

　こういったカップル間の相互作用の違いについて気づくのに訓練された目もいらないし，また，各カップルの関係の性質を推測するのに実証的な文献の知識なども必要とはしない。明らかにカップルAは戯れの恋（恋愛の初期段階）にあり，まだ会って間もないことが読み取れるであろう。カップルBはまさに恋に落ちているといった感じで，おそらくつきあってから少しの時間しかたっていないと思われる。カップルCは互いの気楽さがいく年か連れ添ったことを示す確

立したペアであるといえる。カップルCの関係もカップルAと同様に，戯れの恋（恋愛の初期段階）から始まり，おそらく互いに対する接し方はカップルBのものと似たような期間を経てきたのであろう。そして，ついにカップルCは互いにのぼせあがった長い時間を終えたのである。けれども，表面的には一番情緒的なかかわりがないと見えるこのカップルCこそが，長期的または恒久的な別離に際して最も情緒的に深く影響を受けやすいのである。

　これらのカップル間の目に見える違いというのは，訓練されていなくともわかりやすいものではあるが，それらの違いの持つ意味や機能については説明を必要とする。つまり，カップルの相互作用において見られた違いから，その関係の長さについていろいろと推測できるということは，そのような違いがなぜ存在するのか，また，その後の予期可能な変化がなぜ起こるのかということを説明してはいないのである。ここでのわれわれの主題は，カップルAやBが最終的にカップルCのようになっていくであろうプロセスを，アタッチメント形成プロセスとしてとらえるということである。

　この章でのおもな目的は，ボウルビィ（Bowlby, 1969/1982, 1973, 1980）の行動学的アタッチメント理論を指針的枠組みとして，成人のアタッチメント形成の基準となるモデルの概要を述べることにある。ここ数年，成人の恋愛研究へのアタッチメント理論によるアプローチが増加している（たとえば，Bartholomew & Horowitz, 1991; Collins & Read, 1990; Feeney & Noller, 1990; Hazan & Shaver, 1987, 1990, 1994a, 1994b; Hazan & Zeifman, 1994; Kirkpatrick, & Davis, 1993; Kirkpatrick & Hazan, 1994; Kobak & Hazan, 1991; Mikulincer & Nachsohn, 1991; Parkes, Stevenson-Hinde, & Marris, 1991; Simpson, 1990）。ここにあげた研究のほぼすべてが，今のところ，アタッチメントの基本的プロセスというよりも個人差に焦点を当てている。これらの研究知見は，対人関係に関連する考え方や感情，行動が個人によってどのように異なるのかについての理解を深めてくれる（レビューについてはShaver & Hazan, 1993を参照）。成人のアタッチメント研究では，恋愛関係は明らかにアタッチメント関係であると一般的に仮定している。そして，その仮定というのは，アタッチメント行動が"揺りかごから墓場まで"人間を特徴づけ，成人においてもアタッチメントは二者関係における人間的なきずな（たとえば，恋愛や性的関係）という形をとるというボウルビィ（1979）の主張を基にしているのである。

　ロマンティックな関係にある2人が互いにアタッチメントも持っていると仮定する傾向があることは理解しやすい。しかし，最も重要なアタッチメント対象が両親から恋人に移行するというプロセスを調べ始めたことで，乳幼児期と同様に成人期のアタッチメントも発展するのに時間を要するということが見いだされた。

乳児というのは，アタッチメントを形成するための資質を備えてこの世に生まれ落ちるが，ある特定の養育者との間に情緒的なきずなを形成するためには何か月かの相互作用を必要とする。同様のことは成人の恋愛のアタッチメントにも当てはまるようである。しかしながら，成人の戯れの恋（恋愛の初期段階）が，アタッチメントのあるきずな（アタッチメント的きずな）に発展するかどうかは，乳児から養育者に対して形成されるアタッチメントのように未然に決定づけられているものではない。それはすべての恋愛や性的なかかわりが，永続的な情緒的きずなに発展するわけではないからである。理想的には，成人のアタッチメント現象についての研究は，成人のアタッチメント的きずながどのように発展するのかを理解することに基礎を置きながら，アタッチメント的きずなの存在を示すいくつかの指標にまとめていくべきであろう。しかし，このようなより実証研究的な関心を別にしても，成人のアタッチメント形成プロセスはそれ自体が興味深く，重要なことなのである。

　成人のアタッチメント形成モデルの詳細についてはこれから解説していくが，その主要な構成要素についてはここに記しておく。まず魅力やのぼせ上がりに関連する行動は，アタッチメントの形成を促進するために作られた生物特有のプログラムとしてみなされる。アタッチメント的きずなは，すべての年齢において人間の適応と生存に特有で不可欠な機能としてはたらくことから，おそらく観察可能な行動は，それと関連はするが観察不能なプロセスやメカニズムと同様に発展してきたものであると考えられる。さらにいえば，上述した架空のカップルで見られたアタッチメント形成プロセスというのは，6人のおのおのが乳幼児期にそれぞれの最も重要な養育者に対してアタッチメントを形成するようになったプロセスと重要な点で類似していると仮定されるのである。

✝ 動物行動学的なアタッチメント理論

　アタッチメント理論（Bowlby, 1969/1982, 1973, 1980）は，以下のような観察から生まれたものである。乳児や幼児は，最も重要な養育者から引き離されると，深く，長い苦悩を示し――彼らの栄養的，衛生的な欲求が代理者によって満たされていたとしても――，そのような分離に対する反応は，予測可能で普遍的な継起段階の形を取る。最初の段階は**抗議**であり，睡眠や食事も取らず，悲嘆にくれて泣きじゃくり，他人の慰めに対しても反抗し，執拗なほどに不在の養育者を探し回るという特徴がある。この次の段階は**絶望**とよばれ，消極性，無気力，意気消沈といった心的状態を経験する期間である。このような反応の持続期間と第1段階から第2段階に移行するタイミングは，年齢やそのほかの個人差要因によっ

て変化することが見いだされているが，そのようすや順序については，あるひとつの例外はあるものの，個々人にかかわらず普遍であると考えられている。その例外とは，7か月以下の乳児はほとんど苦悩を見せず，抗議することなしに代理の養育者を受け入れるということである。

　まずは，最初の2つの段階——抗議と絶望——が認められるにすぎない。その後，子どもはいつもどおりの分離前の行動を再び始め，完全に回復するようになる。そして，"分離から回復した"子どもが自分の養育者と再会したときに初めて，第3段階がはっきりと現われる。子どもはその再会に対して期待された反応を示すというよりも，最も重要な養育者を無視し，彼らと接触することを避けたのである。彼らの行動はある種の情緒的**離脱**が起こったことを示している。ここでの再会の例は，ほんの短い間の分離でさえ長期的な影響があることの証拠を提供するものである。これは，以前に分離させられた子どもたちが，家に戻って数か月経った後でさえ，慈善施設のスタッフの訪問を受けたときに，またいつもの分離の合図であろうと彼らが思ったものには極端に怯えた反応を示していたという事実と同様のことといえよう。

　ボウルビィは，長引かされた分離が心理的発達に長期的で有害な影響を及ぼすことになるというさらなる証拠を提供している。44人の非行少年に自身のライフ・ヒストリーについてたずねた回顧調査によると，彼らのなかにはふつうでは考えられないほど多くの少年が，乳幼児期や児童期初期に母子分離に苦しんでいたことが明らかになった（Bowlby, 1944）。また，アタッチメント剥奪の影響は発達における重大なリスク要因と見なされるが，アタッチメントの完全な欠落はさらに影響の大きいものであると考えられている。たとえば，施設で育てられた孤児は，基本的な栄養や衛生面の欲求は看護人によって共同で満たされているにもかかわらず，うまく成長することができずにしばしば深刻な発育不良に苦しんでいた（Robertson, 1953; Spitz, 1946）。このように養育者との情緒的なきずなの形成と維持は，通常の身体的，心理的発達にとって欠かせないものであると考えられた。このような観察結果を説明するためには，ボウルビィが学んできたような精神分析の2次的動因説だけでは不十分だったのである。

　分離への反応やその長期的な影響を説明するための研究は，ローレンツ（Lorenz）やハーロー（Harlow）といった動物行動学者の研究をボウルビィに検討させることとなった。動物行動学者は，これまでに注意深い観察と実験的操作を基に，多くの育児を行なう種の子どもが養育者に対してアタッチメントを感じるようになるという生得的傾向を持っていることを明らかにしてきた。未熟な子どもを育てる種にとって，赤ん坊と養育者の間に強く恒久的なきずなを形成することは，赤ん坊の生存可能性を非常に高めるという点において適応的だったので

ある。このことからボウルビィは，われわれのように育児を行なう種にとって，舌打ち，吸啜，微笑み，泣くことといった非学習的行動は，養育者との接触を促進するために役立つものであり，また，アタッチメント的きずなを発展させ，赤ん坊が生き延びるために必要な世話を受けられることを保証するものであると結論づけた。この枠組みにおいて，分離に対する極端な反応というものが理解されるようになる。つまり，それは生得的な欲求が妨げられていたからなのである。

　抗議，絶望，離脱といったアタッチメント対象からの分離への反応は，このように進化や適応という観点から理解されるものであった。人間が進化してきた環境において，母親からの予期しない分離があるならば，乳児にとって飢餓や捕食による死への多大な危険要因となるであろう。このような死から免れるために，まず乳児は母親の注意を引き，自分のところへたどり着く道のりを教えるために非常に大きな声で泣き叫ぶのである（抗議）。しかしながら，大きな泣き声というのは母親が近くにいるときにだけ適応的なものであることから，時間がたつにつれて，大声で泣くことはおそらく適応的なものではなくなるであろう。なぜなら，泣き続けるということは捕食者を寄せ集めることになるため，しばらくすると乳児は無抵抗な状態になるのである（絶望）。そして，母親が帰ってくる可能性がほとんどない場合には，子どもは情緒的なきずなを完全にあきらめてしまわなければならず（離脱），自分自身で生きていこうとするか，または新しいアタッチメントを形成し始めようとするのである。

　動物行動学者の研究は，アタッチメント的きずなの重要性を説明することと情緒的なきずなを発展させるという傾向が種に特有の行動であるという見解を支持するのに役立った。しかしながら，ボウルビィがアタッチメント行動のダイナミックスを説明し，アタッチメント的きずなをほかの社会的関係から区別する特徴を同定するのに有用であると考えたのはコントロール・システム理論（Miller, Gallanter, & Pribram, 1960）であった。すべての標準的な人間の乳児は，最も重要な養育者との関係において共通の行動パターンを示す。すなわち，乳児は養育者への比較的親密な近接状態を模索し，それを維持しようとし，知覚上や現実の危険に直面した場合には安心や安らぎを得るために養育者のところに逃げ込む。また，分離に苦悩すると同時に抵抗を示し，そして，養育者がいる場合（脅威がない場合）には遊びや探索に従事する傾向があるのである。

　これら例外なく観察されるダイナミックスから，ボウルビィは生得的な行動システムの存在を主張した。たとえば，体温や血圧を一定に維持するための生理的なシステムのように，保護してくれる者との近接性を調節するようなアタッチメントシステムの存在が仮定された。アタッチメントシステムの目的は，安全性を確保するためにアタッチメント対象との身体的な近接性を十分に保つことにある

——この目的は，過去の経験での個人差と同様に，内因的要因（たとえば，心理状態や年齢）や外因的要因（たとえば，新奇性や脅威）の作用により必然的に変化するものである。ボウルビィによれば，そのようなシステムは生得的で，また，人の全生涯をとおして機能するものであるとされる。それゆえ，人によって耐えることが可能であると判断されるアタッチメント対象からの物理的距離の程度と持続時間は，状況や発達段階によって変化し，そして，アタッチメント対象も標準的な発達の経過をとおして変わっていくものであると予想される。しかしながら，一度でも情緒的なアタッチメントが形成されたのであれば，長期的で自発的ではない分離は苦痛なものとなる。

アタッチメントシステムのダイナミックな機能には，アタッチメント的きずなをほかの社会的関係から区別する特徴や関係要素が内包されている。とくに，アタッチメントの定義的な特徴としては，**近接性の模索**（比較的密接な近接性を探し，維持しようとする傾向），**安全な避難所**（とくに知覚上または現実の危険に直面した場合に安心や安らぎを得るようとする傾向），**分離苦悩**（分離に抵抗し，苦悩する傾向），そして，**安全基地**（アタッチメント対象がいることによって安全を確保して大胆になる傾向。そのことが，探索や遊びといったノン・アタッチメント的活動を活発にさせる）がある。そして，それら4つの要素が含まれる関係はアタッチメント的きずなと見なされることとなる。

このアタッチメントシステム（それ特有のダイナミックで関係的な要素を備えた）それ自体は生得的なものであると仮定されるが，アタッチメント行動の対象（つまり，アタッチメント対象）は選択的であるはずである。乳児は特定のだれかに対して情緒的なきずなを持って生まれてくるわけではない。ある特定の養育者に対するアタッチメントは，生まれたときから徐々に形成されていくものなのである。この持続的で全体に広がる影響を仮定するようになるプロセスは連続的なものではあるが，そこには比較的はっきりとした4つの段階を識別することができる（Bowlby, 1969/1982）。

生まれたときすでに，乳児は社会的相互作用を行なうための多様な手段が備わった状態にあり（Trevarthen, 1979），苦痛を覚えた場合，見さかいなく安心感を追い求め，それを受け入れようとする。ボウルビィはこれを**プレ・アタッチメント的**段階とよんだ。そして，3〜4か月めぐらいになると，しだいに乳児は見覚えのある大人，とくに最も重要な養育者に対して優先的に直接的なシグナル（相互作用とコンタクトを得ようとの試み）を送るようになる。ボウルビィはこの選択的にシグナルを発する段階を**アタッチメント形成**とよんでいる。その後，一般に6〜7か月あたりで重大な変遷が起こる。というのは，この時期に乳児は自分で動けるようになるだけでなく，2つの新たな不安，つまり，"未知者に対

する警戒と時には恐怖の増大"および"重要な養育者からの分離に対する執拗な抵抗"を示すようになるからである。

分離苦悩や分離抵抗はもともとアタッチメント形成の指標として考えられていた（Ainsworth, Blehar, Waters, & Wall, 1979; Bowlby, 1969/1982; Sroufe & Waters, 1977）ことから、それらと関連するこの段階は**明瞭なアタッチメント**とよばれている。そして、アタッチメント関係の最後の変遷はだいたい2歳ぐらいに起こる。このころになると、想像力や他の認知能力の増大によって、子どもは短い分離に耐えることができるようになり、養育者の利用可能性の遅延に対してもより理解できるようになる。加えて、この歳ぐらいの子どもたちは最も重要な養育者に対する関心がしだいに減少し（そして、接触の快への欲求の頻度の減少）、探索的な行動や仲間との親密なコンタクトへの関心が増大する。ボウルビィはこのアタッチメント形成の最終段階を**目的修正的パートナーシップ**とよんだ。

成人のアタッチメント

ボウルビィは、成人も恒久的な情緒的アタッチメントを形成する強い傾向を持ち続けていると考えていた。乳児は親に対してアタッチメントを持つようになるが、一般的な成人のアタッチメントは異性の人に対して形成される。ウィース（Weiss, 1973, 1982, 1988）は、成人のアタッチメント現象を研究した最初の研究者であった。彼は、ボウルビィと同様に分離や喪失に対する個人の反応に最初に取りかかった。ウィースは、彼の独創性に富んだ研究において、離婚や結婚相手と死別した被験者の分離に対する反応が、子どものアタッチメント対象からの分離に対する反応と非常に類似していることに気づいた。分離に対する最初の反応としては、高い覚醒状態と不安を表出する傾向があった。そして、被験者はふだんの睡眠や食事パターンの崩壊を訴え、一種の探索行動のようなものも経験していた。結婚相手に先立たれた者は失った配偶者の幻覚を見ていた。つまり、最近離婚もしくは別離した者は元の配偶者と再び関係を持ちたいという強迫観念を経験していたのである。そして、別離や死別を経験した被験者の両方ともが、ぼんやりし、抑うつの徴候を示していた。しかし、早晩、さらに時間がたつにつれ、ほとんどの人は以前の最愛の人から徐々に情緒的に分離していくというプロセスをたどって回復を果たした。このように、それらの反応継起はボウルビィが乳児や幼児において観察した抗議－絶望－離脱のパターン（Lofland, 1982も参照）と非常によく似ていたのである。

興味深いことに、成人の分離苦悩は関係の質には依存していなかった。すなわち、パートナーに強い不満を持ち、辛い思いをした人でさえ、その人を恋しく思

っていた。さらに，そのような心理的なコストに加えて，崩壊したアタッチメントというのは，心臓病（たとえば，Kiecolt-Glase, Garner, et al., 1984; Kiecolt-Gatner, Ricker, et al., 1984; Lynch, 1977），ガン（Goodwin, Hurt, Key, & Sarret, 1987），自動車事故（Bloom, Asher, & White, 1978）のリスクを増大させるといったネガティブな結果と関連があった。

　進化論的な視点からは，養育者と幼児とのきずなと比べて，配偶者間のアタッチメント的きずなは個人の生存にとって不可欠なものではない。けれども，配偶者間のアタッチメント的きずなは子どもの生存可能性をより増加させることとなる。何年間にもわたって未熟な子どもを育て，世話をするというような哺乳類（とくに霊長類）は，子育てをする女性に厳しい代謝系のコストを負わせ，捕食者への危険性を増大させる傾向があった。この負担は乳児の死亡率を増加させることになるので，両親間の協力（partnership）や父親の世話はなくてはならないものとなった。男女間の恋愛・性的な感情が，子どもの世話をするために両親を離ればなれにさせないという目的ゆえに形成されたのだという見解を示す研究者もいる（Eibl-Eibesfeldt, 1975; Short, 1979）。

　伝統的に，成人の配偶者間のきずなは，子育ての分担という重要な目的を持つものであると見なされてきた。しかしながら，そのような目的を効果的に行なうためのきずなは，まず子どもの誕生に先立って形成され，そして比較的持続するものでなければならない。人間の女性の場合，繁殖可能であることの外的なサインを示すことはなく，月経周期のどの時点でも性的な受け入れが可能である。このことから，人間の男性にとって父親であることを確実にするためには，妊娠が確実なものとなるまで継続的に自分の配偶者を守らなければならなかった。というのは，数か月たつまでは妊娠がわからないからである。男性は，子どもに世話を提供するために，長い妊娠期間中とどまっていなければならなかったのである。それらの事実はすべて，成人の恋人間のアタッチメント的きずなは子どもができることと関係なく，持続的で効果的である必要があったことを示唆している。

　乳児－養育者関係と男女間のきずなの関係の類似点は適応的な意味にのみ限られているわけではない。両方の関係ともわれわれが愛とよぶような感情を引き起こすし，また，多くの同じ生理学的，神経生物学的メカニズムよって促進される。成人の恋人間の行動と母子間の行動の顕著な類似点は，いろいろなところで示されてきた（Shaver, Hazan, & Bradshaw, 1988）。しかし，それら2つの関係が際立っているのは，"最も親密"（Berscheid & Graziano, 1979）と広く認識されているからだけでなく，長い間抱き合うとか，長い間見つめ合うといったほかの社会的関係では考えられないような多数の行動の表出を許されているからであるといえばこと足りるであろう。アタッチメント関係は持続的で親密な性質を持つだ

けでなく，それ独自の特徴（たとえば，分離苦悩）によっても区別される明確な社会的関係のひとつなのである。

　しかし，乳児－養育者関係と恋愛関係は多数の類似点を持つにもかかわらず，いくつかの注目すべき相違もある。まず，乳児－養育者間のアタッチメント的なきずなは補完的であるが（乳児は快適さを求め，養育者がそれを提供する），成人の恋人間のアタッチメント的きずなは一般に互恵的である（恋人どうしはいたわりや気づかいなどを与えると同時に受け取りもする）。また，成人のアタッチメントは，相互の保護や気づかいに加えて，生殖的な機能も担っている。

　したがって，成人のアタッチメント的きずなは，アタッチメント・養育・性的行為といった3つの行動システムのすべてを含むものである（Shaver et al, 1988）。心理的な観点からは，成人においては，これら3つのシステムがある程度統合されていくものと思われる。実際，多くの研究が後の正常な養育行動や性行動の発達にとって，母子アタッチメントが重要となることを示している。隔離されて育てられ，乳幼児期にアタッチメントを形成しなかったハーローのサルの例は，乳幼児期におけるアタッチメント剥奪が後の成人期に影響を与えることを示すものであった（Harlow & Harlow, 1962, 1965）。この隔離されたサルは，他のサルと親密な関係を回復させることはできたが，その後，養育行動や性行動がうまくいかなかった。同様にローレンツの実験における動物も，早い時期のアタッチメント経験が恒久的な影響を及ぼすことを示している（Lorenz, 1970）。つまり，乳幼児期にローレンツに刷り込まれたアヒルの子どもは，性的に成熟したあとでも同種の仲間と適切な交尾を行なおうとせず，ローレンツとの交尾を試み続けていたのである。このような発見は，乳幼児期におけるアタッチメント経験が，性相手の選択と同時に大人の養育行動にも影響を与えることを示している。このように，プロトタイプ的には，成人の恋愛的きずなは3つのすべてのシステムが作用している。

　上述したように，ボウルビィは乳幼児期のアタッチメント的きずなの発達プロセスをたどる際に，4つの段階を同定した（もちろん，それらの境界線が"あいまいである"ことを彼は認めていたけれども）。これまでの研究結果から，母子関係と恋愛関係でのきずなが類似したダイナミックスによって特徴づけられ，また，多くの特徴的類似点を共有していることを考慮すれば，両タイプの関係は同一の行動システム，つまりアタッチメントシステムによって制御されていると仮定するのが理にかなっているだろう。そして，もし同一のシステムが両ケースにおいて作用しているのであれば，アタッチメント的きずなが形成されるプロセスも同様に類似したものであろう。このような仮定に基づいて，われわれは成人の恋愛関係の発展の行動や現象を統合して説明するための（幼児のものに対応す

る）4段階のプロセス・モデルを提唱する。この先は，典型的な関係に対して関係をプロセスとしてみるという議論に限定し，各関係が独自で特異的であるということを前もって認め，その後，個人差についての議論へと進めていくこととしよう。

プレ・アタッチメント――魅了と戯れの恋
　乳児期におけるプレ・アタッチメント段階のはっきりとした特徴は，社会的相互作用への準備態勢と社会的相互作用への生得的な関心，そして比較的無差別的な社会的シグナルを送ることである。ある種の社会的交換に対する準備態勢と，かなり無差別的だが弁別性のあるシグナルを送ることの組み合わせというのは，成人における戯れの恋（恋愛の初期段階）の重要な要素をうまくとらえている。アイブル＝アイベスフェルト（Eibl-Eibesfeldt, 1989）は，この独自で特徴的な行動パターンを"誘惑行動プログラム"（proceptive program）とよんだ。そのプログラムの明確な特徴としては，アイ・コンタクトの成立と短い見つめ合い，ささいなことについての活発なしゃべり（声の抑揚，感嘆，誇張，笑い，高まったピッチとボリューム，しゃべりが速くなるといった理由による），徐々に互いが向かい合うようなポジションになっていくこと，ひるむことのない偶然を装った軽い接触やふれあい，姿勢，ジェスチャー，表情の同調（synchronize）がある。一般に戯れの恋（恋愛の初期段階）における表示はあいまいで，それゆえ拒否することが可能であり（Denzin, 1970），また，それらの構成と意味は性によって変わる（Montgomery, 1986）。
　成人の戯れの恋（恋愛の初期段階）も，養育者と乳児の相互作用と同様に，相手への関心や興奮といった際立った感覚をともなう。この段階では，ほんのささいな情報であっても非常に強い興味を引き起こしてしまう。そして，この強い興味が相手に対して関心を示しているといったメッセージを送ることとなり，スピーチやジェスチャーの情動的な側面が強調されて，会話の同調を促進するものと思われる。それゆえ，戯れの恋（恋愛の初期段階）の相互作用は情動に満ちており，その当事者たちを覚醒させる効果を持っているのである。
　母子関係とは違って，恋人どうしはお互いを生かしたり殺したりするような権限を与えあうほどのものではない。確かに，彼らの関係はもっとあやふやに始まり，親密さも限定されたものであろう。たとえば，長い見つめ合いというのは，母子関係の場合，ほとんど生まれてすぐに始まるものであるのに対し（Stern, 1977），成人の戯れの恋（恋愛の初期段階）では偶然の"視線交差"とその後に視線をはずすこと，もしくは一見"偶然を装った"視線のふれあいによって始まる。この段階では親密さについてどのような確信も保証されず，相手から距離を

置かれるようになる可能性もある。たとえば，関係早期に非常に個人的な情報を自己開示することは，進展しつつある関係を危険にさらす（Berg, 1984; Taylor, Altman, & Wheeler, 1972）。つまり，気づかいや情緒的サポートを引き出すように計画された自己開示というのは，社会規範を崩壊させ，関係のさらなる進展を無効にする恐れがあるのである。むしろ，この時点での自己開示は一般に表面的であり，しばしば自己高揚的な情報に限られる（Altman & Taylor, 1973）。生まれてすぐの乳児が無差別的なシグナルを送ることと同様に，戯れの恋（恋愛の初期段階）での対象はひとりに限られるものではない。むしろ，それは社会的な取り決めへの一般的準備ができているかどうかということを示している。このように，この段階におけるアタッチメントの唯一の要素は，親近性を求める強い動機なのである。

　ところで典型的な戯れの恋（恋愛の初期段階）というのは，本当にアタッチメントシステムをともなっているであろうか？　興奮や覚醒は単に性的選択システムの活性化によるためのものではないのだろうか？　これらの問いに対して，われわれは性的システムが戯れの恋（恋愛の初期段階）での行動と関連するものであるということをあっさりと認める。そして，われわれがいろいろなところで議論してきたように（Hazan & Zeifman, 1994），性的な魅力というのは，最終的にアタッチメントの形成にいたる近接性の探求を促進させるものとなりやすい。しかし，これは同時に，戯れの恋（恋愛の初期段階）状態にある人がアタッチメントに関連する手がかりに対して敏感であるという証拠でもある。

　前述したように，乳児はアタッチメント行動システムを備えて生まれてくるが，アタッチメント行動の対象（乳児が気に入る相手）は選択される必要がある。では，乳児はどのようにしてアタッチメントを感じる相手を"決める"のであろうか？　これには親近性と相手の応答性が重要な要因である（Ainsworth et al., 1978）。また，これらの要因は，成人の恋愛相手の選択においても重要な役割を担っている（Aron, Dutton, Aron, & Iverson, 1989; Zajonc, 1968）。つまり，戯れの恋（恋愛の初期段階）が，その目的として当面の性的満足以上のもの，もっと具体的にいうなら，そのような関係が長期的な交際に結びつくという希望や可能性から始まるのであるとすれば，温かさや応答性，互恵的好意といったアタッチメントに関連する手がかりは非常に重要なものとなってくる（Aron et al, 1989; Backman & Secord, 1959; Curtis & Miller, 1986）。性的魅力というのは，われわれがアタッチメントを持つであろう相手に対して近接性を探求し，維持するということを保証してくれるが，アタッチメントの価値というのは性的魅力そのものを考えるようになり，性的魅力そのものにも影響を及ぼすことにある。それゆえ，社会的関与への準備ができていることや戯れの恋（恋愛の初期段階）を象徴する

ような比較的無差別なシグナルを送ることは，アタッチメントの形成にとって**必要不可欠なもの**である。

アタッチメントの形成──恋に落ちる

生まれてから2，3か月ぐらいすると，それまでは乳児が送るシグナルは無差別的であったが，より選択的なものになる。乳児は重要な養育者に対して選択的に社会的シグナル（泣く，微笑する，見つめる，声を出す）を直接送り始めるのである。この段階における母子間の動きには同調と調和が表われ始める。そして，母親と子どもはますます親密な言葉の交換，密接な身体接触，および長い相互の見つめ合いを行なうようになる。成人の場合，同タイプの行動は，2人が"恋に落ちた"ときに顕著に現われる。他人の目から見ても2人の行動は明らかにより親密に見えるようになる。つまり，愛情の対象であるひとりに対してのみそういった行動が向けられるのである。

アタッチメントの形成は，社会的交換が喚起されやすいという意味で前アタッチメント段階と似ている。しかし，のぼせ上がりをともなうこの段階での覚醒は，継続するようになり，相互作用を超えて拡張していく。たとえば，恋に落ちた成人は，睡眠不足と食欲減退，逆説的に言うと無限のエネルギーを経験する（Tennov, 1979）。レーボヴィッツ（Leibowitz, 1983）は，この状態がアンフェタミンと似た効力を持つPEA（訳注：アンフェタミン系の脳内麻薬の一種。興奮性の伝達物質）によるものであるという仮説を提唱した。アンフェタミンは，覚醒状態の高まりを刺激するだけでなく，穏やかな幻想として作用することが知られている（Brehm, 1988; Tennov, 1979）。そして，おそらく，それはのぼせ上がりとともに起こると考えられている他者の理想化を説明するのに役立っている。

恋に落ちたカップルは，互いの存在が刺激的であると認識すると同時に，一部神経物質やホルモンの変化に付随する影響によって，この段階では一緒にいることが快適であると思い始めるようになる。この相手との密接な身体的接触（つまり，抱きしめる）を維持したいという欲求の化学的根拠は，母子関係でも恋人関係でも同じであろう。たとえば，母乳を飲ませているときに分泌され，母親の養育を誘発すると考えられている物質，オキシトシン（訳注：女性ホルモンの一種。下垂体後葉から分泌され，子宮の収縮と射乳を引きこす）は性的絶頂のときにおいても分泌され，また，性交後によくある抱き合い（つまり，"後戯"）にも関連がある（Carter, 1992）。すなわち，抱擁やハーローによって示された"接触の快適さ"というのは，情緒的きずなを形成するのに重要なのである。

成人の場合，相互作用をますます快適にするのは，身体的接触だけに限定されない。柔らかいささやきや相手を安心させるような"赤ちゃん言葉"など，声の

質の変化も注目されるようになる。さらに，前アタッチメント段階では自己開示はだいたいポジティブかニュートラルなことがらに限られていたが，恋に落ちるとカップルは苦痛の経験，怖いもの，家族の秘密，これまでの関係の詳細な報告といったよりパーソナルな情報を交換し合うようになる（Altman & Taylor, 1973）。このような情報交換は，受容や気づかいを得るための努力というだけでなく，コミットメントの検証となっている。それゆえ，カップルは互いに情緒的なサポートのソース（源）として機能し始める。つまり，カップルの関係は安全な避難所（safe heaven）とよばれるような，これまでとは異なったアタッチメント的特徴を持つようになる。このように最初は興奮と覚醒の原因であった恋愛の相手は，しだいに快適さの拠り所になっていくのである。

　恋に落ちたカップルというのは，少なくともその初期においては，アタッチメントの形成を促進させると考えられているある種の行動を行なう。互いに長く見つめ合う，お腹を互いに接触させる，鼻を擦りつける，そして，抱き合うことは，母子関係での相互作用に見られるような典型的で顕著な特徴である。ここで注目すべき点は，これらの行動は，恋人どうしの相互作用においても顕著に見られるものではあるが，友人関係やほかの社会的関係においては一般的ではないということである。つまり，上記のような行動は，ほぼ継続する身体的接触を保つために恋に落ちる段階においては不可欠なものなのである。また，恋に落ちた成人が相手の手を握ったり，腕を腰や肩に回したりといった"親のような"ジェスチャー，つまり本質的に相手に"安心を与える"ような身体的接触を行なうことは注目すべきことであろう。これらの行動は，戯れの恋（恋愛の初期段階）や単なる性的な出会いの特徴である親密さは低いが，興奮を引き起こす行動とは対称的である。われわれは，この段階において特徴的な相互の長い見つめ合いは，新しい恋愛相手についての心的表象――ボウルビィの述べる内的作業モデル――の発達を促進させると推測している。

　もし関係がこの段階で終わってしまうなら（レーボヴィッツによれば，これは内因的アンフェタミンによって支配されているのであるが），おそらく人々は元気がなくなり，軽い悲しみや抑うつを経験するであろう。しかしながら，激しい不安やアタッチメント分離に特徴的な日常機能の深刻な崩壊を経験することはないように思われる。情緒的なサポート（安全な避難所）への欲求は，家族や友だちによっても容易に満たされるであろうし，激励はほかのところでも見つけることができるからである。

　結婚前の大学生の失恋のデータと離婚や死別についてのデータを比べると，われわれの予想は支持される。短い恋愛関係が終わったあとの大学生は，失望や抑うつを経験した期間はあったが，衰弱させるような不安に苦しむ者はほとんどい

なかった（たとえば, Hill, Rubin, & Peplau, 1976）。また, 失恋への対処方法は, 何が失われたのかについての何がしかをわれわれに教えてくれる。たとえば, 失恋した人は, 友だちと過ごす時間がふえたり, しばしばすぐにほかの人とデートを始めたりする。これらの対処方法は, ウィース（1975）の記録した結婚相手を失った人々の対処方法とは明らかに異なっている。たとえば, 少し前に死別を経験した人々はほかのだれかとデートするということなど想像もできないし, 最近離婚した人々はしばしばまずデートに誘おうという試み自体がうまくいかないのである。このような場合, 未知の人や友だちは, これまでアタッチメント対象によって満たされていた欲求を埋めることはできないである。

明瞭なアタッチメント——愛すること

どの時点で恋愛相手はアタッチメント対象になるのだろうか？ この答は, カップルが恋に落ちている状態から, 互いに愛するようになる状態へ移行するにつれて起こる変化のなかで明らかになってくる。恋愛関係が進展していく経過では, いくつかの予測可能な変化が起こり得る。カップルがだんだんと互いに親密になっていくにしたがって, ただ一緒にいるということは, もはや覚醒を誘発することはなくなる。つきあい始めのカップルに非常に共通して見られた理想化は, しだいに恋愛相手の不完全さや限界といったより現実的な視点へと移り変わる (Hatfield, Traupmann, & Sprecher, 1984)。ポジティブとネガティブな相互作用の比率はネガティブな方向へと移行する (Huston, Vangelisti, 1991)。性活動の頻度は減少し (Fisher, 1992; Traupmann & Hatfield, 1981), 性的満足と比べて情緒的サポートやいたわりの重要性が増加する (Kotler, 1985; Reedy, Birren, Schaie, 1981)。カップルは互いに見つめ合う時間がますます減っていき, すでに自分たちの生活についての詳しい情報を共有していることから, 自分や関係に関することをあまり話し合うことなく時間を過ごすようになる (Brehm, 1992)。さらに, 互いにしゃべるときには, ささやくようにしゃべることはほとんどなくなり, ふつうの口調でしゃべることが多くなっていく。カップルが一緒にいるようになってから数日や数週間の間に顕著に見られた幸福感や並はずれたエネルギー, 食べ物や睡眠への興味の減退とは対照的に, この段階のカップルは食事を共有することや一緒に長い間眠ることを楽しんでいるのである。

これらの予測できる変化を何によって説明し, また, その変化はアタッチメントとどのように関連しているのであろうか？ ここで, 乳児に7か月めに起こる変遷——社会的親密さを楽しむことと, ある特定の人の親密さを必要とすることの間の質的な変化——を思い出していただきたい。このくらいの年齢の乳児は, 一般的に見覚えのある多くの人々からの世話を求め, それを心地よく受け入れる

（つまり，彼らを安全な避難所として使う）と同時に，見覚えのある人々には近づいていく（近接性の探求）ようにもなる。しかしながら，乳児が分離に対して抵抗や苦悩を示すのはたいてい最も重要な養育者に限られている。アタッチメント的きずなのおもな機能が安心感を提供することにあることから，安心や安全の重要なよりどころがなくなった場合には，人は不安や苦悩の感情を経験するようになるのである。

乳児の分離苦悩の反応は，内因性オピオイド（訳注：オピオイドとは，モルヒネに代表される強力な鎮痛作用をもつ薬物の一種。内因性オピオイドとは，生体内にあってモルヒネのような薬理作用をもつ一群のペプチドのことをさす。エンドルフィンともよばれる）として知られるある種の脳内物質と関連している。パンクセップら（Panksepp, Siviy, & Normansell, 1985）は，分離苦悩の反応は麻薬中毒者の麻薬の禁断反応とよく似ていることを指摘した。双方の"禁断"症状とも，目が潤む，苦痛の声をあげる，不安やぶるぶると震える，常同症（たとえば，身体を揺り動かすこと），および自分の身体を撫でるような行動を取るといった特徴を有している。それらの類似性をもとに，パンクセップは乳児のアタッチメント形成における内因性オピオイドの役割についての研究を始めた。さまざまな種の動物で，オピオイドの投与は分離が引き起こす混乱の影響を改善する一方，オピオイドの遮断はそれを悪化させた（Panksepp et al., 1985）。これらの知見により，多くの科学者たちはオピオイドがアタッチメント的きずなの形成に関連していると結論づけている。

レーボヴィッツのモデルによれば，恋愛の初期段階でのアンフェタミンの効果に似た高揚的感情から，より確立したカップルでの穏やかさや安らぎといった感情への変遷は，神経化学物質の変化を反映したものであるとされる（Leibowitz, 1983）。前述したように，PEAは人が恋に落ちたときにしばしば経験する止めどないエネルギーと無敵さという感覚のひとつの源泉である。このことから，もし，ものごとが"うまくいく"（カップル間の関係が進展していく）のであれば，PEAによるアンフェタミン効果のような高揚した感情は，安らぎや内因性オピオイドと関連する幸せといった主観的な感覚にしだいにとって変わられる，とレーボヴィッツは予測したのである。

さらに，オピオイドは不安を低減するのに加えて，効果的な条件づけの手段にもなる。古典的条件づけを通じて，オピオイドと対にされた刺激はすぐに（オピオイドの）落ち着かせる効果と関連するようになり，その刺激は非常に好まれるようになった。さらに，そのような好みは消去するのが非常にむずかしい。恋人どうしに典型的な親密な出会いというのは，まず興奮や覚醒の高まりをともない，その後，信頼や満足，安心へと続いていく。それゆえ，麻薬から引き離された麻薬中毒者の症状と失恋に苦しんでいる人の症状が類似していることは，感情的き

ずなの形成においてオピオイドが重要な役割を果たしているという仮説をさらに支持するものであるといえる。それはまた，アタッチメントが特定の他者の刺激へのオピオイド・システムの条件づけとして定義されるということを示唆している。このように，分離苦悩はアタッチメント形成についての適切な指標として考えられる。

　もしアタッチメントがオピオイド・システムの条件づけをともなっているのであれば，その効果は不安と緊張を緩和する相互作用のくり返しの結果であると予測される。このような相互作用は，親子関係と成人の恋愛関係の両方に共通の特徴である。親が泣いている乳児をなだめるとき，その親は（乳児の心のなかで）苦痛の緩和と関連づけられるようになる。同じように，恋人どうしは互いに性的絶頂後の緊張の低減と関連づけられるようになる。つまり，アタッチメント的きずなへと発展していく関係というのは，高められた生理的な覚醒——それがたとえストレスであったとしても——が相手によってくり返し弱められていく関係であるといえる。

　レーボヴィッツによる魅了段階ならびにアタッチメント段階の現象についての記述は，ある関係がこれら2つの段階で終わったとしても，その後に経験されるであろう感覚について予測をたてることを可能にさせてくれる。まず，PEAは興奮剤であるから，禁断症状はカフェインと似たものとなる。それゆえ，覚醒や興奮といったPEAが介在した段階において失恋すると，それは軽い抑うつや倦怠を招くことになる。たとえば，この段階で失恋を経験した人は，ふだんよりもよく食べる，もしくはよく眠り，また，一般的に活動的ではなくなる。反対に，失恋がオピオイドの介在した段階に起こると（つまり，アタッチメントが形成されたあとで），結果として生じる症状はまったく違ったものとなる。この段階での失恋は，高い不安やさらにはパニック，活動の増加，身体機能の異常，食欲減退，不眠症を引き起こすと予測される。

　ボウルビィは，アタッチメントの4つの明白な特徴を示すような関係は，子どもと親の関係，および成人の恋愛関係である可能性が高いと主張した。そこでわれわれは，アタッチメントのこれらの要素についての測度を開発し，青年期後期から成人期後期の大勢の人々を対象に調査を行なった（Hazan & Zeifman, 1994）。その結果，4つの要素すべてが存在するような十分に成熟したアタッチメント関係というのは，ほとんどが親と，もしくは性的関係を持つ恋人どうしの間のきずなにのみ限定されていることを見いだした。さらに，恋愛相手がいない，または恋人とのつき合いが2年以下である者は，親との関係においてのみ分離苦悩を経験すると報告していた——興味深いことに，親友やきょうだい，親密な関係が持てるだろうと思われる相手との関係については，分離苦悩を経験するとは報告し

てはいなかった。

　われわれの継続中の研究の結果が出る前に，われわれは，分離苦悩が乳幼児期と同様に成人期においてもアタッチメント形成のもっともらしくて妥当な基準であるという仮説をたてている。しかしながら，離婚や死別といった極端な状況は除くとして，成人の分離苦悩を記録することは，単にアタッチメント対象が部屋から出て行くだけで苦痛の泣き声をあげるような幼児（Ainsworth et al., 1978）のものと比べて非常に困難である。成人はネガティブな感情反応を統制し，抑制することにたけており，苦悩や混乱した経験に対処するための認知的方略を活用する能力を持っている。とはいうものの，兵役や仕事関連の出張にかかわる長期にわたる自発的ではない別離は，子どもや乳児と同じように，成人もアタッチメント対象からの分離に苦悩し，また，混乱するという証拠をもたらしている。

目的修正的パートナーシップ――通常の生活
　結局のところ，カップルは恋愛に落ちる以前の活動を再び始める。求愛している間にしばしば無視されてきた友人関係や仕事，他の現実世界の責務が，コミットメントのヒエラルキーにおける地位を再びとるようになる。ある意味で通常の生活が帰ってくるのである。
　同じような変化は，生まれて2，3年の間に，今やよちよち歩きの幼児が最も重要な養育者とどのようにかかわり合いを持つかということにおいても時どき生じる。この頃になるとアタッチメント行動の頻度は減少し，親密な身体的接触への欲求はいくらか弱くなる。養育者への信頼は揺るぎのないものとなり，その結果として，自信や安心感がノン・アタッチメント的活動を後押しするようになっていく。幼児は探索行動，とくに仲間との社会的接触に興味を持ち始める。ここにおいて，アタッチメントの最終的な要素である安全基地は形成されたのである。
　成人の恋人どうしにおいても，親と幼児の関係の変化と同様に，性的な意味での相互の見つめ合いと身体的接触の頻度や長さは極端に減っていく。そして，互いの関係以外にも注意を向け，刺激を求め出す。会話は，初期の段階で顕著に見られた自分の話題，相手の話題，そして関係に関する話題とは対照的に，関係以外の話題になっていく。この時点においては，恋人どうしの強い情緒的なつながりは容易に顕在化するのではなく，うわべと異なり，完全な相互依存関係が存在する――バーシェイド（Berscheid, 1983）によって述べられている現象である。
　ホーファー（Hofer, 1984）は，この深い相互依存が生理システムの相互調節機能をともなうものであると主張した。本質的に，恋人どうしというのは，互いの内的システムに調節的なインプットをもたらす外的な手がかりのひとつとして作用するようになる（ちょうど，明暗のサイクルが睡眠に影響するように）。ホー

ファーはこの生理的な相互依存を"エントレインメント（同調傾向）"とよんだ。このような刺激や手がかりを失うということは，死別にともなって起こる混乱を一部説明している。

エントレインメントの例は，動物や人間の乳児に関する文献のなかにあふれている。たとえば，一夫一婦制の鳥の一種であるモリバトは，ペアのきずな（一雌一雄関係の形成）に関連する精巧におり込まれた行動的および生理的変化を示すことがわかっている（Sliver, 1978）。具体的には，オスが鳴くとメスの卵巣が発達し始める。"メス"は受け入れのサインを出し，"オス"はいろいろな物を集めて自分たちのために巣を作り出す。同様に人間の幼児と養育者との関係も高度の生理的な相互依存傾向によって特徴づけられる。たとえば，乳児が泣くと母親の乳房の温度が上がる（Vuorenkowski, Wasz-Hockert, Koivisto, & Lind, 1969）。乳児が母乳を飲もうとするとミルクが出てくるのである（Brake, Shair, & Hofer, 1988）。

人間の男女関係におけるエントレインメントは，文献においては多少見られるものの，十分に調査されているわけではない。例をあげるとすれば，女性の排卵は，性的な接触があまりないか，もしくはまったくない場合と比べて，性的な関係を持っている場合のほうが定期的になるといったことがある（Cutler, Preti, Huggins, Erickson, & Garcia, 1985; Veith, Buck, Getzlaf, Van Dalfsen, & Slade, 1983）。また，定期的な性的活動を行なっている女性の生理期間は中年期まで続く，つまり更年期が遅くなる（Cutler, Garcia, Huggins, & Preti, 1986）。このようにホーファーによって言及されたようなエントレインメントは，明らかに人間の二者間のきずなにおいても存在する。今後，さらに体系的な研究を行なっていくことで，分離やアタッチメント喪失の破壊的で広範囲にわたる影響を説明するのに役立つカップル間のほかの生理的な共調節が明らかになるであろう。

互いを刺激として，カップルが互いに依存するというもうひとつの証拠は，死別後，悲嘆にくれる人々が死んだ者の幻想や幻覚を報告する傾向があることにも見られる（Lindemann, 1942）。これは生前離ればなれになっていたときに，安心感を得るために恋人のイメージを思い浮かべていたというメカニズムのなごりかもしれない。悲嘆にくれる人々というのは，愛していた人のイメージや顔を忘れてしまうのではないかという不安を時どき口にすることがある。つまり，幻覚というのは，その人のイメージを"つなぎ"とめておくための悲しい試みなのであろう。

表 3.1 成人のアタッチメント形成についてのプロセスモデル

段階	ノン・アタッチメント		アタッチメント	
	プレアタッチメント	アタッチメントの形成	明瞭なアタッチメント	目的修正的パートナーシップ
アタッチメントの要素*	近接性の模索	安全な避難所	分離苦悩	安全基地
身体接触	偶然的，"偶発的"	頻繁で，長く，刺激的で，"親のような"	頻繁で，あまり長くなく，なだめるような	あまり頻繁でなく，落ち着いた，文脈特有の
アイ・コンタクト	"ちらっと"見る，一時的に見つめる	頻繁で，長い相互的な見つめ合い	頻繁だが，あまり長くない相互的な見つめ合い	あまり頻繁でなく，文脈によっては相互的な見つめ合いを行なう
会話内容	感情的にニュートラル，表面的，自己高揚的	気づかいを喚起させるような，感情的な開示	あまり感情的ではなく，気づかいを喚起させるような，日常的	おおむね日常的
声質	快活で，声の調子も高く，感情的に覚醒したような	静かなトーン，やわらかで，ささやくような	文脈によってはやわからで，よりノーマルなトーンとピッチ	おおむねふつう
食事・睡眠	ふつう	減少	ほぼふつう	ふつう
他者（アタッチメント対象）への心理的表象	広く適応するような"型"，期待	構築下にある	安定し始める	かなり確立され，簡単に呼び起こすことができる
神経化学物質・ホルモン	フェロモンの刺激，PEA	PEA，オキシトシン	(PEA)，オキシトシン，オピオイド	オキシトシン，オピオイド
関係終焉への反応	なし，または少しの失望	無気力感，軽い抑うつ状態	不安，行動の崩壊	極度の不安，広範囲にわたる身体的崩壊，心理的混乱

*この列に記載したものは，最終段階までに4つすべての要素が存在するように，各段階において付加されるアタッチメントの要素を示している。

†アタッチメントにおける個人差

　この時点まで，われわれはアタッチメントの個人差についてはほとんど何も言ってこなかった。今のところ成人のアタッチメント研究の焦点は，個人差に合わせられていると述べることを除いてではあるが。ボウルビィの理論についての最

初の実証的な検証は，エインズワース（Ainsworth）によって行なわれ，彼女はアタッチメントの個人差の主要な3つの型を同定した（Ainsworth et al., 1978）。同様に，ハザンとシェーバー（Hazan & Shaver, 1987, 1990）は，成人の恋愛関係のアタッチメントに乳幼児期のものと類似した3つの型があることを示した。**安定型**は，相手との親密さに喜びを感じ，相手が信頼でき，応答的であるという確信によって特徴づけられる。反対に，**アンビバレント**なアタッチメントというのは，相手の応答への確信のなさと結びついた親密さに対する強い欲求を持つ。欲望と疑念の間のこの緊張感は，たびたびで激しい怒りや恐れといった感情を引き起こす。また，**回避型**も相手への信頼の欠如を基礎としているが，それは激しい接近からではなく回避の結果である。乳幼児期と成人期の両方において，標準的なアタッチメントのパターンは，安定型のアタッチメントである（Campos, Barrett, Lamb, Goldsmith, & Stenberg 1983; Shaver & Hazan, 1993）。

現行のアタッチメントモデルは，アタッチメント形成のプロセスや段階を標準的な観点からまとめたものである。われわれは，そのアタッチメント形成のプロセス，そして段階にさえ，アタッチメントの個人差の結果として，いくつかのバリエーションがあるだろうと予測し，また，その予測を支持するための実証的な証拠も持っている。たとえば，アタッチメント・スタイルの個人差が，求めて楽しむ，あるいは避けようとするといった身体的な接触形式にも認められることをわれわれは見いだした（Hazan, Zeifman, & Middleton, 1994）。回避型の成人は，単なる性的接触（たとえば，オーラルセックスやアナルセックス）は好むが，より情緒的で親密な接触（たとえば，キスをする，抱きしめる，鼻を擦り合わせる）に対しては嫌悪感を示すといったことが見受けられた。アンビバレント型の人は，まったく逆で，親密さと安らぎへの欲求を満たすための手段としておもに性的活動をとらえていた。安定型の人は，とくに現在進行中の恋愛関係において（たとえば，ひと晩限りの関係とは対照的に），性的と情緒的両タイプの身体的接触に喜びを感じていた。

各アタッチメント・スタイルと関連する身体的接触の好みは，長期的な関係が築かれたときに，その関係が成功する相対的な比率を解釈するのに役立つであろう。たとえば，恋愛関係が比較的うまくいきやすく，関係の解消をあまり経験しない安定型の人々は（Hazan & Shaver, 1987; Kirkpatrick & Hazan, 1994），自分および相手のアタッチメント（および性的）欲求を満足させるのに必要な類いの身体的接触を行なう。反対に，回避型の人はアタッチメントを促進させると考えられる接触に対して嫌悪をいだく。また，アンビバレント型の人の身体的接触の好みは，恋愛関係を危険にさらす可能性を高める多少過剰なアタッチメント欲求と顕著なセックスへの興味の欠如を示唆した。それゆえ，不安定なアタッチメ

ント（回避型とアンビバレント型）は，身体的接触の影響をとおして，アタッチメントの形成を妨げやすいといえよう。

アタッチメント・スタイルの違いによる影響は，身体的接触の領域に限られているわけではない。現存の証拠は，アタッチメント・スタイルはわれわれのプロセス・モデルに関連するいくつかの領域の行動に影響を与えるというだけでなく，その影響パターンは領域にかかわらず一貫していることを示している。一般的に，回避型の人は相手から距離をおこうとし，アンビバレント型の人は親密さに対して不適切で未成熟な努力を行なう。これらのパターンは，自己開示の頻度や選択（Mikulincer & Nachsohn, 1991），ストレスへの反応の際に相手に安心感を求める傾向（Simpson & Gangestad, 1992），コミットのないセックスを気軽に行なうこと（Brennan, Shaver, & Tobey, 1991; Simpson, 1990）といったアタッチメント関連行動において示される。このような研究知見は，われわれの一般的なモデルと同じように，回避型の成人はアタッチメントの形成を促進するような行動を取るのを嫌い，逆にアンビバレント型の人はアタッチメント形成過程を急いで行なおうと試み，そうする際に，各段階の基準を壊すような行動を取るということを示している。つまり，両方の場合において，安定的なきずなが発展する可能性は減少してしまうのである。

しかし，このような個人差や関係過程の影響にもかかわらず，不安定なアタッチメントが強力で長期的な情緒的きずなの発展をまったく不可能にするというわけではない。虐待されたり，無視されたりした乳児が，それでも養育者にアタッチメントを感じるようになる（Crittenden, 1988）のと同様に，成人の場合も，うまく機能していないような関係であったとしても恋愛相手に対してアタッチメントを感じるようになるのである。ボウルビィが論じたように，アタッチメント的なきずなというのはひどく不適切な状況においても発展するように，その動機は人生全般をとおして非常に強固なものなのである。

結論と将来への展望

この章では，成人のアタッチメント形成の基準となる4段階モデルを提示してきた。現時点で，われわれは各段階の特徴の一貫性と同様に，段階の普遍的な連続性を仮定している。たとえば，あるレベルの自己開示は，それと対応するレベルのアイ・コンタクトと同時に起こる。また，親密な身体的接触は，それと同等の心理的近さという親密度と同時に生じる。しかしながら，ある段階から次の段階への進展のタイミングは，年齢，アタッチメント・スタイル，性別，文化，価値といった個人差の関数として大きく変化する。

現在，われわれはこのモデルのいくつかの異なる要因や要素を検証しているところである。そのおもな目標は，成人におけるアタッチメント的きずなが存在するという指標を同定することである。われわれがこれまで議論してきたように，ノン・アタッチメントからアタッチメントへの転換の間に，恋愛相手が存在することによる覚醒の誘発とその緩和の影響のバランスにおいて変化が生じる。相手の存在が興奮から安心に変わると同時に，その人の不在は不安や苦悩を引き起こすようになる。それゆえ，（乳児のアタッチメント指標とされている）分離苦悩は，成人のアタッチメントの指標にとっても最も重要な候補となっている。

しかしながら，成人の分離苦悩を立証することは，非常に困難なことであろう。乳児とは違い，成人はネガティブな感情の表出を抑圧するのにたけている。さらに，成人は分離にうまく対処し，ネガティブな感情的反応を規制するための認知的な戦略を使うこともできる。もちろん，成人においてでも，相手の死や別離といった極端な状況への反応は，分離苦悩の明確な証拠を提供してくれるが，一時的で短期間の分離のネガティブな影響を示すためには，睡眠，活動，食事という日常パターンの崩壊といったより安定した指標での検討が必要とされる。

われわれは，この章を互いの相互作用が各関係の性質の違いを示す3つの仮想カップルの記述から始めた。われわれの目的は，観察可能な違いよりも，その違いの隠された機能や意味を探ることにあった。そのためには，心理学でのわれわれの分野以外にも，さまざまな異なった学問分野やその関連領域についての研究を引き合いに出す必要があった。ここで，われわれは学問分野の比較や学際的アプローチを採用することによって，重要であるにもかかわらず，未だ解決されていないいくつかの問題を明らかにしてきた。眼前に広がるこの難題への正しい認識をもって，われわれは次世代のアタッチメント研究者たちをこの未知なる領域の探求に招き入れたいと思う。

謝辞
Richard L. Canfield, Francesco Del Vecchio, Steve Duck, William Ickes, Elizabeth Leff, そして，David Sbarra のこの章の初稿への有益なコメントに感謝する。

●3章のまとめ●

アタッチメントの形成プロセス
（関係の進展段階，乳幼児期・成人期の対応と各要素，各段階の特徴）

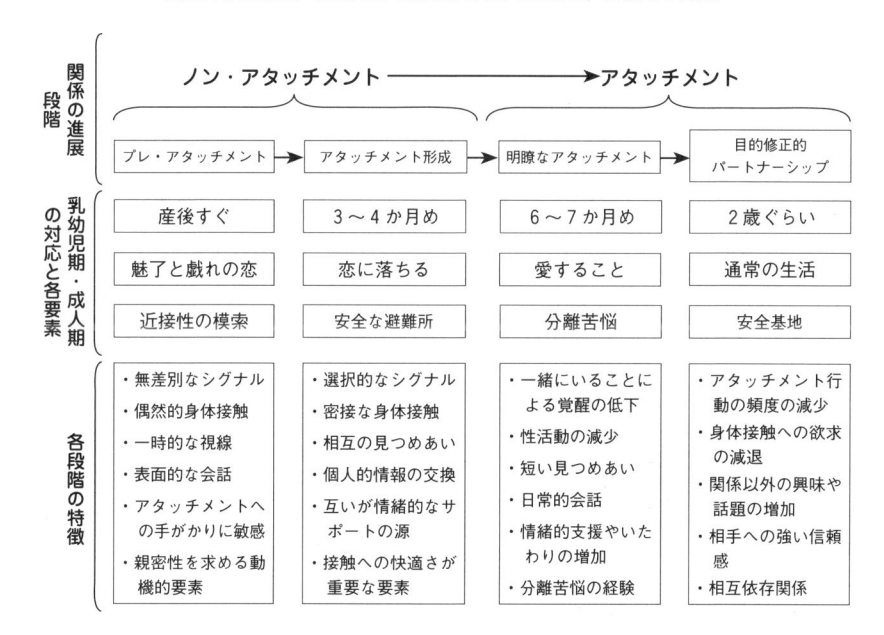

関係の進展段階	ノン・アタッチメント ──────────→ アタッチメント			
	プレ・アタッチメント	アタッチメント形成	明瞭なアタッチメント	目的修正的パートナーシップ
乳幼児期・成人期の対応と各要素	産後すぐ	3〜4か月め	6〜7か月め	2歳ぐらい
	魅了と戯れの恋	恋に落ちる	愛すること	通常の生活
	近接性の模索	安全な避難所	分離苦悩	安全基地
各段階の特徴	・無差別なシグナル ・偶然的な身体接触 ・一時的な視線 ・表面的な会話 ・アタッチメントへの手がかりに敏感 ・親密性を求める動機的要素	・選択的なシグナル ・密接な身体接触 ・相互の見つめあい ・個人的情報の交換 ・互いが情緒的なサポートの源 ・接触への快適さが重要な要素	・一緒にいることによる覚醒の低下 ・性活動の減少 ・短い見つめあい ・日常的会話 ・情緒的支援やいたわりの増加 ・分離苦悩の経験	・アタッチメント行動の頻度の減少 ・身体接触への欲求の減退 ・関係以外の興味や話題の増加 ・相手への強い信頼感 ・相互依存関係

個人差としてのアタッチメント・スタイル（3つのアタッチメント・スタイルの主な特徴）

	アタッチメント・スタイル		
	安定型	アンビバレント型	回避型
各スタイルの特徴	相手との親密さに喜びを感じ，相手が信頼でき，応答的であるという確信を持つといった特徴を持つ	相手の応答への確信のなさと結びついた親密さに対する強い欲求を持つ	親密さから回避することを望み，他人に依存することを嫌う
身体的接触形式	性的と情緒的両タイプの身体的接触に喜びを感じる	親密さと安らぎへの欲求を満たすための手段として主に性的活動をとらえている	たんなる性的接触は好むが，より情緒的で親密な接触に対しては嫌悪感を示す
関係における身体的接触	自分および相手のアタッチメントを満足させるのに必要な類いの身体的接触を行なう	関係を危険にさらす可能性がある多少過剰なアタッチメント欲求と顕著なセックスへの興味の欠如	アタッチメントを促進させると考えられる接触に対して嫌悪をいだきやすい
アタッチメント形成過程	適切で，段階に応じたアタッチメント形成を行う	親密さに対して不適切で未成熟な努力を行なう。アタッチメント形成過程を急いで行なおうと試みる	相手から距離をおこうとする。アタッチメントの形成を促進するような行動を取ることを嫌う

4章
2つの観点から異なる人種間の対人関係を見る

スタンレー・O・ゲインズ Jr　　Stanley O. Gaines, Jr
ウィリアム・イックス　　William Ickes

　異なる人種間の対人関係を研究するのに，ほかの対人関係を研究するための理論的枠組みを当てはめるわけにはいかない。異なる人種間の対人関係はほかとは違う性質を持つため，何か特別な理論的枠組みが必要なのである。その特別な理論的枠組み——とまではいかなくとも，少なくともそれに近いもの——を読者のために用意する，というのが本章の主たる目的である。本章の議論の第1の前提は，異なる人種間の対人関係は，単に異なる民族間の対人関係とは違うというものである。本章では，その差異の本質，そしてその差異が，さまざまな種類の異なる人種間の対人関係の"当事者"と"部外者"，それぞれの立場による対人関係に対する知覚に及ぼすであろう影響について，性別の同じものと性別の異なるもの，そして恋愛関係と友愛関係を比較しながら探究する。
　本章では，まず異なる人種間の対人関係が他の対人関係とは違うという前提の証拠となるこれまでの研究成果を概観する。続いて次の2つの包括的な観点から異なる人種間の対人関係を吟味する。第1の観点は，"部外者"の観点，すなわち異なる人種間の対人関係を観察する個人としての観点である。第2の観点は，"当事者"の観点，すなわち異なる人種のパートナーと対人関係を持っている個人としての観点である。それぞれの観点の基礎となるであろう対人過程を例証しまた説明するのに，それらに関連する社会心理学の理論についてふれることにもなる。これら2つの正反対の観点について，具体的には次の6種類の異なる人種間の対人関係を吟味することになる。すなわち，男性どうしの友人関係，女性どうしの友人関係，男女間の友人関係，男女間の恋愛関係，男性の同性愛関係，女性の同性愛関係である。"部外者"と"当事者"の両観点の相互作用がもたらす緊張状態に注目することで，これら6種類の対人関係のそれぞれの特徴である動的な要因を特定する理論を提唱する。

異なる人種間の対人関係と他の対人関係との相違点

　異なる人種間の対人関係がほかの対人関係と実際に異なるという証左を見つけることはむずかしいことではない。とくに直接関係のある証左といえるのは，第1に，異なる人種間の対人関係が統計学的にまれなものであるという点，第2に，異なる人種間の対人関係が，それより上位の範疇である異なる民族間の対人関係とは明らかに異なるという点の2つである。

異なる人種間の対人関係は統計学的にまれである

　異なる人種間の対人関係は保険統計学的にまれであり，統計的に見積もってみた数よりも実数ははるかに少ない。公民権運動の結果，表面上は人種差別がないことになっている現代においてさえ，異なる人種間の友人関係は標準的というよりはむしろ例外とされている（Blieszner & Adams, 1992; Furman, 1985; Todd, McKinney, Harris, Chadderton, & Small, 1992）。それは異なる人種間の結婚も同様である（Levinger & Rands, 1985; Todd et al., 1992; Zweigenhaft & Domhoff, 1991）。むろん，異なる人種間の友人関係や恋愛関係の発生率に関する統計にいたっては，これに対応する異なる人種間の夫婦関係に関する統計（Zweigenhaft & Domhoff, 1991を参照）を探すよりも実質的に困難である。しかしながら，仮に夫婦関係が，すべての異なる人種間の対人関係のなかでも，最も親密な対人関係であり，それから敷衍して最も結びがたくかつ維持しがたい対人関係とする（Levinger & Rands, 1985）と，異なる人種間の夫婦関係の発生率を異なる人種間の対人関係全体の発生率の下限と見なしてもよかろう。

　1993年3月現在，アメリカ合衆国全体の夫婦のうち，人種の異なる夫婦の占める割合は2.2%である（米国商務省国勢調査局，1994）。1993年の時点における人種の異なる夫婦のうち，20.3%は黒人と白人の夫婦である（訳注：本章の著者は意図的に，"Black/White"つまり"黒人／白人"と，"African American/European American"つまり"アフリカ系アメリカ人／ヨーロッパ系アメリカ人"という2種類の用語を使い分けている。本章で言う"部外者"よりの議論では前者，"当事者"よりの議論では後者が選択的に使用されている）。さらにそのうち，75%が黒人の夫と白人の妻の夫婦である。興味深いことに，ラテン系やアジア系のアメリカ人はアフリカ系アメリカ人と結婚するよりも，アングロサクソン系アメリカ人と結婚する方がはるかに多い（Sanjek, 1994）。またほとんどの場合，有色人種は，同じ民族意識を持たないほかの有色人種と結婚しない。

　そもそも個人はどのようにして，どの内集団や外集団が自身の自己概念や自尊心にとって重要であるかを決めるのであろうか？　明らかに，その決定に関する

情報は社会によって（両親，教師，聖職者やメディアの有名人など，個人を社会化する役割を担う人々を経由して）与えられる（Allport, 1954/1979; Samovar & Porter, 1995)。なぜなら，生まれたときには，どの内集団と外集団を区別することが最も重要であるべきなのかをだれも知らないからである。アメリカ合衆国においては，南北戦争までアフリカ系アメリカ人が奴隷とされていたこと，植民地時代に先住民族のネイティヴ・アメリカンやラテン系の人たちの土地を収奪してきたこと，そして第2次世界大戦中にアジア系アメリカ人（とくに日系人または日系人と疑われた人たち）が拘禁されたり強制収容されたりしたことなど，それぞれの歴史的事実がけっして風化することのない歴史認識を呼び覚ましてくれる。そのような歴史認識では，コーネル・ウェスト（Cornel West, 1993）が言うように，"レイス・マターズ"（訳注：原文では"Race Matters"，つまり"人種問題"と"人種が問題である"の掛詞）なのである。

異なる人種の対人関係は他の異なる民族間の対人関係とは異なる
　異なる人種間の対人関係の特殊性については，この対人関係を包含する上位の**概念である，異なる民族間の対人関係**という範疇において，異なる人種間の対人関係が他のものとは別個の部分集合を表わすものであるということももうひとつの証左である。これについては，人種が異なる夫婦と宗教が異なる夫婦の比較が参考になる。これら2つは民族性が異なる者どうしの結婚，すなわち，人種，言語，宗教，かつ／または国籍が同じでない者どうしの結婚のことである（Ho, 1984; Yinger, 1994)。にもかかわらず，アメリカ合衆国においては，宗教が異なる夫婦の数に比べて，人種の異なる夫婦の発生率は対照的に低い（Ho, 1984; Levinger & Rands, 1985)。仮にホー（1984）の見積もり通り，アメリカ合衆国におけるすべての結婚の3分の1が民族性の異なる夫婦のものであるとすると，異なる"白人"間の結婚を考慮してもなお，宗教の異なる夫婦の数は人種の異なる夫婦の数と比べて多い（またはるかに蓋然性が高い）。それゆえ，オルポート（Allport, 1954/1979）の，アメリカ社会において人種の違いは宗教の違いよりも際だって顕著であるという20世紀半ばの評価は，この世紀の終わりになってもそのまま当てはまる。
　もちろん，人種の異なる者どうしの結婚と宗教の異なる者どうしの結婚が同じ範疇に入ることがあり得ないわけではない。たとえば，黒人の新教徒と白人のユダヤ教徒との結婚は，人種が異なり，**かつ**宗教も異なる結婚と認めることができよう（Zweigenhaft & Domhoff, 1991を参照）。それでもなお，宗教の異なる夫婦の発生頻度に比べて人種の異なる夫婦の発生頻度が少ないという事実は，両者の重大な相違点の**明白な**証拠であるといえる。しかしここでひと言大切なことを

述べておくと,そのような相違点を考慮するためには,まず両者の根本的な類似点に注目しなければならないということである。すなわち,人種の異なる夫婦にしろ,宗教の異なる夫婦にしろ,いずれの場合も少なくとも夫婦のうちの一方が,所属する社会からスティグマ扱い（訳注：恥さらしであるかのごとき扱い）を受けているという点である。ゴフマン（Goffman, 1963）の分類によると,（1）人種または民族性,（2）出自の国,そして（3）宗教の3つに関係するスティグマは「**集団的スティグマ**（tribal stigma）(p.4, 訳書［石黒, 1970］p.15,太字は引用者による強調）といい,家族の全員を一様に汚す」（同上）ものである。したがって,宗教の面で異質な集団の出身者との結婚と同様,人種の面で異質な集団の出身者との結婚も,好ましくない形で社会的な注目を浴びる可能性がある。その注目は,"スティグマを着せられた"パートナー（人種的または宗教的なマイノリティに属する側）にも,"正常"な側のパートナー（人種的または宗教的なマジョリティに属する側）にも,そして両者の子孫にも浴びせられるものである。

人種の異なる者どうしの結婚と,宗教の異なる者どうしの結婚のどちらもともにスティグマ扱いされているとすれば,統計学的に見た発生頻度の低さについての両者の対照的な傾向の違いを説明する要因とは何だろうか？ レヴィンジャーとランズ（1985）は,以下に示すような解答を提案している。

> 人種に関する規範がなかなか変化しないのに,宗教に関する規範は素早く変化するということで,説明とすることができるかもしれない。法体系のなかでは少なくなってきているとはいえ,人種差別というものはそう簡単に変わるものではない。依然として見た目の異なる他者を疑いの目で見てしまうものだというだけでなく,歴史的に見ても,人種の差異は社会階級,居住地区,教育,経済活動の機会や資力などにおける差異につながりがある。人種的特徴というものは遺伝子によって遺伝的に決まり,時間が経っても変わることがない。それに対して,宗教への帰依というのは遺伝的特徴とは独立したもので,変化することが可能である。一生涯信仰を保つ人もいるが,信心が弱くて劇的な変化を体験する人もいる。

> 人種の不変性と信仰の可変性をかんがみれば,人種の異なる者どうしの結婚と,宗教の異なる者どうしの結婚は相当な違いがあると言ってもよいだろう。すなわち,人種の異なる夫婦は明らかに異なる肌の色を保ち続けるのに対し,宗教の異なる夫婦は自身の信仰を全面に押し出さないようにするか,ともに信仰できるものに変更するかのどちらかが可能である。さらに,異なる人種が合わさって生まれた子どもたちには,自分の両親の遺伝的特徴がはっきり

と表われているのに対し，宗教が異なる両親を持つ子どもたちは，独自のやり方で自身の信仰を作り上げていくことができるのだ。(pp.315-316)

レヴィンジャーとランズ (1985) によれば，宗教の異なる者どうしの結婚に比べて，人種の異なる者どうしの結婚がより強くスティグマ扱いされているのは，多くの要因が相互に関連し合ったためである。それらの要因のうちおもなものは，(a) **外国人恐怖症** (xenophobia)，すなわち"見た目の異なる他者を疑いの目で見る"こと，(b) **否定的な社会的ステレオタイプ化**，つまり"社会階級，居住地区，教育，経済活動の機会や資力などにおける差異"との歴史的なつながりに基づくもの，そして (c) **遺伝的要因**における人種間の差異に由来するもので，宗教的な差異に基づく信仰上の差異とは異なり，非常に見えやすく，かつ変えたり無視したりすることがむずかしいもの，の3つである。レヴィンジャーとランズ (1985) によるこの分析は，異なる人種間の結婚のみならず，これを含む異なる人種間の対人関係全般についての，本章の議論で言うところの"部外者の観点"の重要な特徴をうまくとらえたものである。ただし本章ではさらに，この観点が異なる人種間の対人関係を理解するのに重要であるものの，その理解というものは必然的に不完全なものとなるという論を提唱する。異なる人種間の対人関係についての理解をより徹底したものとするには，この"部外者の観点"を補完する"当事者の観点"が不可欠である。この"当事者の観点"とは，異なる人種間の対人関係を構成する者自身が持つ，この種の対人関係についての見方である。さらに，これらの2つの観点が激しくぶつかり合うことで生まれる緊張状態は，異なる人種間の対人関係の性質や推移に影響を与え得るので，これら2つの観点の相互作用を考慮しなくてはならない。

　異なる人種間の対人関係に関する当事者と部外者の違いが，対人関係研究者にとって問題となるのはなぜだろうか？　ダック (Duck, 1994b) が述べたように，対人関係研究者は，対人関係の過程についてのひとつの"真実"の説明が見いだされるものと信じており，しかもその対人関係を構成する者ではなく，むしろ研究者自身がその"真実"の説明を作り上げる特殊な技能を身につけていると考えている。このような原理により，よくあることではあるが，対人関係の当事者による彼らがともに作り上げた人生についての説明が，まさにその対人関係を研究している研究者の説明とかみ合わないとき，部外者（つまり対人関係の研究者）は，当事者の説明よりもおのれが作った説明のほうに分があるとしがちであるといえる (Olson, 1977; および Duck, 1990; Duck & Sants, 1983; Kelley, 1979; Surra & Ridley, 1991 を参照)。たとえ研究者と研究参加者が同じ人種（多くの場合アングロサクソン系）に属していても，このようなことが実際に起こるおそれはあ

るし，二者関係のパートナーのうち少なくともひとりが研究者とは異なる人種に属している場合は，その危険がますます差し迫ったものとなるのである。

　当事者と部外者の観点におけるこのような違いを解明することが，とりわけ異なる人種間の対人関係の過程について理解することに，どのように役立つのであろうか？　さらに，これら2つの観点相互間の緊張状態を調べることで，異なる人種間の対人関係を，どのようにより深く理解してより明確に説明できるようになるのであろうか？　これら2つの問いへの答としては，まず（a）当事者と部外者の観点の違いを認めることで，一見異常な対人関係についての部外者の観点による説明を特徴づける，暗黙裡に自明とされがちな，詳しく吟味されることの少ない理論を明確にし，批判的に評価することができるという点があげられる。また（b）**当事者の対人関係の構成員としての生活に関する**，当事者の説明と部外者の説明の対立がもたらす緊張状態の潜在的な影響を調べることで，当事者がその緊張を最小の程度に留めるために内密にまたは公然と行なう方略を見定めることができるといえる。以上の点に即して，本章の残りの部分は，異なる人種間の対人関係に関する"部外者"の観点と"当事者"の観点についての考察に充てられる。そしてこれらの2つの観点相互間の緊張状態が何を含意するのかを，異なる人種間の対人関係のそれぞれのタイプについて調べる。

異なる人種間の対人関係を見る"部外者の観点"

　レヴィンジャーとランズ（1985）の分析に拠れば，遺伝的要因と環境要因（すなわち社会的学習）の2つが"部外者としての観点"の構成に寄与しているので，この両方をあわせて考えれば，人種の異なる結婚の発生率の低さをうまく説明できるということになる。しかし残念ながら，本章の限られた紙数で，この分析で示唆されている遺伝的要因と社会的学習要因のすべてを網羅するというのは無理である。ゆえに，本章の目的としてより穏当といえるのは，**遺伝的傾性**によって，異なる人種間の対人関係についての"部外者の観点"が，根の深い本質的には認知過程を含まないものを基礎として構成されていることを示すことである。この観点というのは，少なくとも人類にとっては，さまざまな知覚的・認知的インプットからなる**認知的オーヴァーレイ（上書き）**によって，更新され，洗練され，より複雑なものとなるものである。潜在的な関連要因をすべて書き出す代わりに，本章では，異なる人種間の対人関係についての"部外者の観点"を定義すると考えられる，遺伝的傾性と認知的オーヴァーレイの2つについて論じ，いくつかの例をあげて説明することに留める。

外国人恐怖症という生得的な遺伝的傾性

　ラジェッキ（Rajecki, 1985）は，進化論の枠組みで書いた論文で，**外国人恐怖症**を遺伝的に決定されたものとし，集団内の協力と集団間の競争についての類人猿と人類に共通する行動パターンを説明するという論を発表した。ラジェッキ（1985）の進化論的な取り組みによって，人種の異なる対人関係に対する，主要な根深い反応と仮定されるものについて，認知心理学的な見方とはどちらかといえば異なる説明をすることができる。

　自身が生き延びられるように，そして自分の遺伝子が後の世代において生き延びられるように，人類は――他の社会的活動を行なう動物と同様に――自身を階級のなかに位置づけなくてはならない。家族，部族，そして国家といった内集団によって，そこで通用する社会秩序における個別のニッチ（生態的地位）が個人に与えられる。個人は，支配的もしくは従属的な立場をとる内集団のほかの構成員との関係で調和を保つことにより，物理的および社会的環境が比較的安定し，自分自身だけでなく自分の子孫の生存にもつながる状態を続けることを確実にしようと試みるのである（Krebs & Miller, 1985）。

　内集団の構成員との相互作用が社会的な安定性を促進する傾向があるのに対し，外集団の構成員との相互作用は社会変動の前ぶれとなるだろう。社会変動により，個人の安心感は暗黙裡にあるいは公然と脅かされることになる。とくに，具体的な資源に乏しいとき，外集団の構成員を目の当たりにすると，自分自身の物理的および社会的環境，そして自分自身の生存（および子孫の生存）がしっかりと統制されていないことが気になってくるのである。ラジェッキ（1985）によれば，外国人恐怖症は，外集団の構成員が意図的または無意識に，当の内集団によって画定された問題の縄張りに入ったとき，生得的な遺伝に基づいた傾性として起こる。もし内集団の構成員が外集団の構成員よりも数で勝っていた場合，内集団の構成員は一般的に侵入者に応酬する（Krebs & Miller, 1985 を参照）。

　なぜ内集団の構成員は，外国人恐怖症を感じ，マイノリティである侵入者（すなわち外集団の構成員）に応酬してしまうのだろうか？　ラジェッキ（1985）によれば，さきに所属していた集団が好きなようにさせてもらえた場合，内集団の構成員はそれぞれ結婚して種の"血統"に貢献できるようになる。内集団の個々の構成員の生存に必須なもの（たとえば，食物）と，内集団の遺伝子を次代に伝えるのに必要なもの（たとえば，性交）という，具体的な資源を手に入れることに**関する**，内集団内の争いを最小限に抑えるため，内集団の構成員は集団として支配階級制を作り，それぞれの個人がある一定以上の具体的な資源――結婚する機会を含めて――を入手できるようにしているのである。少なくとも内集団の構成員のだれかと，種，生物学上の性，だいたいの年齢という点で同じである外集

団の構成員が，ひとたび実際にその内集団に侵入してくるや，内集団－外集団間の直接の競争が起こる。

　（前略）重要なことは，その程度はどうであれ，集団の構成員間における好ましい関係というのは，互いの統制と予測可能性によるものだということである。（中略）個人が同じ年齢で同じ性別の部外者と立ち向かうことになってしまったら，どんな行動を取ればよいのかも，互いの上下関係もわからないということになる。まったくのあいまいさというものは耐え難いものだし，さらに最も集団に特有の機構は常に支配することに努め，支配できるときにはそうするということを考えれば，2人の見知らぬ者どうしの上下関係の問題は，長い間決着をつけずにおくべきではない。もしその2人が接触を続けているのであれば，予測可能性と統制を確立する試みは素早く，そしておそらく劇的に顕在化されるであろう。（p.17）

　ラジェッキによる外国人恐怖症の説明では，以下の3点がある限り，外集団の構成員に対する応酬が起こりやすくなる。それは，内集団の構成員に対して外集団の構成員が，(a) 身体の面で類似していない（身体的な非類似性は遺伝的な非類似性の印となり得る），(b) 見慣れないものであり行動面での予測がつかない（それゆえ，存在し得る支配関係についての不安感と不確かさが高まる），(c) 人数の面でマイノリティである（数の面で劣る），という点である。以上の条件が満たされたときに外集団の構成員に応酬する内集団の構成員にとっては，包括的な遺伝的適合性が高められるので，このような外集団に対する応酬は，多くの種で顕在するはずである——事実そうである（Rajecki, 1985を参照）。

　おもしろいことに，この説明について最も一貫性があり決め手となる証拠は，人間以外の類人猿の研究，放し飼いのバーバリ・マカク（訳注：アフリカ北部に棲息する尾無ザル）(Deag, 1977)，ブタオザル（訳注：アジア東部に棲息する尾短ザル）(Bernstein, 1969)，マンガベー（訳注：西アフリカに棲息する小型のオナガザル科の一種）(Bernstein, 1971)，そしてアカゲザル（訳注：別名ベンガルザル。インド，東南アジアに棲息する小型のサル）(Bernstein, 1964) などから得られる。たとえば，アカゲザルの自然のままの内集団に，外集団の構成員が放たれると次のようなことが起こる。

　　赤ん坊を除いて，外来の動物はすべて脅迫，追跡，直接の身体的襲撃を含む強い攻撃をもって迎えられた。（中略）全体としては，外来の動物を近くに放した結果，このような自然のままの動物集団における攻撃は，基準値よりも42%から822%まで増加した。本研究では18頭の動物を放してみたのだ

が（くり返すが，赤ん坊を除く），その100％が殺害されるか完全に駆逐される結果となってしまったのだ。(Rajecki, 1985, p.20)

ラジェッキの説明する，身体的に類似していない外集団の構成員に対する外国人恐怖症的攻撃というもので，アメリカ合衆国史上における人種間の暴力のとくに悲劇的で残忍な事例について，少なくとも部分的に説明することができよう (Allport, 1954/1979; Du Bois, 1986; Rosenblatt, Karis, & Powell, 1995)。たとえば，南部諸州でかつてよく見られた私刑（リンチ）の筋書きはこうである。1名または複数の若い白人男性が，ある若い黒人男性が白人優位の居住地に入り込んで，ある若い白人女性に色目を使って言い寄ろうとしているという噂（確かなものかどうかは別だ）を耳にするというものだ。このような筋書きは多くの場合，怒り狂った白人の男たちが暴徒となって，その黒人男性を呼び止めてつるし上げ，その人物の男性器を切断して最終的な仕返しの象徴とする，という形で終わった。

ラジェッキ (1985) の同じ種の部外者に対する生物学的反応としての外国人恐怖症という見方は，内集団－外集団間の偏向，公然の偏見，そして異種族婚交のタブーが人類にとって不可避のことであるという，広く信じられている考えに一致する (Gaines & Reed, 1994, 1995)。本章のテーマである異なる人種間の対人関係に話を戻すと，外国人恐怖症についてのこのような見方は，遺伝子による表現型がほとんど類似していない（それゆえ共通する遺伝子の数が最も少ない）者どうし，すなわち黒人と白人の対人関係の発生率が相対的に少ないこととも矛盾していない (Todd et al., 1992)。しかしながら，重要な皮肉があることを述べておかねばならない。(a) 黒人として認定されているアメリカ人のうち大多数でないにしても，多くが1名またはそれ以上の白人の先祖を持つこと (Allport, 1954/1979, Porterfield, 1978; Zack, 1993)，そして (b) 遺伝子のうち，目の色，髪の質，そして肌の色のような身体的特徴の差異を全体的につかさどるのは，人間の遺伝形質のうちのせいぜい5％までにすぎないということの2点から言えるのは，ラジェッキ (1985) の説明が本当に意味することは，外国人恐怖症というのは人類の間の比較的わずかな遺伝的相違点を強調するために，圧倒的に多くのそれ以外の遺伝的類似点について目をつぶるようにし向けるものであるということなのである。

知覚的・認知的側面から見た"部外者の観点"
もし外国人恐怖症が外集団の構成員による侵入に対する学習によらない反射的な反応であるとすれば，異なる人種間の対人関係というものは，この対人関係については"部外者"である仲間の内集団の構成員に，対人関係として見てもらう

ことさえないであろう。これら観察者の優勢な反応は，単純にその外集団の構成員を歓迎されざる闖入者と見なし，その害を被った内集団の構成員を"助け"て闖入者を駆逐することであろう。仲間である内集団の構成員とその外集団の構成員との間に本当の対人関係が存在するなどということを認めることは，人類よりも下等な種には無理なことであろうが，人間は多くの場合――いつもというわけではないが――洞察力というものを会得することができる。その洞察力が会得**される**とき，異なる人種間の対人関係によって，仲間の内集団の構成員に厄介な帰属の問題がもたらされる。外国人恐怖症の影響や，さまざまな知覚・認知過程によって作られた心理的障壁（そのうちのいくつかについては以下に述べる）があるのに，いったい全体なぜそのような対人関係が作られるなんてことになるのだろうか？　そして，一度できてしまうと，なぜそのような関係は長続きするのであろうか？

　多くの知覚・認知過程が理解するのを妨げるので，"部外者"は異なる人種間の対人関係が存在するということを認めることさえしようとしないかもしれない。以下の節では，そのような過程の代表的な例について簡単に論じる。具体的には，(a) 知覚におけるゲシュタルト的統合原理としての類似性，(b) 人種を示す目印となるものと否定的特徴との認知的な結合，(c) その認知的結合と，異なる人種間の対人関係を認知的にも感情的にも不均衡であるとするハイダーのバランスモデルとの関連性，そして (d) "部外者"がそのような不均衡を知覚する帰属過程の結果，の4点である。

類似性という知覚統合原理

　ゲシュタルト心理学の原理（Köhler, 1947）によれば，個人は顕著な表面的特徴を共有する対象を"ひとまとまりの"ものとして知覚する。これはハイダー（Heider, 1958）の言う**ユニット（単位）関係**である。ゲシュタルト心理学は本来物体の知覚に適用されるものであったが，感覚統合の原理は対人知覚についても適用され得る（Fiske & Taylor, 1984）。よって肌の色が似ている人々は，肌の色が似ていない者の目から見た場合，同じ社会的単位（たとえば，友人どうしや恋人どうしなど）として知覚されやすくなる（Rosenblatt et al., 1995を参照）。さらに，アメリカ合衆国におけるさまざまな分野の社会制度（たとえば，宗教，教育，社交など）で根強い人種隔離（米国学術研究会議, 1989; Pinkney, 1993）をかんがみれば，黒人で，圧倒的に白人が優勢な状況で白人と友だちになる人や，白人で，圧倒的に黒人が優勢な状況で黒人と結婚する人は，社会的に異形であると見なされやすい。

　とりわけ問題の人物が黒人である場合，スティグマの付与は他者と顕著に異な

ることによる"めだち"をともない (Goffman, 1963), そのため外集団の構成員は孤立させられ, 異なる人種間の対人関係のパートナーとして認知されにくくされるだろう。この問題では二重基準というものが働いている。それは, 白人の者が黒人の者と"調和する"か否かの問題ではなく, 黒人の者が白人の者と"調和する"か否かの問題なのである。それゆえ, 知覚的な類似性が総合的な統合原理として機能しても, 黒人が(少なくとも白人によって; Stephan, 1985)"調和しない"対象として選び出されてしまうのは, 知覚過程というものが, 肌の色が類似していないことに対する網膜細胞の反応以上のものであると思われる認知的な偏向に伴われていることを示す。明らかに, ある程度の認知的な偏向の存在がなければ, そのような無作為とはいえない傾向がこれほど多く表われることはない。

人種を示す目印と否定的特徴との結合

外集団の構成員の否定的なステレオタイプ化によって, この種の認知的オーヴァーレイが部外者である観察者のより反射的な外国人恐怖症的反応に, はっきりと加わることになる。いくつかの例では, 肌の色など人種を表わす目印は, 本当の関連性 (たとえばアフリカ系アメリカ人は, 奴隷を先祖に持ち, ヨーロッパ系アメリカ人に比べ非嫡出子が多い) が存在するがゆえに, 否定的特徴と関連づけられているともいえる。しかしながら別の例では, 人種を示す目印と否定的特徴との関連性は見せかけであるといえる。たとえば, ジョージ・ケリー (Kelly, 1955) のパーソナル・コンストラクト心理学は人種それ自体について関心を向けているわけではないが, 人種を示す目印についてのコンストラクト (たとえば, 黒人と白人の二項対立) は, 否定的なステレオタイプ化につながり得るやり方で, 一群のほかの二項対立 (悪徳／美徳, 蒙昧／啓蒙, 不潔／清潔など) と認知的なつながりを持つ可能性がある。そのような全体的な範疇化に相反する身体的または社会的なもの (たとえば, 黒人であり**かつ**美徳, 白人であり**かつ**不潔, など) の存在を認めることができない限り, そのような結合は社会的なステレオタイプのひとつの供給源となり得る。同様に, "錯誤相関"(Chapman & Chapman, 1969; Hamilton & Rose, 1980) の特徴である認知過程を経ると, 母集団全体における発生頻度の少なさによってめだちがちな否定的行動や特徴は, 社会全体におけるマイノリティの立場であるがゆえにめだちがちな外集団の構成員に, 偽のつながりを持つようにされてしまうのである。

認知的・感情的不均衡

人種を示す目印と否定的特徴との関連性が, 異なる人種間の対人関係に対する部外者の反応について直接の関係があるのは, それがハイダーの理論の p-o-x の

三角形におけるセンチメント関係のひとつとなる場合である。ハイダー（1958）のバランス理論によれば，p-o-x の三角形とは，論理一貫性について評価される認知構造のことであり，矛盾した状態は心理的に嫌忌されるものであるとされる。異なる人種間の対人関係や異なる民族どうしの遭遇を表わす p-o-x の三角形の文脈におけるセンチメント関係（すなわち特定の人物，場所，物体などに対する感情）の一貫性については，いくつかの命題を立てることができる。たとえば，ラジェッキ（1985）の見方による外国人恐怖症と一貫しているが，（1）個人は自己と似ていない人々を嫌いになりがちであり，（2）個人は見慣れない人々を嫌いになりがちである，というものである。異なる人種間の対人関係を部外者として観察する人の観点から見れば，その内集団の構成員が外集団の構成員と結んだユニット（単位）関係に見えるものは，無視できない認知的矛盾のお膳立てである。それは，上記の命題の両方の論理に矛盾しているのみならず，仲間の内集団の構成員を否定的特徴と関連づけられている人種を示す目印を持つ外集団の構成員とつながりを持たせてしまうことによるものでもある。したがって，闖入者としての外集団の構成員というものは，身体的な資源と再生産のための機会をめぐる潜在的競争者として，内集団の生物学的に包括的な適応度をおびやかすというのに加えて，内集団の認知的一貫性（すなわち"心の平穏"）までもおびやかすのである。

　p-o-x の論法を異なる人種間の対人関係に適用する部外者は，それができない者たちに比べて，より洗練された幅広い反応を起こすことができる。前者の人たちの選択肢は，それゆえ単純で反射的な外国人恐怖症的反応（つまり，外集団の構成員に対して応酬し——撃退するか撃滅する）から発展し，多数の選択肢を追加するまでになっている。たとえば，それらの人たちは，（1）ユニット関係（すなわち異なる人種間の対人関係）の存在を否定するか，（2）ユニット関係を認めるものの，それをかりそめの，一過性の不安定な関係として見るか，（3）その外集団の構成員を含めるように内集団を再定義するか，もしくは（4）外集団の構成員のうち異なる人種間の対人関係を確立している特定の人物については，その外集団の人種を示す目印と結びつけられてきた否定的特徴を否定するということができる。また（5）ユニット関係を認めるものの，その強度やそれが意味するものについては制限を設けようとする可能性もある。

　　"社会的距離"として知られている概念の基底には，心情と空間的ないし相互作用の親密さのこの関係がある。**社会的距離**とは人が受容する対人的親密さの程度を意味する。たとえば，人はある特定の人・人種または階級と，同じ市内に住むことはかまわないが，隣人となることに反対するということが

ある。あるいは，近所づきあいは受け入れるが，同じクラブのメンバーとなることには抵抗するかもしれない。結婚関係を受け入れることは社会的距離の最小の程度を表わし，地域社会からの追放は反対の極にある。(p.191，訳書［大橋, 1978］p.239，太字は引用者による強調)

ハロルド・ケリーの割増原理の応用

部外者が単位関係（つまり異なる人種間の対人関係）を否定したり，可能な限り過小評価したりすることがうまくできない場合は，その部外者は厄介な帰属過程の問題に直面する。外国人恐怖症の影響や，上述のようなさまざまな知覚・認知過程によって作られた心理的障壁があるのに，いったい全体なぜそのような対人関係が作られることになるのであろうか？　そして，一度できてしまうと，なぜそのような関係は長続きするのであろうか？

この帰属過程の問題への対応は，部外者の知性，認知発達のレベル，この問題を解決しようとする動機づけ（とがまん強さ）のレベル，"必要最小限の結果をもたらす"解決（Kahneman, Slovik, & Tversky, 1982; Nisbett & Ross, 1980）を受け容れることへの意欲などによって，大きく異なるであろう。このような要因に応じて，異なる人種間の対人関係を観察する人たちのなかには，この対人関係が提示した帰属過程の問題を解決しようとせずに，原始的な外国人恐怖症的反応か，単純に元の認知的均衡状態に復元する最小限の試みをする（たとえば，異なる人種間の対人関係が存在することを否定する）かのどちらかですませてしまう人もいるだろう。しかし，もっと動機づけられており，認知的に洗練されている部外者の観察者たちは異なる人種間の対人関係を説明してみようとするだろう。この後者の典型的な対応は，ハロルド・ケリー（Kelley, 1972）の**割増原理**（augmentation principle）の考え方でうまくいくであろう。

異なる人種間の対人関係を妨げるさまざまな要因（"本能的"・知覚的・認知的）がすでに形成されていることをかんがみれば，部外者である観察者は，次のような論理的推論をするに違いない。この対人関係にかかわりたいと思わせるだけの何か別の願望があって，それがこのような対人関係に対する"自然な"障壁を乗り越えさせるほどにまでその思いを割り増させているのであると。観察者がそのような割増要因の存在と作用を仮定する必要性は，その対人関係自体に対する障壁が大きいほど増大する——異なる人種間の対人関係への障壁は，現実に大きいものになりかねないのである。それらの要因は，上述のような"本能的"・知覚的・認知的反応だけでなく，激しい社会的制裁（言語的および身体的攻撃，村八分，失職，身柄の拘束，など）をも含むものである。よって，部外者にとっての妥当な推論は，もし人種の異なる2人を結びつけるものがあるとすれば，「そ

れはきっと強いもののはずだ」というものである。

　何かが原因となって，異なる人種間の対人関係が作られ，そのパートナーの結びつきが続くとすれば，それはいったい何であろうか？　前段落の終わりに引用したのはジョン・セバスチャン（John Sebastian）（訳注：1944年ニューヨーク生まれのフォーク歌手で，1964年に"ラヴィン・スプーンフル"というユニットを結成し，60年代半ばに次つぎと全米ヒット曲を飛ばした）の歌詞だが，きちんと書き直すと，「僕には何だかわからないけれど，それはきっと強いもののはずだ」というのが，この問いについてのこの歌手の答である。そしてこの歌詞のとおり，部外者の観察者は，異なる人種間の対人関係を説明するのに役に立つであろう割増要因をいつも特定できるとは限らず，そのような要因が存在するはずであると仮定することのみにとどまることがある。しかし多くの場合は，部外者が"解明"しようと試みる，その異なる人種間の対人関係がどのようなタイプのものであるかを考えれば，割増要因の性質を理解するさらなる手がかりを得ることができる。部外者の観察者は，この手がかりで自分の立てた推論を練り直し，懸案となっている異なる人種間の対人関係を説明するかもしれない割増要因のうち少なくともひとつぐらいは，論理的に（常に正確であるとは言いがたいが）突き止めることができる。

　くり返すが，観察者の知性，認知的資産，動機づけなど条件となるいくつかの要素が組合わさって，できあがった推論がどれくらい認知的に洗練されているかが決まる。最も単純で，最も労力がかからず，洗練の程度が最低の推論をしてしまうと，遺伝的傾性にすぎないものを，内集団の構成員の裏切り者のせいにしてしまうことになるだろう（「あの野郎はニガー・ラヴァー（訳注：アフリカ系アメリカ人に好意的なヨーロッパ系アメリカ人をさす，ヨーロッパ系による蔑称）なのさ」というように）。このような推論では，白い頭巾をかぶって，気の毒な男性の家の窓を叩き壊して，その人の前庭に火を放って十字を描くことに"認知的に忙しい"（Gilbert, Pelham, & Krull, 1988），教育水準の低い男たちの集団（訳注：白人至上主義組織の"クー・クラックス・クラン"を暗示したものと思われる）が，最大限に認知レベルを洗練させた程度というものだろう。

　一方，部外者の観察者でも，投資可能な認知的資産を多く持つ人たちは，割増要因についてもっといろいろ差を付けた推論を行なうが，多くの場合その差の付け方は，異なる人種間の対人関係が（a）同性の者どうしのものか，異性間のものか，そして（b）恋愛関係に見えるか，そうでないかということによるものである。たとえば，異性愛の異なる人種間の対人関係を説明する場合，部外者として観察する人は，並はずれて強力な性的魅力か"禁断の果実"の魅惑が主要な割増要因であると推論しがちである。異なる人種間の対人関係が同性愛の場合，それに付随する性的指向をパートナーの一方または両方について知っていると，同

様の推論をすることになる。しかしながら，恋愛関係ではない異なる人種間の対人関係の基礎となる可能性のある割増要因は，まだ"入手可能"（Kahneman et al., 1982; Nisbett & Ross, 1980）ではないので，このような対人関係は部外者として観察する人たちにとっては大いなる謎なのである。その部外者にとっては，異性どうしの異なる人種間の対人関係というものは，**どんなものであっても**性的動機に基づくと推測されがちなのである——たとえそのような動機が存在しなくても。

　もちろん，異なる人種間の対人関係それぞれの歴史，個人の傾性，現在の状態などに関するより広範囲の情報を元に，部外者である観察者は，なぜその対人関係が存在し，そのパートナーの各人にとって"何があるのか"ということについての格段に精緻な推論をする（Triandis, 1988 を参照）という立場に身を置くことになる。本章の最終節では，異なる人種間の対人関係のさまざまなタイプによって提示される帰属過程にともなう謎についての議論を再び行なうが，その前に当事者として異なる人種間の対人関係をどう見るか，そしてこの見方が部外者の見方とどう違うのかをさきに考察する。

† 異なる人種間の対人関係を見る "当事者の観点"

　一部の帰属理論の理論家は，人格理論の理論家一般（Ross, 1977），とくにフロイトの精神分析の理論家（Nisbett & Ross, 1980）に対し，彼らの被験者の行動の説明を試みる際に部外者としての研究者自身の立場を特別扱いする（被験者の当事者としての立場を特別扱いするのではなく）と，正当な批判を行なってきた（Harvey, Ickes, & Kidd, 1976 を参照）。それゆえ皮肉にも，帰属理論の理論家もパーソナリティ理論の理論家も，性的な動機を異なる人種間の対人関係を説明する主要な要因と述べてしまう結果になっている——それはあたかも（a）性以外の要因では**異なる人種間の**恋愛関係形成と持続を説明することが不可能であるとする一方，（b）性以外のいくばくかの変数でも**同じ人種間の**恋愛関係形成と持続を説明可能とするがごとき説明である（Aldridge, 1978, 1991 を参照）。くどいまでに，異なる人種間の対人関係が"禁断の果実"への不条理な思慕を孕んでいるというこの検証されていない理論は，社会科学の文献においては議論の余地がないものとして扱われている（Aldridge, 1978; Davidson, 1992; Hernton, 1965/1988; Kouri & Lasswell, 1993; Porterfield, 1978; Rosenblatt et al., 1995; Spickard, 1989; Staples, 1994）。部外者である観察者——素人であろうと社会科学者であろうと——が共通して示すもうひとつの判断としては，異なる人種間の対人関係は同じ人種間の対人関係に比べてはかなく不安定であるというものであ

る。

　しかしながら，部外者である観察者が——社会科学者でさえ——これらの帰属過程が"当事者"——すなわち異なる人種間の対人関係のパートナーたち——の考えていることと一致しているか否かを点検したりすることはまずない（Olson, 1977; および Duck, 1990, 1994a; Duck & Sants, 1983; Kelley, 1979; Surra & Ridley, 1991 も参照）。異なる人種間の対人関係のパートナーたちが，自分自身の社会心理学的体験を**自分自身の言葉**で表わす機会など，皆無に等しかった（ただし，例外として Funderberg, 1994; Terkel, 1991 を参照）。これでは，異なる人種的背景を持つ人たちの間の対人関係の過程がほとんどの場合，好意的でない言葉で表わされ，解釈されているのも無理もないことではなかろうか？

　たとえば，当事者は，部外者の主張する外国人恐怖症が異なる人種間の対人関係の発達に対する主たる障壁であるという考えに同意するだろうか？　1967年にアメリカ合衆国最高裁が異種族混交を禁止する法律を撤廃するまで，各州（とくに南部諸州）は，黒人と白人の通婚を選りだしてこれを違法とし，とくに新郎が黒人で新婦が白人の場合に最も厳格に処罰した（Porterfield, 1978; Spickard, 1989）。何十年もの間（そして，場合によっては何世紀もの間），州法は，そのような法律を正当化するのに利用された人間の生まれつきの傾向と思しきものよりも直接的に，異人種に対する憎悪を煽る働きをした。オルポート（1954/1979）が現代の公民権運動が始まりかけた時分に観察したように，異種族混交を禁止する法律が撤廃されるまで，社会科学者は外国人恐怖症それ自体が本当に人種の異なる者どうしの結婚の歯止めとなっていたのかという問題に決着をつけることはできなかったのである。部外者の観点が一貫した外国人恐怖症をほのめかすのに対し，州法による異種族混交の禁止が撤廃になると，異なる人種間の結婚の件数は劇的に増加するという結果になったのである（ただし，黒人と白人の通婚についてはその例外であることが明らかである；Sanjek, 1994）。

　上記の例が示すように，当事者の観点は，異なる人種間の対人関係を形成し維持することに対するこのような社会的な障壁に注目するものであり，これは部外者である観察者の観点を有益な形で補完することができる（Duck, 1994a; McCall & Simmons, 1991; Surra & Ridley, 1991）。この当事者の観点によって，研究者は，多くの場合対人関係のパートナーによる彼ら自身の体験の説明でしかわからないような洞察を得ることが可能になるのである。異なる人種間の対人関係について言えば，"当事者の観点"には，そのような関係のパートナーたちが実際に述べる関係の開始，維持，もしくは解消の動機が，"部外者の観点"がこれまで主張してきたことのように単純なものであるか否かが明らかになる可能性が含まれている。たとえば，次のような例を考えてみよう。以下に示す電子メール上の会話

は，異なる文化出身のカップルを対象としたインターネットのニュースグループを購読している人たちのものである。[原注1]

(前略) あなたの意見に賛成です。"違う人種は刺激的"なんて，条件反射みたいです。(もちろん，違う育ち方をすれば，**自分自身**の人種が"めずらしくて刺激的"と感じるようになるかもしれませんね。) (B. Saunders, 1995年4月25日, 私信)

これは僕がとくに気をつけたことなんだけど，黒人女性と結婚してもう9年近くなるけどね，僕自身が"見える"よりもっと彼女が"見える"んだ (僕自身が"見える"のは鏡の前に来たときだけだからね)。僕は白人だけど，一緒に暮らしてるのが黒人でなくても"めずらしくて刺激的"みたいなことがあるんじゃないかな。彼女が白人だろうが，黒人でも白人でもない別の何かだろうが関係なくね。(C. Henry-Cotran,, 1995年4月27日, 私信)

まさに同感ですね。私の妻は中国系——今のところ，アジア系ではない女性ならだれでも，妻以外のアジア系の女性よりも"めずらしく"思えます——ですが，妻にほとんどそっくりなんていうのはとんでもなく変ですね。やっぱり"めずらしくて刺激的"なんてものは求めちゃいませんよ——もし何かあるとしても，私は今の妻のことをずっと魅力的だと思っているんです。13年以上も前の初対面のときよりもずっとね。これだけ長くつきあっていれば，人種の違いなんてのいちいち気になったりすることではありません。彼女が目に映るときにそんなことなんか——だいたい，私の目に入るのは他でもない**アリス**です。代わりなんて考えられません。(D. Crom, 1995年4月30日, 私信)

これらの例が示すように，異なる人種間の対人関係についての"当事者の観点"から見れば，"禁断の果実"への欲望など何の重みもないし，ほとんど信憑性がないといえよう。それなら，**その恋愛関係にある個人の観点から見れば**，何か別の動機によって，異なる人種間の恋愛関係が普及していることを説明できるのだろうか？ ひとつの可能性として言えるのは，パートナーとの間にあるある種の差異に価値を見いだしていることである。その差異が自己の拡大，新奇性，そして感覚を刺激するものを求めるというのは，パートナーの欲望を満たすのに役立つからである。その欲望にかかわるひとつは——必ずしもそれに限定されるわけではないが——性的関心なのである。別の可能性としては，パートナーどう

しの心理的類似性に価値を見いだしている——互いの身体的および文化的な差異にもかかわらず——ことである。というのは，その類似点がパートナーたちの，生まれつきのもののような，互いを支え合う関係を自分にふさわしい相手と持ちたいという動機を満たすのに役立つからである（Rosenblatt et al., 1995）。

貴重な差異があるがために得られる新奇性と自己拡張

　パートナーどうしの間の文化差は，**自己拡張欲求**（アーサー・アーロンとエレーン・N・アーロンによる本書6章を参照）を満たすのに役立つ可能性がある。自分たちの異なる人種間の対人関係を通じて，両者は自分のものとは別の文化またはサブカルチャー（下位文化）——それはパートナーの態度・価値観・習慣・話し方・服装・食べ物の好み・民族特有の感性を形づくるもの——に直接参入することができるようになる。異なる人種間の対人関係では自己拡張の潜在的可能性が大きく，この可能性を実感できるということがこのような対人関係の根底を支える動機のひとつであると考えられる。

　これに関連する動機としては**新奇性の欲求**というものがある（Berlyne, 1960）。異なる人種間の対人関係でより体験できそうなことは，驚きである。それは新奇性の要素であり，パートナーが高い価値を認めているであろうものである（しかしそれに対し，まさにこの新奇性を，部外者としての観察者は承認せず，価値を認めてくれない）。たとえば，個人主義を強調する文化的伝統を持つヨーロッパ系アメリカ人の男性は，集団主義を強調する文化的伝統を持つアフリカ系アメリカ人との出会いを刺激的だと感じるかもしれない（Penn, Gaines, & Phillips, 1993; Phillips, Penn, & Gaines, 1993）。異質な文化を背景とする者どうしの間に芽ばえた魅力の一部は，正しくその異質な部分に帰するものであり，その異質なところが意味するのは，自分自身がこれまで持っていた価値についての指向性とは異なるものを探る機会なのである。**強い刺激を求める**動機を持つ人々はそのような新奇性（くり返すが，新しいセックスの相手という意味も含まれているけれども，それのみに限定されるわけではない）に価値を感じることが多いので，これらの人々にとって異なる人種間の対人関係にかかわることは，保険統計学上の基準線を有意に超える率で発生するものであるという予測ができるだろう。

貴重な類似性があるがために得られる適合性とラポール（信頼感）

　一方，おそらく人種の異なるパートナーどうしの個人的および社会的特性についての**類似性**が，**遺伝子の表現型の違い**があるにもかかわらず，互いに惹かれ合うことの基礎となっているはずである。もしそうだとしたら，異なる人種間の対人関係は，同じ人種の者どうしの対人関係（恋愛関係でも友人関係でも）と，対

人魅力の基礎となる要因という点では（Byrne, 1971; また Berscheid, 1985 も参照）同じといってもいいだろう。異なる人種間の対人関係のパートナー自身が体験する不確実さを，上記の異説"当事者の観点"で表わしたものが，以下に示す電子メール上の会話である。

> 夫と私は気持ちの面でも人格の面でも共通点が多いと思います。同僚が彼女の夫と共通して持っているものに比べても。だからたぶんみんな（同僚の夫婦みたいな人たち）もっと外面的な類似点を探したりするんでしょうね。人種だとか宗教だとかいうような。（中略）私たちみたいな人たちはみんな，中身の相性のよさに没頭してるんですから，外見が合っているかなんてことはたいしたことじゃないんです。(D. Smith, 1995 年 4 月 28 日，私信)

> 何がわからないって，何がどうであれば正反対かってことか，ですね。あなたの言うように（中略），目に見える外見なのか，それとも中身の感情／知性でものごとをどう見ているかってことなのか，どっちが正反対で，どっちが同じってことか，ってことですね。(R. Brown, 1995 年 4 月 29 日，私信)

> うん。政治／社会については，うちの白人の（相手）と同じ意見のことが多い。でも，われわれは違う人種だし，宗教も背負ってる文化も違う。で，われわれは似てるのかな，それとも違うのかな？ (J. Starkey, 1995 年 4 月 30 日，私信)

　ここで重要なことは，身体的属性と心理的属性の関連性というものが，どんなにばかげた身体的な指標であろうと（たとえば，頭蓋骨の隆起の数，身体の大きさ，頭蓋骨の大きさなど），長い，といっても別にそれが自慢になるだけではないのだが，心理学の歴史ではそれなりの役目を果たしてきたということである（White & Parham, 1990）。20 世紀のほとんどを通じて，王道を歩んでいた心理学者たちの多くが熱心に信じていた（けれども一度も実例を出して見せたことはなかった）のは，肌の色，目の色，髪の質などをつかさどる遺伝子とまったく同じ遺伝子が，知的能力や天与の人格をもつかさどるというものであった（Du Bois, 1947/1965; Fairchild, 1991; Howitt & Owusu-Bempah, 1994; van Dijk, 1993; Yee, Fairchild, Weizmana, & Wyatt, 1993）。比較的新しい分野である黒人心理学の学者のなかにさえ，人格の人種差の原因の一部は，まだ明らかになっていない"生物発生説的"要因であると主張していた者がいるくらいなのである（Penn et al., 1993; Phillips et al., 1993）。異なる人種間の対人関係については，多くの心理

学者や他の分野の対人関係研究者たちがこのような主張を唯々諾々と受け容れて，これを大義名分にして，異なる人種間の対人関係のパートナーたちが，自分たちの"類似点"や"相違点"を評価するのにこんな粗雑な基準を用いているのかということを訊いてみようともしなかったのである。

"当事者の観点"に関係のある研究

　残念ながら，"当事者の観点"に直接関係のある研究というのはほとんど見あたらない。しかしながら，これまでの研究から得られた多くの知見を用いれば，少なくとも間接的には，異なる人種間の対人関係が"部外者の観点"が示唆するほど"逸脱した"ものでも"不安定な"ものでもないという結論を支持する議論ができるだろう。たとえば，人種の異なる夫婦の離婚率についても，同じ人種の夫婦の離婚率に比べて，想像されているような常軌を逸した違いが認められるわけではない (Aldridge, 1978; Clulow, 1993; Durodoye, 1994; Ho, 1990)。それにたとえ人種の異なる夫婦が特別に離婚しやすいという前提を受け容れたとしても，その第1の理由と思しきものは，人種の異なる者どうしが結婚する場合，初婚ではないことのほうが多いからというものである (Aldridge, 1978; Durodoye, 1994) ——この要因こそが，離婚する可能性の高さに関係があるものなのである (Cherlin, 1989)。

　さらに，社会科学者がアフリカ系アメリカ人からも，アングロサクソン系アメリカ人と同じようにデータを取り始めたところ，共通して見られる結果は，人種の異なる者どうしの出会いの帰結を決定すると推定されることの多かった内集団－外集団の偏向 (Duckitt, 1994; Stephan, 1985) などというものは，全然言葉の端にも上らず (とくにアフリカ系アメリカ人の間では)，帰属理論から推測されるようなこと (Ickes, 1984; Korolewicz & Korolewicz, 1985; McClelland & Auster, 1991; Tucker & Mitchell-Kernan, 1995 を参照；ただし Todd et al., 1992 も参照) にはならなかった。加えて，グンナール・ミュルダール (Gunnar Myrdal 訳注：1974年ノーベル経済学賞をハイエクと同時受賞した経済学者) の古典的名著『アメリカのジレンマ (*An American Dilemma*)』(1944) が出版されて以来，とくにアフリカ系アメリカ人について立証されているのは，多くのアングロサクソン系アメリカ人 (社会科学者であろうと素人であろうと) が予想してきたほどには，異なる人種に対する親密感の問題に心を奪われていたりはしないということである (Allport, 1954/1979, Hernton, 1965/1988; 米国学術研究会議，1989; Rosenblatt et al., 1995)。最後に，西側世界のなかでも，アメリカ合衆国はこれまで歴史的に黒人と白人の通婚率の最低値を記録することがあり，それゆえ言えることは，現実の内集団－外集団の偏向について想像上"普遍的"現象とされるものは，歴史と

状況に基づくものであるということである（Gaines & Reed, 1994, 1995; Penn et al., 1993; Phillips et al., 1993）。

　予想通り，異なる人種間の対人関係は，いくつかの種類に下位区分したうえで研究されるということが少ない。たとえば，アフリカ系アメリカ人とアングロサクソン系アメリカ人の**男性どうし**または**女性どうしの友人関係**は，対人関係研究の文献で吟味されることがめったになかった（例外的なものとしては，Messner, 1992を参照）。参照可能な社会心理学的文献から判断する限り，**異なる人種間の男女間の友人関係**という言葉については，これをアフリカ系アメリカ人とアングロサクソン系アメリカ人の間の関係に当てはめる場合，この言葉自体が明らかに矛盾のように感じられないでもない。黒人男性と白人女性の間の社会的・経済的な違いは，白人男性と黒人女性の間の違いに比べれば小さい（French, 1985; Hernton, 1965/1988）ので，黒人男性と白人女性の友人関係のほうが，白人男性と黒人女性の友人関係よりも発達しやすいのであろう。しかしながら，どんな種類にしろ黒人男性と白人女性の対人関係が社会的なタブーとされているがゆえに，ほとんどの場合白人の両親は，自分の娘の友人が黒人男性であることに非常に強い態度で異を唱える（Essed, 1991; Herton, 1965/1988; Rosenblatt et al., 1995; Zweigenhaft & Domhoff, 1994）。

　アフリカ系アメリカ人とアングロサクソン系アメリカ人の**男女間の恋愛関係**のみが，社会科学の文献における人種を超えた恋愛関係のなかで唯一，少なくとも気に留めてもらえる程度の扱いを受けている——異なる人種間の**同性どうしの恋愛関係**（ゲイ・レズビアン）は実質的に無視されてきた（M. Huston & Schwartz, 1995を参照）。ポーターフィールド（1978）が質的および量的分析をともなう研究を40組の人種の異なる夫婦を対象に行なったが，その結果は，異なる人種間の恋愛関係が本来異常で無節操な動機によるものであるというステレオタイプに挑むものである。明らかになったことは，人種の異なる夫婦は——人種の同じ夫婦と同様——たいていの場合，パートナーを愛しており，人生の残りをともに過ごしたいと望むがゆえに結婚するということである（Aldridge, 1978; Davidson, 1992; Hernton, 1965/1988; Kouri & Lasswell, 1993; Spickard, 1989; Staples, 1994を参照）。これを補完する結果によって示されたことは，このような関係では，社会的・経済的な親密さが高いだけでなく，**愛情および尊敬**が互恵的にやりとりされているということである（よって，男女の恋愛関係一般と同じである；Gaines, 1996; Porterfield, 1978を参照；Rosenblatt et al., 1995も参照）。別の研究（Gaines et al., 1999）は，人種の異なるカップル（おもに夫婦）における文化的な価値の指向性とパートナー相互間の資源の交換についてのものであったが，その結果によると，愛情と尊敬の互恵性のもととなっているのは，パート

ナーが共有している恋愛関係または2者関係全体の幸福のための指向性，そして互いの個人としての幸福のための指向性の両方であることがわかった（すなわち，基となるのは**ロマンティシズム**である; Doherty, Hattfield, Thompson, & Chao, 1994; Sprecher et al., 1994 を参照）。

"当事者の観点"を取るのに使える理論的手法

これまで行なわれた研究では，"当事者の観点"を重視することがなかったが，将来の研究でこの観点をうまく表わすことができるようになる見込みはある。異なる人種間の対人関係を"当事者の観点"から研究するのに使える理論的手法はたくさんあると思われる。ここではそのうちの3つ，すなわち接触仮説，フィルター理論，社会的アイデンティティ理論の枠組みを用いれば，どのように研究できるかを考察してみたい。上記の3つの理論的観点は異なる人種間の対人関係を異端視しないという点で偏りが少ないといえる。加えて，これらの理論の方針は，対人関係のパートナーたち自身を（客観的または主観的な観察者ではなく）尊重し，異なる人種間の対人関係の力学についての最高の"専門家"として扱うというものである。

接触仮説

友人関係についても，恋愛関係についても適用できると思われる理論として考えられるのは，オルポート（1954/1979）の**接触仮説**である。この理論によれば，アフリカ系アメリカ人とアングロサクソン系アメリカ人の社会的距離は，両者の統合を阻害する社会的・政治的・教育的・経済的障壁が社会的に解体されていくのに相関して縮小していくということになる（Gudykunst, 1992; Hernton, 1965/1988; Sigelman & Welch, 1994）。"当事者"の観点をよりうまくとらえるには，接触仮説に基づく研究を解釈し直して，異なる人種間の対人関係のそれぞれの種類におけるパートナーが，そのような障壁を，自身の対人関係を作り上げ存続させることに対する障害物として知覚しているか否か，もしそうならばどのように知覚しているのかについて話すことができるようにするべきである。そのような研究によって解明されるであろうことは，異なる人種間の対人関係の発生率の増え方が，社会変動を示す他の指標，たとえば学校，近所づきあい，ビジネスにおける人種隔離の撤廃の進み方に比べて，はるかに遅れをとっている理由は何かという問題である（Brewer & Miller, 1988; Katz & Taylor, 1988; Pettigrew, 1988; Taylor & Katz, 1988 を参照）。また他に解明される可能性があるのは，ラテン系アメリカ人とアングロサクソン系アメリカ人の通婚，アジア系アメリカ人とアングロサクソン系アメリカ人の通婚の生起率が1960年代以降劇的に増加し

てきているのに，アフリカ系アメリカ人とアングロサクソン系アメリカ人の通婚（これは伝統的に異種間混交を禁じる州法の主たる対象とされていた；Spickard, 1989）の生起率が変わらないままなのはなぜかという問題である（Johnson, 1992; Sanjek, 1994; Spigner, 1994）。

フィルター理論

フィルター理論（Kerckhoff & Davis, 1962）によれば，配偶者の選択（そして，それから敷衍して友人の選択も）は2つの段階を経て進行する。第1段階として，パートナーを得ようとする人たちは，自分にとって個人的に意味がある外面的な特徴に基づいて相手を選ぶことにより（たとえば，人種が決定要因であるという人もいるだろうし，社会的・経済的な地位が決定要因だという人もいるだろう），自分にとっての有資格者の範囲を絞る。第2段階として，パートナーを得ようとする人たちは，各人にとって重要な内面的特徴に基づいて相手を選ぶ（たとえば，リベラルさが決定要因だという人もいれば，宗教が決定要因だという人もいるだろう）。したがって，フィルター理論によって，だいたいどれくらいの可能性で，人が自分のパートナーを選択するのに，内面的特徴や人種以外の外面的特徴に基づいて判断をするのかの見当をつけることができる。しかしながら，現実のパートナーたちが実際に相手を選ぶのに，フィルター理論が示すような線型的な順序をたどる（T. Huston, & Ashmore, 1986; Kephart & Jedlicka, 1988）のか否かは明らかになっていない。"当事者の観点"を追求する研究がこの問題を扱うことによって明らかになると考えられるのは，異なる人種間の対人関係のパートナーたちが相手を選択するときに，どの程度まで人種をフィルターと考えているのか，そして——もしそうであれば——どの時期に人種が考慮されるのか（早いのか，遅いのか），そしてどんな種類の誘因（肯定的，中立的，否定的）や，どんな種類の優先度（高い，中程度，低い）が変数に代入されるのかということである。

社会的アイデンティティ理論

どの外面的特徴とどの内面的特徴が，異なる人種間の対人魅力の根本的な基礎であるかという問題に対してとくに関連があるのは，タジフェル（Tajfel, 1979）の社会的アイデンティティ理論である。この理論のもととなっているのは，自尊心がパーソナルなアイデンティティおよび社会的アイデンティティ両方が現われたものであるという仮定である（Brown, 1986; Phinney, 1995; Taylor & Moghaddam, 1994）。この理論が前提とするのは，自尊心が単なる**個人内**の属性の副産物であるというだけではなく，たくさんの**対人属性**（そのすべてを自己と他者が共同して定義する）を反映しているものだということである。この見地に

よると、"当事者"に対して、異なる人種間の対人関係にかかわることで、自分が自身のアイデンティティをどんなふうに知覚するようになったのか（逆に、自分の知覚する自身のアイデンティティが、その異なる人種間の対人関係にどのような影響を与えているか）という質問をすれば、このような対人関係の形成・維持・内部の力学・解消について重要な洞察が得られる可能性がある（Penn et al., 1993; Phillips et al., 1993 なども参照）。

異なる人種間の対人関係についての"当事者"の観点と"部外者"の観点との緊張関係を解決するには

人種の異なる2人の関係について部外者が帰属しそうなことのうちの肯定的なものと否定的なものは、2人のかかわり方のレベルや性別の組み合わせによって変化するが、これは当事者がどれくらい洗練されていれば、危険が潜在している社会的状況を比較的傷の浅い状態で切り抜けていくことができるのかということを示している。本章の仮説では、部外者は一般的に、異なる人種間の同性の対人関係を友愛に基づくものと考え、それゆえこの関係に対する反応はほどほどに肯定的なもので、この関係を築いた理由についても好意的な帰属を行なうであろうと考えられるが、ただしパートナーたちがゲイ・レズビアンの場合、つまり部外者の帰属は明らかに否定的になるであろう場合（Frable, Blackstone, & Scherbaum, 1990; Goffman, 1963）は別である。さらなる仮説によれば、部外者は一般的に人種の異なる異性の2人を恋愛関係であると見なし、それゆえこの2人に対して否定的に反応し、それにともない侮蔑的な帰属を行なうが、ただしパートナーたちが配偶者どうしでも恋人どうしでもないということが知られており、部外者の否定的な気持ちや帰属がいくぶん軽減される場合は別である。加えて、いくぶんささいな交互作用効果が2つほど予想される。まず、人種の異なる同性どうしの対人関係については、それが恋愛によるものであると帰属された場合に部外者の態度が肯定的なものから否定的なものに変わりやすいのは、パートナーたちがゲイ（たとえば黒人男性と白人男性）である場合のほうであり、レズビアン（たとえば黒人女性と白人女性）である場合はそれほどでもない。次に、人種の異なる異性間の対人関係については、それが友愛によるものであると帰属された場合に部外者の態度が否定的なものから肯定的なものに変わりやすいのは、2人が白人男性と有色人種の女性（たとえば白人男性と黒人女性）である場合のほうであり、有色人種の男性と白人女性（たとえば黒人男性と白人女性）である場合と比べるとそれほどでもない。以上のいくぶんささいな交互作用効果は、黒人男性の性的関心——本当であるにしろ、そう思われているだけにしろ——が部外

者の感覚には最大の脅威を与えるという認識と一貫しているものである。

　本章では異なる人種間の対人関係を6つの下位区分に分類したが，そのそれぞれの種類において，パートナーたちは自身と自分たちの関係について"当事者"としての見方を持っており，これは素人心理学と科学的心理学の両方が押しつけてきた（もしくは，おそらくより正確な表現では，勝手な解説の字幕スーパーを付けてきた）"部外者"としての見方とはまったく異なるものである。すなわち，"当事者"は多くの要因が自分たちの対人関係に影響を与えていることを意識している（たとえば，互いを外集団の代表者と見るよりもむしろ個人として見たり，相補的な態度・価値観・興味・性格特性と相補的でない部分の両方をより意識するようにしたりする）が，それらの要因は"部外者"がたいていの場合考慮に入れていないものなのである。ポーターフィールド（1978）の40組の黒人と白人の夫婦の研究では，彼らが自分たちの似ている部分と似ていない部分を判断する基準となるいくつかの心理的次元を特定する能力があることを示すのに十分な結果が得られている。

　しかしながら，同時に，対人関係のパートナーたちは"当事者"であるものの，"部外者"の立場から彼ら自身の対人関係がどのように見えるかということに対して無反応でいる訳にもいかない。どんな時代でも，事実上すべての人種の異なる2人の対人関係——同性どうしであろうと異性間であろうと，恋愛関係であろうと友人関係であろうと——は，じろじろ見られたり，こそこそと非難されたり，ひどい場合は言葉による攻撃そして／あるいは身体的な攻撃を受けたり，さまざまな嫌がらせの対象になってしまいがちなのである（Hernton, 1965/1988; Simpson & Yinger, 1985）。部外者がそのような慎みのない反応をすることで当事者がいつも思い知らされてしまうことは，互いのコミットメントが暗黙のものであろうが公然のものであろうが（Johnson, 1991a, 1991b; Levinger, 1991; Rusbult, 1991），部外者はしばしばそのコミットメントに意義を申し立ててくれるということである。

　ある程度，部外者の言うことにも一理あって，異なる人種間の対人関係に潜在的にあるコミュニケーション不全と，それにともなって対人関係のコミットメントに起こる弊害のおそれ（Andersen, 1993を参照）があるかもしれない。どんな人種や民族であろうと，ある特定の文化的価値指向性を独占的に所有していると主張することは無理であるといえども，それでもなお，異なる人種間の対人関係において可能性としてあり得るのは，パートナーたちが所与の文化的価値指向性を同じ程度に諒解しないということである。たとえば，個人主義的傾向の強いアングロサクソン系アメリカ人は，ラテン系アメリカ人である自分のパートナーに，個人主義を独善と同等と見なされてしまって悔しい思いをすることもあるだ

ろう（Mirande, 1977 を参照）。また家族主義傾向の強いアジア系アメリカ人が，アフリカ系アメリカ人である自分のパートナーが，伝統的な核家族を古きよき時代の遺物と見ていることを知って幻滅することもあるかもしれない（Fine, McKenry, Donnelly, & Voydonoff, 1992; Staples & Mirande, 1980 を参照）。（訳注："核家族"を含め，アメリカ合衆国内の各民族の伝統的な家族観についての本章の議論は不十分なので，この段落における事例を吟味せずに引用することは推奨できない）

　しかしながら皮肉なことに，異なる人種間の対人関係におけるパートナーたちの表明している文化的価値指向性が事実上同一であったとしても，パートナーたちは依然として，その問題となっている文化的価値指向性を表面上共有している人々によって排斥されてしまう（Penn et al., 1993; Phillips et al., 1993）ことに気づいてしまうだろう。たとえば，集団主義はアフリカ中心主義的世界観の大きな一部として頻繁に確認されているものであるが（Asante, 1987; Fine, Schwebel, & James-Myers, 1987; Kambon & Hopkins, 1993; White & Parham, 1990），一部のアフリカ中心主義者（たとえば Kambon & Hopkins, 1993）の主張では，人種の異なる異性間の関係はどんなものでも"忌むべき"ものであり，どれだけ強く集団主義的信念を共有していてもだめなのである。同様に，アフリカ中心主義者のなかには（たとえば Asante, 1987），異なる人種間の同性愛関係はどんなものでも"心得違い"であり，パートナーどうしが集団主義を優勢な文化的価値指向性としてどれだけ深く傾倒（コミット）していても関係ないと主張する人たちもいる。これは何もアフリカ中心主義者全員（もしくは大多数）が外国人恐怖症であると言っているわけではない（これについての見事な反証は Parham, 1993 を参照）。ここでの議論で単に指摘したいことは次のようなことである。パートナーどうしが異なる特定の文化的価値指向性を支持していることを，異なる人種間の対人関係のパートナーは軋轢を起こしやすいことの"証左"と部外者が解釈する過程を簡単に理解することはできる。だからといってその知識を応用して，そのような文化的価値指向性の差異がないことを示してみても，ある種の部外者の反"人種混交"思考を変えることなどできはしないということなのである。"何かしても何か言われ，しなくても何か言われ"という結論に達してしまう当事者もいるのである。

　もし異なる人種間の対人関係にあるパートナーのひとりが，これまで外集団の考え方に準拠してきていたとしたら（つまり外集団の構成員のひとり以上の者との相互作用が肯定的であるにもかかわらず，外集団の否定的なステレオタイプを維持している場合；Allport, 1954/1979），当事者たち自身も結果的に，ある種の部外者（たとえばネオナチや黒人分離主義者）が信奉する人種差別思想と同じものを支持してしまうようになってしまいかねないのである（Porterfield, 1978）。

先述のように，当事者のなかにも性に関する作り話を信じ込んでいることがある。たとえば，アジア系アメリカ人女性が従順と思われていることやアフリカ系アメリカ人男性が性欲の塊のように思われていることなどである。もしアジア系アメリカ人女性やアフリカ系アメリカ人男性が，人種の異なる自分のパートナーがこの関係を始めた起動力の一部が，パートナーが内面に取り入れていたステレオタイプに由来するものであり，自分という個人の個性を尊重したがゆえでないことが，パートナーみずからの手で明らかにされてしまったときに感じるであろう落胆や憤激については，想像するに難くない。

　人種の異なる対人関係にあるパートナーたちにとって，"当事者"と"部外者"の両者の観点の不協和を解決することは容易ではない。"当事者"の観点はそれ自体正当なものであり，素人にも社会科学者にも同じように正当なものとみなされるべきものであるという考えもある（Olson, 1977; Duck, 1990; 1994a; McCall & Simmons, 1991; Surra & Ridley, 1991 も参照）。しかしその一方では，異なる人種間の対人関係について社会的知覚を行なう人々の反応は，その対人関係のパートナーたちが共同で作り上げた生活を侵害すると常に脅すものである。さらに，家族や友人のような"主観的な"部外者——通常，パートナーたちのネットワークを構成する人々で困ったときには助言を求める相手（Johnson, Huston, Gaines, & Levinger, 1992 を参照）——でさえ，しばしば"客観的"な部外者（たとえば，通りすがりの人や学者）のような懐疑的な態度をとるのである。その結果として異なる人種間の対人関係にあるパートナーたちが直面させられるジレンマは，本質的には，W・E・B・デュボイス（訳注：アメリカ合衆国の黒人運動家・教育者でNAACP［全米有色人種地位向上協会］の設立に尽力した。1868-1963）（1903/1969, Early. 1993; Gaines & Reed, 1994, 1995; Jones, 1988; Walters, 1993 も参照）が"二重の意識"や"2つの魂"とよんで雄弁に記述した個人レベルの現象（Rosenblatt et al., 1995）が社会レベルになったものとでもいうべきものである。

　異なる人種間の対人関係にあるパートナーたちは，この二重の意識，または"当事者"の観点と"部外者"の観点の食い違いに対して，自分たちが——同時に——存続可能な，続けるだけの価値のある対人関係のパートナーであるだけでなく，そのような関係を続けていることについて部外者にスティグマを付与され，軽蔑される立場の者でもあることを痛切に感じつつ，どのような対処をしているのであろうか？　この課題については，男性どうしまたは女性どうしの友人関係のパートナーであれば簡単に対処できるであろうが，それもパートナーたちが互いに性的な魅力を感じていないとほとんどの部外者に思われている場合（つまり，部外者の感覚に対する最小程度の脅威を向けるにすぎない場合）に限る。よって，人種の異なる同性どうしの友人関係のパートナーであれば，部外者の反応

に対して比較的有利な立場に立つことができ，部外者が内集団－外集団を分極化しようと試み（すなわち，パートナーたちをそれぞれの人種に対する"裏切り者"となじること）ても，そのようなお節介な論評を軽く聞き流して自分たちの友人関係に専心し直すことができる。

　当事者と部外者の食い違いを解決するというこの課題が相当困難であるのは，異なる人種間の男女の友人関係と恋愛関係のパートナーたちの場合である。多くの（大多数と言わないにしても）部外者である観察者にしてみれば，これら両方の種類の男女関係は元来友愛に基づくというよりは性愛に基づくと（Rubin, 1985を参照）——割増原理を引き合いに出して説明すると——考えられるものである。根深い，生物学に根ざす異種族混交のタブーと見なされているものを考慮してみると，人種の異なる異性間の対人関係にあるパートナーたちに対する部外者の反感は強く，直感的で思考を伴わないと思われる。よって，"ニガー（訳注：黒人の蔑称）"や"ニガー・ラヴァー"といった侮蔑語が，人種の異なる同性どうしの友人関係に対して浴びせかけられることが時どきあるとはいえ，そのような侮辱をもっと頻繁かつどぎつく経験することが多いのは，人種の異なる男女間の対人関係である（とりわけ，それらの関係のパートナーである女性；Porterfield, 1978）。人種の異なる同性どうしの友人関係とは異なり，人種の異なる男女間の対人関係は，しばしば部外者たちを怒り狂わせるきっかけになることがある。その部外者たちは，よりによって自分たちのきらいな外集団の構成員によって（単に自分たちと同じ内集団の競争者によるのではなくて；Allport, 1954/1979），自分たちの結婚相手となり得る者を自分たちの手から取り上げたと思ってしまうのである。

　このように自分たちが一緒にいることの正当性に日々異議を申し立てられることにひるむことなく，人種の異なる男女間の対人関係にあるパートナーたちは，互いへのコミットメントを単純にもう一度宣言すること以上のことをしなければならない。コミットメントをはっきり示す代わりに，公的な場面においては，部外者の懸念を低減する試みに，互いの身体的および心理的距離を，異性間の恋人どうしが通常とると思われるよりもずっと離してみることが必要と考えることもあるかもしれない。この方略が比較的効果的となるのは，人種の異なる異性の友人どうし（結局，部外者である観察者に自分たちが"ただの友だちどうし"であることをわかってもらうことになる）であろう。しかし，人種の異なる男女の恋人どうしにとっては，このような方略は逆効果で，パートナーたちが実質的に自分たちが私的に共有している愛情を公的に否定させられることを証明してしまうだろう。そこで代わりに，人種の異なる男女の恋人どうしは，自分たちがされたように部外者をにらみつけて，部外者を身構えさせて（自分たちがそうさせられ

るのではなくて）しまうかもしれない——これは危険な戦術で，裏目に出てしまい，部外者のさらに敵意に満ちた反応を招く結果となり得る（Hernton, 1965/1988）。

　当事者-部外者間のジレンマを解決するなかでも，おそらく最も悩ましいものは，男性どうしおよび女性どうしの恋愛関係にかかわるものであろう。これらの人たちは，二重にスティグマを付与されているので攻撃されやすい。つまり，異なる人種間の対人関係という点と自分たちの関係の性的な側面がほとんどの部外者にとっては厭わしいという点の2つである。人種上のマイノリティというスティグマは可視のものなので（Frable et al., 1990），彼らは基本的に遺伝子の表現型に基づくマジョリティ（つまり白人）である観察者に疑われずにすますことはできない（Goffman, 1963）。したがって，人種上のマイノリティ（およびアングロサクソン系アメリカ人である彼らのパートナーたち）は，異なる人種間の対人関係であるという側面に関して，レッテルを貼られて，敵意を抱く観察者の攻撃目標とされてしまうことから逃れられないのである。しかしながら，人種の異なるゲイ・レズビアンの恋人どうしは，彼らの関係の性的な側面が喚起する敵意の対象となることを受け入れるか否かについても決定しなければならないのである。彼らの性的指向は，人種と異なり，自分たちの肌の色や髪の質によって露見するものではないが，自分たちの公然の行動で露見してしまう潜在的可能性があるため，ゲイ・レズビアンの恋人どうしは自分たちの性的指向のサインを公の場では隠してしまおうとするかもしれない。人種の異なるゲイの恋人たちは，公的な場面における"カミングアウト（coming-out）"の危険性にとくに敏感であるかもしれない。それは社会が男性の異性愛を規範的なものとして非常に重視しているためである（M. Huston & Schwartz, 1995）。

　人種の異なる同性愛の恋人どうしができるささやかな抵抗の手段として考えられるのは，社会的に受容される程度まで，互いの身体的および心理的距離（男女の恋愛関係や人種の異なる友人関係のような）を近づけて示すことであろう。もうひとつ別の反応のしかたとしては，居住地と自分たちが性的関心を表わす社会的場面をきわめて慎重に選択するということも考えられる（この方略は，多くの人種の異なる夫婦が採用しているものである；Porterfield, 1978 を参照）。後者の方法は，"ファグ（訳注：ゲイの蔑称）"だの"ダイク（訳注：レズビアンの蔑称）"だのといった性に関する侮蔑語を，"ニガー"だの"ニガー・ラヴァー"だのといった人種に関する侮蔑語と一緒に避けるのに，とくに役に立つであろう。

　しかし上記のほかにも，異なる人種間の対人関係にあるパートナーたちは，"部外者の観点"が社会に遍在しており，それがいろいろなかたちで自分たち2人の生活を侵害することを最小限に食い止めることの困難さを知るであろう。それゆ

え，異なる人種間の対人関係にあるパートナーたちは，比較的自分たちに好意的な社会的文脈において，人種差別，性差別，同性愛恐怖症について腹蔵なく議論することが有意義であると知るであろう。さらに，自分たちが部外者による身体的および心理的攻撃を予期できるように条件付け，過去において危険を緩和するのに役立った対応策や，将来においてうまくいく可能性の高いものを練習することも有意義であろう。このように先を見越した方略によって示される，おそらく本章で最も重要な点は，すなわち，有色人種の個人が当事者 – 部外者間の葛藤を認めたうえで精神的にも身体的にもその葛藤を最小化するのに備えなければならないのとまさに同じように，異なる人種間の対人関係にあるパートナーたちは（アングロサクソン系だろうと有色人種であろうと）当事者 – 部外者間の葛藤を予期し，しかるべく対応しなければならないのである。しかし残念ながら，社会はまだ十分に変化しておらず，異なる人種間の対人関係をスティグマ扱いしたり迫害したりすることをしないようにすることはできず，これらの対人関係にあるパートナーたちに，彼らの心と身体にくり返し加えられる暴力から自身を守ることを余儀なくさせているのである。

ローゼンブラットら（1995）は，21組の結婚または同棲中のカップルについての質的分析研究を行ない，多くの人種の異なるカップルは，自分たちが"正しい"側で，社会の人種差別的要素が"悪い"側であると常に肝に銘じていると結論づけた。アフリカ系アメリカ人のパートナーがとくに知覚していることは，現在も人種の異なるカップルに向けられている公然または暗黙の人種差別的行動が，彼ら個人に対して過去そして現在において向けられた人種差別的行動（Goffman, 1963 を参照）とまったく一貫していることである。ヨーロッパ系アメリカ人のパートナーは，過去に自分個人に向けられた人種差別というものを体験していることは少ないが，それにもかかわらず，人種の異なる相手とのきずなを結ぶ以前から人種差別的イデオロギーを拒絶していたことが多い。さらに，そのようなきずなから子孫が生まれた場合，両親は基本的に相当な努力をして，自分の子どもたちを，個々の人種差別主義者による行動や，メディアや他の社会制度からの否定的なメッセージから守ろうとする。自分自身や自分の子どもたちが人種差別主義的メッセージを取り込んでしまうことがないように，異なる人種間の対人関係にあるパートナーたちは頻繁に言語的および身体的暴力を予期し，葛藤を鎮めるためにそれにうまく対応する術を学ぶ。こうして，社会が変化すべき責務を敵対する部外者（社会全体ではないにしろ）に課すのである。

結論

　アメリカ文化についての社会的な神話があって，われわれはアメリカ文化が人種や文化の違いが完全に同化されてしまうまさしく"るつぼ"か，それともそれらの違いが認識されかつ評価される"色とりどりのモザイク"か，そのどちらかであるというふうに信じ込んでしまっていた。しかし異なる人種間の対人関係にあるパートナーたちは，本当のことをもう少し知っている。自分たちが社会の本筋には合わないこと，それゆえ，互いの出身の人種や民族のなかにいても深い孤独を味わってしまうことを知っているのだ。自分たちのような人種の異なるパートナーを持つ他の人たちに，その人たちがひとりぼっちではないということを知ってもらうために，自分たちの試行錯誤や艱難辛苦の体験をその人たちと共有するためのサポートグループ，人種の異なるカップルと子孫を対象とした雑誌，そして電子メールのニュースグループなどの媒体を立ち上げた人たちもいる (Gaines et al., 1999)。異なる人種間の対人関係についての今後の研究におおいに寄与すると考えられるのは，これらの媒体や，他の広範囲にわたる社会的ネットワークを研究することである。このネットワークはしばしば，家族や友人のようなより緊密な社会的ネットワークが人種の異なるパートナーたちを支えることができない場合でさえ，彼らの支えになるものである。

　しかし，実は純真に期待ばかりしている暇はないのである。まだ根強く残っている社会的なタブーによって，アフリカ人の子孫の多くの人たちがヨーロッパ人の子孫の人たちとの対人関係を確立することができないままであるということを過小評価するべきではないのである――どんな生物学的，心理学的，社会学的なものがそれらのタブーの根源となっていようとも。最も驚嘆すべきことは，たぶん，われわれのだれもが人種間の線を踏み越えて，そのような対人関係を維持し（われわれの思想の健全さの維持については言うまでもないことだ）続けることができるという事実なのである。

原注1　すべての電子メールからの引用については，"私信（personal communication）"と表記している。これはアメリカ心理学会の出版の手引き第4版（APA, 1994）が示す方式に従うものである。

●4章のまとめ●

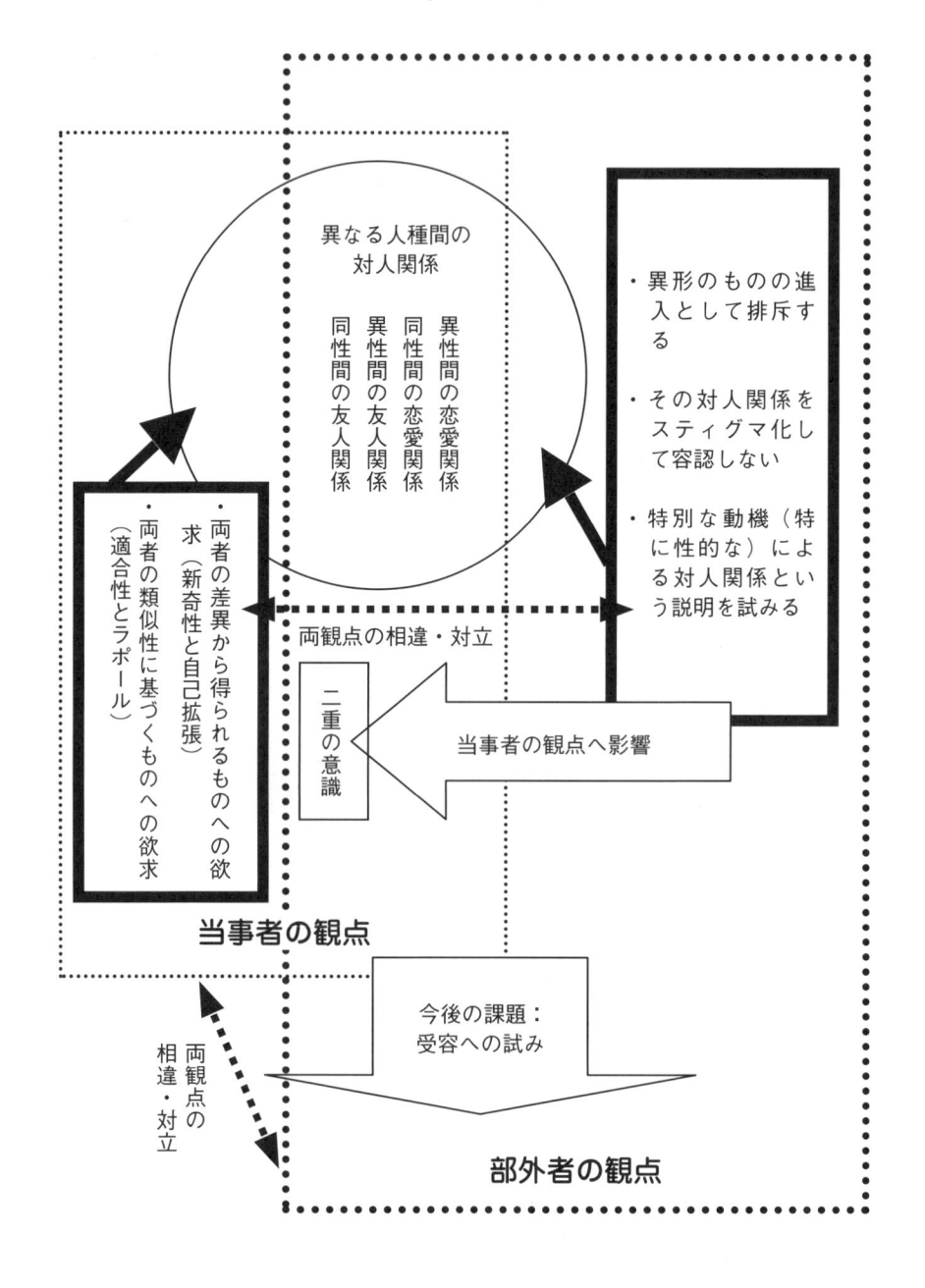

異なる人種間の対人関係
- 異性間の恋愛関係
- 同性間の恋愛関係
- 異性間の友人関係
- 同性間の友人関係

当事者の観点
- 両者の差異から得られるものへの欲求（新奇性と自己拡張）
- 両者の類似性に基づくものへの欲求（適合性とラポール）

部外者の観点
- 異形のものの進入として排斥する
- その対人関係をスティグマ化して容認しない
- 特別な動機（特に性的な）による対人関係という説明を試みる

両観点の相違・対立

二重の意識

当事者の観点へ影響

両観点の相違・対立

今後の課題：受容への試み

5章 パーソナルな関係における相互依存性

キャリル・ラズバルト　Caryl E. Rusbult
シメナ・アリアガ　Ximena B. Arriaga

　親密な関係における行動を理解したいと望むのなら，関係それ自体を精査するべきなのであろうか，それともその関係を構成する個々人を詳しく調べるべきなのであろうか？　関係が相互にどれほど異なっていると考えればよいのであろうか，あるいは個々人が相互にどれくらい異なっていると考えるべきなのであろうか？　たいていの社会心理学の理論は個人内プロセス——個人レベルの認知的プロセス（Baldwin, 1992），個人の傾性（Hazan & Shaver, 1994a），動機づけの傾向（Aron & Aron, 1997），あるいは遺伝的構成（Kenrick & Trost, 1997）——に言及することによって対人関係における行動を説明している。対照的に，相互依存性理論は個人間プロセスに言及することで対人関係における行動を説明している（Kelley & Thibaut, 1978; Thibaut & Kelley, 1959）。このことは，対人関係における経験はその関係を特徴づける相互依存性の構造から分離不可能だということを示唆している。こうして，相互依存性理論は特有な形で親密な関係についての対人的分析を提供している。

　相互依存性とは，相互作用する個々人が互いの選好，動機，そして行動に及ぼす影響の強さと質を表わす。相互依存性は少なくとも3つの点において対人経験の基本的特徴となっている。第1に，相互依存性は自己を形づくる。すなわち，比較的安定した傾性，動機，および行動傾向が，頻繁に遭遇する相互依存状況への適応の結果として発達してくる。第2に，相互依存性は精神的事象を形づくる。すなわち，相互依存状況における認知，知覚，および感情が，適切な行為を同定するために，そういった状況の意味を理解しようとするわれわれの試みを映し出す。第3に，相互依存性は相互作用を形づくる。すなわち，相互依存構造が，葛藤，勢力，依存性といった現象に対する特定の相互作用における潜在性を明確にすることによって，日常の相互作用を特徴づけている機会と制約を表わしている。

　本章では，相互依存性理論の基礎的な概念の概略について，適宜例証的で実証的な証拠を引用しつつ述べる。第1に，個人が相互作用と関係を経験する様式に

ついて，満足と依存の概念を区別することによって考察する。第2に，対人関係は4つの鍵となる特性——依存の程度，依存の相互性，依存の基盤，成果の一致——に関して異なるということを示唆する成果依存性の構造を記述する。第3に，動機づけの変換，あるいは構造的特性だけでなく，長期的目標，個人的価値，そして相互作用パートナーの幸福に対する関心といった，より広範な考慮にも基づいた相互依存状況への反応傾向について議論を行なう。第4に，相互依存性の特定のパターンに対する反応を形づくる際の傾性，動機，規範の役割を議論しながら，習慣的な変換傾向という概念を導入する。最後に，特定の相互依存状況に対する反応を導く際の意味分析の役割について述べる。

本章で再検討される理論的原理は，ハロルド・ケリーとジョン・ティボーの研究に基づいている。この著者らはまず，『集団の社会心理学（*The Social Psychology of Groups*）』（Thibaut & Kelley, 1959）において相互依存構造を分析するためのモデルを紹介し，その後，情報的相互依存性を取り扱えるように拡張された分析の枠組みを開発している（Kelley & Thibaut, 1969）。そして彼らは『対人関係論（*Interpersonal Relations: A Theory of Interdependence*）』（Kelley & Thibaut, 1978）において，相互依存構造の形式的分析を提示し，動機の変換という概念を導入することで初期の理論的枠組みを拡張している。ケリーによるより最近の研究は，安定的な変換傾向（Kelley, 1983b），認知と意味分析（Kelley, 1984a, 1997），そして相互依存の一時的な特徴（Kelley, 1984c）を含む理論の個別の構成要素についてのより詳細な分析を提供している。

相互作用の経験と関係

相互作用の基本原理

相互依存性理論は**相互作用**をあらゆる対人関係の中心的特徴として記述する（Thibaut & Kelley, 1959）。相互作用している個々人は独立もしくは共有された活動にたずさわり，互いに話しかけ，そして互いのために産物を作りだす。要するに，彼らは互いの選好や行動の選択肢に影響を与え合うのである。相互作用は相互作用している個々人に成果をもたらす。成果は全般的な"よさ"の観点で記述されうるし，報酬とコストという観点からも概念化されうる。**報酬**という術語は相互作用の肯定的な成果（たとえば，満足，喜び，成功）をいい，一方の**コスト**という術語は相互作用の否定的な成果（たとえば，痛み，欲求不満，怒り）をいう。

人は暗黙裡によい成果を得，悪い成果を回避しようとする目標志向的存在であると想定されている。このことは，われわれが近視眼的に自己利益を追求すると

いうことを意味するのであろうか？　そうではない。直接的な自己利益はベースライン，つまりは人間の動機づけにおける"デフォルトの選択"だと仮定されているが，選好は直接的な成果によってほんの一部形成されるにすぎないのである。選好は相互作用で一般に問題となるより広範な考慮——相互作用パートナーとの幸福や長期的な目標への現在の選択の影響——によっても形づくられる。自己利益からの出発は，特定のパートナーと出会う特定の状況の個別性に基づいており，非常に偶発的であることは明らかである。

　選好は**氏**と**育ち**のどちらによって形成されるのであろうか？　対人関係の選好のあるものは，大部分は生物学的な性質に基づくものであろうが，他のものは学習されたものであろう。つまり，たいていの選好はそれらの効果の組み合わせを反映しているのであろう。相互依存性理論は，単一の選好，すなわち社会的行動を起こさせる"エンジン"と限定されるもの（たとえば，遺伝的適応度，アタッチメントへの関心；Bowlby, 1969/1982; Wilson, 1975）を同定しようとはしない。代わりに，相互依存性理論は人が生まれつきのものと獲得されたものの両方が混じった選好を持っていると仮定し，相互作用に対するそれらの選好の影響を理解しようと努める。

相互作用成果の行列表現

　相互依存性理論は相互作用を分析するために**成果行列**を用いている（Kelley & Thibaut, 1978）。この行列は理論的な手段であって，一般人の認知を文字どおりに描写したものではない。（人は2×2行列の分析結果として相互作用を経験しているわけではない。）どんな対人状況も行列の形式で表現でき，単一の抽象的パターンは表面上は異なった特徴を持った，かなり多くの具体的な状況を表現する。行列の重要性は取り上げられる具体的な行動や成果にあるのではなく，行列表現が明らかにする成果のパターンにある。行列の列は人物Aの行動の選択肢を表わし，行は人物Bの行動の選択肢を表わす。行列のそれぞれのセルは2人の成果の値と関係づけられており，Aの行動とBの行動が一緒に生起したことを表わしている。各セルの2つの値は，おのおのの共通の出来事が各個人に及ぼす影響を示している。

　たとえば，図5.1はアンディとベティにとって起こりうる相互作用を描写している。アンディとベティのどちらも2週間家の掃除をしていない。どちらも掃除が好きではないが，どちらも現在の汚い状況を快適だとは考えていない。もしアンディとベティの両方が掃除をするなら，両者ともが改善された環境という適度な喜び（4と4）を味わう。もちろん，どちらもパートナーが家を掃除してくれることを好む（8）だろうが，おのおのはパートナーがただ乗りしている一方で，

自分が掃除をすることになるという見込みにいらいらする（−4）。協力的な選択は掃除をし始めるということだろう。同時に，アンディとベティの両者とも家の掃除が嫌いなので，それから"逃げだし"，パートナーに掃除を任せてしまいたいという誘惑に駆られる。もし2人とも逃げだし，家の掃除を怠ることにより当面の自己利益を追求するなら，どちらもが不十分な成果（0と0）を被ることになるだろう。

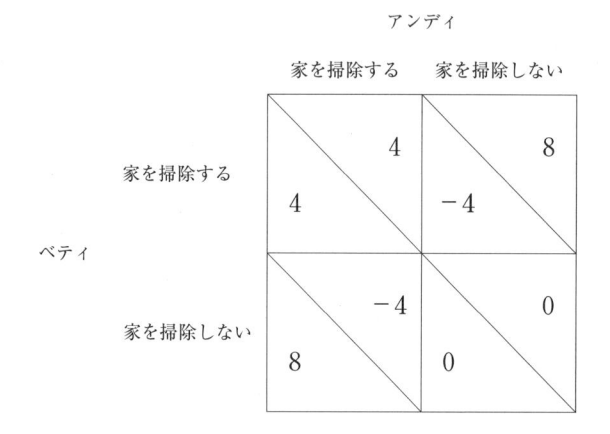

アンディ

	家を掃除する	家を掃除しない
家を掃除する	4 / 4	8 / −4
家を掃除しない	−4 / 8	0 / 0

ベティ

図5.1　成果行列：家を掃除するか、しないかという共同意思決定から生じる成果の行列表現（相互依存性の囚人のジレンマ・パターン）

　もちろん相互作用状況はしばしば対称的な2×2の行列よりも込み入ったものである。たとえば，パートナーが2つ以上の行動の選択肢を持っていたり，各人がパートナーと共有していない独自の選択肢を持っていたり，また互いが特定の共同の出来事に対して異なった選好を保持していたりする。相互作用には，2人以上の個人を含むので，それぞれの相互作用パートナーにとっての行列に次元を追加する必要があるかもしれない。また個人の行動レパートリーが時間を経ることで変化するかもしれないし，選好も変わるかもしれない。さらに，より初期にとられた行動が，将来の選択肢の範囲，あるいは選択肢に付随する選好のいずれかを修正することになるかもしれない。本質的には，行列はある時点に存在する相互依存状況のスナップ写真なのである。この単純な表現手段は進行中の関係における行為と反応のダイナミックな継続性を無視しているけれども，この行列の静的な特性が多くの種類の相互依存パターンを表わす抽象的性質に関する豊かな分析を可能にしている。

関係基準

個人がどのように相互作用成果を経験するのかを理解するのに，2つの基準がかかわっている（Thibaut & Kelley, 1959）。そのひとつの**比較水準**（CL）は個人が期待するようになっている成果の質をいう。CL は関係における以前の経験や社会的比較（Festinger, 1954）に影響される。もうひとつの**選択比較水準**（CL-alt）は個人がどこかほかのところで享受することが可能である成果に照らして，受け入れ可能だと考える最も低い水準の成果をいう。CL-alt は特定の代替的な関係の魅力度だけでなく，適任者としての範囲の望ましさや関係を持ちたくないという選択肢によっても影響される。CL-alt が依存性に影響を与えるのに対し，CL は満足度に影響する。

満足水準とは関係が満足をもたらしてくれていると経験される程度をいう。個人は特定の相互作用で経験される成果が CL を超えたとき，より大きな満足を経験する。つまり，成果が CL に達しないときは不満足である（Thibaut & Kelley, 1959）。さまざまな研究が満足は成果の客観的な質だけではなく，内的，主観的な基準によっても影響されることを支持している（Sabatelli, 1984; Sternberg & Barnes, 1985; Wetzel & Insko, 1982）。すなわち，個人はパートナーがその個人の内的基準に適合している，もしくはそれを超えているほど，親密なパートナーといるのがより幸せなのである。また恋愛関係にない場合のかかわりにおける相互作用の研究は，客観的な条件が個人の内的な基準と不利に比較されるとき，その人は不満足，落胆，そして不平を経験することが明らかになっている（Crosby, 1976; Davies, 1962; Higgins, 1989）。

依存水準とは個人が重要な欲求を充足するのにパートナーに頼っている（たとえば，個人がある関係を必要としている）程度をいう。得られた成果が CL-alt を超えるほど，個人はしだいに依存するようになり，いよいよ関係に固執するようになる。一方，成果が CL-alt を下回ったときには，個人はより独立的になり，入手可能なベストの選択肢を求めてパートナーを見捨てたいと思うようになる（Thibaut & Kelley, 1959）。実際に，現在の関係において不十分な成果しか経験しておらず，代替選択肢をより魅力的と見なしている人は，関係への依存性がより低い——そして自発的な関係破局の可能性がより大きい——ことを明らかにしている研究がある（Drigotas & Rusbult, 1992; Felmlee, Sprecher, & Bassin, 1990; Rusbult, 1983; Simpson, 1987）。

関係に満足すること（「私は幸せか？」）と関係に依存すること（「私はとどまることになるのだろうか？」）は，あまり，関連がない（Thibaut & Kelley, 1959）。図 5.2 は等価な成果をともなう 3 つの関係を示している。関係 A では，成果は CL よりもずっと高く，CL-alt よりはいくぶんか高い。関係 A は非常に

高い満足を生み出すが，中程度の依存性しかともなわないだろう。関係Bでは，成果はCLよりもいくぶんか高く，CL-altよりは非常に高い。関係Bは適度な満足を生み出し，非常に高い依存性をともなうであろう。関係Cでは，成果はCLよりも低いが，CL-altよりはずっと高い。この成果と水準の配列は**非自発的関係**とよばれ，この関係は**不**満足だが高い依存性をともなう。

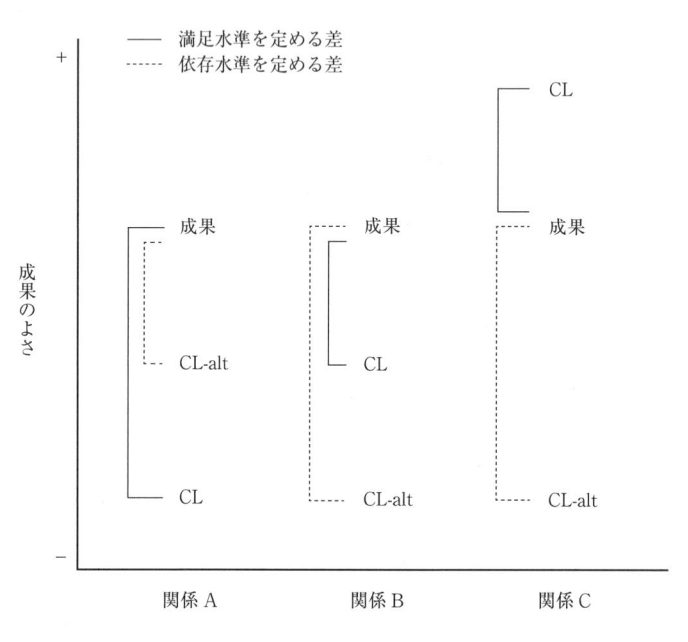

図5.2　成果の良さ、比較水準（CL）、選択比較水準（CL-alt）の関数としての満足水準と依存水準：3つの例証パターン

　非自発的関与は，虐待されている女性の窮状によって悲劇的に描写される（Gelles, 1979）。殴りつけるパートナーとの関係にとどまり続けると決心することを虐待されている個人の傾性（たとえば，学習性無力感）に言及することで説明してきた研究者たちもいるが，関係にとどまるという決心の少なくとも一部は依存性によって左右されるであろう。実際，実証的な研究によると，虐待されている女性の成果は不十分だけれども，彼女の選択肢——とりわけ経済的な選択肢——は，なおいっそう悪いものであることが明らかになっている。虐待的な関係を脱出する女性と比較して，虐待するパートナーとの関係にとどまる女性は，職業訓練，労働経験，および雇用機会が少ない傾向にあった（Rusbult & Martz,

1995; Strube, 1988)。つまり，虐待されている個人は，異常な個人の傾性によって支配されているためにパートナーとの関係にとどまっているのでは必ずしもなく，時には虐待されている個人は彼らの関係に依存しており，他に行く場所がどこにもないためにパートナーと一緒にい続けるのである。

長期間の相互依存性に対する示唆

これまで CL と CL-alt を固定された基準として記述してきたけれども，現在の関係が進行するに従いこれらの基準は変化するであろう。ある関係に固執するという決心に CL-alt が影響すると仮定すれば，よい代替選択肢が存在することは長期間の関与の安定性をおびやかす。興味深いことに，長期間の関与が進行するにつれて，個人は代替選択肢をますます不十分なものと記述する (Rusbult, 1983)。代替選択肢についての知覚された魅力度のこういった低下は，(a) 代替選択肢自体がみずからを勝算がないようにするため，または (b) 関与している個人が魅力的な代替選択肢を追い払うようなやり方で行動する（たとえば，結婚指輪をはめる，Kelley; 1983a）ために起こるのであろう。代替選択肢の利用可能性の事実上の減少に加えて，関与している個人は CL-alt をより低下させる認知的な術策をとり，それによって関係の安定性への脅威を除去するだろう。実際，あまり関与していない者と比較して非常に強く関与している者が，(a) 魅力的な代替選択肢に注目することを積極的に回避し，(b) おそらく現在進行中の関係を脅威から守る手段として，魅力的な選択肢を認知的に損なわせる，ということを研究は明らかにしている (Johnson & Rusbult, 1989; Miller, 1997a; Simpson, Gangestad, & Lerma, 1990)。

CL と満足水準もまた時が経つにつれて変化するであろう。CL は現在の関係において経験された成果によって一部形成されるのだとしたら，「関係がより満足だとわかればわかるほど，比較水準もより高くなるであろう」(Thibaut & Kelley, 1959, p.95)。つまり，CL は経験された成果に合致するように上昇するので，われわれも日常的に経験していることを期待するようになるであろう。この CL の上昇は，結果として満足水準の低下をもたらす。現在進行中の関係において，不満足をもたらすさらなる力は，(a) 飽きと減少する限界効用 (Brickman, Dunkel-Schetter, & Abbey, 1987; Frijda, 1988; Solomon, 1980) と (b) ポジティブな成果と比較したネガティブな成果についてのより大きな顕現性と潜在性 (Kahneman & Tversky, 1979; Taylor, 1991) に由来する。実際，実証的な研究は，時間が経つにつれて関与の主観的コストが増大し，満足水準が低下する傾向にあることを明らかにしている (Campbell, Converse, & Rodgers, 1976; Huston, McHale, & Crouter, 1986; Rusbult, 1983)。このように，長期間にわたる関与が

続くにつれて，パートナーたちは自分たちの関係を当然のものと思うようになり，満足の減少を経験するようになる。

どのようにしてパートナーたちは期待の上昇と満足の減少への圧力に抵抗するのだろうか？　現在のところ，研究によって，"ポジティブ幻想"（Taylor & Brown, 1988）に対するいくつかの相殺的な力——CL をより低める力，得られた成果についての知覚された質を高める力，あるいはその両方——が同定されている。現在進行中の関係にあるパートナーたちはしばしば，(a) 下方へと社会的比較をとり，それによって CL を低め，(b) パートナーの欠点を美点へと認知的に変換し，(c) パートナーとの関係の肯定的な質を誇張する（Buunk & Van Yperen, 1991; Murray & Holmes, 1993; Murray, Holmes, & Griffin, 1996a, 1996b; Van Lange & Rusbult, 1995）。このように，関与している個人は，CL をより低める，関係の魅力度を誇張する，といったさまざまな認知的な術策をとることによって，上昇する期待や低下する満足に対抗する傾向にある。

成果相互依存性の構造

相互依存性を行列を用いて表わすことの有効性は，この分析手段が**成果相互依存性の構造**を探求するための根拠を提供するという事実にある。行列に表示された数値の意味は何であろうか？　「成果行列に記入される数字は，ゼロ点としての CL-alt から尺度化（されている）。行列における数値はおのおのの人物の 2 者関係における依存の程度を示し，数値のパターンは相互依存性のパターン（を表わしている）」（Kelley & Thibaut, 1978, p.10）。こうして，個々人の経験を理解するのに必要なもの（tool）として役に立つレヴィンの生活空間（Lewin, 1936）とちょうど同じように，この行列は対人経験を理解するのに必要なものである。この行列はそれらの構造的特性を同定するために状況を概念化する手段を提供している。

相互依存性のすべてのパターンは成果に対する統制の 3 つの源泉から生じている（Cook 1993）。**再帰的統制**（RC あるいは"行為者統制"）は個人が自分の成果の質を統制できる程度（つまり，人物 A の成果に及ぼす A の行為の主効果）を，**運命統制**（FC あるいは"パートナー統制"）は個人の成果がパートナーの行為によって影響される程度（つまり，A の成果に及ぼす B の行為の主効果）を，そして**行動統制**（BC あるいは"2 者的統制"）は個人の成果がパートナーの行為と合わさった自分自身の行為によって共同して影響される程度（つまり，A の行為と B の行為との交互作用）を，それぞれ反映している。

ケリーとティボー（Kelley & Thibaut, 1978）は，再帰的統制，運命統制，お

よび行動統制が各個人の成果に及ぼす相対的貢献度に基づいた2×2行列の領域ごとの論理的な分析を提示している。そこではすべての可能な相互依存性のパターンが調べられている。この分析は相互依存性パターンの領域に関する包括的な類型学をもたらし，ありうるパターンが4つの特性——依存の程度，依存の相互性，依存の基盤，そして成果の一致——に関して異なることを明らかにした。実際，これらの特性は帰納的で実証的な技法を使って確認されていた特性（Wish, Deutsch, & Kaplan, 1976）とよく一致していた。

依存の程度

依存の程度は個々人の成果がパートナーの行為と2人の共同の行為とによって影響される程度を表わす。ベティが自分の成果に対してほとんど統制力を持っておらず，アンディが彼女の成果に大きな統制力をもっているほど，ベティはより**依存**している（つまり，彼女の成果に対する彼女自身のRCが低く，アンディが彼女の成果に対して高いFCとBCを持っている）。一方，ベティの成果に対して彼女自身が大きな統制力を持ち，アンディが彼女の成果に統制力を持っていないほど，ベティはより**独立的**となる（つまり，彼女の成果に対する彼女自身のRCが高く，アンディが彼女の成果に対してほとんどFCあるいはBCを持っていない）。この定義はCL-altに基づく定義についても詳細に語っている。個人は代替的関係においてまたは独立的な行為を通じてといったように，一方だけによい成果を保証し得ないときには依存的であり，したがって重要な欲求の充足にはパートナーに頼ることになる。たとえば，もしベティがアンディの友だちづきあいのおもな源泉であったとしたら——しかも，もしベティが一方的にアンディの友だちづきあいを与えたり与えなかったりできるなら——，アンディはベティに依存していることになる。

依存の水準というのは相互依存性についての心理学的に意義のある特質なのであろうか？　前に示唆したように，依存は多様な対人関係の現象に深い影響を及ぼす。たとえば，個人が親密なパートナーに非常に依存しているほど，個人はその関係に縛られ，ますますそれを終えようとはしなくなるだろう（Felmlee et al., 1990; Rusbult, 1983; Simpson, 1987）。依存的な人は，関係を続けたいという意志，長期にわたる志向，および心理的アタッチメントを含む，コミットメントの強い感情を発展させる傾向にある（Rusbult, 1983; Rusbult & Buunk, 1993）。依存とコミットメントは現在進行中の関係を維持するのに役に立つ多様な行動を促進する。それらには (a) 魅力的な選択肢の減少（Johnson & Rusbult, 1989; Simpson et al., 1990），(b) パートナーが不十分な行動しかしなくても，仕返しするよりもむしろそれに適合する（Rusbult, Verette, Whitney, Slovik, & Lipkus,

1991), (c) 関係が良好なので, 当面の自分の利益を喜んで犠牲にする (Van Lange et al., 1997), そして (d) ポジティブ幻想, あるいは自分のパートナーとの関係を他の関係よりはよい（他の関係ほど悪くはない）と知覚する傾向 (Murray & Holmes, 1993; Van Lange & Rusbult, 1995) が含まれる。

依存することはまたマイナス面も持っている。つまり, 依存的な個人は関係の持続が脅かされたときにより大きな苦悩を経験する。たとえば, 彼らはパートナーが持っているよい代替選択肢によって嫉妬を経験し, 脅かされていると感じる (Buunk, 1991; Strachan & Dutton, 1992; White & Mullen, 1989)。また, 拘泥 (entrapment) に関する研究は, 依存することが関与を終結させるコストの増大を通じて——たとえば以前に選択された一連の行為に資源をゆだねることをとおして——強化されるとき, 一連の行為に固執することはその一連の行為にコストがかかったり, 効率が悪くなるときでさえよりありうる (Becker, 1960; Blau, 1964; Brockner & Rubin, 1985; Teger, 1980)。

個人の依存はパートナーが勢力を持っていることの逆であることに注意することは有益である (Huston, 1983)。依存はパートナーが個人に幅広い成果を引き起こす勢力を所有しているほど大きくなる。パートナーの勢力は (a) どこか他でよい成果を得ることができる個人の能力 (つまり, 個人の CL-alt はパートナーの行使可能な勢力の下限を定める) と (b) 勢力を利用することがパートナー自身を害する程度 (すなわち, パートナーはそうすることが自己にとって不十分な結果しか生み出さないとしたら, 利用可能な勢力を使おうとはしない; Molm, 1985) によって制限される。低勢力の個人が関連情報に注意深くかつ弁別的な方法で注目するのに対し, 高勢力の個人は"素早く卑劣な"情報処理をする。つまり, 高度に依存的な個人は相互作用関連の情報に対して特別の注意を払うように思われる (Fiske, 1993; Johnson & Ewens, 1971)。

依存の相互性

依存の相互性とは, パートナーたちが望ましい成果を達成するために一方的にというよりも, むしろ互いに依存している程度をいう。二者のうち一方だけが依存的であるとき, その関係は**一方的依存**であり, 両者がともに依存しているとき, その関係は**相互的依存**である。対称的依存 対 非対称的依存という観点からだけではなく, 対称的勢力 対 非対称的勢力という点からもこの特性を論じることは有効である。アンディの勢力はベティの勢力よりも, 次の場合, 相対的に大きくなる。(a) ベティがアンディに提供できるよりも高い質の成果をアンディがベティに提供する（あるいは提供しない）勢力を有するほど, (b) アンディがベティに提供できるよりも不十分な質の成果しかベティはアンディに提供できない

（あるいは提供する）勢力を有するほど，そして（c）アンディがベティよりもより魅力的な代替選択肢をもっている（つまり，アンディがより高いCL-altをもっている）ほど，である。

　依存の相互性は相互依存性についての心理学的に意味のある特徴なのであろうか？　相互性は勢力のバランスから生じるものに対応した利益を生み出す。相互に依存的なパートナーたちが互いの成果に対して等しい統制力を所有していたとしたら，搾取に対する潜在的な可能性は低減される。"最小利益の原理"に関する研究は，関係においてより高い成果を受け取っているパートナーは依存性を増し，関係における出来事を統制する能力が減じられることを例証している（Scanzoni & Scanzoni, 1981; Sprecher, 1985; Waller, 1938）。また，相互に依存的なパートナーたちは彼らの関与を持続させるようなやり方で行動するように等しく動機づけられているので，不安や罪悪感を含む関係を傷つけるような否定的な情動の可能性もほとんどない。実際，依存の相互性はカップルの機能の高揚と関連することを明らかにした研究もある（Drigotas, Rusbult, & Verette, 1999; Stafford & Canary, 1991）。

　相互性のパターンは結婚適任者の分野のような環境のさまざまな特徴に由来するのかもしれない。不均衡な性比率——"結婚市場"における女性に対する男性の比率が1.0からはずれている状況——は，「男性と女性のジェンダー役割に劇的な影響を及ぼし，男女間の新しい関係形態を作り，次に家族構造の変化を生み出し，ジェンダーの方向に沿った新しい種類の交際を刺激する」（Secord, 1983, p.525）ように思える。女性に対して男性の比率が高いことは，若い女性の高い価値づけ，コミットメントの規範，労働の伝統的な分担，性道徳と関連し，女性に対して男性の比率が低いことは，性的自由主義，不倫，そして，女性が自分自身を独立的な人間として確立する傾向と関連する（Guttentag & Secord, 1983）。

　異なった依存は一般には虐待を生み出すだろうということを思い浮かべるのはやさしい。そこでは，低勢力の個人はほとんど何もできず，自分の望み通りに勢力を使用（あるいは濫用）するための手段を持つ，高勢力者の歓心を買うのみである。実際，パートナーたちの選好が両立不能であるとき，非相互性は疑惑や不安，勢力の濫用，そして相互作用の回避を生み出す（Tjosvold, 1981）。しかしながら，選好の高い両立可能性が適度に抑えられるなら，非相互的依存は社会的責任の規範を活性化させる。そのような状況では，高勢力者は低勢力者に対して援助を与えることもありうる（Berkowitz & Daniels, 1963）。また，非相互的依存の状況において，低勢力者たちは，搾取が削減されたり抑制されたりすることを促進するような公式の同意を求める戦術を発展させるだろう（Thibaut, & Faucheux, 1965; Thibaut & Gruder, 1969）。

依存の基盤
 依存の基盤とは依存が共同統制に対して個人的統制にどの程度基づいているのかをいう。つまり，依存がパートナーの行為（FC）あるいはパートナーたちの共同行為（BC）に由来するかどうかである。一般的に，高運命統制の状況は交換によって左右され，高行動統制の状況は協調によって左右される。高運命統制にある関係は他者統制（「私の幸福はパートナーの手のなかにある」）として経験され，高行動統制にある関係は共同統制（「パートナーと私が一緒に，何が起こるかを統制している」）として経験される。
 高運命統制を含む状況でよい成果を達成するためには，返報性の規範（「次回あなたが私の背中をかいてくれるのなら，今回は私がかいてあげる」；Axelrod, 1984）に加えて，長期にわたる時間的展望が必要とされる。一方だけが得をすることがそのような状況における慢性的な問題になる可能性があるならば，高運命統制は脅し，約束，あるいは相互作用の予測可能性を高めるほかの形の合意を頻繁に生じさせる（Orbell, Van de Kragt, & Dawes, 1988）。対照的に，高行動統制を含む状況は必ずしも長期的な方略を必要とはしないので複雑ではない。すなわち，行動統制に特有の協調の問題はしばしば単独の相互作用の文脈のなかで解決され得る。

成果の一致
 成果の一致とは，パートナーたちが自分たちの関係において利用可能な共同の行動事象を同様に評価している程度，つまりその事象がどの程度互いにとって利益となっている，あるいは害となっているのかをいう。一致というのは，別個の行動の望ましさの類似性を意味しているのでは**ない**ことに注意してほしい。パートナーたちは同じ行動をとる（たとえば，アンディとベティの両方が一緒にゴルフをするのを楽しむ）という一致した選好を持っているかもしれないが，彼らはまた異なる行動をとる（たとえば，アンディが食事の準備をし，ベティが家の掃除をするというような互いの性分にあった仕事の分担）という一致した選好も持っているだろう。一致の程度は完全に一致した成果（つまり，純粋な協調の状況）から中程度に一致した成果（つまり，混合動機状況）を通って，完全に不一致の成果（つまり，ゼロサム状況）までにわたる連続体をなしている。
 なぜ一致は相互作用の推移に影響するのであろうか？ 第1に，この特性が，相互作用が相性のよいものか，それとも衝突的なものかの可能性を確定するとしたら，一致の程度は認知的および知覚的な過程に確実に影響を及ぼすからである。つまり，一致は，相互作用している個人が，互いに連携していると感じているのか，あるいは反目していると感じているのか，彼らの関係が相性のよいものと経

験されるのか，あるいは戦いとして経験されるのかを決定するからである。不一致によって特徴づけられる関係は，パートナーたちが，疑い，不信，あるいは互いに対する敵対的な態度さえも発展させるので，荒廃したものとなる（Blumstein & Schwartz, 1983; Gottman, 1979; Holmes & Murray, 1996; Surra & Longstreth, 1990）。

第2に，一致は意思決定の容易さに関連しているからである。意思決定は中程度の一致の条件下で最も困難である。一致した状況での明らかに合理的な選択は自分自身とパートナーの成果の両方を最大化するようなやり方で行動すること（「私にとってよいことは，あなたにとってもよい」）なので，決定することはやさしい。不一致の状況でも，合理的な選択は自己利益を追求すること（たとえば，パートナーたちはテニスの試合において張り合うことについてはほとんど心配しない）なので，決定することはやさしい。適度に一致した状況が協同と競争の適切さに関して最もあいまいである（Blumstein & Schwartz, 1983）。

第3に，一致はある動機に基づいて行動する能力を制限し，他の動機を表出する機会を提供するというようにして，鍵となる動機を引き出すお膳立てをする（Peterson, 1983）からである。完全に不一致の状況において両者がよい成果を達成することは不可能であるとすると，一致が減少するにつれて競争的動機は活性化される。一方，一致が増加すると協調的動機が活性化される（Kelley & Grzelak, 1972）。適度な一致の状況は非常にあいまいであり，それゆえ (a) パートナーが協同しないかもしれない可能性から得られる不安と (b) パートナーの協同に応じて競争したいという衝動から得られる貪欲さの両方を含む，広範囲の動機を活性化させる（Insko, Schopler, Hoyle, Dardis, & Graetz, 1990; Rapoport, 1966）。

転移リストと相互依存性

ケリー（Kelley, 1984c）は**転移リスト**を用いて相互依存性の分析を拡張した。転移リストとは，"ひと組のリストであり，それぞれが各人の選択肢を特定し，(中略) そして，選択肢中での個々の選択の各組み合わせの各人にとっての結果"（p.960）である。転移リストは静的な成果行列に固有のいくつかの限界を克服し，どのように現在の行為がその後の成果や選択肢を拡大する，あるいは制限するのかを詳細に示すことにより，相互依存性の一時的な特徴に焦点を当てている。相互依存性の構造を表現するこの方法により，われわれは，(a) 成果の相互依存性のパターンと (b) パターンの時間変化，という両方の点から相互作用を概念化することが可能である。**成果統制**について述べることに加えて，転移リストは**転移統制**，またはある状況から別の状況への移行に対する統制についても述べてい

表 5.1 転移リスト：アンディは愚かな行為の結果からベティを救出できる

リスト	選択肢セット	選択肢ペア	結果 成果 アンディ	ベティ	転移 (次のリスト)
L	(A_1/A_2)	A_1 と B_1	+5	+10	M
	(B_1/B_2)	A_1 と B_2	+5	+5	L
		A_2 と B_1	0	+10	M
		A_2 と B_2	0	+5	L
M	$(A_1/A_2/A_3)$	A_1 と B_3	+5	−20	M
	(B_3/B_4)	A_1 と B_4	+5	−20	M
		A_2 と B_3	0	−20	M
		A_2 と B_4	0	−20	M
		A_3 と B_3	−5	0	L
		A_3 と B_4	−5	0	L

る。

　表5.1は，アンディとベティによって生じる相互依存状況を示している（Kelley, 1984c）。リストLはパートナーたちの最初の選択肢（アンディにとってはA_1対A_2，ベティにとってはB_1対B_2）を彼らの共同行為から生じる成果とともに表わしている。リストLでは各個人の成果はその個人自身の行為によって統制されている（RC：アンディにとっては+5対0，ベティにとっては+10対+5）。行列で伝統的に表示されていた情報の表現に加えて，リストLはそれぞれの共同行為の組み合わせの結果として経験することになる将来の状況を表わしている。リストLでは転移統制がベティの手のなかにある，つまりB_2は2人を安全なリストLに残すが，B_1はパートナーたちを危険に満ちたリストMへと移行させる。もしリストLでベティが+10の成果を生み出すB_1（+5のB_2ではなく）をとることで自己利益を追求するなら，パートナーたちはベティの成果のすべてが不十分な状況（−20か0）に移行する。またリストMでは，成果統制と転移統制はアンディの手へと移る。ベティをリストMから救出することは英雄的な行為を必要とする。すなわちアンディはA_3をとり，不十分な成果（−5）を被ることによって，（a）ベティが壊滅的な成果をこうむらないこと（−20ではなく0）を確かにし，（b）パートナー双方を安全なリストLへと戻す。この例はその単純さにもかかわらず（a）目前の選択が将来に展開される選択肢と成果にどのように影響を及ぼすのか，そして（b）成果統制と転移統制のパターンが展開された推移をどのように変えるのかを例証することで，転移リストによる表示

という洗練されたやり方を伝えている。

　成果統制の基礎と同様に，転移統制は（a）再帰的統制あるいは状況にかかわらない転移に対する行為者統制，（b）運命統制あるいは転移に対するパートナー統制，そして（c）行動統制あるいは2者的統制，において異なる。関与が高まると，パートナーたちの行動選択は現在入手可能な選択肢と成果のみに基づくのではなく，現在の選択の結果として入手可能となる（あるいは除去される）であろう将来の状況にも基づいている。実際，ある時点での選好と選択は将来の転移統制を高めたいという欲求によって結局は影響され，パートナー間の葛藤は成果統制と同じくらい転移統制に集中するだろう。

長期的相互依存性への示唆

　長期的なパートナーたちが互いによって経験される当面の成果に影響するだけではなく，将来の相互作用において利用可能となる選択肢や成果にも影響するのだとしたら，長期的パートナーたちは互いの生活に対してかなりの影響を及ぼすことができる。行動的確証のプロセスをとおして，長期的パートナーたちは互いの傾性を形づくることさえできる（Snyder, 1984; Snyder, Tanke, & Berscheid, 1977）。つまり，パートナーは（a）個人について期待を抱き，（b）期待に一致したやり方で行動し，それによって（c）個人から期待に一致した行動を引き出し，したがって，結局，パートナーは（d）その個人の個人的な傾性を一部形づくることになる。パートナーの期待の性質によっては，そのような影響は建設的にも破壊的にもなりうる。

　パートナー肯定（affirmation）とは個人に対するパートナーの信念と行動がその個人の理想自己と一致している状況をいう。慎重な選択を通じて，またはベティに関するアンディの期待の自動的な結果として，アンディはベティの最善の自己についての表現を引き出すようなやり方で相互作用を強いるだろう。時間が経つにつれ，このプロセスはベティを自分が理想的にはそうありたい人物へと近づくように導く。実際，パートナー肯定が理想自己への個人の動きを促進し，カップルの幸福を高め，そして関係の永続性の可能性を最大化することを示す研究もある（Drigotas, Rusbult, Wieselquist & Whitton, 1999）。

動機づけの変換

特定の状況 対 効果的な状況

　なぜ個人は相互依存性という同じパターンに対してさまざまに反応するのだろうか？　もし行動が自己利益の追求によって全面的に決定されるのだとしたら，

すべての個人は同一の状況にはまったく同じように反応するだろう（知覚的バイアス，無作為の誤差，および同種のものを除いて）。相互依存性理論の特定の状況と効果的な状況という区別は，この疑問に対する回答を一部提供してくれる。**特定の状況**とは当面の自己利益的な選好に基づく相互依存性の構造を表わす。特定の成果は"本能的なレベル"の選好である。つまり「行列の個々のセルにおける成果（中略）は，社会的かつ物理的な環境の詳細，および2人の関連した特性のために，その関係に対して**特定され**ている」（Kelley & Thibaut, 1978, pp.16-17）。

行動的選択はしばしば本能的なレベルの特定の選好の追求以上のものを表わしている。行動はまた方略的な関心，自分自身とパートナーの成果の両方に影響を与えたいという欲求，または長期的な目標を含むより広範な配慮によっても形成される。**動機づけの変換**とよばれる過程は，個人がしばしば特定の選好からそれ，代わりにより広い相互作用目的を促進させるようなやり方で反応するという事実を説明する。「変換は一般的に近接状況（proximal situation）による統制から行動を自由にすることを求める。そしてそれによって変換は，パートナーの成果（中略）や自分の隔たった成果を含む，より遠隔特徴（distal feature）に対しても反応可能にする」（Kelley, 1984a, p.104）。変換プロセスから生じた選好は効果的な状況において表わされている。そしてその選好は，行動を直接的に導く再概念化された選好を要約している。

変換プロセス

動機づけの変換はどのように起こるのであろうか？　このプロセスについての図式的な描写が図5.3に示されている。人は社会的動物であるので，人の知能はその人にふさわしく非常に対人的なものである（Cosmides & Tooby, 1989）。つまり，人は相互作用の鍵となる特徴が私的幸福に関連する限りそれらを同定できる。すなわち，ある状況が以前に出会った状況と似ていると認識できる。このように，個人はおのおのの状況を**新たに**知覚し，それに反応するというよりもむしろ，一般的なパターンの例として状況に反応する（Kelley, 1984a）。変換プロセスは個人が特定の状況を（a）新奇で熟知していない状況，または（b）同一の基本的構造を共有する以前の相互作用と類似した状況，のいずれかとして認識したときに始まる。

以前の相互作用の成功と失敗が現状の行動に影響するとしたら，変換プロセスは特定の状況を別のパターンではなく，あるパターンとしてカテゴリー化することによって一部形成される。知覚されたパターンがより広範にわたる考慮と関連しない単純なものであるとき，個人は当面の特定の選好に基づいて反応する。し

かし特定のパターンがより複雑な制約や機会をともなっているとき，さらなる出来事が続いて起こる。特定の状況の偶然性は，関連した傾性，動機づけ，あるいは規範を活性化させる。すなわち，特定の状況の性質が関連したより広い考慮に注意を払わせるようになるであろう。これらの遠隔変数（distal variables）は出来事に特有の認知と情動に影響を及ぼすことによって，個人をいくつかの可能な変換のひとつへと導き（たとえば，共同成果を最大化したいという欲求），相互作用にともなう近接事象（proximal event）を特徴づける。結果としての変換は，次に新しい選好のセットをもたらす。これらの効果的な状況で表現された新しい選好は行動に影響を与える。

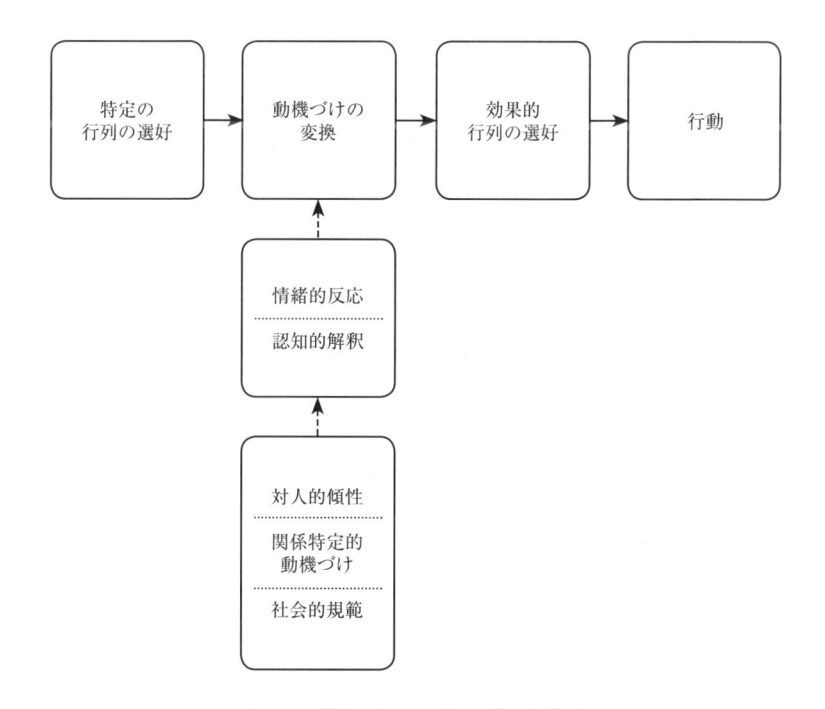

```
┌─────────┐   ┌─────────┐   ┌─────────┐   ┌─────────┐
│ 特定の  │──▶│動機づけの│──▶│ 効果的  │──▶│  行動   │
│行列の選好│   │  変換   │   │行列の選好│   │         │
└─────────┘   └─────────┘   └─────────┘   └─────────┘
                   ▲
                   ┊
              ┌─────────┐
              │情緒的反応│
              │─────────│
              │認知的解釈│
              └─────────┘
                   ▲
                   │
              ┌─────────┐
              │対人的傾性│
              │─────────│
              │関係特定的│
              │動機づけ │
              │─────────│
              │社会的規範│
              └─────────┘
```

図 5.3　動機づけの変換の近因と遠因

　変換プロセスは必ず精巧な精神活動をともなうのであろうか？　くり返し出会うパターンへの適応をとおして，個人は特定の方法で特定のパターンに反応する習慣的傾向を発達させるであろう。そのような場合，変換プロセスは意識的な思考はほとんどあるいはまったくともなわずにきわめて急速に起こる。重大な選択ポイントでは，個人は変換に関連した情報探求と合理的な意思決定に従事し続け

るだろうが，しばしば以前の適応を反映した習慣がかなり自動的なやり方で行動を促すだろう（Scott, Fuhrman, & Wyer, 1991）。実際，あいまいな構造を含む新奇なパターンについては，変換関連情報を慎重に少しずつ処理するようにさせることを示す研究もある（Neuberg & Fiske, 1987）。

動機づけの変換の機能的価値

とりわけそういった選好のシフトはしばしば直接の自己利益を差し控えさせることになるという事実を考慮すると，いったいなぜ動機づけの変換が起こるのであろうか？　第1には，当面の自己利益によって決定されたのとは別の方法で行動することが時には有益である。つまり，その変換プロセスによって導かれた行動は，短期的にさえすぐれた成果をもたらすのである。たとえば，適度な不一致を含む状況で，もし両者が当面の自己利益に基づいて行動したとすると，両方が不十分な成果を被ることになる。一方，もし両者が向社会的な変換をとれば，両方がよりよい成果を受けることになる。

第2に，変換プロセスが比較的より自動的になるにつれて，そのような変換によって形成される相互作用はスムーズで予測可能な形で進む傾向にある。つまり変換プロセスが選択のための明確な基準を提供し，それによって不確実性を減少させるのである。たとえば，ほとんど再帰的統制を伴わない高水準の運命統制あるいは行動統制という特徴をもつ相互作用において，自己利益は行為の選択に対し何ら明確なものを提供しない。この種の状況，つまり特定の状況においてそのような明快さが存在しないところでは，変換された効果的な状況は，行為の望ましい推移を明らかにするだろう。

第3に，当面の自己利益からはずれることは時には協調を促進する。たとえば，葛藤のある相互作用に関する研究は，パートナーの潜在的に破壊的な行為に反応する際に，もし個人が本能レベルの衝動にしたがって破壊的なやり方で反応すると，カップルの葛藤が高まることを明らかにしている（Gottman, Markman, & Notarius, 1977; Margolin & Wampold, 1981）。もし個人が代わりに自分自身とパートナーの成果を最大化することを求めるなら，葛藤が高まる可能性は減少する。そのような融和的な行動は(a) 短期的には両者にとってかなりよい成果をもたらすだけではなく，(b) パートナーたちが葛藤のコストを避けることを可能にし，(c) 一方のパートナーが破壊的に行動する可能性を最小化し，(d) パートナーがこの協力的な行為に返報する可能性を増加させることで個人の長期的な幸福を促進させ，(e) その個人が信頼できる（たとえば，協力的であることを志向している）ということをパートナーに伝える。このように，直接の自己利益からはずれることは手元の問題を解決するだけではなく，長期的な協調と調和も促進

する（Axelrod, 1984）。

変換のタイプ

日常の相互作用で動機づけの変換が起こるということは，行動が直接の自己利益に支配されているという単純な考えが偽りであることを示している。しかし，動機づけの変換とは正確にはいったい何を意味するのだろうか？　3種類の変換が同定され得る（Kelley & Thibaut, 1978）。**成果変換**はパートナーの成果と比較しての自分自身の成果に対する関心の程度に基づいている。つまり，成果変換は図5.4に示されているように，個人が自分自身とパートナーの成果に割り当てる重みによって表現できる（Griesinger & Livingston, 1973）。

相互作用に取り組む最も単純な方法は，自分自身の成果を最大化することによって，直接の自己利益に基づいて行為することである（自己最大化，あるいは個人主義，図5.4を参照）。つまり，変換はまったく含まれず，その方針は特定の状況での自己利益的な選好に一致する。しかしながら，個人は多くの特有の成果変換も行なうだろう。たとえば，しばしば個人は自分自身とパートナーにとってよい成果を促進させようと努める（和最大化，あるいは協力）。また，個人はと

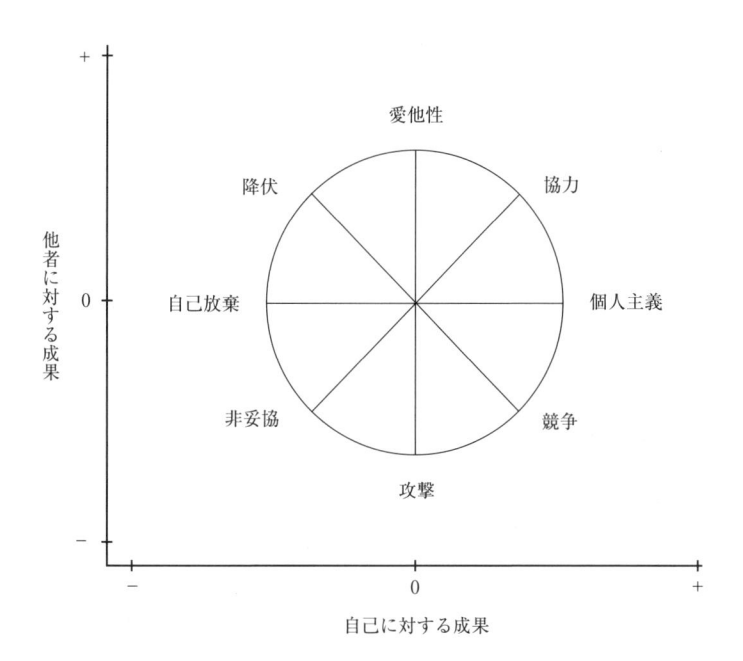

図5.4　成果変換の類型

くに親密なパートナーや必死になって援助を必要とする人とは，完全に他者指向的である変換をとるだろう。別の向社会的な変換———一般的には正義に対する関心によって動機づけられている———は，パートナーが平等な成果を得られるのを確かにする試みをともなう（差最小化：これは自分自身やパートナーの成果の最大化をともなっていないために図5.4からは理解できない。その目標は平等性であり成果の最大化ではない）。

　時どき個人は他者と**比較して**よい成果を求める（比最大化，あるいは競争）。この変換は必ず社会的比較（たとえば，きょうだいが親からの注目を求めて競う）をともなう。マイナスの重みづけをパートナーの成果（他者最小化，あるいは攻撃），自分自身の成果（自己最小化，あるいは自己放棄），または両者の成果（和最小化，あるいは非妥協）に割り当てることを含む他の成果変換もありえる。そのようなネガティブな変換はふつうでないパターンの相互依存性への反応において観察されるが，この種の傾向はたぶん稀である。最後に，最小最大化（つまり，最も不十分な成果しかない個人の幸福を増す），あるいはコスト最小化（つまり，自分にとって最も嫌悪的な成果の回避）などのもっと複雑な変換もありうる。

　転置変換は相互依存性のミクロ時間的な特徴を重視している。このタイプの変換は，最初に行動してパートナーに先んじるために状況の再概念化をともなう。つまり，2番めに行動したパートナーはさきに行動した者の選択に合わせるか合わせないかの意思決定に直面する。たとえば，アンディとベティはそれぞれがパートナーの助けを必要とする課題に取り組んでいるとする。アンディが最初に行動しベティを助けたとすると，ベティが直面する意思決定はアンディを助けることによって返報するかどうかである。転置変換はとくに高行動統制を含む状況に関連しており，そこでの調和はしばしば協同をうみだす。交互に起こる相互依存状況は，協同のためのよい機会を提供する。そこでは(a)最初に行動した者はパートナーがどう反応しそうかを認識してそうしたのであり，(b) 2番めに行動を起こす者は，さきに行動した者の選択について完全に知ったうえでそうする。しばしばそのような状況でのジレンマは，行動を起こすのはいくつかの可能な反応のうちのどれかをということでは**なく**，行動したのは最初か2番めかということに関心が集中する。

　時系列的変換は展開された推移をとおした連続的選択をともなう相互依存性がマクロ時間的に意味するものを考慮に入れている。たとえば，個人はしっぺ返しのような方略（「あなたが協力してくれる限り私も協力する」；Axelrod, 1984）を採用するか，順番交替というパターン（「今回はあなたのやり方でして，次回は私のやり方でしましょう」）を発展させるであろう。時系列的変換は一般的に

パートナーのとりうる変換に敏感である。たとえば，ある状況に協力して取り組む個人は，もしパートナーが一貫して利己的であったら，その戦略を変えるだろう。時系列的変換はまた伝達的な目的にも役立つだろう。たとえば，個人は自分の忠誠心を表現するための手段として向社会的選択を行なったり，快く同意する限界を伝える手段として敵対的なパートナーに反応する際に破壊的行動に出たりする。

動機の変換についての経験的な実証

より広範にわたって考慮することで，個人は，実際のところ，当面の自己利益からはずれることはあるのだろうか？　変換プロセスを立証することは容易ではない。変換はまったく日常的であり比較的自動的な形で起こるからである。それにもかかわらず，変換の概念と一致する証拠を提供する研究がある。たとえば，特定の状況に一致して行動する個人はそのパターンを変換する人よりも短い反応潜時を示す。(自己利益に基づいて反応する) 個人主義者は資源を自分自身と他者に分配するときには，(最大比変換を行なう) 競合者あるいは (和最大化や差最小化変換を行なう) 協調者よりもより短い反応潜時を示す (Dehue, McClintock, & Liebrand, 1993)。また，ゲーム研究の被験者も (a) 自分の選択に対して変換に関連した理由を記述し (たとえば，"パートナーがより多くの得点を獲得するのを手助けするため")，(b) その状況にふさわしい変換に応じて，同一の状況に異なった意味を割り当て，(c) 変換に関連した情報を探求し，そして (d) 長時間にわたって相互作用するときにはより向社会的な選択を示す (Pruitt & Kimmel, 1977)。

自己利益からの逸脱を支配する動機は，ある特定の関係の性質によって完全に限定される。たとえば，親密なパートナーたちは互いの利益を自動的に考慮に入れるだろう。親密な関係では自己利益とパートナーの利益はほどけないほど絡まり合っている (Aron & Aron, 1997; Clark, Mills, & Powell, 1986) からである。しかしながら，親密なパートナーたちでさえ自分の幸福とパートナーの幸福とを区別する。以前の葛藤を記述するとき，個人が実際に行なう反応 (効果的な状況) は，彼らが行動する前に心に抱いていた反応 (特定の状況) よりも建設的である (Yovetich & Rusbult, 1994)。また関係支持的な変換を引き起こす，より広範囲な考慮 (たとえば，パートナーの幸福への関心，公的イメージ) が除かれたとき，個人の選好は通常の社会的関心に基づいて作用している個人よりも建設的でなくなる (Rusbult, 1991)。さらには，パートナーの破壊的な行為に反応するとき，豊富な反応時間があると，行動はより建設的となる。一方，変換の活動のための時間が制限されたとき，向社会的な行動はほとんど起こらなくなる (Yovetich

& Rusbult, 1994)。

長期的な相互依存に対する示唆

　個人はしばしば当面の自己利益になるかよりも，より広い目標に基づいて行動する。同時に自己利益からはずれることは，特定のパートナーとの特定の状況に適用される，非常に偶然的なものである傾向がある（Huston & Vangelisti, 1991; Miller & Kenny, 1986）。つまり，「短期的な自己利益によって示されるのとは異なる方法で行動することにどういう利点があるのかは条件しだいである」（Kelley, 1984b, p.4）。動機と行動に影響を及ぼす相互依存性の多様な特徴を認める際には，**愛他的動機づけ**の問題に取り組むことが有益である（Kelley & Thibaut, 1985）。

　相互依存性理論は，"利己性を正当化していること"に対して批判されてきた（Wallach & Wallach, 1983）。相互依存性理論は，行動は当面の自己利益を超えて広く考慮されることによってしばしば形づくられることを主張しているので，この批判は不適当である。たとえば，向社会的変換はパートナーの幸福を増大させたいという欲求や成果の公平な分配を達成したいという欲求に導かれる。しかしもっと一般的な意味では，向社会的変換は，（当面の自己利益というよりも）長期的自己利益の追求を単に反映しているにすぎないということはあるだろうか？　もしわれわれが協力したとすると，よりすぐれた長期にわたる成果を楽しむことになることを知っているがゆえに，向社会的変換が生じるのだろうか？あるいは，われわれが善意で行なっていると他者が知覚しているとすると，われわれがよりすぐれた長期にわたる成果を楽しむことになるがゆえに，向社会的変換が生じるのだろうか？

　相互依存性理論は個人が適応の結果として比較的安定した変換傾向を獲得するということをこそ示唆している。われわれは変換傾向が相互依存状況における以前の経験を反映していると仮定し，さらに，長期的な機能的価値をもつがゆえに特定の傾向が持続すると想定している。しかしながら，これは愛他的な動機の存在に反する論を張っているのではない。向社会的行為がよい結果をもたらすという状況をくり返し経験することは，相対的により安定した向社会的傾向を生じさせるだろうが，適応はそのような傾向の基礎となっているという事実は自己利益が現在の行動を媒介することを示唆してはいない。そのような論法は，(a) われわれが以前の適応を意識しており，(b) 以前の適応が自己利益的とラベルづけられ，そして (c) 現在の向社会的行為が同様の自己利益的な適応と解釈される，ということを示唆しているので，相互作用者の頭のなかに相互依存性理論を置いているということになる（Kelley & Thibaut, 1985）。いったん，変換傾向が確立され

ると，そのような動機はかなりの自律性を獲得し，重要性を帯びるようになり，独自に行動を導く力を獲得する。われわれが向社会的交換を示すとき，われわれの心のなかにおける第1の目標がパートナーを助けたいという欲求となるのはしばしばである。

より一般的には，愛他性論争がしばしば，(a) 利己的行動，あるいは自己利益に関するどんな要素をも含む行為を，(b) 愛他的行動，あるいは悪影響などまったくない行為，と争わせるカテゴリー化への動き (Batson, 1987) へと落ち込むのは不幸である。そのような動きは，抜け目のないことを行なうことはよいことを行なうことでもある，という動機づけの多面的性質を無視している。自己利益的な要素の存在は，真に愛他的な衝動を除外しているわけではない。

習慣的な変換傾向

個人が最初に特定の相互作用パターンと出会ったとき，そのようなパターンは，独自の出来事，つまり彼らが反応しなければならない特定の問題と機会として経験される。そのような状況に反応するとき，個人は (a) 衝動的なやり方で行動するか，あるいは (b) 慎重に選択肢を検討し，結果を考慮し，そしてどのように行動するかを意識的に決定するだろう。もし特定のパターンへの反応が不十分な成果しかもたらさないならば，個人は将来の類似したパターンをともなった状況では異なったように行動するだろう。一方，もし反応がよい成果をもたらすならば，個人は将来の類似したパターンをともなった状況では同様に反応するであろう（勝ちならとどまり，負けなら変える）。時間が経つにつれ，いくつかのパターンと定期的に遭遇するようになり，それらのパターンへの安定的な志向性が現われる (Kelley, 1983b; Rusbult & Van Lange, 1996)。

対人的志向性はパターンに付随する変換傾向，つまりくり返し出会った平均的には望ましい成果をもたらす相互依存状況への反応である。一般的には，対人的志向性は意識的な計算の機能としては作用しない。個人は慎重にどのように行動するかを時どき決定するが，同じ程度にしばしばそのような"決定"は確立された習慣の自動的な産物である。ひとたび志向性が確立されると，個人は日常的にその志向性によって開始される活動につく。そしてもし，そのような習慣的なプロセスに気づいていたとしても，それはほんのたまにしかすぎず，行動を自己利益に反するものとして経験するのも，ほんのたまにしかすぎない。図5.3に描かれているように，対人的志向性は，(a) 認知的活動と情動的経験に影響を及ぼすことと，(b) 安定的で，パターン条件付きの変換傾性を生じさせること，によって影響力を発揮する。

対人的傾性

　対人的傾性とは，膨大な数のパートナーにかかわらず，個別のやり方で，特定の相互依存のパターンに対して反応する行為者特有の傾向である（Kelley, 1983b）。どのように傾性は出現するのだろうか？　発達の過程をとおして，個人はさまざまな相互依存性の過程を経験する。両親やきょうだいとも異なった経験をするだろうし，仲間との相互作用でも異なった機会や制限に直面する。彼ら独自の経歴の結果として，個人は個別の相互依存性のパターンへの取り組み方を反映した傾性を獲得する。つまり，彼らは予測可能な方法でパターンを知覚する傾向を発達させ，さらに，その後，より大きい，またはより小さい可能性でそれらのパターンに変換を適用する傾向を発達させる（Halberstadt, 1986; Reis & Patrick, 1996）。

　このプロセスを説明するのにアタッチメント・スタイル（Bowlby, 1969/1982; Hazan & Shaver, 1994a）の例は役に立つ。最初に，まず，依存することは人を傷つきやすくすることになることに注意しておくのは重要である。つまり，依存することは人に非常に十分な成果を与える**か**非常に不十分な成果しか与えないか（たとえば，肯定 対 裏切り；Reis & Shaver, 1988）というパートナーの能力を反映しているという意味で傷つきやすくするのである。個人は親密性の探求とくり返される拒絶や裏切りの経験の結果として，回避的スタイルを発達させる。したがって，回避型の個人は親密な状況を危険なものと知覚するようになり，彼らのパートナーにつけ込んだり，親密なパターンを避けることでそのジレンマを解消する。ちょうど競争者が他者から競争を引き出したり信用できない世界を作り出したりする（Kelley & Stahelski, 1970）ように，回避型の個人は回避を引き出し，彼ら自身にとって冷たく不毛な世界を作り出す（Simpson, Rholes, & Nelligan, 1992）。対照的に，安定型の個人は親密さを求めて努力することがよい成果をもたらすという相互依存性を何度も経験する。したがって，安定型の個人は親密な状況を安全なものと知覚し，それを信用したやり方で行動し，そしてパートナーが親密性を安全に探すための機会をお返しに作る。おそらく不安－アンビバレント型の個人は，一貫しない親密さを何度も経験し，それゆえ気まぐれなやり方で行動するようになる。（a）彼らが最も望むもの（親密さ，近しさ）を必死につかんだり，（b）依存することの危険に注意して避けたりする。

　傾性の機能は社会的価値の志向性に関する研究（Messick & McClintock, 1968; Van Lange, Agnew, Harinck, & Steemers, 1997）でも例証されている。成果を自分自身と他者に分配する機会を与えられたとき，ある人々は一貫して自分自身の成果が最大となる選択肢を選んだ（個人主義）のに対し，他の人たちは和最大化（協力）や比最大化（競争）といった種類の分配を志向していた（Liebrand

& Van Run, 1985)。社会的価値の志向性は，(a) 多様な状況での行動に影響を及ぼし，(b) 他者の志向性に関する信念の明確なパターンと結びつき，(c) 個別の変換が特定のパターンに適用される可能性に反映される（McClintock & Liebrand, 1988）。たとえば，向社会的な人は協力的に相互作用に接近し，パートナーがお返しに協力的に行動する限りはそうし続ける。個人主義者はパートナーの協力につけ込みたいという誘惑の影響を受けやすいが，そうすることが有利なときには協力する。競争者は，そうすることが自分たちの成果を最大化するときにさえ進んで協力しようとはしない。

そのような傾性のなかで具体化された志向性は，特定の相互依存性のパターンによって活性化される情動や認知を形づくることでその影響を及ぼす。たとえば，競争的な個人はいろいろなパターンを競争的と知覚し，他者が競争的だと信じ，そして協力的な行為を"愚か"あるいは"臆病"だと解釈する。相互作用パートナーがしばしば他者からの競争に反応して競争するとすれば，他者の目標や動機について競争的な個人が想定することは，確証されないというよりも，より確証されるであろう（Kelley & Stahelski, 1970; Snyder, 1984）。

関係特定的動機

関係特定的動機とは，特定の関係の文脈において，特定のやり方で特有のパターンに反応する性向である（Holmes, 1981）。関係特定的動機は個人の幸福とパートナーあるいは関係の幸福との間にジレンマがある状況においてとりわけ明白となる。ホルムスとレンペル（Holmes & Rempel, 1989）は，そのような状況での行動が個人の動機の診断に役立つという事実に言及し，そのようなパターンを**診断的状況**と称している。ひとつの重要な動機は信頼に関することである。それは個人の親切な意図へのパートナーの信頼を反映している（Rempel, Holmes, & Zanna, 1985）。個人が関係のよさに対する直接の自己利益から離れるという診断的な状況で向社会的に行動するとき，向社会的行動はパートナーの幸福に対する関心を伝達する。そのような行動は，(a) 個人の親切な意図へのパートナーの信頼を増大し，(b) パートナーのコミットメントを強め，(c) パートナーが将来，向社会的な変換を示す可能性を高める，のが明らかにされている（Wieselquist, Rusbult, Foster, & Agnew, 1999）。このように，アンディがベティを信頼するほど，彼はよりやさしい情動を経験し，ベティの行為についてより親切な解釈をする。そのことは次に動機づけの向社会的変換と向社会的行動への彼の傾向を高める。

コミットメントはもうひとつの重要な関係特定的な動機である（Johnson, 1989; Levinger, 1979; Rusbult, 1983）。コミットメントはパートナーへの依存の

結果として生じ，持続への意図，長期間の志向性，そして心理的愛着をともなう。コミットメントは満足水準が高い（個人がパートナーを愛している）とき，利用可能な代替選択肢の質が不十分な（代替的なパートナーが魅力的でない）とき，そして投資規模が大きい（重要な資源が関係と結びついている）とき，に強められる。コミットメントは関係を続けるという自発的な決定の最も強力な予測因であり（Rusbult, 1983），魅力的な選択肢の減少（Johnson & Rusbult, 1989），和解（Rusbult et al., 1991），進んで犠牲となること（Van Lange et al., 1997），そしてポジティブ幻想（Rusbult, Van Lange, Yovetich, Wildschut, & Verette, 1999）のような向社会的な維持メカニズムを促進させる。コミットメントは特定の相互依存パターンに対する情動的反応を特徴づけ（たとえば，パートナーが怠慢であるとき，怒りよりもむしろ愛情を感じる），そして関係を続けようという決定を支持する思考のパターン（たとえば，認知的な相互依存性）を生じさせる（Agnew, Van Lange, Rusbult, & Langston, 1998）。次に，親切な思考と感情は，中程度から高度の一致という状況ではとくに，向社会的変換を促進させる（たとえば，パートナーが不当に行動したときに，仕返しするよりも和解をする；Rusbult & Buunk, 1993）。

社会的規範

　社会的規範とは，一般に人々と（たとえば「けっして自分から離脱しない」），あるいは特定の関係（たとえば「けっして親友を裏切らない」）の文脈において，個別のやり方で特有の相互依存性のパターンに反応するためのルールに基づいた傾向である（Campbell, 1975; Simon, 1990）。規範は，(a) 行動の観察された規則性，(b) 規則性が妨害された状況で規範に訴えることにより統制を取り戻そうとする試み，そして (c) 規範の侵犯によって生じる憤慨感や罪悪感，に現われる（Thibaut & Kelley, 1959）。

　たとえば，たいていの社会は怒りの表現に関するルールを作り上げてきている。そのようなルールは，もし個人が敵意感情のおもむくままにすると，続いて起こる混沌を集団が避けるのを助ける。同様に，エチケットや礼儀正しさという日常のルールは，より調和的な相互作用をもたらすように行動を規制する。"よいマナー"は日常の相互依存性のジレンマへの効果的な解決策を表わしている。たとえば，規範的な規定がないと，レストランに車で行く際にアンディが自分の母親に車の助手席に座るようにすすめると，ベティはイライラするだろう。しかし年長者へのふさわしい行動に関する規範に照らすと，そのような状況での葛藤の可能性は減少する。

　長期間にわたるパートナーは相互依存性の問題を解決するために関係特定的な

ルールを発達させるだろう。たとえば，パートナーに代わりうる別な人との関係を持ちたいという誘惑は強くなりうるが，そうすることのコストも同じく高くなる。それゆえ，ほとんどのカップルは今ある規範に従うか，そのような行動を抑制し，関係外の影響を最小化するような彼ら自身の規範を発達させる。そのような規範は一般的には関係外の関与が受容不可能な条件（たとえば，高い透明度）だけでなく，関係外の関与が受容可能な状況（たとえば，結婚の第一位性）を特定している。結婚についての彼らの"根本ルール"を固守する夫婦は，配偶者の不貞に関してより低い水準の嫉妬しか示さない傾向にある（Buunk, 1987）。

似たやり方で，パートナーたちはしばしば自分らの関係における資源の分配を支配するルールを採用する（Mikula, 1983; Walster, Berscheid, & Walster, 1976）。分配ルールは葛藤を最小化し，カップルの機能を高める。したがって，(a) パートナーたちが衡平，平等，または必要性のような分配ルールを固守し，(b) 規範的な基準が破られたときに個人が不快感を経験する，ということは驚きではない。また，分配ルールはしばしば関係特定的である。たとえば，親子または他の共同的関係においては，行動を導く規範は分配に基づくというよりも必要性に基づく（Clark & Mills, 1979; Deutsch, 1975）。さらに，葛藤解決を左右するルールはしばしば成果の分配それ自体に対してと同じくらい葛藤が解決される手続きにも集中している（Lind & Tyler, 1988; Thibaut & Walker, 1975）。

長期的な相互依存に対する示唆

多様になった相互作用が進展するにつれて，パートナーたちは (a) 特定の行列の選好において暗黙の相互依存のパターンにおいてだけでなく，より高いレベル，つまり (b) パートナーたちが特定のパターンに日常的に適用する変換においても相互依存的となる。アンディの志向性が彼を向社会的な変換へと導くとき，ベティの選択肢と成果は高められる。つまり，アンディが自己中心的あるいは反社会的行動へと傾くときにはベティの選択肢と成果は減らされる。こうして，ちょうどわれわれが統制，依存性，そして一致という観点から成果の相互依存性を特徴づけることができるように，われわれは同様な方法で対人的志向性の相互依存性を特徴づけることができる。

パートナーの変換傾向がしっかりと確立されているほど，個人自身の変換作業は単純化される。たとえば，向社会的であるのが**不確実**なパートナーとよりも確実に自己中心的であるパートナーと関係する方がある意味で容易である。つまり，前者では，予測と協調の作業がより困難だからである。さらには，パートナーたちが互いの志向性について知るようになるにつれ，不確実性は低減され，快適で互いに満足となる成果を獲得する可能性が高められる（Sorrentino, Holmes,

Zanna, & Sharp, 1995)。そのように知ることが共感や視点取得のような能力や特性に基づくとしたら，関係における長期的な機能は一方がまたは両方がパートナーの選好や動機についての感受性や認識を増加させる類の社会-認知的および社会-情動的な傾性において優れているほど高められるはずである（Arriaga & Rusbult, 1998; Davis & Oathout, 1987; Ickes, Stinson, Bissonnette, & Garcia, 1990; Rusbult et al., 1991）。

意味分析と自己呈示

意味分析

図5.3に示されているように，（a）認知や情動のような近接心的事象は，ある特定の相互依存パターンの意味についての個人の内的な解釈を表わし，（b）近接心的事象は，一般的なパターンのうち特定の例にくり返し接触した過程をとおして発達してきた志向性によって特徴づけられる。ケリー（Kelley, 1984a）は，相互依存状況が個人の私的な幸福と密接な関係があるという事実に関して，**利益関連状況**という言い回しを使用している。どの2つの状況もまったく同一ではないが状況を特徴づける性質は分類が可能となるのに十分な規則性がある。その意味に関して状況を調べることは，適応の際に重要な役割を果たす。つまり，そのような行動は"ただ経験されたにすぎないそれぞれの状況の利益関連的な特徴のパターン（そしてパターンの種類）に印をつけ記録することと，そのような特徴のパターンという観点からやがて来るそれぞれの状況を同定し，自分自身をそれに志向させること"（Kelley, 1984a, p.91）とに素材を提供するからである。

意味分析とは，ある特定の状況の熟考，その利益関連的特徴への注目，そしてより広範に意味することの識別をともなう（Arriaga & Rusbult, 1998; Frijda, 1988; Mandler, 1975）。意味分析は社会的世界を解釈可能にし，それゆえ統制可能にすることをめざしている。フィスク（Fiske, 1992）が「考えるのは行動するためである」と示唆しているので，同様にわれわれは「感じるのはするためである」と提案しよう。認知と情動の両方が目前の，あるいはもっと遠い将来に出会うだろう相互依存性のパターンに適応するようなやり方で行為を促し方向づける。とくに，認知と情動は，（a）その事象の率直な重要性とより広く意味するものを解釈し，（b）その知識の意味するものを自分自身の欲求や選好と関係づけ，（c）反応を事象へと向けさせる際の役割をとおして相互作用を導く。回顧的には，内的事象は個人の幸福における変化を示し，その事象に関連する因果的要因の要約として作用する。予期的には，内的事象は特定の事象に固有な特定の因果構造に考慮して行為を促し導く。

認知的解釈は少なくとも3つの方法で相互作用にかかわっている。第1に，個人は状況を利益関連的特徴に関して調べる。というのは，効果的に反応するのは，今まさにその状況の鍵となる性質を検出することにかかっているからである（Kelley, 1984a）。第2に，個人は行為の背後にある動機に関して，特定の選好からの逸脱にとくに注目して推論する。自己中心的な選択からの逸脱は，その個人独自の目標と動機を明らかにするからである（Holmes, 1981）。新しい関係においては，期待は確率的となる。そこでの期待は平均的な人がどのように反応しそうなのかという想定に基づいている。より長期的な関係では，個人はまた，多様な状況を通じてパートナーがどのように行動したかという知識に基づいて個性記述的な期待をもつ（Kelley, 1991）。第3に，認知は安定的な傾向がまだ現われていない新奇な状況での行動を理解する際に中心的な役割を果たす。パートナーの選好，動機，そして行動を予測できるほど，個人は知識のある変換をとれる立場にいる。そのような予測は以前の状況でのパートナーの行動に関する知識から一般的なルールを抽象化することを意味する（Weiner, 1986）。より一般的には，認知は傾性のなかに具体化された対人的志向性（たとえば，不安－アンビバレント型の個人は忙しいパートナーの無視を拒否と解釈する），関係特定的動機（たとえば，コミットしている個人はパートナーの無礼な意見を仕事に関連するストレスに帰属させることで寛大にも無視する），そして社会的規範（たとえば，争いの間，反応する前に「10まで数えなさい」という命令は穏やかさと協力的行動をもたらす）によって形成される。

　情動的反応もまた相互作用の推移を導く。広くゆき渡った理論によると，情動は，（a）相互作用の流れに対する中断（Berscheid, 1983），あるいは（b）私的な幸福に関連するものとして事象を評価することで引き起こされた行為の準備状態における変化（Frijda, 1988; Kelley, 1984a），を合図していると考えられている。このプロトタイプ・アプローチは情動のプロトタイプが特定の相互作用パターンをくり返し経験した結果として形成されると主張する（Shaver, Schwartz, Kirson, & O'Connor, 1987）。情動は鍵となる特徴に注意を向け，その状況の利益関連的な面を同定することで，鮮やかにそして効率よく相互依存性パターンの意味を要約する。さらに，情動は傾性，動機，そして規範によって特徴づけられる。たとえば，パートナーの代わりになりうる人に対する魅力は，コミットされた個人のなかに，および不貞はまちがっているという規範的な規定を固守している個人のなかに，罪悪感を生じさせる。次に，罪悪感は選択肢を追い払うために冷たいやり方で行動したり，誘惑をとり除くために選択肢の魅力を認知的に減じることによって，個人を効果的に反応させるよう導く。

自己呈示

個人が選好や動機に関する情報を求めて互いの行動を調べるのと同じように，個人は彼ら自身の選好や動機を**自己呈示**を通じて伝達しようと試みる（Baumeister, 1982a; Depaulo, 1992; Leary & Kowalski, 1990）。時には個人は欺瞞的な自己呈示をし，時には自己呈示は真の動機と選好を明らかにするように方向づけられる。どちらの事象においても，自己呈示は観察者の情動，認知，選好，動機，あるいは行動を形成し，もしくは統制しようという目的を持っている。

多くの自己呈示的活動は自己利益からの逸脱が強調される文脈を作り出すこと，つまりより高次の動機を明白にするために特定の選好を明らかにすることをともなう。たとえば，夕食を出す間，アンディは焼きたてのパンと対比してできたてのパスタを作ることにかかわるコツについて注釈するだろう。つまり，そうすることにより，食事を準備するのに必要な努力をほのめかしているのである。個人はまた彼らの行為が判断される文脈を操作することで特定のパターンの相互依存性をゆがめるだろう。たとえば，ボビーが自分からしかけた喧嘩の結果，目の周りにあざを作って終わったとき，彼は自分が喧嘩を始めたということを母親に告白するか（怒りを引き出すであろう特定の行列表現），あるいは母親に自分はいじめっ子の暴力による不運な犠牲者であると確信させる（同情を引き出すであろう説明）ことによって，状況を"再構築する"かを決定しなければならない。

このように，自己呈示は状況的要求と行動的選択の間の相違を伝えることをともなう（Jones & Davis, 1965）。つまり，自己呈示は自分の選好と動機を望ましい見方で提示するのである。最終的には，自己関連情報を伝える可能性は特定のパターン特有の性質によって制限される。たとえば，完全に一致した状況で思いやりを伝えることは困難である。なぜならパートナーの選好が完全に一致しているとき，"思いやりのある"行動は"自己利益的"行動と連合する（すなわち，パートナーにとってよいものは自分にとってもよい）からである。自分の向社会的動機を効果的に伝達するためには，パートナーたちは困難で一致しない相互依存性のパターンに直面しなければならないのは皮肉なことである。

長期的な相互依存に対する示唆

認知，情動，そして自己呈示は，現在進行中の関係においても非常に重要である。パートナーたちが互いの行為について親切な解釈を作り上げるほど，カップルの相互作用はより快適になり，カップルの機能の質は高められる（Baldwin, 1992; Bradbury & Fincham, 1990; Fletcher & Fincham, 1991a）。なぜそうなのだろうか？ 相互作用の評価はある程度帰属に媒介されている。つまり，経験は相互作用において経験される直接の成果によってだけではなく，相互作用の結果

として明らかとなった志向性（たとえば，コミットメントや自己中心性）によっても評価される（Kelley, 1984b）からである。帰属媒介的な評価の付加価値は，互いの対人志向性に関するパートナーたちの長期的な信念に強い影響を及ぼすように思われる。

帰属媒介的な評価は信頼の発達の中心をなしている。つまり，パートナーが向社会的行動をとるのを観察することが，パートナーの当面の自己利益とは正反対であるときでさえ，そうすることで結果として信頼が生じる（Holmes & Rempel, 1989）のである。信頼はパートナーの動機が慈悲深いものであるという個人の推測を表わし，パートナーが自分の幸福を促進させるようなやり方で行動してくれると思えるという確信を反映する。次には，信頼は増加する依存性と結びついたリスクを低減し，個人の自己利益からはずれる返報的，向社会的な行動を進んで行なうという気持ちを高める（Wieselquist et al., 1999）。関係特定的動機はパートナーたちが相互作用の進行のなかで経験する情動と認知を特徴づける一方で，これらの情動的かつ認知的なプロセスはまた関係特定的動機を再確認し，そして結果として，現在進行中の関係における成長と活力を説明する際の中心的役割を果たす。

将来の研究の方向性と結論

将来の研究の方向性

現在概念化されている相互依存性理論のいくつかの長所と限界についてコメントしておくのは重要である。われわれはその理論の3つの長所に言及することで始めよう。第1に，ケリーとティボー（1978）の相互依存パターンの領域についての包括的な分析は，非常に必要とされた対人状況の類型をもたらしている。その類型とは，個人自体を強調するというよりもむしろ個人間の関係性を強調している。相互作用に関連する傾性，動機，規範だけでなく，相互作用にともなう思考と情動をともなう相互作用の意味を完全に理解するためには，われわれは特定の相互作用を特徴づける相互依存性の構造の分析から始めなければならない。

動機づけの変換という概念は，この理論の2番めの重要な長所を表わす。その長所とは直接の自己利益からの逸脱の重要性を明らかにしていることである。なぜ特定の選好からの逸脱にそれほどの意義があるのだろうか？　相互依存性の構造は**現実**であり，相互作用に重要な影響を及ぼすので，相互依存性の構造が究極的には"それ自身を知らしめる"のである。前に述べたように，特定の相互依存性の構造によって示されたものからの逸脱は，自己呈示のための，動機に関する帰属のための，そして現在進行中の関係におけるほかの意味のある出来事のため

の基準を形づくる。

　この理論の第3の長所は，親密な関係，向社会的行動，そして集団間行動のような多様な下位分野を統合する可能性にある。しばしば共通の相互依存性の性質を調べているにもかかわらず，下位分野によって研究者は異なる方法論（たとえば，実験的ゲーム，ビデオ録画された相互作用のコーディング）を採用する傾向にある。不幸にも，現在のところ下位分野を横断しての統合はほとんど存在しない。たとえば，教科書はある行動の表面的な特徴がその本質的な意味を明確にするかのように個別の領域に別々の章を割いている。相互依存性理論は相互依存性の根本的な特質を強調することで，そのような人工的な区分を取り除くことができる。

　現在概念化され採用されているその理論の第1の限界とは何だろうか？　ひとつの限界は動機づけの変換の背後にある近接メカニズムに集中する。ケリー（Kelley, 1984a）による情動が果たす役割についての議論は，変換にともなう内的事象の分析に向けての重要な一歩を踏み出している。同時に，たくさんのものが変換プロセスのなかの認知と情動の役割を理解する際に成し遂げられるべく残されている（Duck & Miell, 1986）。関連した限界は安定した変換傾向の背後にある遠隔メカニズムに関するものである。前に，われわれは対人的志向性がくり返し直面した相互依存性のパターンへの適応として理解されると述べた。ケリー（Kelley, 1983b）の分析に基づいて，われわれは3つのタイプの志向性──傾性，関係特定的動機，そして社会的規範──を区別した（Rusbult & Van Lange, 1996）。将来の研究は安定した変換傾向のいくつかの具体例の間での重要な差異を分析しようと努めることであろう。

　第2の限界は相互依存性理論が相互作用と関係性の研究において十分に使用されてこなかったという事実に集中する。なぜそうなのか？　第1には，過去二，三十年の間，社会科学における一般的方向性が内的事象の研究に集中していたからである。そのような方向性は，そのような事象が現われ，そして機能するより広い文脈を（愚かにも）無視することを容易にする。第2に，その理論が難解であるからである。それは相互依存性パターンの量的表現を含み，プロセスは数式を使って記述されており……その理論が容易にはビデオからの抜粋のように伝達されないからである。第3には，その理論の鍵となる構成概念が操作的定義と協力して進展されなかったからである。抽象的な概念を個別の実証的手続きに翻訳することが研究者に残されている。その作業は人の気力をくじくものである。今後ますます多くの科学者が相互依存性のアプローチを採用し，この方向性がますます対人的現象を理解するのに利用しやすい手段となることが望まれる。

結論

　相互依存性理論は相互依存性のパターンについての論理的な分類を提示している。それは依存の程度，依存の相互性，依存の基盤，そして成果の一致という4つの鍵となる特性を使って，相互依存性のあらゆるありうる形態を分析できる概念的枠組みを提供している。転移リストの使用をとおして伝統的な行列表現を拡張することによって，相互依存性の一時的かつ時系列的に重要な特徴を理解できる。動機づけの変換という概念を通じて，その理論は，長期的目標や戦略的関心のようなより広い考慮によってどのように行動が形成されるのかを説明する。対人的世界の意味を明確にするテーマと特質を同定することに加え，その理論はまたくり返し直面する相互依存性のパターンへの適応のプロセスも議論している。われわれは傾性，関係特定的動機，そして規範における非常に習慣的な傾向の具体化されたものを調べてきた。その理論はまた，帰属，情動，そして自己呈示のような社会－認知的な現象を理解するための枠組みも提供している。われわれの望みは，相互依存性の性質と結果の真に**対人的な**説明としてのその地位だけでなく，この章が相互依存性理論の包括性を伝える助けとなることである。

● 5章のまとめ ●

相互依存性理論

相互依存性理論は個人間プロセスに言及することで対人関係における行動を説明

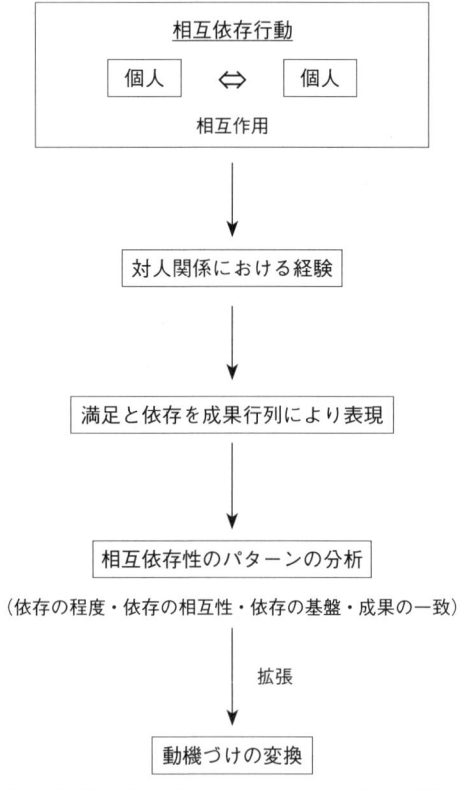

```
┌─────────────────────┐
│    相互依存行動      │
│  ┌──┐     ┌──┐     │
│  │個人│ ⇔ │個人│    │
│  └──┘     └──┘     │
│      相互作用        │
└─────────────────────┘
           │
           ▼
   ┌───────────────┐
   │対人関係における経験│
   └───────────────┘
           │
           ▼
  ┌──────────────────┐
  │満足と依存を成果行列により表現│
  └──────────────────┘
           │
           ▼
   ┌──────────────────┐
   │ 相互依存性のパターンの分析 │
   └──────────────────┘
```
（依存の程度・依存の相互性・依存の基盤・成果の一致）

↓ 拡張

┌──────────────┐
│ 動機づけの変換 │
└──────────────┘

（長期的目標・個人的価値・パートナーの幸福への関心）

6章
自己拡張動機と他者を自己に内包すること

アーサー・アロン　Arthur Aron
エレイナ・アロン　Elaine N. Aron

　本章では，親密な関係における動機づけと認知についての自己拡張（self expansion）モデルに関して検討する。まず，モデルの主要な要素について説明し，その後，科学におけるメタファーの役割という観点からこの種のモデルの有益性について述べる。第2節と第3節では，モデルが示す2つの主要なプロセスについて詳細に考え，理論的根拠とそれぞれに関する研究について議論する。2つのプロセスのひとつめは，関係と自己拡張とがつながることによって関係満足感が高まるということである。2つめは，認知的におのおのがパートナーを自己に内包していることを関係は意味しているということである。第4節では，関係に関する3つの論題——魅力における選択性，片思いへの動機づけ，恋に落ちることの自己への影響——についてこのモデルが示唆することを簡潔に述べる。最後に，関係をめぐるほかの問題に関してモデルがさらに説明できることに関して簡潔に検討する。

╋ 自己拡張モデル

　自己拡張モデルが提案しているのは，人間の中心的な動機づけは自己拡張であり，おのおのがパートナーを自己に内包している親密な関係を通して自己拡張は求められるということである。

自己拡張動機

　そもそも，自己拡張モデル（Aron & Aron, 1986）は動機づけを検討することから直接に生じたものである。われわれはまず，なぜ人々は親密な関係に入りこんだり，それを維持するのかという疑問について考えることから始めた。人間の基本的な動機づけも関係に関する願望に影響を与えると仮定して，人間は何につ

いてでもなぜそうするのかについて長く，深く考えることを必要とした。霊長類のような社会的動物は孤独な生活よりも社会的生活を，遺伝的にあるいは文化的に好むことをわれわれは知っている。しかし人間はすべてのことを入念に行なうという点で他の社会的動物とは異なる。食べることも，セックスも，コミュニケーションも，あるいは社会的関係についても入念に行なっている。

人間の多くの動機づけ（生物学的動因の合成物を含む）を理解するひとつの方法は，人間が自分自身を拡張しようと努めることに言及することのようである。人間は少なくとも4領域に関して拡張することに関心があるようである（ただし，気質や経験，サブカルチャーなどによって程度は異なる）。それらは，(a)（なわばり，勢力関係，所有などにおいての）身体的，社会的影響，(b) 認知的複雑さ（分化，つながりの発見，一般的な知識，洞察，賢さ），(c) 社会的，身体的アイデンティティ（他者，家族や国家のような集団，動物から神にまで広がる非人間と同一視することによる），(d) 世界における自分の位置の意識（人間だけは，形而上学，人生の意義，儀式，宗教，神話などに関心がある）である。

ほとんどの場合に，この自己拡張は探求心や有能感，効力感の原因となる（たとえば，Bandura, 1977; Deci, 1975; Gecas, 1989; White, 1959）。しかし例外と思えることもある。親が子どものために自分が自己効力感を得る機会を犠牲にするときである。しかしながら，**認知された**自己効力感を強調し（われわれがしていることであるが），後で述べる研究が示しているように自己が他者を内包して拡張することができると仮定するならば，その人は他者の成果によって自己拡張的な効力感を経験しているとも想像できる（たとえば，テッサー [Tesser, 1988] の"反映（reflection）"に関する研究で実証されている）。これは生物学的に"天賦の"親の自己犠牲を精巧にした例であるともいえるが，自己犠牲が子孫のためだけでなく，親子関係以外の他者や集団，文化のために行なわれることを考慮していることが重要である。

もちろん，拡張のしかたには専門性や好みによるところがあり，また一日あるいは一生の経過をとおして変化する。そのうえ，拡張動機の例外もある。努力したのに失敗したり，罰が与えられるという経験によって，拡張したり，探求したり，考えたりする願望がほとんどないことを示す場合である。われわれがまた強調してきた（Aron & Aron, 1986）のは，拡張経験を統合して，それを理解したいという強い願望が同様に存在し，それは全体性や一貫性への願望であり，ある程度満たされるまで拡張への願望に取って代わることがある。しかし，拡張と統合は自己拡張へと向かう流れの一般的なパターンにおける2つのステップである（ピアジェ [Piaget, 1963] は知能の発達が，既存のシェマに新しい経験を取り入れる同化の過程と，新しい経験に順応する調節の過程とをともなうとしている）。

また，いったん新しい素材を自己に統合したら，自己の非拡張や非統合に抵抗する動機づけが存在することとなる。これはグリーンワルド（Greenwald, 1980）やスワン（Swann, 1983）が述べているプロセスと一致した動機である。

互いの自己に互いを内包すること

われわれは，自己を拡張するという一般的な動機づけを仮定して，特定の関係に入り，維持したいという願望は，自己拡張への，ことさら満足し，役に立つ人間の手段であると考えられることを提案した。認知的に，自己は他者を自己に内包することによって拡張される。このプロセスは，親密な関係では相互的であるので，互いにパートナーを自己に内包している。

人は，自己拡張として期待できるものを得るために関係を求める。潜在的な関係に直面すると，その関係より前にもともとある自己（他者の見方や資源，アイデンティティなどを欠いている）とその関係に入ったあと予期的に想像される自己（自己自体の見方**プラス**他者の見方の両方への十分なアクセスを持っている）とを比較する。比喩的にいうと，関係に入ると，私は自分の家すべての使用権を持つことに加えて，あなたの家すべての使用権も得ることになる。よって関係に入る前は，自己拡張の動機づけは関係に対してかなり自己中心的な雰囲気を持つ。しかし関係に入ったあと，互いを互いの自己に内包することは，自己の重なり合いという効果を生む。私は今，私の家**と**あなたの家——それは**両方**とも"私のもの"である（"あなたのもの"でもある）——とを守り，維持しなければならない。内包した後に，広がった自己は親密な関係の非常に利他的な特質を作り出している（そして説明している）。

メタファーとしての自己拡張プロセス

われわれは，理論というものの重要な側面は，それが具体的に表わされたメタファーやアナロジーであると考えるようになってきた（Lakoff, 1987; Lakoff & Turner, 1989; Langer, 1948; またメタファーやしろうと理論の文献のレヴューとしては Duck, 1994 を参照；コベックセス［Kovecses, 1986, 1991］は，親密な関係にメタファーやアナロジーを用いており，親密な関係研究において現在使われているいくつかのメタファーについての議論も行なっている）。メタファーは，困惑させるような現象や"ターゲット領域"のうえに位置しており，"源泉領域"（一般的に身体的な経験）からすでによく知られているスキーマである（Lakoff, 1987）。理論のメタファーがよいほど，ある現象の複雑さはその理論のなかにとらえることができる。理論の発見的価値の多くは，理論を導くメタファーとターゲット現象との対応の豊富さに起因する。意識的に認識される対応に加えて，モ

デルのメタファーは，われわれが現象の側面として他に考えたことがなかった半意識的なイメージにわれわれを啓発することによって創造的な新しいアイデアをしばしば生む。(たとえば，"科学の枝"ということはまた，科学の成長（進歩），刈り込み（余分なものを取り除く），実（成果），根（根源）などへのつながりを活性化する）。さらに，経済学のメタファーとしての市場交換のように，他の分野ですでに探求された理論やメタファーが，親密な関係研究のような新しい分野に適用されるとき，そのメタファーのもともとの適用ですでに得られている洞察のすべてが新しい分野でも検証されうる。

しかしながら，すべてのメタファーには限界がある（Duck, 1994a）。メタファーが生むイメージはひとつの方向へ注意を向け，他の方向への関心を閉ざす傾向がある。メタファーは正しい方向へ導くこともあるが，誤った方向に導くこともあり，美的な面で不快感を与えることもある。たとえば，経済学に根源があるメタファーをともなうような理論は関係の重要な側面をとらえるだろうが，しかしまたそれらが唯物主義や自己中心性を内包するという点で限界がある。それらは，たとえば親密さから注意をそらさせることになる。他の例をあげると，アタッチメント理論には固有の限界がある。それは核となるメタファーは親と子どもであり，そのイメージのひとつは霊長類の幼児が母親に執着していることにある。アタッチメントのメタファーは，たとえばセクシャリティや大人の認知的プロセスから注意をそらしてしまう。

自己拡張モデルへの関心が高まっている理由は，それが親密な関係のターゲット領域の新しい側面をとらえていることにあるようであり，それはおそらく自己拡張モデルのメタファーが拡張や合併の身体的経験やイメージと非常に密接であるからである。たとえば，心臓や胸の拡張感は，ポジティブな経験を深く感じること，たとえば最初に恋に落ちるときや眠っている子どもを見ているときに関連する共通の身体的経験である。恋愛感情を持っている相手が行動しているのを見ている間に自分自身の筋肉が動くときや，あるいはその人がいるときにその人を喜ばせたり，心を乱したりする知らせを受け取り，相手が感じる喜びや悲しみの身体的サインを自分も感じるときに，他者を自己に内包するという身体的経験が起こる。最も顕著なものとしては，パートナーを失うことの描写が自分の体の一部がもぎ取られたり，死んだりするようなものだということである。実際，親密な関係の終焉を表わす共通用語である"崩壊"は物理的な一体性の終わりを表わしているようである。

自己，拡張，内包を強調することは，関係の重要な側面から注意をそらすことになるのは明らかだが，今のところ，そのことは他のモデルやメタファーが修正してくれるのに任せることとする。この自己拡張という相対的に新しいモデルに

ついて伝えることにわれわれが強い関心を持つのは、メタファーが人によって異なるものを連想させたり、異なる感情を抱かせたりするからである。メタファーが研究モデルの枠組みになるとき、メタファーから連想されるものは時間の経過とともにその分野で研究しているすべての人に共有されるようになる傾向がある。たとえば、一般の人々は学習理論から金属製のスキナーボックスと動物の無情な扱いを連想するが、心理学者は学習理論が役に立ち啓発的であるという、よりニュートラルあるいはポジティブなイメージを持っている。しかしながら、新しいモデル（共有されておらず、他の分野から借りてきたものでもないもの）においては、人によって意味するものが異なることが困難を生む。われわれのモデルでは、自己拡張はある人たちにとっては他人を犠牲にして不足している資源（食べもの、空間、お金、注目）を得ることを意味するようである。それ以外の人（われわれを含む）にとっては、自己拡張は広がったアイデンティティや意識をおもに意味するので、拡張は実質的に無制限であるといえ、ふつう、より強い利他主義へと導くものである。そのうちに、後者がメタファーのより普遍的に共有された意味になることをわれわれは望んでいる。

　同じように、互いを互いの自己に内包するというメタファーはある人たちにとっては、個人のアイデンティティの喪失を意味し、たとえば家族システム理論（たとえば、Olson Rusell, & Sprenkle, 1983）で取り上げられる論題である。そのような個人のアイデンティティの喪失が、個人のアイデンティティが十分に発達していないような人にとっては状況の適切な表現であるように思える（この種の分析はエリクソン［Erikson, 1950］のモデルによって示唆されている）。（アナロジーは、私の1匹の金魚と20種の金魚が入ったあなたの水槽とを不均衡ながら一緒にしたならば、それは私にとっては、私のものでも、私たちのものでもなく、あなたの水槽であるみたいに感じられることである。）しかし、互いのアイデンティティが十分に発達しているとき、互いの側面を互いの自己に内包することによって、個人のアイデンティティが喪失しているわけではなく、むしろ豊富になり、拡張しているのであるということをわれわれは想定している。実際、この後者の理解が、ほとんどの個人のこのメタファーに対する理解のしかたと対応しているといういくつかの証拠がある（Aron, Aron, & Smollan, 1992）。

2つの主要なプロセスのひとつめ
―― 関係と自己拡張とが関連することによる関係満足感の高揚 ――

拡張と関連するものの望ましさと時間の経過による関係満足感の減退

　基本的な人間の動機が自己拡張ならば、自己拡張を経験している間に存在する、

あるいは自己拡張経験と関連する状況や人は，古典的条件づけをとおして二次的に強化されるものになるか，あるいは望ましいものになるはずである（Dollard & Miller, 1950）。人間関係の場合には，二者が関係に入るとき，典型的に，最初にうきうきした期間があり，それはカップルが話すことに時間をかけ，熱烈なリスク・テーキング（危険覚悟の行動）や自己開示に従事する期間である。カップルのそれぞれは激しいやり取りによって急速な割合で自己を拡張している。しかしながら一度2人が互いを公平によく知れば，この種のさらなる急速な拡張の機会は必然的に減少する。しばらくは，息を飲むように急速であった自己拡張の期間とパートナーや関係が関連づけられることによって，満足は維持されるかもしれない。しかし，一度，自己拡張があるかないかわからないまでに時間がたつと，情熱は失われ，おそらく倦怠感さえ存在する。それゆえに，これからさき何年にもわたって続く恋愛関係において，"ハネムーン期間"後に典型的に関係満足感が減退することを示す文献をよく見かけるのである（たとえば，Blood & Wolfe, 1960; Glenn, 1990; Locke & Wallace, 1959; Rollins & Feldman, 1970; Tucker & Aron, 1993）。

親密な関係の主要な理論的アプローチ（相互依存性理論，アタッチメント理論，象徴的相互作用理論，家族システム理論）は驚くべきことに関係満足感の減退の理由についてほとんど何も述べていない。それらが仮定しているように思えるのは，自分自身の成果が相手の成果と相互依存的であり，投資が多く，代替の魅力が低く，カップルのおのおのが安定的なアタッチメント・スタイルを持っており，矛盾しない適当な規定された役割が遂行されており，価値観が共有され，それぞれの個人的な成長が支援されている，などの限りにおいて，関係は満足なものであるだろうということである。

関係満足感の減退について最も述べている人たちは，学習理論を夫婦関係に適用してきた人たちである（たとえば，Huesmann, 1980; Jacobson & Margokin, 1979）。彼らはそのような関係満足感の減退を習慣化の特別な事例であるとしている（習慣化（habituation）——接触がくり返される（Peeke & Herz, 1973）ことによって刺激に順応することで，ニューロンから組織全体にわたる，あらゆるレベルで起こる）。以前，価値のあった強化子は，それが予測でき，知られるようになるにつれ，あまり強力とはいえない報酬になってしまう。継続的関係は当然，いくつかの点でくり返しの多いものであり，だんだんと予測できるものになり，それゆえに強化が弱くなりやすい。プルチック（Plutchik, 1967）のモデルはまた"新奇性のなさ"を夫婦の不安定さへの顕著な影響因であるとしている。認知的理論は習慣化を，意思決定過程において情報的な不確かさが喪失することと再定義してきた。あまりにも多くの不確かさは過剰に覚醒的で，嫌悪的であり，

それがなくなることが望ましい。このことは, バーガー (Berger, 1988) が不確かさ減衰理論 (uncertainty reduction theory) を対人関係に適用する際に強調していることである。しかしあまりにも不確かなことが少ないのは, われわれを覚醒下にとどまらせ, それもまた嫌悪的なものである。さらにバーガーは, 快適な対人的調和にとって十分な予測可能性のレベルと, あるレベルの興奮を維持するのに十分な新奇性 (おそらく, 関係のあまり中心的でない領域における) のレベルとの間の, 弁証的なある種の関連を強調している。アルトマン, ビンセルとブラウン (Altman, Vinsel, & Brown, 1981) はまた, 彼らが"安定性"として述べているものと"変化"として述べているものとの弁証的関連を提案している。

不確かさというのは, 関係の初期段階に見られるいくつかの覚醒を刺激する。「不確かさは減衰されるか, されないかのどちらかなので, 累積すると, その確率は結局, 安定し, 関係のロマンチックな段階の終焉をほとんど避けられなくする」(Livingston, 1980, p.145-146)。

関係満足感の減退に関するほかの心理学的な説明も, 習慣化という考えに対してそれぞれの方法で説明することで広がってきた。たとえば, アロンソンとリンダー (Aronson & Linder, 1965) が主張するには, 長期的関係において満足感は減退し, それは自己に対する他者からのポジティブな評価にわれわれが慣れ, その結果, 他者が自尊心を高めてくれることは時間の経過とともに減るからである。精神力動論に由来する理想化の説明は, 親近性の増加によって, 非常に愛情に満ちた親 (Bergler, 1946) や, 理想自我 (Reik, 1944), あるいはアニマ／アニムス (Jung, 1959) を, 当該の関係のある他者に投影することが困難になるという観点から, 関係満足感の減退を論じている。

満足感の減退に対する自己拡張の見解

自己拡張モデルは習慣化のアイデアに基礎をおいて, 何に関して他者や関係は新奇でなくなるのか (自己に内包される新しい情報がなくなる), なぜ習慣化によって満足感が減退するのか (関係に関連することがらにおいて, 非常に望ましい急速な割合の自己拡張が減退するから) について特定している。関係における習慣化の役割に対して, このモデルはより正確な動機に基づく説明を与える。さらに, このモデルによって重要で適切な予測がなされた。関係の初期の期間後, 一緒に過ごす時間が増え, そのことは習慣化を増し満足感を減らすはずだが, 一緒に自己拡張的な活動を行なうことに時間が費やされているならば, 一緒に過ごす時間が増えたことは満足感を**増やす**ことになるだろう。なぜなら, 一度他者が身近になり (その結果, 他者をさらに内包することは新しい拡張の主要な源泉ではなくなる), カップルがともに自己拡張的な活動に従事している (今や, 互い

を知ることとは別の活動である）ならば，非常に望ましい自己拡張経験は関係と関連したままであるからである。

　自己拡張モデルは習慣化のアイデアをより精巧にしたものとも一致しているといえる。たとえば，特定の他者は非常に大きな拡張の可能性を与えるものとみなされるから理想化される，とアロンとアロン（Aron & Aron, 1986）は主張している（同様の観点を表わした Brehm, 1988 も参照）。しかしながら，自己拡張モデルは理想化や自尊心の説明に限界があることを示唆することも，われわれは強調したい。カップルが自己拡張的な活動を一緒に行なっているとき，このことは関係満足感を高めている一方で，おそらくふつう，このことによって他者が再び高く理想化されることはないし，自尊心を新しく獲得することもない。つまり，関係と自己拡張とが単純に関連していることは，魅力過程においてほかのプロセス（理想化や自尊心の獲得）の基礎となっているか，それに加わるものであると考えられる。

　エキサイティングな活動を共有することによって仮定される結果が理論的に重要であるので，われわれはいくつか詳細にこのプロセスについて議論する。

自己拡張と関連する活動に一緒に参加することの効果──一般的な原理

　夫婦の満足感に広い多様性があることを多くの研究が示している。関係の初期段階の後でも夫婦の満足感には多様性が見られ，結婚して25年以上も経っているいくつかのカップルでさえ非常に高いレベルの熱愛を報告している（Traupmann & Hatfield, 1981; Tucker & Aron, 1993）。われわれは文献を読むにつれて，満足感の高いカップルのうち少なくともいくつかのカップルは，拡張的な活動に一緒に参加することによって，関係と自己拡張とを関連させる方法をわかってきているように思える。

　どんな活動であれ，北米のカップルは一緒に時間を過ごすことを重要な関係維持の戦略であると明確に考えている（Baxter & Dindia, 1990; Dindia & Baxter, 1987）。さらに，直感的に示唆されることであるが，カップルは拡張的な活動を一緒に行なうというこの戦略をしばしば採用している。つまり伝統的に彼らは家と家族を築くのである（アメリカの文化では，これらの目標はいつも共有されるわけではなく，中心的なものでもない。また，ストレスの源泉かもしれず，あまりに大きすぎる拡張であるかもしれない。これは第1子の誕生が明らかにネガティブなはっきりしたインパクトを持っていることからも示唆される。たとえば，Tucker & Aron, 1993）。他の例をあげると，ともに責任を負ったり，仕事を一緒に行なったり，専門的な活動やレクリエーション活動を共有しているなどである。おそらく，自己拡張の経験や感情がパートナーや関係と関連するようになる

ので，これらの自己拡張的な経験を共有することは関係満足感を高める。これは学習理論から借りてきたアイデアである。自己拡張的活動が強化的であるならば，刺激般化をとおして，カップルがそのような活動に一緒に従事するとき，その活動にともなわれる行動や相手の近くにとどまっている行動と，関係を維持するほかの行動の強化を経験する。重要なことは，なぜある種の活動はとくに報酬的であるのかについての説明に自己拡張モデルが貢献することである。つまり，活動が報酬的であるかどうかは自己拡張の結果として生じ，あるいは自己拡張と関連しているのである。

　自己拡張的活動とそうでない活動を区別するものは何であるか？　新奇さと覚醒という2つの主要な側面があるとわれわれは考える。新奇な活動に参加することは，新しい情報や経験を得ることによって自己を拡張する。一般に，新奇な経験はまた覚醒的でもある（Berlyne, 1960）。しかし，新奇でない覚醒的経験，たとえば身体的な激しい活動や，感覚的な刺激負荷もある程度，自己拡張的である。いくつかの種類の覚醒（高いレベルではあるが，耐えられる程度である）は拡張感や有能感を作りだすようである。自己拡張的活動の認識のされ方に関してわれわれが仮定しているのは，最も適したふつうの言語ラベルでいうと"エキサイティング"であり，それはこの用語が覚醒と新奇さの両方を含んでいるからである。また，以下の研究で述べるように，カップルに自分たちが行なっているエキサイティングな活動の種類について尋ねたときに，彼らが報告している活動は，まさに新奇な活動か，覚醒的な活動，あるいは新奇で覚醒的な活動である。

拡張的な活動を共有することと満足感との関連に関する調査研究
　一般に，一緒に過ごした時間と夫婦の満足感とが相関しているという十分な証拠がある。たとえば，過去30年の間に行なわれた5つの異なるアメリカの研究において有意な関連が見られている（Kibourne, Howell, & England, 1990; Kingston & Nock, 1987; Orden & Bradburn, 1968; Orthner, 1975; White, 1983）。一緒にいる時間と夫婦の満足感に関するこれらの研究のどれも，自己拡張的であると分類される活動への参加に関してとくに検討したものはない。しかしながら，それぞれの結果が示していることは，重要な活動は自己拡張的な活動かもしれないということだ。いくつかの研究（Holman & Jacquart, 1988; Kingston & Nock, 1987; Orden & Bradburn, 1968; Orthner, 1975）は，活発な相互作用をともなう活動のほうが，穏やかな活動や並列的な活動，あるいは単に他者と一緒にいるだけの活動よりも，夫婦の満足感と実質的により強く相関していることを報告している。ヒル（Hill, 1988）は，一緒に行なう活動と夫婦の満足感との強い関連を見い出して，"レクリエーション活動"を一緒に行なうことが最も強い効果があ

ることを報告している。"レクリエーション活動"のすべてが，活動的か，あるいはいくつかの新奇性をともなっていた（たとえば，"アウトドアの活動，活動的なスポーツ，カードゲーム，旅行"，p.447）。

"エキサイティング"な活動と満足との関連に直接焦点をあてているいくつかの相関的なデータがある。マッケナ（McKenna, 1989）は，新聞に質問表をのせて回答を求めたものを分析して，標準的な結婚満足感尺度の得点と「あなたがパートナーと一緒にすることはどれくらいエキサイティングなものか？」という項目への回答との間に強い正の相関（$r = 0.52$）を見い出した。さらに，満足感とエキサイティングな活動との関連は，関係への倦怠感の回答によって媒介されていた。また，結婚満足感の予測においてエキサイティングな活動と結婚期間との間に明白な交互作用があり，結婚満足感とエキサイティングな活動は，結婚期間が3年以内の人では.27の相関係数を示し，一方でより結婚期間が長い人は.62の相関係数であった。この交互作用は重要である。なぜなら，理論的に初期段階においては関係の進展自体が，おのおのが必要とする，あるいは耐えうるすべての自己拡張をパートナーに与えるはずだからである。したがって，自己拡張的な活動に一緒に参加することからの実質的な効果を予測することができるのは，この初期段階の後になってからだけである。

別の研究（McNeal & Aron, 1995）では，夜間の授業に参加しているデート関係にあるカップルと夫婦が標準的な関係満足感尺度に回答し，最近30日の間にパートナーと一緒に行なった活動について広範な評定を行なった。すべての被験者において，パートナーと一緒に行なったエキサイティングな活動の数と関係満足感との間に.29の中程度の相関が見られた。しかしながら，ふたたび交互作用も見られた。つまり，エキサイティングな活動の数と関係満足感との相関は夫婦では.48で，デート関係にあるカップルでは.08だった。また，エキサイティングな活動と満足感との関連は，関係の倦怠感の報告によってはっきりと媒介されていた。パートナーと一緒に行なった（すべての種類の）活動の総数を統制しても，上記の結果のすべては本質的に変わらなかった。この研究は，パートナーと一緒に行なうエキサイティングな活動に参加する機会を評価させるいくつかの項目を含んでいた。これらの項目についての結果のパターンを分析したところ，エキサイティングな活動が満足感に影響を与えるという仮定された因果関係の方向と一致していた。

最後に，この研究はエキサイティングであると認知されていた，一緒に行なう活動のタイプについてある示唆を与えた。自己拡張は覚醒と新奇さと関連するというわれわれの見解と一致して，エキサイティングな活動には2つのタイプがある——高いレベルの身体的活動をともなう活動（たとえば，サイクリング，ダン

ス,乗馬,ローラースケート,ハイキング)と新しさ,あるいは珍しさを強調している活動(たとえば,音楽コンサートや演奏への参加,自然についての勉強やバードウォッチング)。

覚醒/めったにないことと魅力に関する研究

関連する別の研究は,恋人になる可能性のある人に最初に魅力を感じることと,覚醒やめったにない環境で一緒にいることとの関連に焦点をあてている(Aron, 1970)。この分野の研究は,被験者が新奇で覚醒させるような状況(吊り橋)で魅力的なサクラに会うか,より一般的で覚醒のない状況(歩道橋)でサクラに会うかの研究によって活発になった(Dutton & Aron, 1974)。結果は新奇/覚醒的な状況で魅力が高くなるというものであった。覚醒とロマンチックな魅力との関連について多くの追試実験が行なわれている(Allen, Kenrick, Linder, & McCall, 1989; Dutton & Aron, 1989; Riordan & Tedeschi, 1983; White, Fishibein, & Rutstein, 1981; White & Kight, 1984)。それらの実験では,被験者は覚醒的な環境か覚醒的でない環境かのどちらかの環境で魅力的な未知者に会い,その人に対する魅力が測定される。覚醒的な環境とは,ユーモアのある映画,あるいは暴力的な映画,または身体的な激しい運動などである。ほとんどの研究で,ロマンチックな魅力は覚醒的な環境で有意に大きい。さらにアロン,ダットン,アロンとイバーソン(Aron, Dutton, Aron, & Iverson, 1989)は,なぜ恋に落ちたかに関する説明で,大学生の3分の1から3分の2が,"覚醒的"か"めったにない"と記号化される環境に言及していた。

研究者は,覚醒的であることと魅力の関連の基礎となるさまざまなプロセスを示してきた。それは,(a)実際の源泉からの覚醒を魅力的な未知者に錯誤帰属する(Dutton & Aron, 1974, 1989; White et al., 1981, White & Kight, 1984),(b)嫌悪的な過剰覚醒の減少に魅力の対象が関連している,(c)覚醒がその人のなかで最も利用可能な反応を促進している(Allen et al., 1989),といったことである。自己拡張モデルによる説明では,覚醒が非常に望ましい状態の自己拡張である魅力的な他者と関連しているといえる。この説明では,先の3つの説明が成り立ち,3つの説明はすべて互いに関連しているといえる。さらに自己拡張モデルでは,あまり覚醒的な経験ではなくても,新奇な経験であれば,効果は生じると説明している。(この後半のアイデアはいまだ実験的研究において直接検証はされていないが,恋に落ちる経験の報告を検討している研究の結果とは一致している。)

継続的な関係についての実験的研究

リースマン,アロンとバーゲン(Reissman, Aron, & Bergen, 1993)は自主的

に実験に参加してくれた夫婦をランダムに3グループのひとつに割り当てた。最初のグループの人々（エキサイティング活動群）には，10週間，毎週1時間から1時間半，活動リストからひとつの活動を行なうように教示された。活動リストは，予備研究の質問紙を夫婦が別々に答えたもので夫婦の両方がエキサイティングであると評定していたものである。第2グループのカップル（楽しい活動群）は，予備研究において楽しいと2人ともが評定した活動に割り当てられた。3番めのグループのカップルはなんの活動もしない統制群とされた。エキサイティング活動群は，楽しい活動群と比べて，10週間をとおしての関係満足感について中程度の効果サイズの有意な増加を示した。一緒に過ごすことに余計に時間を費やすことのなかった統制群と2つの実験群との間には有意差は見られなかった。言いかえると，一緒に時間を過ごすこと自体は満足感を増やすことにはならなかった。エキサイティングな活動を行なって自己拡張が想定されることが満足感を増やしていた。

　リースマンたちの研究結果には他の解釈もありうるので，ノーマンとアロン（Norman & Aron, 1995）は，この現象を研究するための実験室パラダイムを開発した。このパラダイムによって，状況のさまざまな側面がシステム的に操作されることが可能となり，それによって潜在的な媒介のメカニズムの検証を可能にした。そのアプローチは覚醒−ロマンチックな魅力パラダイム（たとえば，Dutton & Aron, 1974）を基本的には拡張したものである。ノーマンとアロンのパラダイムでは，継続的な関係にあるカップルが，実験室でいくつかの質問紙に回答し，次に課題を一緒に行ない，その相互作用はビデオテープに撮影され，それから質問紙にもう一度答えた。実際は，質問紙は関係満足度のプレテストとポストテストのスケールであり，課題は覚醒と新奇さという独立変数を実験的に操作したものである。

　このアプローチを用いた最初の研究での実験課題は，覚醒的で新奇的なものか，平静で退屈なものかに操作された。結果は予測と一致していた。つまり，覚醒的／新奇的な活動群の満足度は有意に増加していた。また，この増加は交際期間が長い人たちにおいて有意に多かった。その後の研究（現在，進行中である）はこのパラダイムを用い，覚醒の再帰属，協力，成功，退屈さのネガティブな効果など，エキサイティングな活動の効果に関して考えられる代替的な説明をシステム的に解決しようとしている。

2つの主要なプロセスの2つめ
――互いの自己に互いを内包することとしての対人関係

関係の理論化

　ある関係において，互いが互いの自己に含まれているという考えは，関係についての現在の多くの社会心理学のアイデアと一致している。たとえば，レイスとシェーバー（Reis & Shaver, 1988）によると，親密さはおのおのの個人が自分の最も深い部分の自己が他者によって確証され，理解され，大事にされていると感じるような自己開示の返報性が高まっているプロセスである。ウェグナー（Wegner, 1980）は，「共感は自分自身と他者との基本的な混同から生じる」（p.133）ことを示唆しており，それは幼児期に自己と養護者の間の区別が欠如する（Hoffman, 1976）ことから生じているかもしれない。実際，本テーマに直接関係する社会心理学のおそらく最も顕著なアイデアは"ユニット関係"であろう。これは、ハイダー（Heider, 1958）の影響力のある対人関係についての認知的説明における根本的な概念である。また，イックス，トゥーク，スティンソン，ベーカーとビソネッテ（Ickes, Tooke, Stinson, Baker, & Bissonnette, 1988）の"間主観性（intersubjectivity）"とも関連している。間主観性は，イックスと彼の同僚が，メルロ・ポンティ（Merleau-Ponty, 1945）の親密な関係を"二重存在（double being）"とする描写と，シュッツ（Schutz, 1970）の二者は「互いの意味の主観的文脈に住んでいる」（p.167）という言及を引用して，明瞭にしたものである。

　現在の理論に基づく社会心理学研究のいくつかは，親密な関係に関するテーマに焦点をあてている。たとえば，一連の実験的研究や相関的研究において，テッサー（Tesser, 1988）が示しているのは，自分と関係しているパートナーが成功することは，ネガティブな社会的比較を行なうことによって自己をおびやかすような領域におけるものでない限り，自己によって"反映される"（すなわち，自己はまるでそれが自己の成功であるかのようにその成功に誇りを感じる）。関連する研究では，"集団的相対的剥奪感（fraternal relative deprivation）"とよばれるもの（Runciman, 1966）に焦点をあてているものもある。集団的相対的剥奪感は，自己が属するグループの相対的不利益が，それがまるで自己自体の剥奪であるかのように自己に影響を与えるものである。さらに他の例をあげると，社会的アイデンティティ理論（Tajfel & Turner, 1979）から生じている研究がある。社会的アイデンティティ理論では，われわれのアイデンティティがさまざまな社会的集団のメンバーシップから構成されているとしている。関連する考えとして，ブルーワー（Brewer, 1991）は，人々が他者との差異の最適レベルを求めるとい

う主張を行ない，その証拠を示している。つまり，人々はある程度，グループと同一視するが，そのグループとあまりにも密接に同一視することは不快であると感じる（あるグループからの差異を求めることは典型的に異なるグループとの同一視をともなうものであるが）。

　マーケティングの分野では，「われわれは自分の所有物を自分自身の一部とみなしている」(p.139) という所有者の観念をベルク (Belk, 1988) は提案している。これはかなりの理論的な議論といくつかの研究の主題となってきた考えである。たとえば，シバダスとマックリー (Sivadas & Machleit, 1994) は，対象物の"自己への統合"を測定する項目（「私が自分のアイデンティティを獲得するのを助ける」や「私であることの一部である」という項目）が，自己にとっての対象物の重要性や自己と対象物との関連性を測定する項目とは分離した因子を形成していることを示した。アフビア (Ahuvia, 1993) は，ベルクの自己拡張アプローチと自己拡張モデルを統合することを試みており，対人関係の領域において仮定されるプロセスは物理的な対象物や経験との関連にも適用されると提案している。アフビアが面接調査を行なって示したのは，人々は関係しているパートナーへの"愛情"を述べるのとほとんど同じように，物への"愛情"についても述べ，彼らはしばしばこれを"真実の"愛であると考え，これらの愛する物体を自分のアイデンティティの一部であるように扱うということである。同時に，人間関係と同じように，対象物に自律的な価値観がしばしばあり，対象のなすがままにコントロールされているという感覚さえしばしばある。所有している対象物を自己に内包することについての考えはまた，関係とはおのおのが他者を"所有している"ことであるという考え（たとえば，Reik, 1944）と関連している。

　自己の重なりとしての関係という考えは，一般に心理学者と社会学者の間で有名になってきており，少なくともジェームス (James, 1890) から始まっていると考えられる。たとえば，バケン (Baken, 1966) は，ブーバー (Buber, 1937) の"私－あなた (I-Thou)"関係を拡張した文脈で"親交 (communion)"について書いている。ユング (Jung, 1959) は関係しているパートナーの役割を，ほかの方法では利用不可能なプシケ (psyche) の側面を与えてくれたり，発達させてくれたりして，より大きな総体へと導くことであると強調している。マズロー (Maslow, 1967) は「愛する人を自己に組み入れることができる」(p.103) ということを当然と考えている。また象徴的相互作用者のパースペクティブからマッコール (McCall, 1974) は，"アタッチメント"を"（他者の）行動や反応をさまざまな自己概念の内容に組み込むこと"(p.219) であると述べている。

他者を自己に内包しているという認知に関する研究

　研究のひとつの流れは，人々が関係を自己とつながっている，あるいは重なり合っているとみなす度合いに焦点をあてている。最近のひとつの研究で，セディキデス，オルセンとレイス（Sedikides, Olsen, & Reis, 1993）は，人々が他者についての情報を互いの関係という観点から自発的に符号化することを示した。このことは，他者が互いに親密な関係にあると認知される機能として，他者の認知的表象は，ある意味で重なり合っており，あるいは少なくとも結びついていることを示唆している。

　関係しているパートナーと自己との重なりの認知という論題に焦点をあてて，アロンら（1992）は，自分の親密な関係について，他者の自己への内包尺度（the Inclusion of Other in the Self（IOS）Scale）（図6.1参照）を使って述べるように被験者に求めている。IOSはいくつかの重なっている円から構成されており，そのなかから自分とある特定の人物との関係を最もよく説明しているペアを選ぶように求める。この尺度は相応の信頼性を有しており，弁別的妥当性，収束的妥当性，予測的妥当性も有しており，そのレベルは他の親密性の尺度（大体はより複雑で長い尺度である）に匹敵するか，あるいはそれよりも優れている。（たとえば，このテストにおける得点と被験者が3か月後に恋愛関係にとどまっているかどうかとの相関は.46である。）さらに，ほとんどの親密性の尺度は2つの要因のうちのひとつしか扱っていないようである。つまり，それらは**親密性の感情**か**親密性に関する行動**のどちらかを測定している。しかしながら，IOS尺度はある程度，これらの要因の両方に負荷をおいている。このことは，IOS尺度は親密性のある特定の側面だけでなく，より核となる意味を引き出しているかもしれないことを示唆している。

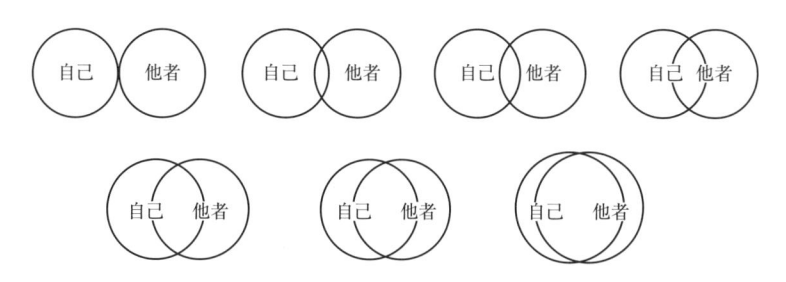

図6.1　他者の自己への内包（IOS）尺度。回答者は自分たちの関係を最もよく描写している図を選ぶように教示される。（Aron, Aron, & Smollan, 1992）

アグニュー，バン・ランゲ，ラズバルトとラングストン（Agnew, Van Lange, Rusbult & Langston, 1998）はデート関係にあるカップルの研究で，IOS尺度における得点が，さまざまな関係についての尺度，たとえば関係への満足や関与，投資，関係の中心性と高い相関があることを示した。最も興味深いことは，IOSスケールは，自分たちの関係について話すときにデート関係にあるカップルが使う1人称複数形代名詞（"we"と"us"）性の割合と中程度に相関しており，アグニューらはこれを彼らが"認知的相互依存"とよぶものの表われであるとしている。

最後に，ピッピ，シェーバー，ジェニングス，ランボーンとフィッシャー（Pipp, Shaver, Jennings, Lamborn, & Fischer, 1985）も親密性の尺度の一部として重なり円図を使っている。彼らは思春期の青年に，「互いに関して，あなたと親との関係を最もよく描いているとあなたが思うように……」（p.993），ひとつは自己を表わし，ひとつは親を表わす2つの円の絵を描かせた。親密さの認知と円の重なりの量は両方とも，愛情と友情を評定する尺度と強く相関していた，とピッピらは報告している。

他者の見方を自己に内包することに関する研究

最近25年にわたる意義ある社会心理学の諸研究は，帰属過程における行為者と観察者の見方の相違に焦点をあてており，それはジョーンズとニスベット（Jones & Nisbett, 1971）の草分け的な研究に始まる。自己拡張モデルの文脈では，ある特定の個人が自己に内包されるほど，自己と特定の人との見方の相違は減少するはずである。いくつかの研究はこの結論を支持している。もともとのジョーンズとニスベット（1971）の研究を改編した方法を使って，ニスベット，カプト，レガントとマレセック（Nisbett, Caputo, Legant, & Marecek, 1973, 研究3）は，親密な友だちとの関係が長く続くほど，友だちについて特性的な帰属をしたがらないことを示した。同様に，ゴールドバーグ（Goldberg, 1981）は，多くの時間を過ごしてきた他者に対しては，特性的な帰属をあまりしないことを示した。

帰属における行為者−観察者の相違を検討するというこのテーマに関して，異なるアプローチを用いた研究が続いて行なわれた。プレンティス（Prentice, 1990）は被験者に特定の状況においてさまざまな人物について述べさせた。その結果，自己の描写において状況間での重なりが最も少なく，次に親しい他者の描写において重なりが少なく，親しくない他者において重なりが最も多かった。この結果は，人々は自己，そして自己と親しい人に対しては状況的な帰属を行なっているが，あまり親しくない人は状況によって区別されないとみなしていること

を示唆している。さらに別のアプローチを使って，サンド，ゴーサルスとラドロフ（Sande, Goethals, & Radloff, 1988）は自己，好きな友だち，好きでない友だちという順に，正反対の特性（たとえば，"深刻な-心配のない"）の両極に帰属される傾向が多いことを示した。ここでのポイントは，自己（と自己に好かれている人）の行動は，正反対を表わすほどにさえ，状況によって異なりうる。しかし自己と離れている人においては，片側の特性の記述（つまり，特性的な帰属）でかなり十分である。アロン，アロン，チューダーとネルソン（Aron, Aron, Tudor, & Nelson, 1991，実験2への導入）は，サンドらの手続きをくり返し行なって，**親密さ**の度合いが異なる人物を比較した（好きな友だちと嫌いな友だちという比較ではなく）。彼らは両方の特性の選択が自己において最も頻繁で，次に親友で，仲のよい知り合いで最も少なかったことを発見した。

ロード（Lord, 1980, 1987）が開発した研究パラダイムを適用して，他者の見方を自己に内包することに関するさらなる研究が行なわれている。ロードは被験者に具象名詞の一覧を提示し，それぞれごとに，それぞれの名詞と同時に示されるターゲット人物のメンタル・イメージ（名詞が言及することならなんでもよい）をできるかぎり鮮明に興味深く形成するように教示した。ターゲット人物は自己であるか，他のだれか，たとえばジョニー・カーソン（訳注：夜のテレビのトークショー番組［The Tonight Show］の名物司会者であった。1992年からジェイ・レノが引き継いでいる）などであった。後で行なった自由再生課題において，ロードは自己とともに示された単語は，他のターゲット人物とともに示された単語よりも再生される数が少ないことを示した。彼は，これらの結果を自己と他者の経験間に図-地の相違があるという観点から解釈している。自己は地であり他者よりも鮮明ではないので，自己と関連しているものごとを想像することは，自己以外のだれかと関連しているものごとを想像することよりも記憶をあまり高めない。

自己拡張モデルの見方から言えば，この図-地の相違によって世界を理解し，正しく認識する方法が異なり，他者が自分の内的世界に内包されるならば，他者はより地のようになり，図のようにはならない（つまり，より自己のようになる）といえる。この理論に基づき，アロンら（1991，実験2）はロードの手続きをくり返し行ない，ターゲット人物として自己とエンターテインメントの有名人とを用い，また第3のターゲットとして，親密な他者である被験者の母をつけ加えた。予測と一致して，有名人とともに想像された単語において再生数は最も多く，自己とともに，また母とともに想像された単語において再生数はかなり少なかった。有名人の代わりに母の友だちを用いた（有名人は単にイメージがとくに鮮明であるという可能性があるので），新しいサンプルでも同じ結果が得られた。被験者はまた母との類似性，親密性，親近性を評価するように求められた。母の

友だちとともに想像された単語の再生数から母とともに想像された単語の再生数を引いた差（他者が自己に内包される度合いを示していると仮定された）は母への親密さの評定と.56の相関があったが，類似性とは.13，親近性とは.16の相関しかなかった。

まるで他者が自己であるかのように
他者についての情報を処理することに関する研究

社会的認知研究は，自己表象の独特の役割に焦点をあてており，それはマーカス（Markus, 1977）やロジャーズ，クイパーとキルカー（Rogers, Kuiper, & Kirker, 1977）による先駆的な論文にさかのぼる。たとえば，自己に関する情報処理の論題（いわゆる"自己関連づけ効果"，情報処理と記憶は自己に関する情報において高まること）を考えてみてほしい。親密な関係において，おのおのが他者を自己に内包するならば，他者が自己と親密な関係であるときに自己に関する情報の利点は減らされるはずである——これは，いくつかの研究で支持されている結果のパターンである。そのような研究のひとつとして，バウアーとギリガン（Bower & Giligan, 1979）は，被験者が自分自身の生活との関連と，自分の母親の生活との関連において以前に判断した形容詞に対する偶発記憶にほとんど差はないことを示した。別の研究で，キーナンとベイレット（Keenan & Baillet, 1980）は被験者に特性形容詞が特定の人物にあてはまるかどうかを示させた。特定の人物は，自己，親友，親，友だち，先生，好きなテレビの俳優，アメリカの大統領であったが，この順に特性形容詞があてはまるかどうかを決定するのに要する時間は短く，後で再認された形容詞の数は多くなっていた。同様に，プレンティス（1990）は，自己記述と他者記述の内容も構成も両方とも，親密な他者は親しくない他者と自己との中間にあるというパターンに従っていることを示している。

関連するアプローチは，親密な関係にあることが他者が自己に内包されることを意味するならば，ある人と親密な関係にあるほど，自己の特性とその人の特性とを混同する傾向があるはずであるという考えに焦点をあてている。この考えを検証するために，アロンら（Aron et al., 1991, 実験3）は結婚している被験者に特性形容詞の一覧を示して自分自身と配偶者をどれだけ描写しているかを最初に評価させた。注意を拡散させるための中間課題のあと，これらの特性形容詞に対して一連の"私-私でない（me-not-me）"反応時間選択課題を行なった。予測は，自己と配偶者とであてはまるかどうかが異なる特性形容詞において最も大きな混同があるだろう——反応時間が長くなる——ということだった。（つまり，これらの特性が**自己**にあてはまるか，あてはまらないと評価するようにここで求

められるので，混同が生じると仮定される。しかし他者が自己の一部であるならば，自己と他者がある特性において異なるとき，差は"自己"の2つの部分間のずれである。）結果は予測どおりであった——自己と配偶者とであてはまるかが異なる特性形容詞において，反応時間はより長くなった。追試においても同様のパターンが得られた。また，追試では，被験者はIOS尺度を行なっており，自己と配偶者とであてはまるかが異なる単語への平均反応時間から，自己と配偶者とであてはまるかが同じだった単語への平均反応時間を引いた差と，IOSとの相関係数は.59であった。

スミスとヘンリー（Smith & Henry, 1996）は，内集団のメンバーでさえ自己に内包されることを実証するのにこの方法をうまく適用している。彼らの研究では，被験者はある特性が自己にあてはまるかどうかを決定するのに，典型的な内集団の人物（専攻が同じ学生）とあてはまる同じ特性については，内集団の人物と自己とであてはまるかどうかが異なる特性に比べて，一貫してより早かった。しかしながら，特性にあてはまるかがどうかが典型的な外集団の人物（専攻が異なる学生）と同じであるかは，決定時間と関連がなかった。

さらに，オモトとガン（Omoto & Gunn, 1994）はエピソード記憶における自己と他者との混同効果を示した。彼らの研究では，友だちとペアにされた被験者は，知らない人とペアにされた被験者に比べて，自分か自分のパートナーのどちらが以前に特定のアナグラム課題を解いたかどうかに関してより混同する傾向があった。彼らの研究の焦点は他の論題にあったが，自己と他者の伝記的な記憶を混同してしまうほどに，対人関係においてアイデンティティは混同されることをこれらのデータは示唆しているようである。

関係に関する自己拡張モデルにかかわるいくつかのさらなる示唆

本節では，関係に関連する3つの論題に対して自己拡張モデルが示唆することについて考える。それは，関係初期の魅力における選択性，片思いへの動機づけ，恋に落ちることが自己に与える効果である。

初期の魅力

自己拡張が一般的に主要な動因であると仮定すれば，他のことが同等であり，親密な関係になる可能性がある他者のなかから選択を行なうとき，その人との関係による自己拡張の可能性が最も大きい人に，最もひきつけられるだろうと考えることは合理的なことである。よって，価値－期待アプローチに従って，われわれは特定の他者への魅力は2つの主要な要因に影響を受けるはずであると論じて

きた。

1. 特定の他者との親密な関係をとおして可能である潜在的な自己拡張の度合いの認知
2. 他者との拡張を実際に得ることの可能性の認知——つまり，この特定の他者との親密な関係を実際に形成し，維持することができる可能性

　第1の要因は"望ましさ"（あるいは報酬的な価値）と要約することができ，第2の要因は"可能性"（あるいは報酬的な価値を得ることができる見込み）と要約することができる。前に述べたように，この分析は基本的に古典的な価値—期待分析（たとえば，Rotter, 1954）を，他者を自己に内包することを通じて自己を高めることによって関係が報酬を与えるというわれわれの考えに適用したものである。
　これらの2つの要因を説明することは，以前に逆説的であると思われてきた魅力に関する研究におけるこれまでの結果を理解するのに役に立つ（Aron & Aron, 1986）。たとえば，バーン（Byrne, 1971）やそれ以外の人（たとえば，Newcomb, 1956）の広範な研究に基づいて，魅力に関する社会心理学の根本的な原理は，類似性が魅力へと導くということであった。しかしながら，ウォルスターとウォルスター（Walster & Walster, 1963）は，他者が自分を好きであると信じるようにし向けられる条件のもとでは，自分とは似ていないパートナーを好きになることが実際にあることを発見した。同様に，ジョーンズ，ベルとアロンソン（Jones, Bell, & Aronson, 1972）は，他者が自己を好きであると信じるように自己が導かれたとき，類似した態度を持つ人を好きになるという傾向がなくなることを示した。
　類似するものは魅力的であるという一般的なルールへのこの例外は昔から知られているが，そのことについての一般的な説明はない。（マースタイン［Murstein, 1971］のその当時の魅力に関する文献へのコメントは，ここで述べていることに類似したプロセスをそれとなく言っているが，詳細には述べられていない。）自己拡張モデルを魅力に適用することで，これらの結果を理解することができる。類似性の認知は，関係が発展し，維持され得るということを意味するものとして働く。しかし，引用した研究のように，他者が自己を好きであることを知ることによって関係を形成する可能性が高くなっているならば，さらなる可能性の情報（類似性の情報によって与えられる）は報酬を増加させることはない。むしろ，魅力を高めるのは今や，非類似性であり，非類似性は自己拡張への可能性を高める——他者が自己とは異なっているほど，自己により多くの新しい見方を加える

ことができる。

　さまざまな方法やサンプルを使って研究者（Aron et al., 1989; Aron & Rodriguez, 1992; Sprecher, Aron, Hatfield, Cortese, Potapova, & Levitskaya, 1994）は，恋に落ちることへの2つのほぼ普遍的な前兆を一貫して示してきた。それは，外見的，個人的魅力と，他者が自己を好きであることを知ることである。これらの前兆は，自己拡張モデルと一致するが（すなわち，それらは望ましさと可能性を表わす），また他の理論的パースペクティブとも一致している。しかしながら，自己拡張モデルの重要な貢献は，拡張というモデルのメタファーであり，それが類似性と非類似性という反直感的な正反対の魅力をうまく説明していることである。

片思い

　アロン，アロンとアレン（Aron, Aron, & Allen, 1998）は自己拡張の枠組みで片思いについて考え，片思いへの3要因の動機的モデルを仮定した。最初の2要因は一般的な魅力モデルのものと同じであり，望ましさ（特定の人物との親密な関係を通じた自己の潜在的な拡張の認知）と可能性（特定の人物との親密な関係を形成し，維持する可能性の認知）である。望ましさはおそらく，主要な要素であり，他者との関係が極端に価値があるとみなされるならば，たとえ可能性が低くてもひきつけられるかもしれない。それは宝くじにおける賭けに少し似ている。つまり，当たる確率は低いが賞金は大きい。片思いの2つめの生じ方は，可能性の要因を強調したものである。つまり，時どき，自分の愛が報いられていると最初はかなり確信しているが，それから後にそうではないとわかることがある。しかしながら，そのときまでに，その他者とすでに恋に落ちている。

　片思いの状態への3番めの動機的要因は，自己拡張モデルによってより特定的に説明される。つまり，恋人という文化的にお膳立てされた役割を演じることと関連するように拡張を望むが，必ずしも関係を望むというわけでは**ない**ということである。恋に落ちている状態を望んでいるとき，片思いは非常に報酬的であるが，これは自己拡張の観点からだけ言えることである。

　この3要因の動機的なモデルを検証するために，アロンら（Aron et al., 1995）は，3つの動機的な変数の心理測定的に適した質問紙尺度を開発し，この質問紙を新しい大きなサンプルに対して適用した。この研究における最初の，そして最も重要な予測は，これらの3つの動機的要因のおのおのが有意に，しかも独立して片思いの強さを予測するだろうということであった。この予測は支持された。

　この研究は同時に，動機的要因とアタッチメント・スタイル（Hazan & Shaver, 1987）との交互作用にかかわる派生的な仮説を検証している。自己拡張モデ

ルの文脈で，アタッチメント理論研究は，人々が拡張しようとするためのより重要なチャネル（つまり，関係）を早期経験が形づくることを示唆しているとわれわれは解釈した。対人的な親密さを通じて拡張しようという早期の試みがいつもうまくいっている人は，"安定型のアタッチメント"になり，いつもうまくいっていない人は"回避型"になり，一貫性のない経験をした人は"不安／アンビバレント型"になる。(a) 他のアタッチメント・スタイルに比べて不安なアンビバレント型における片思いの強さを予測するのには，望ましさが最も重要であるという交互作用があり，また (b) 片思いの状態自体の望ましさは，"回避型"において最も重要であるだろう，という2つの主要な予測は支持された。(3つめの予測は，可能性は安定型において最も重要であるということだったが，有意には達していなかった。)

親密な関係が自己拡張に与える効果

自己拡張モデルがさらに示唆することは，関係を発展させることは，他者を自己に内包することによって自己を拡張するということである。親密な関係において他者が自己に内包されるならば，親密な関係に入るとき，自己は他者の側面を含むように拡張するはずである。

関連するあるひとつの研究で，セディキデス（Sedikides, 1992年10月，私信）は現在親密な関係にある被験者と，そうでない被験者の自己記述を集めた。これらの自己記述は分析され，被験者が回答した自己の異なる領域の数を決定した。（自己拡張モデルに基づく）予測と一致して，親密な関係にある人々の自己記述は，有意により多くの自己の領域を表わしている用語を含んでいたことをセディキデスは示した。

この考えについて詳しく調べるために，アロン，パリスとアロン（Aron, Paris, & Aron, 1995）は縦断的研究を行ない，325人の学生を5回テストした。10週間にわたって行ない，2.5週間に一度テストをした。毎回のテストで，被験者は「今日，あなたはだれですか？」という質問に対して，3分間に心に浮かんだできるだけ多くの自己記述的な単語あるいはフレーズをリストにして，前回のテストの後に恋に落ちたかどうかを示す項目を含む多くのほかの質問にも答えた。予想されたように，恋に落ちる前後で自己記述の自己内容領域の多様性が有意に大きく増加し，それは他のテストセッションの前後の平均的な変化として示された増加よりも，また恋に落ちなかった被験者のテストをしてから次のテストまでの変化に比べて大きな増加であった。2つめの研究は，529人の被験者の新しいサンプルを使って，被験者の自尊心と自己効力感を2.5週間ごとに測定した。予想されたように，恋に落ちる前後でこれらの変数において有意に大きな増加があ

り，それは他のテストセッションの前後の平均的な変化として示された増加よりも，また恋に落ちなかった被験者のテストをしてから次のテストまでの変化に比べて大きかった。これらの両方の研究において，自己への効果は，気分の変化を統計的に統制しても変わらなかった。

さらなる示唆と結論

　ここまでで議論された研究の流れにそって，検討され始めたばかりである関係現象についての見方を自己拡張モデルは与えてくれる。たとえば，自己拡張モデルは崩壊と喪失に対しても示唆を与える。つまり，心理的な苦悩の度合いは自己と他者の重なりが以前に存在していた度合いから予測されるはずである。同様に，コミットメントは非拡張（あるいは，分離へ動こうとしたときに経験される非拡張）の恐れによって高められるかもしれず，これはコミットメントに関するラズバルト（Rusbult, 1983）の投資モデルに関連するプロセスである。つまり，互いを互いの自己に内包することは，関係の崩壊において失われるだろう投資と考えることができる。自己拡張プロセスと，たとえば退屈さの感受性や望ましい覚醒水準といった**個人差**との間の交互作用，あるいは生活のほかの領域で経験される拡張の度合いや，拡張と統合の交替が必要であると予測されるかどうかといった**状況差**との間の交互作用が関係に与える効果に関しても自己拡張モデルは示唆している。自己拡張モデルを他のタイプの関係に対して適用することも有益である。たとえば，セラピスト－クライアントの関係などである。さらに，この分野の結果を，集団間の関係，利他主義，あるいは攻撃といった社会心理学のほかの領域へ適用することも可能である。

　一方で，関連する研究が数多くある領域で，ほとんどの場合に，いくつかの代替説明が除外されておらず，限られた母集団だけでしか研究されていないという意味ではデータは予備的であるといえる。おそらく，われわれが現時点でできることは，他では体系的な研究の注目の対象にはなってこなかったような関係の現象（エキサイティングな活動への参加や自己と他者の混同といった現象）に対して関心を高めるようなモデルの持つメタファーとしての可能性を実証することである。また，他の関係モデルに埋め込まれているアイデアとは完全には重ならない，関係についてのアイデアを生み出し続けるのに自己拡張モデルのメタファーが役立つことをわれわれは願っている。

● 6章のまとめ ●

自己拡張モデル

自己を拡張するために，親密な関係を求める

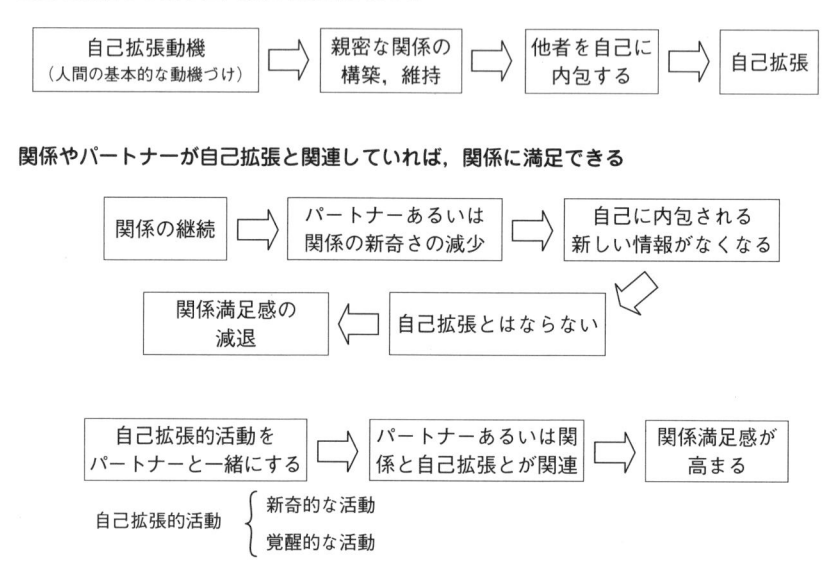

自己拡張動機（人間の基本的な動機づけ） ⇒ 親密な関係の構築，維持 ⇒ 他者を自己に内包する ⇒ 自己拡張

関係やパートナーが自己拡張と関連していれば，関係に満足できる

関係の継続 ⇒ パートナーあるいは関係の新奇さの減少 ⇒ 自己に内包される新しい情報がなくなる ⇒ 自己拡張とはならない ⇒ 関係満足感の減退

自己拡張的活動をパートナーと一緒にする ⇒ パートナーあるいは関係と自己拡張とが関連 ⇒ 関係満足感が高まる

自己拡張的活動 { 新奇的な活動 / 覚醒的な活動

親密な関係では，互いに他者を自己に内包している

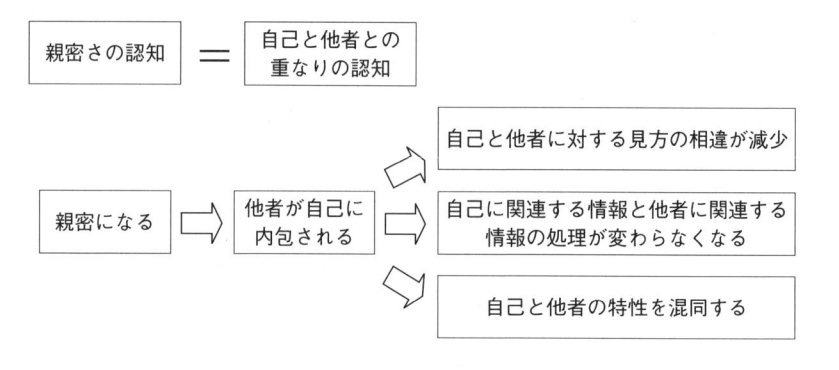

親密さの認知 ＝ 自己と他者との重なりの認知

親密になる ⇒ 他者が自己に内包される ⇒
- 自己と他者に対する見方の相違が減少
- 自己に関連する情報と他者に関連する情報の処理が変わらなくなる
- 自己と他者の特性を混同する

7章
パーソナルな関係における自己呈示的なパースペクティブ

マーク・レアリー　Mark R. Leary
ロウランド・ミラー　Rowland S. Miller

　イメージは重要であるが，表面的なものであるといえよう。人々が他人にどう見られているかをあまりにも重視しているという事実は嘆かわしい。われわれは，パーソナルな問題の場合，外見よりも中身を強調しようとしたり，他人がどう思っているかなど気にするなと子どもに言ったりさえするかもしれない。しかし内心では，「イメージはまさに重要である」という真実を知っているのである。パーソナリティや能力，動機についての他者の認知は，その他者がわれわれとどのように相互作用を始めるのかだけでなく，われわれについてどのように感じるのか，さらに再びわれわれと相互作用を行なうのかどうかに影響を与える。好むと好まざるとにかかわらず，自分がだれでどのような人なのかという印象は，他者がわれわれにどう接するのかを決断する手がかりとなり，よってわれわれの人生の成果に多くの影響を与える。われわれの社会的生活は，日々，他者がわれわれについて抱くイメージによって影響を受けているのである。
　家族，恋人，友だち，同僚など，なんらかの関係がある他者に対して抱く印象は，とくに重要である。その印象が正確であろうとなかろうと，他者に対して抱くイメージが根本的に，関係の本質を形成するのである。だから，何をしようとしていても，他者が自分をどのように見ているのかを無視することはできないのであり，他者に自分の望ましい印象を伝えて，望ましくない印象を他者が抱くのを妨げるようにふるまうのである。理論家や研究者は，なんらかの関係にある人が互いや2人の関係をどのように見ているのか，また互いをどう見ているかが関係に与える影響に長く関心をもってきた（たとえば Murray, Holmes, & Griffin, 1996b; Sillars et al., 1994; Van Lange & Rusbult, 1995）。しかし驚くべきことに，自分自身の目的のために，関係を持つ他者が自分自身に抱く印象を人々が形づくろうとするのだという事実はあまり多くは考慮されてこなかった。
　本章では，対人関係における自己呈示過程について検討する。まず概念上の説

明を手短に行ない，特定の出会いの場面や関係において他者が自分に抱く印象を操作しようとする度合いに影響を与える3要因について検討する。それから，われわれがどのような印象を作り出そうとするのかに影響を与える状況的要因と個人的要因を取り上げる。最後に，関係を持つ他者のイメージや，関係そのもののイメージをコントロールしようとする場合についても検討する。

自己呈示の本質

自己呈示（印象操作ともよばれる）とは，他者が自分に対して形成する印象をコントロールしようとするさまざまなプロセスをいう。印象を操作するために使う戦術，自己呈示に影響を与える社会的背景の特徴，自己呈示行動に影響するパーソナリティ，自己呈示することが印象に与える効果に関する理論が構築され，研究が行なわれてきた（Baumeister, 1982a；Leary, 1995；Schlenker, 1980を参照）。

人々はさまざまな方法で他者が自分に対して持つ印象をコントロールしようとする。自分の特徴について言葉で明白に主張することは最も直接的な手段であるが，より精巧な戦術を使うときもある。話をするときに選ぶトピックや，特定の態度を表現することによって印象を伝える。望ましい印象を伝えるために，服や髪型，メークを選んだりして，外見を変える。また，感情的表現，ボディーランゲージ，凝視などの非言語的行動を選択的に行なおうとする。望ましい印象を作り出すために"小道具"を使うこともあり，自分がある特定の種類の人間であることを示す所有物を見せびらかしたりする。ほとんどの行動が自分の望ましい印象を他者に伝えるために行なわれる（自己呈示戦術についての詳しい議論についてはLeary, 1995を参照）。

あたりまえのことであるが，すべての行動が自己呈示というわけではない。少なくともその一部では，ひとり以上の他者に特定の印象を与えたいという願望によって行為が動機づけられているならば，その行為は自己呈示的であるとみなされる。たとえば，自分の家の居間にあるコーヒーテーブルに雑誌を置くという単純な行為を考えてみよう。この行為は多くの場合は自己呈示的な要素はまったくない。単純に床からその雑誌をどけるために，机のうえに置いたのだろう。しかしながら，ある何らかの印象を伝えたいならば，同じ行為でも自己呈示的となる。たとえば，女性を夕食に自分の家へ招待した男性が，居間に「ナショナル・ジオグラフィック（*National Geographic*）」や「アトランティック・マンスリー（*Atlantic Monthly*）」のコピーを置いていたが，彼の興味がある「銃と弾薬（*Guns and Ammo*）」「週刊プロレス（*Professional Wrestling Weekly*）」はクローゼット

のなかにしまい込むような場合である。

　また，自己呈示が必ずしも欺瞞であるというわけでもない。もちろん，たまに嘘をついたり，自分が思う自分自身の印象とは違うような印象（あるいは客観的事実とは異なる印象）を，違うと知りながら伝えようとすることもある。しかしながら，自己呈示は自己のどの側面を他者に見せるのかという単なる戦術的な選択であるという場合が多い。仕事での相互作用においては，ある女性はまじめで勤勉であるように見られたいと思うだろうが，ボーイフレンドと一緒のときは，親切で，一緒にいて楽しいと認知されようとするかもしれない。彼女の自己呈示がうまくいっているならば，人によって彼女に異なる印象を持つことになる。しかし，どちらの場合も，伝えられた印象は正確に彼女自身の特徴を反映しているかもしれない。彼女は本当に職場ではまじめであるが，家ではよくはしゃぐかもしれない。つまり，それぞれの場面のみで彼女を知っている人は，彼女について正確ではあるが不完全な判断を行なったのである。

　他者のわれわれに対する思いに影響を与えようという戦略的な努力は親密な関係においてはとくに重要である。親密な他者がわれわれに対してポジティブな関心を持つことは非常に価値がある（Baumeister & Leary, 1995を参照）だけでなく，親密なパートナーがわれわれに対して持つ印象は，われわれが自分自身について考えることに大きな影響を与える（Wood, 1995b）。親密なパートナーは，最も影響力があり，説得力のある批評家である（Baldwin, 1994を参照）。親密なパートナーが自己呈示を説得力のあるものとして受け入れてくれたとき，われわれはそれらのイメージを内面化し，自分自身の自己概念に組み込む（たとえば，Schlenker, Dlugolecki, & Dohearty, 1994）。支配的で妻をコントロールしているように見せようとする夫は，妻が彼の主張と威信について受け入れ，敬意を示していることがわかると，徐々に自分自身が本当に屈強な男であると思うようになるかもしれない。実際，親密な関係にある他者に肯定されているとか否定されているとわれわれが信じているイメージこそが，われわれが作りだす最も重要なイメージである。

自己呈示と自己開示

　自己呈示の科学的研究が2つの比較的独立した流れに沿って生じてきたということ，しかもそのどちらもが継続的関係という文脈のなかでの自己呈示を適切には検討していないということは少しは驚くべきことである。一方で，自己呈示自体の研究の大部分は未知の人や知り合いとの出会いを検討してきており，友人間の自己呈示に関する研究がなされるようになったのはほんの最近のことである（たとえば，Leary, Nezlek et al., 1994; Tice, Butler, Muraven, & Stillwell, 1995）。

もう一方で，自己開示を研究してきた研究者はパーソナルな関係にとても関心を持っているが，自己開示は自己呈示過程の狭い範囲しか反映していない。一般的な定義では，自己開示は**直接**かつ**言語**で自分自身を他人に明らかにする情報（Derlega, Metts, Petronio, & Margulis, 1993）をいい，これは自己呈示の研究者が自己記述（self-description）とよんでいるものである（Leary, 1995; Schlenker, 1980）。したがって，自己開示研究は，自分自身の印象を伝える間接的な言語的手段（他者について述べることや会話のトピックの選択）や非言語的戦術（表情や身体的な小道具の戦術的な使用）まで広くは扱っていない。さらに，自己開示は典型的に自分自身の**正確な**性格描写（少なくとも，開示者が正確であると信じている情報）とみなされてきた。"開示"という用語自体が何か本当のことを明らかにするということを含んでいる。自己開示の研究者は，自分のことを小さくあるいは大きくゆがめてしまう場合よりも，真実の開示に大きな関心がある。

自己呈示と自己開示には密接な概念的つながりがあるにもかかわらず，自己呈示と自己開示に関心がある研究者は互いの研究に注意を払ってこなかった。適例をあげると，ダーレガとバーグ（Derlega & Berg, 1987）が自己開示について編集した本では自己呈示という術語が一度だけしか出てこないし，リアリー（Leary, 1995）の自己呈示についての本では"自己開示"という単語が一度だけしか出てこない。これらの文献に関連がないのは，それぞれの起源の違いによるものであるといえる。自己呈示の研究は２つの研究領域，つまり，社会学（Goffman, 1959）と実験社会心理学（Jones, 1964）の分野において行なわれるようになった。両分野の研究者は，継続的関係の文脈よりも，他とは切り離された出会いにおける自己呈示により関心を持っていた（Duck, 1986を参照）。対照的に，自己開示研究は人間性心理学（Jourard, 1971; Rogers, 1970）から生まれ，誠実な人間関係を育み，維持する際の自己開示の役割に焦点をあてていた。自己開示に関する社会心理学的研究は最初から関係に焦点をあてていたのである（たとえば，Altman & Taylor, 1973; Cozby, 1973）。

さらに，自己呈示と自己開示の研究はそれぞれ異なるプロセスを強調してきた。自己呈示の研究者は，自己呈示動機が行動や感情（態度変容，困惑，非言語的行動，集団過程など）にはたす役割か，人が作り出そうとする印象の種類を決定する要因（Leary, 1995; Schlenker, 1980）のどちらかに焦点をあてる傾向があった。他方で自己開示の研究者は，開示者への他者の反応，関係の進展，開示者の心理的幸福に自己開示が及ぼす影響を強調する傾向があった（Berg & Derlega, 1987; Pennebaker, 1997）。

パーソナルな関係における自己呈示過程についての本章での議論は，自己呈示と自己開示，両方の研究に基づくものである。しかし，それはより幅広い自己呈

示の枠組みのなかに位置づけられよう。本章の次の2つの項は印象操作の2成分モデルを中心に構成している。リアリーとコワルスキー（Leary & Kowalski, 1990）によると，自己呈示行動は2つの別個の過程を経るものである。ひとつは，自分に対して他者が持つ印象をコントロールしようと人々を動機づける過程（**印象動機づけ過程** [impression motivation]）であり，もうひとつはどのようなイメージを伝えるかの決定にかかわる過程（**印象構築過程** [impression construction]）である。

対人関係における印象動機づけ

　社会的生活を送るなかで自己呈示動機は増減するものである。ある場合には，人々は他者にどのように認知されているのかがよくわかっており，その認知を統制しようとする動機づけが高い。また，ある場合には，自分がどのように見られているのかについては，比較的関心がなく，自分の公的イメージを調整しようとはあまり動機づけられない。そういうわけで，取りかかるべき最初の問題は，他者が自分に持つ印象を操作したいという動機づけの程度が何によって決定されているのかということである。ここでは，印象動機づけに影響を与える3要因について議論する。それは，（1）人の印象がその人の目標の達成に影響を与える程度，（2）その人のイメージによって影響を受ける目標の価値，（3）その人が伝えたい印象と実際の印象との不一致，である。

印象と目標との関連

　他者が形成する印象が目標の達成にとって重要になるにつれ，人々は自分が他者によってどのように認知されているのかをモニターして，操作するようにますます動機づけられる。人々は状況によって，他者にある印象を伝えることで望ましい結果が予想されると信じる場合と，伝えた印象と目標は関連がないと信じる場合がある。印象が目標とあまり関連がない場合よりも関連がある場合に，その印象を操作することにより関心が高くなるだろう。

　人々の自己呈示はたくさんのさまざまな目標を達成することに影響を与えるであろう（Baumeister, 1982a; Leary, & Kowalski, 1990; Schlenker, 1980 を参照）。時に，人は他者との関係に直接はかかわりのない望ましい結果を求めてイメージを操作する。そのような場合には，究極の目標が社会的な結果よりもむしろパーソナルな結果に関係しており，自己呈示のターゲットとの関係は目標への単なる手段にすぎない。たとえば，昇進するために上司の考えに同意しているふりをしたり，とくに一生懸命働いているふりをしたりする従業員は，パーソナルな目標

を求めて自己呈示を使っている。究極の目標——昇進すること——は関係自体にはかかわっていない（関係はその人の自己呈示戦術によって影響を受けるかもしれないが）。多くの研究者は未知の者や知り合いへの自己呈示におもに焦点をあててきたので，彼らは印象操作をおもにパーソナルな目標を得るための手段であると考えてきた。

しかしながら，人々はまた関係に関する目標を求めて，自分について他者が持つ印象を形成しようとして，他者との関係に影響を与えようとするかもしれない（たとえば，関係の進展，維持，崩壊）。関係を持っている他者への自己呈示はしばしばよい方にも悪い方にも関係を変容させる可能性がある。だから，友だちや恋人，家族，同僚がどのように自分と関係するのかに影響を与えるために，その人たちが自分に持つ印象をコントロールしようとする。

たとえば，自己開示研究は典型的に，自己開示の深さと関係の親密さとの互恵的な関係を明らかにしている。深い開示をすることは関係の親密さを高める傾向がある。実際，45分間にわたって，徐々にパーソナルな自己開示を行なうように仕向けられた互いに未知の二者は，単に世間話を行なうときよりも，互いにかなり親密であると感じる傾向がある（Aron, Melinat, Aron, Vallone, & Bator, 1997）。実際，親密な関係は，ずっとあまり親密でない関係よりも，自分のことをより開示しているという特徴がある（Canary, Stafford, Hause, & Wallace, 1993）。さらに多くの成人が自己開示を親密さの必要不可欠な要素とみなしている（Parks & Floyd, 1996）。この観点から，人々は意図的な自己開示を含む戦術的な自己呈示をとおして関係の親密さを調整することができるといえる。たとえば，たくましい男性が，親密な関係になる可能性がある女性と話をしているとき，他の男性や二度と会うことがない女性と談話しているときよりも，多くの自己開示を行なう（Shaffer, Pegalis, & Bazzini, 1996）。

同様に，人々は最初のデートで好ましい印象を与えるためにどんなことでもするが，その場合の目標は関係に関するものである可能性が高い——他者の関心を引き出し，関係を進展させる（たった一夜の間でも，長い期間にわたる場合でも）。これらの努力のいくつかは他の努力よりも確かにうまくいく。たとえば，われわれは自分自身のことを好きな人のことを好きなので（Huston & Levinger, 1978），無関心なふりをしたり，自分はそう簡単には"手に入れ難い"人間であると演じることによって求愛者を惹きつけようとすると，失敗することが多い（Wright & Contrada, 1986）。

第一印象

他者が持つ自分に対する印象に人々がとくに関心があるのは，他者と初めて出

会うときである。第一印象は他者の反応に強い影響を及ぼす（Asch, 1946）。だから，第一印象に関心を持つことは見当違いではない。他者について最初になされる判断はその後かなり続くものであり，それがもちろんその後の相互作用が行なわれるかどうかを決定することになる（Jones & Goethals, 1972）。自己呈示の観点から言えば，最初の出会いにおいて印象を操作するようにまず動機づけられるはずである。第一印象は，他者があとで形成する印象よりも，短期間または長期間の目標の達成により関連している。実際，第一印象と目標の関連性が高いことは，人々が会ったことがない人と初めて会うことについてとくに神経質になる理由のひとつである（Leary & Kowalski, 1995; Strahan, 1974）。

人々が将来もその人と接触する可能性があると思うとき，最初の出会いにおいて自己呈示動機はかなり強くなるだろう。印象動機づけは1回限りの相互作用でも強いときもある。しかし，将来の相互作用を予期することは対人的な賭金を引き上げることになる。つまり，将来の出会いのきっかけを作るならば，第一印象は典型的に目標とより関連するものなのである。しかしながら，その後の相互作用を予期するとき，初めての出会いにおいて自分自身を必ずしもポジティブに呈示するわけではない。将来の接触を見込むことによって，人はより慎重な自己呈示を行なおうとする姿勢を採用し，あとで評判を悪くするような自分自身について誇張した主張を行なわないこともある（Baumeister, 1982b）。しかしながら，慎重であろうが露骨であろうが，印象を操作しようという動機づけは，その後の相互作用が予期されるときには一般的に高い（Gergen & Wishnov, 1965; Schneider, 1969）。

依存性

人はまた価値ある結果に対して他者に依存しているほど，注意深く印象を操作するように動機づけられる。実験室研究において，被験者は望ましい報酬を分配したり保留したりする勢力を持っている他者に戦術的な自己呈示をより行なっていた（Kowalski & Leary, 1990; Jones, Gergen, Gumpert, & Thibaut, 1965; Stires & Jones, 1969）。たとえば職場では，給料や昇進，将来の仕事をコントロールしている他者に自分自身についてのポジティブな印象を伝えようと強く動機づけられているようである。結果として，雇用者と従業員の関係は多くの自己呈示によって特徴づけられる（Villanova & Bernardin, 1989）。

だれもが他者に依存しなければ得られない成果のひとつは，社会的承認である。人間は基本的な"所属欲求"を持っており（Baumeister & Leary, 1995），他者が自分を受け入れてくれ，包含してくれる機会を増やすような自分自身の印象を伝えようとしているようである（Leary, 1995）。したがって，承認への欲求を感

じるほど，印象操作への動機づけは強くなる。

関係の安定，熟知度，時間：動機づけを弱めること

他者と継続的な接触を期待できるとき，初めての出会いにおいて自己呈示への関心は強くなり，求める目標の結果が他者に依存していることで自己呈示への動機づけは高くなる。しかしながら，注目すべきことに，他者を熟知するにつれ，一般に自己呈示への関心は弱まる。一般に，人は親密な友人に伝える印象よりも，それほど親密でない他者に伝える印象に関心がある。たとえば，数百の相互作用を検討した日記研究において，大学生はよく会う同性の友だちに対してよりも，未知の者やあまり親密でない知り合いに対してはっきりと印象操作を行なっており，友だちに対しては，自分がどのように思われているのかをあまり考えたりせず，好感の持てる，有能である，道徳的であると見られようとはあまりしていなかった（Leary, Nezlek et al., 1994）。この研究では，異性との相互作用における自己呈示動機がいつも高かったが，時間の経過とともに恋人に対する印象動機づけは低くなることを他の調査は示唆している。人々は自分に対する友だちの評価よりも，恋人が自分に対して思っていることをあまり気にしていないことをグエレロ（Guerrero, 1997）の研究は示している。男性でも女性でも，恋人と知り合ってからの期間が長くなるにつれ，デート中にトイレでめかしたり身づくろいをしたりするのにあまり時間をかけなくなる（Daly, Hogg, Sacks, Smith, & Zimring, 1983）。相互依存の度合いが高まり，うまくいかないことがふえるにもかかわらず，未知の者よりも友だちとの間で困惑を経験する頻度は少ないし，感じる困惑の程度も弱い（Tangney, Miller, Flicker, & Barlow, 1996）。

このことは信じざるをえない皮肉な結果であり，親密な関係における印象操作の研究にとってキーとなる示唆を与える。つまり，われわれは自分にとってより重要な他者に満足できる印象を与えることよりも，自分をまだよく知らない人に好印象を与えることにより関心が強い。よかれ悪しかれ，親密な他者よりも単なる知人に対して自己呈示を行なうことに注意を払い，エネルギーを注ぐ。このことは，人が恋人や友だちにどのように判断されるかに無頓着であることを示唆しているわけではない。無作法にふるまってしまったときや，悪い知らせがあるとき，危害を与えてしまったときは，親密な関係においても印象動機づけは極端に高くなる（Cloven & Roloff, 1994; Depaulo & Bell, 1996; Hodgins, Liebeskind, & Schwartz, 1996 を参照）。それでも，親密な関係は，あまり重要でない関係よりも，積極的で意図的な印象操作をあまり伴わない。

これにはいくつかの理由がある。ひとつには，関係が確立されて，パートナーを得たとき，他者との親密な関係を確立したいという広く見られる人間の願望

(Baumeister & Leary, 1995) は低減する。少なくともそのパートナーに対してはそのように思うことはなくなる。関係の安定は親和欲求を和らげる。パートナーが関係に（少なくとも一時的に）関与しているようならば、達成されていない関係の目標は少なく、また弱く、自己呈示はそれほどの切迫したものではなくなる。要するに、「他者の賛成や賞賛をあてにすることができるとき、自分を好きになってもらおうとするのをやめる」(Miller, 1997b, p.19)。

さらに、関係が一度確立されて、パートナーをよく知っていれば、どんな自己呈示的な努力であれ、パートナーの自分に対する印象に与える効果はしだいに小さくなる。パートナーについて知るのには長い時間がかかることを示した研究もあるし（Felmlee, 1995; Murstein, 1987)、一般的に自分が思っているほどは友だちや恋人のことを知らない（Murray & Holmes, 1997; Sillars et al., 1994) ともいえるが、親密な人たちはふつう、互いについてのデータを数多く持っている（Planalp & Garvin-Doxas, 1994)。その結果、一時的に伝える印象は、すでにパートナーが知っている情報を反復するだけか、ほんのわずかな新しい情報を伝えるかである。積極的に印象操作を試みることはあまり重要ではなくなるので、そのような面倒ごとを行なうことへの関心は徐々に薄れていく。たとえば、自己開示は結婚1年以上になると有意に減少する（Huston, McHale, & Crouter, 1986)。

ここまでで述べたように、人は初めて会う他者との相互作用の準備はせっせとする。しかしながら、そのように見通しをたてたり、注意を払うことは骨の折れるものであり（Osborne & Gilbert, 1992 を参照)、時間が経つにつれ、そのようなことをするのは怠惰や疲労からしだいに減少する。とくに、礼儀正しく上品に行動しようとすることはふつう、積極的な自己抑制をともなうので、人々はあまり知らない他者に対してよりも親密な他者に対して下品であると考えられる（Miller, 1997b)。最初のデートのときにおならをしてしまったことを必死になってごまかそうとした人が、"しょうがなかったので"と言って謝ることもなく妻のそばで意のままにおならをする夫となってしまう。注意深く行なっていたさまざまな行為が親密な相互作用のなかで徐々に減少する。恋人間では友だち間の相互作用に比べて、あまり滑らかに話すことはなく、とぎれがより長く、うなずきは少なく、相手に注目したり声を発して関心を示したりすることも少ない（Guerrero, 1997)。たぶんそれは、そのように怠けていてもうまくやっていけるからである。同様に、結婚して時間が経てば経つほど、互いの考えや感情を正確に読めなくなる。それは明らかに一生懸命に相手の考えや感情をわかろうとはしていないからである（Thomas, Fletcher, & Lange, 1997)。

最後に、より微妙なことだが、親密な他者へ呈示する"自己"そのものが親密さや相互依存によって徐々に変化するために、親密な関係において印象動機づけ

が減少するともいえる。しばしば，親密な関係にある人たちは，自分自身を自主的な独立した行為者とみなすことから，カップル，つまりパートナーも含むより大きな共同体の一部として自分自身を見るようになる。また，異なる1人称の代名詞を使うようになる。つまり"私"ではなく"私たち"と自分自身を述べるようになる（Agnew, Van Lange, Rusbult, & Langston, 1998）。さらに，2人ともまちがいを起こしたときに相手を責めなくなる（Sedikides, Campbell, Reeder, & Elliot, 1998）。親密なパートナーとの関係の要素が自己概念に組み込まれるにつれ，自己は"拡張する"のであろう（Aron & Aron, 1996）。だから，時間が経つと，パートナーは，信頼できる存在となるのと同時に，イメージが構成されるのに必要な外部の観衆ではなくなるのかもしれない。

要するに，いくつかの重複する影響が組み合わさって，親密なパートナーが互いに構成するイメージへの動機づけや関心は減少する。関係が安定することによってリラックスすることができ，熟知していることは新しく知ることがないことを意味し，単なる怠惰が努力することを妨げ，自己についてのより広い概念化が生じる。親密な他者の判断は他のだれの判断よりも重要であるし，親密な他者に対する注意深い印象操作は有益なままであるが（Miller, 1997b），人々は顔見知りの人や未知の者が持つイメージに比べて，恋人や友だちに対するイメージを磨くようにはふつう動機づけられていない。

求める目標の価値

それでも，親密な他者に与える印象を操作しようと努力することが完全になくなるわけではない。これは親密な関係における自己呈示のもうひとつの好奇心をそそる側面である。つまり，何年ものつきあいや，非常に多様な対人的交換を行なってきたあとでさえまだ，親密なパートナーの自分に対するイメージを形づくろうと努力するものである。パートナーが価値ある資源や報酬をコントロールしているほど，自己呈示をしないわけにはいかなくなる。つまり，自己呈示をしようとする動機づけに影響を与える2番めの大きな要因は，求める目標の価値づけである。自分のイメージが重要な価値ある目標と関係していると思うとき，自分のイメージにより注意深くなる。対人的な利害関係が大きいほど，自己呈示はより行なわれる。

たとえば，恋愛関係に強く思い入れている人は恋人に合わせる調節的な行動を見せたがる傾向がある。つまり，最愛の人から無礼や無思慮な行動を受けたとき，そのような扱いに対する本当の不愉快な気持ちを積極的に抑えて，思ったことを言わず，仕返しすることを控える（Rusbult, Yovetich, & Verette, 1996）。この自制は関係における葛藤を最小化し，価値ある関係を維持するのを助けるかもし

れない。しかし皮肉にも，親密な関係にある人は，あまり親密でない関係にある人よりも，意図的に立腹を抑えようとはあまりしない傾向がある（Cloven & Roloff, 1994）。それでも，怠惰な安定が優勢であるような年輩者の親密な関係でさえ，恋人たちは不満のいくつかには戦略的に沈黙を維持するのを選ぶことがある（Cloven & Roloff, 1994）。極端ではあるが，そのような自分の本音の感情を偽って呈示することはたぶん不健康である。実際に，親密な関係において真の自己表現を過度に抑制することや"自己が沈黙すること――自己沈黙――（self-silencing）"は，男性でも女性でも抑うつと関連している（Page, Stevens, & Galvin, 1996; Thompson, 1995）。しかしながら，標準的な範囲で，相手に合わせる行動は，価値ある結果を守りたいという願望から生じた自己呈示の適応的戦術であると解釈できる。

この傾向から示唆されることのひとつは，人はあまりポジティブに見ていない人よりも，ポジティブに見ている人――たとえば，好意の持てる人，有能な人，魅力的な人，高い地位にある人――の目に映るイメージをコントロールしようとする動機づけが高いということである。社会的に望ましい人からの賛成や承認は，魅力的でない人からの報酬よりも価値が高く（Schlenker, 1980），人々はそれを得るために一生懸命になる。たとえば，男性も女性も魅力的で望ましい異性の好みに合うように自己を記述しようとするが，その異性があまり魅力的ではないと信じさせられたとき，異性に合わせようとはしない（Morier & Seroy, 1994; Zanna & Pack, 1975）。魅力的な男性によい印象を与えたいとき，女性は食べる量が少しになり，女らしさのステレオタイプに合わせようとするが，あまり魅力的でない男性と相互作用しているときは食べることを控えない（Mori, Chaiken, & Pliner, 1987）。

この現象がさらに示唆することは，社会的に価値ある特徴をもっている人は，他者の意図的で戦術的な自己呈示のターゲットになる可能性が他の人よりも高いということである。美しさや権力の乏しい人に比べて，社会的に価値ある人は，思慮深く，素直で，好感の持てるように見える人たちが住む社会的世界に居住しているかもしれない。一般的に，お世辞や，同意しているふりといった取り入り行動を行なうことは他の行動よりも，受け手にポジティブな印象を与えることに成功する（Gordon, 1996）。とくに雇用者は，従業員が自分に対し持っている印象が従業員の取り入ろうとする努力によって影響を受けている度合いを過小評価している（Baumeister, 1989）。一方で，取り入りが下手で見え透いているならば，ネガティブな印象を与える結果になり（Gordon, 1996），受け手は世界が搾取的なイカサマ師でいっぱいであると信じるようになる。これは外見的に魅力的な女性が，魅力的でない女性よりも，男性からの賞賛をあまり信用しない（Major, Carrington, & Carnevale, 1984）理由のひとつである。また，一般的に女性が性的なパートナーとして自分に関心がある男性からの欺瞞を予期する理由のひとつでもある（Keenan, Gallup, Goulet, & Kulkarni, 1997）。

　もちろん与えられた目標は，あるときに他のときよりも高く価値づけられるかもしれない。たとえば，現在，日常生活において重要な他者に受け入れられ，愛されていると感じている人は，最近，不承認や拒絶を経験した人ほど他者からのポジティブな評価を価値あるものとして受け入れないであろう（Leary & Downs, 1995; Walster, 1965）。同様に，人前で失敗したり困惑したりするなどの嫌悪感をともなう社会的出来事は，即座に自己呈示動機を高める。これは，おそらく社会的承認の一時的で主観的な価値づけが高まることによる（Miller, 1996）。個人差も同様に影響力をもつ。つまり，社会的承認を強く求める人は，慢性的に印象動機づけが高くなっている（Leary, 1995; Leary & Kowalski, 1995）。

　目標の価値が自己呈示動機づけに与える影響から示唆されるもうひとつの重要なパターンは，同性の他者に与える印象よりも異性に与える印象に異性愛の人はいつも関心が強いということである（たとえば，Leary, Nezlek et al., 1994）。このような違いがあることのひとつの解釈は，異性の他者は同性の他者よりも価値ある報酬をコントロールしているということである。異性は同性の友だちが与えてくれるすべて（たとえば，仲間づきあい，サポート，承認）とそれ以上のものを与えてくれる。異性は，同性との出会いからは得られない，ロマンチックで性的な関係への期待を与えてくれ，重要な次元（たとえば，外見的魅力，性的魅力など）における価値ある自己肯定的フィードバックを与えることができ，これは同性が与えられないものである。さらに，ほとんどの人は異性との関係よりも同性との関係を多く持ち（Reis, Senchak, & Solomon, 1985），異性関係は不足しているといえる。だから，経済的な意味でも異性関係はより価値がある。この観点から考えると，同性よりも異性に望ましい印象を与えることに関心があり，同性との相互作用よりも異性との相互作用において対人不安を強く感じ，同性よりも異性に自分を望ましく見せようとすることは驚くにはあたらない（Leary & Kowalski, 1995; Leary, Nezlek et al., 1994; Zimbardo, 1977）。

望ましいイメージと現在のイメージの不一致

　印象動機づけに影響を与える要因として最後にあげられるのは，自分に対して抱いてほしいと望むイメージを他者に投影することがどれくらい成功するかということに関するものである。人は他者に伝えたい印象についてはっきりとした考えを持っており，他者の自分に対する認知が受け入れられる範囲内にあると思っている限り，他者の判断を操作しようという動機づけは活性化しないかもしれな

い。人は前注意（無意識的，自動的）レベルで他者の自分に対する反応をモニターし続ける（Leary & Downs, 1995）が，自分のイメージに対して意識的に思考することはあまりないし，イメージを修正しようと努力もしないかもしれない。しかしながら，他者の自分に対する印象が受け入れられる範囲から外れたと認識すれば，望ましいイメージを再確立するために他者が作る印象を積極的に操作しようと動機づけられるようになる。

自分が望むイメージと他者が実際に抱いているイメージとがネガティブな意味を持つ不一致が生じるとき，この過程はとくにめだつ。そのような不一致は典型的にネガティブな効果（一般的に困惑や恥）を引き起こし，どんな自己呈示的なダメージに対しても修復しようとする即座の治療行動を引き出す（Goffman, 1955; Miller, 1996）。困惑して苦しんでいるときには，人は埋め合わせ的に自己をポジティブに呈示しようと高く動機づけられる。自分の行動を言い訳したり（Gonzales, Pederson, Manning, & Watter, 1990），自分のほかのポジティブな属性を強調したり（Baumeister & Jones, 1978; Leary, Landel, & Patton, 1996），害となっている原因を取り除こうとしたり，身体的な問題を直そうとしたり（Cupach & Metts, 1994）する。あるいは，慈善行動に時間を使うことを申し出る（Apsler, 1975）など，別の方法で好意を求めたりする。望ましいイメージを取り戻すことを求めて，あらゆる努力で印象操作を行ない，恥ずかしさに反応しようとする。

そのような不一致が親密な関係において生じるとき，人々の自己呈示への関心は非常に強くなるかもしれない。関係を維持するためには，相手の目に映る自分自身の最小限受け入れられるイメージを維持することが必要である。たとえば，われわれは自分の友だちや配偶者に自分のことを信用できる人であるとか，誠実である人とか，相手の幸福に関心がある人であると見てほしい。親密な関係では，本当のことを実際に改善し，互いについての理想化されたイメージを持っており（Murray & Holmes, 1997; Murray et al., 1996a），互いの小さな罪を軽視したり，うまく釈明する（Fincham & Bradbury, 1993）。しかしながら，友だちや親戚，あるいは配偶者がわれわれを不道徳で，不誠実で，自己中心的である——これはわれわれのパートナーとしての適切さを崩すようなイメージである——と見るようになるならば，望ましいイメージと実際のイメージとの不一致が生じ，印象動機づけが急激に高まる。たとえば，不倫や裏切りが明らかになったとき，自分の行動は悪気がなく意味などなかったと主張したり，そのことから結局は関係に利益がもたらされたと主張しようとしたりする。不幸にも，これらの見解はパートナーにほとんど受け入れられない（Buunk, 1987; Jones & Burdette, 1994）。

望ましいイメージと実際のイメージが一致しなくなる可能性があるときもまた，

自己呈示動機は高まる。たとえば，自分のことをネガティブに示すような情報が知られそうならば，それを一生懸命に隠そうとするかもしれない。とくに自分に恥をかかせるような状況や活動を避けるために，あえて自分に不便を感じさせたり (Miller, 1996)，たまに自分自身を本当の危険にさらしたりする (Leary, Tchividjian, & Kraxberger, 1994)。望んでいない不一致の脅威に直面したとき，あらかじめ戦略的な印象操作を行なうかもしれない。つまり，仮に望ましくない印象が表に出ても，すでに前もって別のことで自分のイメージを強化しておくのである (Leary et al., 1996)。自分の浪費ぶりが，まだ来ていないクレジットカードの請求書で明らかになることを知っている人は，請求書が来る前に，妻に過度に親切にしたり，特別な好意を示したりすることで，差し迫った脅威を前もって阻止しようとするのである。

要約

人は自分が他者に与える印象に注意を払っているが，自分に対する他者の判断が自分の求める目標と関連していると思うほど，また目標の価値が高いほど，さらに伝えたいイメージと実際に相手が抱いている印象とが一致していないほど，積極的に印象を操作しようと動機づけられる。親密な関係では，関係の安定，熟知度，疲労，自己の拡張が他者に与える印象をモニターし操作しようという動機づけを減らすかもしれない。しかしながら親密な関係にある他者は，独特のしかも計り知れない報酬を握っているので，自己呈示はわれわれのパートナーシップに浸透し続け，理想のイメージと実際のイメージとの望まない不一致が存在するとき，とくに自己呈示への動機づけは強くなる。

† 関係における印象構築

ここまでは，印象操作する際に呈示される"自己"の明確な本質についてはまだ述べずに，自己呈示のいくつかの側面について議論してきた。**自己呈示**という用語から示唆されるのは，自分の内側に隠れているがあらかじめ存在している自己を他者の観察のために示しているというようなことだ。興味深いことに，ゴフマン (Goffman, 1959) は自己呈示に関して非常に影響力のあるみずからの著書のなかで，明白にこの解釈を否定している。彼が言うには，自己呈示によって他者は「演じられた登場人物に自己を帰する」ように導かれるかもしれないが，その自己は「上演が終わった場面が**生み出したもの**であり，場面の**原因**ではないのだ」(p.252)。つまりゴフマンによれば，自己は相互作用の経過のなかで時々刻々と作られていくのである。

われわれの見解はこれらの見解の中間にある。人は自分自身に対する見方——自分がだれであるのか，どうありたいのかに関する現実のイメージや理想的なイメージ，想像されるイメージ——を持っており，これらの"自己"は他者の心のなかに作り出そうとする多くの印象の土台となり，方向づけるものであることは明らかである。しかしながら同時に，アイデンティティはすべての社会的現実と同じく，社会的相互作用の過程のなかで当面の環境に合うように決められ，変わっていく。だから，印象操作するときに呈示する自己は，もともとのアイデンティティと，進行中の社会的相互作用の間にその場で作られる自己関連イメージの両方を反映している。本節でわれわれは，自己呈示の本質と内容に影響を与える5つの主要因について検証する。それは，(1) 観衆の価値づけ，(2) 顕著な役割や規範，(3) その人の現在の社会的イメージあるいは潜在的な社会的イメージ，(4) 自己概念，(5) そうありたいおよびそうはありたくないと思う人のタイプ (Leary & Kowalski, 1990) である。

ターゲットの価値づけ

どのようなイメージを呈示するかに最も明確に影響を与えているのは，印象を伝える他者の好みや価値づけである。人は日常的に，自分のイメージを印象操作のターゲットの先入観や好みに合わせている。このことは，これまでの自己呈示研究のなかで明らかになったことで最も多く論文となっている。人は自己呈示の内容を，観衆の特徴や価値づけに合うように変化させようとする（たとえば，Carnevale, Pruitt, & Britton, 1979; Smith, Berry, Whiteley, 1997; von Baeyer, Sherk, & Zanna, 1981)。

自分のイメージを他者の好みに合わせるとき，必ずしも欺瞞的であるわけではない。それは，ひとつには，人々は自分がそのように他者の好みに合わせていることをいつも意識しているわけではないからである。自分自身の自己呈示が変化していることがわからずに，パートナーに合わせているかもしれない (Vorauer & Miller, 1997)。つまり，このような一種の編集上の微調整は，真実を不正確に述べるというような意図なしに行なわれる。

さらに，前に述べたように，人は嘘をつかなくても接する相手によって異なる自分自身の側面を容易に示すことができる。実際に，どのようなイメージが適切であるかを見分け，自分自身の行動を巧みにその特定の場面に合わせる能力は，すぐれた社会的スキルの通常の要素であると考えられている (Riggio, 1986)。話題をパートナーが関心を持っていることへ向けたり，相互作用への熱意や好意を伝えたりする能力は，確かに，一般の人々によって賞賛されてきた (Carnegie, 1940)。また，これらのスキルを持つ人は持たない人よりも関係のなかで親密な

相互作用を早くから楽しめる（Snyder & Simpson, 1984）。注意深く巧みに話をする人はいつも印象操作を行なっているといえるが，意図的に不正直であったり，欺いているわけではない。

関係に対する関心

友人や配偶者，あるいはそれ以外の親密な他者に伝える最も重要な印象のひとつは，自分がいまだその関係に関心があり投資していることである。だから，関係を維持することを望む人はふつう，明確に愛情と安心感をパートナーに伝えるように動機づけられる（Dainton & Stafford, 1993）。このようなコミュニケーションは本物の心のこもった感情を表現することもあるが，自己呈示的な機能を持つときもある。愛情を表に出さないが配偶者を深く愛している人もいる（典型的には男性性の強い人）が，そのような無口は，あふれるばかりの愛情を表に出して言われるよりも，配偶者が満足感を得られないことにつながる（Ickes, 1985）。だから，洞察力のある，対人関係の経験豊富な人たちは，愛情を率直に表現することで自分がパートナーに関心がありコミットしていることを示すことの価値を認めている。

もちろん，実際に感じているよりも大げさにパートナーに対する関心を伝えることもある。人々は多くの理由で関心があるふりをする——争いを回避するため，パートナーの感情を傷つけることを回避するため，他者にお世辞を言うため，パートナーを口説くため——が，男性は女性よりもこのことを行なう傾向が強いようである。たとえばパートナーにしてもよいと思っている他者に自分を偽って示すとき，男性は誠実であるふりやつき合いたいとのそぶりをみせる（および地位や経済力を誇張する）傾向があるのに対し，女性は外見を魅力的に装おうとする（Tooke & Camire, 1991）。一般的に男性は女性よりも自分たちの関係にあまり関心がない（たとえば，Miller, 1997a）ので，見せかけのコミットメントはとくに男性にとって役に立ち，男性の誠実さに対する女性の典型的な疑いを払拭させるかもしれない（Keenan et al., 1997 参照）。

また，他者との関係にあまり価値を置いていないことを示すような関係への**低い関心**という印象を伝えることもある。これらの自己呈示は真実であるときもあるが，偽りをともなうこともある。たとえば，相手をよりひきつけるためにわざと冷たくする人は，実際以上に関係にあまり関心がないように見せようとするかもしれない。（これはあまり賢くはない。特別なだれかに関心を持つ選択的な人間であると見られる方がふつう，有益である［Walster, Walster, Piliavin, & Schmidt, 1973; Wright & Contrada, 1986］）。親密な関係では，パートナーの注意をひくために，パートナーの関心を計るために，あるいは単純に自尊心を高揚

させるために，わざと無関心であることを伝えて，不安や嫉妬を引き起こしかねない。この戦術は男性よりも女性によく見られるようである (White, 1980)。パートナーの不作法を罰するのにも誇張した無関心は使われうる（よそよそしい態度をとるなど；Williams, 1997）し，威圧的な影響力で他者をコントロールしようとするときにも使われるかもしれない（パートナーが特定の方法でふるまったときだけ，関係に対する関心を伝えるなど）。

不適応な自己呈示

　人はふつう，"よい"，社会的に望ましい印象——たとえば，好感の持てる，有能である，道徳的である，誠実である——を他者に与えたい。それは他者がこれらの望ましい特徴に価値を置いている傾向があるからである。しかしながら，ネガティブな属性に価値を置いている他者に印象を与えるように動機づけられるならば，好ましくなく，ネガティブに自己を呈示する (Jellison & Gentry, 1978; Jones & Pittman, 1982)。自分の能力の高さが他者の脅威になる場合に，実際には知っていることでもその他者には知らないと言って，"ばかなふりをする"人などは，最も格好の例である (Dean, Braito, Powers, & Britton, 1975; Gove, Hughes, Geerken, 1980)。

　別の例をあげると，ある特定の他者に"印象を与える"イメージが，個人の幸福を危険にさらす，不健康で，むこうみずで，冒険的な行動をともなうことがある (Leary et al., 1994)。たとえば，ある大学生サンプルでは，半数以上が，勇気がある，遊び好き，クールという印象を他者に与えるために，危険なこと（たとえば，橋から飛び降りる，"安全でない"セックスをする，むこうみずな運転をする）をしていることを認めていた (Martin & Leary, 1998)。これらの場合に，他者が価値を置いていると思う印象を伝えようとすることは，生命にかかわらないとしても，身体的な安全を大きな危険にさらしていた。そのような自己呈示のリスクは若者に特有であるわけではない。弱者であるとか"年老いている"と他者に見られたくないために人前で歩行器を使わずに，けがをするというリスクを負っている年配者もいる (Martin, Leary, & Rejeski, 2000)。

　心理的苦痛という結果になるような自己呈示の不適応なパターンは他にもある。自分は維持するべきイメージをうまくコントロールできていないと神経質に感じる場合もある。達成動機の高い人が課題をうまくできていないと密かに感じるように導く"詐欺師 (imposter)"現象はそのひとつであるかもしれない。そのような人は不安に悩まされ，自尊心が低い (Chrisman, Pieper, Clance, Holland, & Gliekauf-Hughes, 1995)。また，他者との関係をおびやかすと考えられる思考や感情，あるいは個人的な情報を否定したり，隠したりする場合もある。たいがい

の人がこのようなことをしているが，そのような偽りが慢性的になると——"自己隠蔽（self-concealment）"（Larson & Chastain, 1990）とか"自己沈黙"（Jack, 1991）とラベルづけされる——，人は衰弱してしまう。先述したように，恋愛関係における継続的な自己沈黙は抑うつと関連している（たとえば，Page et al., 1996）。

慢性的な自己沈黙は稀であるが，たまに嘘をつくことは稀ではない。他者との相互作用において，大学生は平均的に1日に1回か2回，嘘をついている（DePaulo, Kashy, Kirkendol, Wyer, & Epstein, 1996）。さらに，友だちとの相互作用のうち4回に1回，母や結婚前の恋人との相互作用のうち3回に1回は嘘をついているのだ（DePaulo, Kashy, 1998）！　これらの結果は親密な関係の暗い肖像画を描いているように思わせるが，もちろん，われわれの対人関係は統計が示すほど，詐欺的で，人を欺くようなものではない。ひとつには，親密なパートナーには，知り合いや未知の者に対してよりも，嘘をつく回数が少ないことがあげられる。（配偶者と子供に対しては嘘をつく回数が一番少なかった——すべての相互作用の10%——［DePaulo & Kashy, 1998］）。もうひとつには，親密なパートナーにつく嘘は，それ以外の人に対する嘘よりも，親切であることがあげられる。関係がより親密になり，意義深くなるにつれ，嘘の大部分はパートナーの幸福への利他的な関心によって動機づけられ，嘘をつくことでパートナーが感情的に傷ついたり不必要な心配をしたりすることを防ぎ，別のことへとパートナーの関心を向かわせるように仕向けられている（DePaulo & Kashy, 1998; DePaulo et al., 1996）。

人々はほとんどの嘘をささいなことだと考えており，どのように受け取られるかをあまり気にしていない（DePaulo et al., 1996）。それにもかかわらず，われわれが"不適応な"自己呈示の文脈で嘘についてこのように議論しているのは，嘘が害のない戦術ではないからである。嘘をつくことが多いほど，同性との関係の質は低下する（Kashy & DePaulo, 1996）。さらに，多くの嘘がつかれるような相互作用は，そうでない相互作用よりも，あまり楽しいものではなく，親密でもないと徐々に判断されるようになる（DePaulo et al., 1996）。それから，嘘は対人的なやり取りに対する低い満足感と関連している。さらに，未知の者よりも親密なパートナーに嘘をつく場合により当惑する（DePaulo & Kashy, 1998）。だから，嘘は単に便利で，しばしば表面的なやり取りではささいな戦術であるが，親密な関係でつかれる嘘はより重大であるのだ（McCornack & Levine, 1990 を参照）。

さらに嘘は，それが秘密を守ることをともなうとき，とくに影響力をもちうる。慢性的に欺瞞が必要となってしまう。秘密を守るために，秘密を他者にばらして

しまうという漏洩をしないように自分の行動をモニターするよう努めなければならない。(Buller & Burgoon, 1994を参照)。皮肉にもこのことは，禁じられた知識がけっしてその人の思考からは離れないことを意味する (Lane & Wagner, 1995)。とくに，人目をはばかる愛人は，オープンに認められているパートナーよりも心に浮かびやすいし魅力的である (Wagner, Lane, & Dimitri, 1994)。しかしながら，そのような思考の頻繁な流れについて注意深く黙っておくことは過酷な任務である (Wagner & Gold, 1995)。また，時間が経つにつれ，関係のなかでの秘密はストレスの源になる (Wagner & Lane, 1995)。だから，長い間，維持されなければならない偽の自己呈示（すなわち，"嘘で固めた生活を送る"）は，個人の適応と関係満足感に嘘をつく人が予想できないような継続的で，有害な影響を与える。

　魅力的な新しいパートナーを得ることから，そのパートナーを**失わないようにする**ことへ徐々に動機づけが変化するときにも自己呈示の不適応なパターンは生じ得る。喪失は獲得よりも人々に大きな衝撃を与え (Kahneman & Tversky, 1982)，恋人を失うという脅威は，新しい恋人を得る機会よりも，あまり効果的な行動を生じさせないかもしれない。たとえば，シュレインドルファー，リアリーとキース (Schreindorfer, Leary, & Keith, 1998) は，望ましいグループから離れることに直面した人は，同じグループに入ろうとしている人よりも観察者に貧弱な印象しか与えなかったことを示している。この現象を長期間の関係において検討した研究はいまだないが，他者の関心を得ようとしているときは魅力的な求婚者である人が，後にそのパートナーが関心を失うことを防ごうとしているときは，あまり魅力的ではないパートナーになるかもしれないことを示唆する。このことは，われわれは自分のことを**好きにさせる**方が自分との**恋がさめる**のを防ぐことよりも得意であるかもしれないという刺激的な考えを提示する。

　不適応な自己呈示のもたらす最後の不都合な結果は，うまく機能していない関係や家族においては，無力や依存というイメージを示すことで他者が相互作用の望ましいパターンを維持してくれるので，徐々に慢性的にそのようなイメージを採用するようになりうることである。家族セラピストが典型的に認識しているのは，記録をとっているクライアントや"特定の患者" (Gubrium, 1992)――問題を抱えてセラピストのところにやって来る人――は，関係が不健康であるグループや家族の単なる代理者なのかもしれないということである。秩序のないグループに合わせたり，承認を得たりするために，常軌を逸した，あるいは不適応な自分を呈示するかもしれない (Satir, 1967)。

観衆の分離

　人々は一般的に，自分の別々のイメージを呈示する対象としての観衆をそれぞれに離しておこうとする。自分がそれぞれ別の印象を与えたい2人以上の他者が同じ場面にいるとき，自己呈示上の深刻な問題が生じる。だから，ストレスを感じる**複数観衆問題**（multiple audience problem）(Fleming, Darley, Hilton, & Kojetin, 1990; Flemin & Rudman, 1993)を避けるために，これらの観衆を離れさせておこうと最善を尽くすことは驚くべきことではない。

　多くの場合，そのような観衆は離れた場面にいるので，彼らを互いに離しておくのはやすいことである。たとえばある男性が，(a) 日曜学校の授業に出席している10代の生徒と，(b) 土曜の夜の飲み友だちとに異なるイメージを伝えるかもしれないが，これらの観衆が出会う可能性は低いので安心である。しかしながら，生徒がたまたま彼が飲み騒いでいるところに出くわしたとしたら，彼は深刻な自己呈示上の苦しい立場に直面する。離しておくのがよりむずかしい観衆もいる。たとえば，上司が仕事では部下である者と親しい友だちになるとき，他の部下の反応があるので，職場以外での友だちにふつうに伝える親密な印象をその友だちには伝えることができないで，緊張やぎこちなさを感じることになるかもしれない（Zorn, 1995）。

　次のようなとき，少し異なる複数観衆問題が生じる。それは，同じ印象を呈示したい2人の他者と交際があるが，どちらかの人にそうすることは，もうひとりの人に望ましくない印象を与えてしまうようなときである。この古典的な実例は，自分の夫と浮気相手の男性の両方といっしょにパーティーに出席した女性についてである。彼女はそれぞれの男性にオープンに愛しているという印象を伝えたいが，そうすることは簡単ではなく，夫には疑いを生じさせてしまい，浮気相手には嫉妬を感じさせてしまう。これは極端な例であるけれども，類似した状況が一般的でないというわけではない。人々はしばしば同時にさまざまなタイプの複数の親密な関係を維持するので，自己呈示の要求が重複したり，競合することは避けられない（Baxter et al., 1997）。

　観衆を離しておくことは，それぞれの観衆のうちひとりかあるいは両方との親密さと相互依存性が高まるにつれ，ますます困難な問題となる。自己呈示の観衆との関係が密接であればあるほど，観衆を互いに離しておくことはより困難になる。たとえば，自分とはあまり相互依存的でない他のパートナーがあまり行くことのないさまざまな会合場所に配偶者がある人につき合って行く場合である。

役割と規範

　社会的背景もまた自己呈示行動に強い影響を与える。とくに，従事している役

割と顕著な状況的規範は，構成しようとする印象を規定し，拘束する。

役割の拘束

多くの対人関係は，明白な社会的役割を担っている人々の間で生じている。たとえば，教授と学生の関係，雇用者と従業員の関係，牧師と教会のメンバーの関係は，個人が果たす役割によって制限されている。役割は個人が特定の方法でふるまうように（別の方法でふるまうことを控えるように）規定し，この規定は道具的な行動（牧師は礼拝を行なう）だけでなく，表現的な行動や自己呈示的行動も同様にともなう。役割が特定のイメージを要求する。たとえば，牧師は清廉なイメージを維持するべきである。そのような自己呈示の規定は，その規定に縛られている人々の行動に強く影響し，他者との関係の行く先を規定したりする。適切なイメージを維持できないと――牧師が売春婦といるところを見られたり，政治家が人前で泣いたりするとき――その人の役割の効果や，役割を維持する権利が損なわれるという結果となる。

　ここで重要な点は，役割の自己呈示的な要求は他者との関係にも影響することである。特定の役割にあり，特定のイメージを維持しなければならないほど，行動的な選択肢は制限される。かつてロックバンドでギターを弾いていた牧師は，地元のヘビメタバンドと演奏してくれという教区民の依頼を本当は受けたいけれども，そうすることは適切には"見えない"だろうから断るだろう。同様に，企業の重役は親しい部下に個人的な問題を打ち明けたくても，そうすることは自分のリーダーとしての役割に一致しないことであるので，控えるだろう。そのような自己呈示への関心は，他のことではうまくいっている関係の進展を妨げる。

　一方で，役割に縛られた自己呈示が関係を促進する場合もある。ひとつの実例は，セラピストや，医学にかかわる人，教師など，援助者が援助を受ける人に関心があるように見せることを規定している援助する役割にある人である。そのような専門家は時どき，特定のクライアントや患者，生徒の問題にあまり関心があるわけではないけれども，興味や関心があるというようすを典型的に伝える。関心があることを表現することがまったくの見せかけであるかもしれないが，援助者と援助を受ける人との関係の進展を促進するような信頼と調和を助長するという点で有益である。

　性役割は社会生活のなかでおそらく最も普及している役割であり，それらもまた，自己呈示に影響を与える。互いにまったく知らない人たちが相手が書いたものを読んだだけで男性か女性かを区別できる（Martin, 1997）ほど，男性と女性の会話は異なる。これらの違いのいくつかは，それぞれの性によって投影しようとする印象の相違としてまとめられる。とくに，女性は男性よりも穏やかである

ことが期待される（Janoff-Bulman & Wade, 1996）。だから，個人としては受け入れていなくても，人前では謙遜した態度でふるまうのかもしれない（Heatherington et al., 1993を参照）。このことは悲しむべきことかもしれないが，必要な戦略でもある。つまり，女性が自分の成果や能力を自信をもって発表すると，上品ぶって控えめにしているときよりも，男性からも女性からも魅力的でないと判断される（Rudman, 1998）。一方，男性は自画自賛的で自信があることが期待され，自信があるというイメージはほとんどの文化において女性よりも男性にとって価値あるものである（Williams & Best, 1990）。その結果，男性に問題への答を**知らない**ことを認めさせることは，実際に本当の答を知らないときでさえ，むずかしい（Giuliano, Barnes, Fiala, & Davis, 1998）！

規範による拘束

　社会的規範もまた自己呈示に影響を与える。特定の状況でどのようにふるまうべきかについて明白なコンセンサスが存在するとき，人は自分の印象がこれらの規範と一致することを一般に確証しようとする。たとえば，パーティーでは幸せで，葬式では悲しいことを規範は規定する。その結果，元気がないのにパーティーに行く人でも，すばらしい時間を過ごしているように見せようとするだろうし，関心のない葬式に行く人でも，感情が欠けているにもかかわらず厳粛な表情を維持しようとする。同様に，職場ではそのときそのときで適切な自己呈示スタイルが異なるかもしれない。就職の面接を受けているとき，面接者に取り入るよりも自己宣伝を行なう方がよい印象を与える（Stevens & Kristof, 1995）。しかしながら一度雇われると，給料と昇進は取り入りが成功することと結びついており，能力を自己宣伝することとはあまり関係がないかもしれない（Orpen, 1996）。

　規範は望ましいイメージが何であるかを示すものであるが，文化によって異なるかもしれない（Bond, 1991）。しかし，いくつかの一般的な規範は幅広く適用されている。これらのうちのひとつは，返報性の規範である。相互作用における自己呈示は相互作用の相手の行動によってだいたい，形づくられる。たとえば，未知の者の間でも配偶者間でも，自分の自己開示の深さや親密さは，パートナーが示したものに一般的に合わせる（Dindia, Fitzpatrick, & Kenny, 1997）。実際にそのようにしないことは，パートナーにしばしばネガティブに見られることになる（Derlega & Berg, 1987）。親密な人たちは相互作用の間，パートナーの開示のレベルにいつも合わせるわけではないが，長期的にこの規範に従わないことは，関係においてストレスを感じる結果になる（Rosenfeld & Bowen, 1991）。

　返報性の規範は自己呈示のポジティブさにも影響を与える。人々はそのことに気がつかずに，相互作用中に他者が示した自己呈示のスタイルに合わせる。よっ

て，他者が自己高揚的であると，同様に自己をポジティブに呈示する。対照的に，他者が自己非難をするとき，同じように謙虚になりがちである（Baumeister, Hutton, Tice, 1989）。この返報性の影響が意味するのは，長く続いている親密な関係において，特定のパートナーと接触することによって自己呈示の習慣的なパターンに陥り，他の人に伝える印象とは異なる印象を日常的に維持することになる。たとえば，恋愛関係にある人は，ほかのだれの前でも恥ずかしいような赤ちゃん言葉で，自覚することなく相手に話しかけていたりするかもしれない（Bomber & Litting, 1996）。

現在の，あるいは潜在的な社会的イメージ
　さらに，関係における自己呈示に影響を与えるキーは，親密なパートナーは，ほとんどの他者よりもわれわれについてよく知っているということである。このことが意味するのは，人は他者が自分についてすでに知っていることとは異なる自己を呈示するのに気が進まないので，親密な関係では，知り合いや未知の者の間柄よりも，実際に自己呈示の自由は少ないということである（Baumeister & Jones, 1978）。自己呈示が確立した事実と矛盾しないならば他者が自分をより好むであろう，とおそらく苦労して手に入れた経験をとおして理解しているかもしれない（Schlenker & Leary, 1982）。よって，男性も女性も，最初のデートにおいて自分のイメージを誇張したり装飾したりする行動の自由を最も持っている。しばらく経つと，各人が安心して受け入れられるように呈示するイメージは限定される。
　自分のイメージについて十分に説明できないことから人々が経験するような一種の創造的な解放感は，とくにコンピュータの"チャットルーム"――匿名者の集団が過度にでっちあげた方法で自己を呈示することができ，そして呈示している（Lea & Spears, 1995 を参照）――で見られる。しかしながら，そのようなフォーラム上でさえ，関係が進展するのを期待するならば，慎重になるかもしれない。つまり，自己呈示は，将来，だれかが自分について知るようになるかもしれないと思うことによって，制限されるのである（Schlenker, 1975）。他者が，"本当にそうである"ように見ることができるならば，真実からあまりにも逸脱した印象を伝えることはなさそうである。したがって，だれかとの将来の相互作用を予期するとき，自己呈示を行なうように高く動機づけられるが，将来の出会いがどのくらい見込めるかによって呈示しようとする印象の種類を限定することになる。
　要するに，人は日常的に，友だちよりも未知の者に，より自画自賛的な自己呈示をする（Tice et al., 1995）。（先述したように）すでに自分のことを好んでくれ

ている他者からの賞賛を得ようとはあまり動機づけられないだけでなく，友だちが自分の本当の強さや弱さを十分に知っていることで，誇り高いイメージは危険にさらされる。より細かいことだが，思いやりのある友だちや恋人たちは，パートナーの幸福に自己呈示が与える効果に注意を払っている。自分が成功することが，自分と比較を行なっている人の自尊心や気分にネガティブな影響を与えることがある（Wheeler & Miyake, 1992）。全般的に，自分の成功が未知の者や知り合いに与える影響についてはあまり心配しないが，友だちや恋人が自分の成功について混合した感情を持つことを強く意識しているかもしれず，とくにその成功がパートナーに悪影響を与えるか，パートナーにとって自己関連性が高い（Beach & Tesser, 1995）ならば，なおさらである。その結果，親密な仲間や恋人に，ほとんど他のだれにもふつうに行なうようなポジティブな自己呈示を行なうことを控えることがある。

自己概念

　ここまで議論してきた自己呈示の3つの決定因——ターゲットの価値づけ，規範や役割，現在のイメージと潜在的なイメージ——は，すべて社会的背景の側面に関するものである。しかしながら，自己呈示はまた，個人の特徴によっても影響され，これは，自分をどのようなものと考えているのか（自己概念）と，自分がどうありたいか，どうありたくないか（望ましい，あるいは望ましくない自己）に関することである。

　人は一般に，自分が自分自身を見ているのと同じように，他者に自分を見てほしいと思っている（Swann, Stein-Seroussi, & Giesler, 1992）。このことはとくに対人関係においてあてはまり，その関係では，親密なパートナーは，自分の能力や属性について大きな影響力を持つ判断者になっている。実際に，関係が進展し，時間が経過するにつれ，関係における対人的な欲求をコントロールするうえで，自己概念の重要性は高くなるかもしれない。スワン，デ・ラ・ロンデとヒクソン（Swann, De La Ronde, & Hixon, 1994）は，デート関係にある人が一般的に互いから承認や賞賛を求めていることを示した。一方で，夫婦は自己概念の確証を求めていた。つまり，配偶者が自分を自己概念と同じように見ているとき，より親密で相互依存的な関係であった。このパターンにおいて注目すべきことは，ネガティブな自己概念を持っている人——本当に自分自身を嫌いな人——は，配偶者が同様に彼らの欠点を確証したとき，配偶者に対してより親密さを感じていたことである！

　親密なパートナーへの自己呈示について，このパターンが示唆することに関してはまだ研究されていないが，人は価値があると自分が思うフィードバックを引

き出すような社会的イメージを構成しようとしていることには疑いはない (Schlenker & Weigold, 1992 を参照)。したがって，自分自身についての信念を支持したい，確かめたいという願望によって，他者からの確証的な反応を求めるので，自己概念が異なれば，時間が経過すると，異なる自己呈示スタイルが表われることが予期できる。

　自己概念は，他者との親密な関係に関与するにつれ，変化する可能性が高いことをもう一度述べておきたい。パートナーとしての役割が生活の多くを埋めるようになるにつれ，自分たちも (Aron & Aron, 1986)，他のほとんどの人も (Sedikides, Olsen, & Reis, 1993)，それまでとは異なって自分を見るようになる傾向があり，徐々に単なる個別の個人ではなく，カップルの半分のひとつとして再定義するようになる。これらの新しい自己定義が心にしみこむにつれ，形づくるイメージは変わっていくかもしれない（たとえば，新しく父親になった人が，独身のときに持っていた2シートのスポーツカーを誇らしげにファミリー用のミニバンの下取りに出すとき）。

望ましい自己と望ましくない自己

　人々の自己呈示について最後に説明する5番めの決定因は，望ましい自己と望ましくない自己——自分がどのような種類の人でありたいかとどのような種類の人でありたくないか——にかかわる。一般に人は，実際の自分やそうありたくないと願う人よりも，そうありたいと願うような人——ほとんどの人では，好感が持て，有能で，道徳的であるような人——として自己を呈示するような印象を伝えようとする (Schlenker, 1985, 1986)。望ましい自己は，その人が好むイメージを一般的に導くものとしてはたらき，それはふつう，社会的に望ましいものであるが，そうでないときもある。すなわち，望ましい自己が望ましくない属性をともなうならば，他者が嫌うような自分自身のイメージを実際に伝えるかもしれない。たとえば，"タフ"でありたい人は，無慈悲で威嚇的なイメージを伝えようとするかもしれない (Jones & Pittman, 1982)。

　親密な関係においてこの現象をさらに興味深くさせていることは，人々は本当の自分よりも望ましいふりをすることに関して，パートナーから多くの手助けを得ているかもしれないことである。たとえば，かなりの知識や経験があってさえ，親密な関係にある人は相手を理想化しがちであり，パートナーを本人の評価よりもポジティブに評価する (Murray & Holmes, 1997; Murray et al., 1996a)。これらの楽観的な認知は短期的には有益であり，関係満足感を高めるのに役立つ (Murray et al., 1996b)。もっと重要なことは，人は自分に対するパートナーのお世辞のような見方を，徐々に共有するようになるかもしれないことである

(Murray et al., 1996b)。(一般に) ポジティブな自己呈示をすることが親密な他者に無批判で受け入れられたならば，本当に自分がすばらしい人間であると確信するようになる。しかしながら，パートナーの過度に理想的な見解は危険であるかもしれない。印象操作をしようという動機づけは，親密さの高まりとともにゆっくりと弱まる (Miller, 1997b) ので，パートナーは強い失望を感じることになるからである。しかし適度なら，パートナーのサポートは，自分がそうありたいと思うような人になることに徐々に近づくように最善を尽くすのに役立つかもしれない。

要約

親密な関係において人々が構成しようとする自分自身のイメージは，パートナーの関心や価値づけ，現在の役割，顕著な規範，また現実の自己と望ましい自己のダイナミックな相互作用から生じる。この過程には暗い部分もある。呈示するイメージを作り出すために危険を冒したり，黙っていたりするかもしれない。一方，親密なパートナーは，人々がなりたいと思う人間になるために洗練したり，改善したりするのを助けてくれる重要な協力者なのである。

関係の自己呈示

ここまで，パートナーに呈示しようとする自分自身のイメージに影響するさまざまなことがらを検討してきた。本節では，視点をさらに広げて，自分自身の印象を操作するように動機づけられるのではなく，パートナーの印象や，関係についての印象を，その関係にはかかわっていない他者に対して操作するように動機づけられることについて述べる。

パートナーの印象操作

通常の環境では，人々は他者のイメージに対して関心を示し，他者が伝えたい種類の印象を他者がうまく伝えられるように手段を講じる。実際に，印象操作は社会生活において非常に重要なことがらなので，人は時どきまったく知らない人がイメージを操作するのを時に助ける。たとえば，見知らぬ人が恥をかいているのを目撃したとき，その人に対して共感を示したり，その苦境に対する弁解をしたりすることで，その人が望ましいイメージを回復できるように助ける (Miller, 1996)。そのような行動は純粋な思いやりであるかもしれないが，また自己奉仕的行動であるともいえる。つまり，人々は他者が苦境に立たされているのを見ると，共感して困惑をみずから感じるかもしれない (Miller, 1987) し，他者が望

ましいイメージを取り戻すのを助けることは，自分自身の苦悩を和らげることにもなる。

いくつかの点で他者としっかりと結びつきがあるとき，他者のイメージに対する関心はより大きい（Britt, 1995）。よって，関係しているパートナーの印象を操作するためにしばしば手段を講じる（Rowatt & Cunningham, 1997）。一般的に，第三者の前では互いのイメージを支持し，互いを批判することを控える。つまり，パートナーのポジティブな属性については言及するが，好ましくない特徴については隠したり控えめに扱ったりする。例をあげると，親は子どもの運動能力を他者に示すが，非行については黙っているかもしれない。また，運動部の人は，他のチームメートの能力を人前で賞賛するが，その人が練習をしていないことについては何も言わないかもしれない。パートナーが望ましい社会的イメージを維持するのを助けるべきだと規範は規定しており，そのようにしないことはパートナーに裏切り者とみなされるかもしれない。

これらのことに関して人々が使う2つの特別の戦術は，"バーニッシング（磨きをかける）(burnishing)"——自分とパートナーのポジティブな特徴を高める——と"ブースティング(boosting)"——好ましくない特徴を最小化する——(Cialdini, 1989) である。注目すべきことに，他者とささいなつながりしかない場合でさえ，他者のイメージへの関心は高まり，これらの戦術を使用するきっかけとなる。ある研究で，ロシアの"狂った修道士(mad monk)"といわれるラスプーチンと自分が誕生日が同じであると知らされた人は，ラスプーチンとまったくつながりがない人よりも，卑劣なラスプーチンをポジティブに評価していた (Finch & Chialdini, 1989)。そのようなわずかな関係によってでも，故人である歴史的人物のイメージをブーストする（押し上げる）ならば，実際に関係している真のパートナーに対して起こるバーニッシングやブースティングがいかに一般化しているかが想像できる。

われわれが望ましい特徴を持つ他者と関係しているときには自分自身の社会的イメージが高められるので，パートナーのポジティブな社会的イメージを作ることは，しばしば自己奉仕的なのである（Cialdini & DeNicholas, 1989）。実際，関係を持っているパートナーのイメージは互いに相互依存的であり，自分が個人的に悪いことを何もしていないときにでさえ，パートナーの誤った行動によって容易に恥をかきうる（Miller, 1996）。しかしながら，他者の代理としての自己呈示的努力は，他者の幸福に対する思いやりのある関心によって動機づけられることもある。ロワットとカニンガム（Rowatt & Cunningham, 1997）の研究では，対人的暖かさも対人的優越もともに，パートナーの社会的イメージをコントロールすることにどれくらい関心があるのかを予測していた。

もちろん，いつもパートナーのポジティブなイメージを宣伝するわけではない。恋愛関係にあるカップルは時どき，人前で互いを卑下するし，親は子供の不平不満を言うし，友だちは陰で互いについてうわさ話をする。第三者に対してパートナーをけなすような人は自分自身のイメージとパートナーのイメージとの密接な関係をもはや感じていないのではないか（あるいは，変えようとしている）とわれわれは思う。

関係の印象操作

人々は関係を，自分を含む個人とは分離されていて区別される実体であると認知し，考える傾向がある（Acitelli, 1993）。その結果，人々は自分の関係が他者にどのように見られているかに時どき関心をもち，関係に対する外部の他者が持つ印象を操作して作ろうとする。よく知られた例のひとつは，関係が存在することを否定するというものである。たとえば，恋愛関係にある若い人は自分の両親に，自分はだれとも深い交際はしていないと言うかもしれない（Baxter & Widenmann, 1993）。他の一般的な例としては，関係が本当はどんなに苦悩があり，緊張したものであっても，結婚に対して"幸せそうな顔をしている"ようにしようとする配偶者の努力がある。彼らはパーティーへの道すがら，ずっと激しくののしり合っているかもしれない——実際，彼らの結婚は終焉の段階にある——。しかし，パーティーに到着すると，互いに楽しそうに接する。同様に，お客やクライアントがいるときはとても仲のよい友だちであるように見える同僚は，観衆がいなくなると，陰気な無関心や，積極的な敵意へともどるかもしれない。ゴフマン（Goffman, 1959）の用語では，それは"チーム・パフォーマンス（team performances）"であり，グループ（恋愛関係のカップル，家族，仕事のグループ，徒党を組んだ友だち）は外部の人にそのチームの特定の印象を投影するように結託するのである[原注1]。

ある部分では，偽ったポジティブな関係の自己呈示は，他者への単純な礼儀から規定されているかもしれない。関係がうまくいっているふりをするのは，人前で仲たがいするのは見ている人にとってストレスのあることだし，しばしば無礼であることを人々は知っているからかもしれない。それでも，関係のステータスが自分の個人的なイメージを反映する——また，制限する——という事実に動機づけがある場合もある。旅行中に，魅力的な見知らぬ人に望ましい印象を与えるために，たとえば，対人関係の研究者はあまりにも学者的で学識のあるように見えることを避けたい（Rudman, 1998）だけでなく，婚約していることを言いたくないかもしれない。関係がどのように認知されるかは個人の自己呈示にも影響することは明らかなことである。

関係の印象操作を行なうことが重大な結果をまねく場合もある。ひとつには，チーム・イメージを作ろうと協力して働いていることが，協力者間の相互依存のつながりを作り出し，それが関係への関与を助長することがある。たとえば，ある会社の望ましいイメージをお客やクライアントに示すことに協力している従業員は，自分たちから見ても，第三者から見ても，互いにつながりを持っている。この種の自己呈示的な協力は，組織のヒエラルキーにわたる結合の資源を提供し得る（Goffman, 1959）。

また，チーム・イメージへの関心は，チームのメンバーが互いに共有する相互作用の種類を制限するかもしれない。たとえば，自己呈示に関して協力しているチームのメンバーはしばしば，外部の人に秘密や意見の相違を隠しており，その結果として，外部の人がいるときはいつも自由に相互作用できるわけではない。同じように，ひとりのチームメンバーが公にミスをして，集団のイメージを危うくするとき，体面を気にして，観衆がもはやいなくなるまで，他のメンバーがそのミスをした人を正したり，罰したりできないかもしれない。

さらに，他のチームメンバーが望ましい関係のイメージを維持することに乗り気でない，あるいは維持できないと思うと，その人と重要な観衆との接触を制限するように対策を講じる。とくに，子どもは無意識に家族の秘密を漏らすかもしれないので，秘密を知らされなかったり，望ましい家族のイメージを維持できないような社会的状況からは除外されたりするかもしれない。ある状況で子供が"行儀よく"しないことを親が心配しているとき，彼らは他者への迷惑を心配しているわけではない。本当は，満足すべき効果をあげている親，行儀のよい子どもからなる，よく適応した家族の望ましい関係のイメージを子どもが維持しないことを心配しているのである。同様に，軽率な友だちや家族メンバーはある集会には招待されないかもしれないし，また会社のイメージを支持しない従業員はお客さんの見えないところに隠されるかもしれない。

結論

本章をとおして，われわれは親密な関係における自己呈示の本質についていくつかの主張をしてきた。われわれが述べてきたように，継続する関係においてパートナーは印象操作の重要な観衆である。パートナーはわれわれが依存している価値の高い資源をコントロールしており，われわれはふつう，パートナーに好ましい印象を与えるように自己を呈示したい（けれども，皮肉にも，パートナーに伝えるわれわれのイメージを操作しようというわれわれの動機づけは，関係が深くなるにつれ弱まっていく）。

本章で検討した多くの現象やプロセスは，個人とその人の自己呈示のターゲットであるパートナーとの関係の本質について必ずしも考慮しなくても研究することは可能である。しかしながら，その関係の本質に強く依存する現象やプロセスもある。自己呈示の研究者は，互いに未知の大学生サンプルにおもに頼ってきたので，継続する関係において生じる自己呈示のプロセスには理論的にも経験的にもほとんど注目してこなかった。その結果，関係変数——コミットメント，満足，親密さ，信頼，あるいは地位の不平等など——が，印象操作をしようという動機づけや，伝えようとするイメージの本質，あるいは自己呈示による対人的な結果に，どのように影響を与えるのかについて実質的にわれわれは何もわかっていない。これまでの研究は，関係が異なれば自己呈示はどのように異なるのかや，自己呈示が関係の進展の経過をとおして長期的にどのように変化するのかについて考慮してこなかった。関係における自己呈示のプロセスについての興味深く，有益な研究の可能性は広範囲にわたるし，本章がこの分野の研究に勢いを与えることをわれわれは望んでいる。

原注1　1998年のクリントン大統領とホワイトハウス実習生との関係の申し立てによる騒動の間，大統領とクリントン夫人は注意深く，互いの関係の印象を操作しているようであった。クリントン夫人がその告発を非難するだけでなく，クリントン夫妻は，教会に出席しているところや，一緒に笑っているところや，その論争に困惑していないように見える写真をとらせて，自分たちの主張が正しいことを示した。政治家のイメージ作りに関する評論家は，この反応には驚かなかった。

●7章のまとめ●

親密な関係における自己呈示

親密な関係における自己呈示は重要

自己呈示 ＝ 他者が自分に対して抱く印象をコントロールしようとするプロセス

| 親密な他者が抱く印象は重要 | ⇨ | 親密な関係における自己呈示は重要 |

自己呈示への動機づけに影響する3要因

印象と目標との関連	⇨	パートナーが自分に抱く印象によって関係が変容する
求める目標の価値	⇨	魅力的であるパートナーとの関係は価値がある
望ましい印象と実際の印象の不一致	⇨	自分が望む印象をパートナーが抱いていない

どのような印象を自己呈示するのかに影響する5要因

自己呈示のターゲットの価値づけ	⇨	パートナーの好み
役割と規範	⇨	自分が従事している役割 顕著な状況的規範
実際の印象と予測される将来の印象	⇨	パートナーが現在，抱いている印象 パートナーが抱く可能性のある印象
自己概念	⇨	自分をどのようなものと考えているか
望ましい自己と望ましくない自己	⇨	自分がどうありたいか どうありたくないか

親密な関係で自己呈示への動機づけが低くなる理由

親密な関係 ⇨
- 関係の安定 ⇨ 親和欲求の低減
- 相手が自分のことを知る ⇨ 自己呈示の効果は低減
- 安心，リラックス ⇨ 自己呈示の煩わしさの顕在化
- 自己拡張 ⇨ パートナーは自己呈示の対象でなくなる

8章
親密な関係を研究する方法

ウイリアム・イックス　William Ickes

　ただならぬことがここで起こっている。あなたが知る限り，あなたの女性の親友ジャニスと男性の親友ドンは，どうしてもうまくやっていけなかった。あなたは彼らのことを好きなので，恋人どうしにさせようとしばしば試みるほど，彼らは互いの神経にふれるようであった。彼らが同じ部屋にいるときはいつも，あなたは2人の間の緊張を感じている。そして，それほどあなたが好きな2人がなぜ互いを好きでないらしいのか，としばしば不思議に思っていたことだろう。

　ところで，最近，あなたが実際に不思議に思ったのは次のことである。ジャニスがボビーとの婚約を破棄した3日後に，なぜあなたが仕事に行く途中で立ち寄った彼女のアパートの前にドンの車がとまっているのを見たのだろうか？　そして，昨夜，ジャニスに電話をし，彼女の電話が話し中であるのがわかった後で，ドンに電話をかけようと試みたところ，なぜ彼の電話も話し中であったのだろうか？　あなたが思ってるほど，ジャニスとドンは互いを不愉快に思ってはいないということだろうか？　あなたが過去に彼らの間に感じた緊張は，互いに反発する磁極の"反発"（push）ではなく，引きつける"吸引"（pull）であったということだろうか？

　あなたが詮索好きならば，どっちなのかがわかるまで，ひと息つけないのは当然であろう。

日常生活で，親密な関係についてどのように知るのだろうか？

　しかし，あなたはこの先どうしたらよいのだろうか？　ジャニスとドンの関係が変化したかどうか（そして，いつ，どのように，なぜ）を本当に知りたいのであれば，この情報を得るためにどんな選択肢が利用できるのだろうか？　あなたは心を読むのに役立つリスト（mental list）をとおしてざっと調べるだろう。あなたがそれを系統立ててうまくやるのに時間をかけるならば，次のようなものを調べることになるだろう。

1．ジャニスに，どうなっているのかを私に話すように求める。
 2．ドンに，どうなっているのかを私に話すように求める。
 3．彼らを一緒に呼んで，いぶかしげに彼らに対面する。
 4．彼らを一緒に呼んで，冷静に接し，彼らを注意深く観察する。
 5．双方の友人が何か知っているかをたずねまわる。
 6．ジャニスの電話を盗聴する。ドンの電話も同様にする。
 7．ジャニスのメールを傍受する。ドンのメールも同様にする。
 8．ジャニスの日記をこっそり見る。ドンが日記を書いているなら，同様にする。
 9．彼らのあとをつける私立探偵を雇い，報告を受ける。
10．彼らのアパートに盗聴器を取り付ける。
11．どこにいるかがわかる機械を彼らに付ける。
12．彼らの行動を記録するために，アパートに隠しカメラを取り付ける。
13．彼らを並んで座らせ，リビドー（訳注：リビドーはフロイトの用語で，性的衝動のもとになるエネルギーをいう）測定器（Libido Meter）を取り付ける。
14．すべてがうまくいかなければ，彼らの心を何とか読みとろうとする。

　項目13と14（この項目はあなたが空想の世界へとさまよい始めているのを示唆している）という例外はあるものの，このリストの項目は，あなたがジャニスとドンの関係を調査するのに用いることができるさまざまな方法の有用な概略を提供しているようである。これらの方法のいくつかは他の方法より風変わりで複雑であるが，それらはすべて，人々が日常生活で関係を調べるのに用いることができるし，実際に用いている方法を表わしている。実際のところ，社会科学者は，親密な関係を研究するために，より正式で系統的な試みではあるが，かなり類似したやり方の選択肢に頼っているということを知ったとしても，あなたは驚かないであろう。しかし，あなたはこれらのやり方の選択肢のどれを選ぶべきであろうか？　そして，どのように決めるべきであろうか？

　対人関係を研究する社会科学者のように，あなたは互いに関連する相対的な長所と短所（たとえば，賛成と反対）の比較分析に基づき，これらの選択肢のひとつかそれ以上を選択しなければならないであろう。そのうえ，異なった方法の長所と短所のこの比較は，探求者としてのあなた自身の目的の文脈のなかでなされなければならない。言い換えれば，親密な関係について正式に訓練された学生のように，あなたはわれわれが**トレード・オフ**（trade-off　訳注：相反する性質をもつ両者の間のバランスをとること）**問題**とよぶものに取り組むことによって，始めなければならないだろう。

トレード・オフ問題

　親密な関係を含むどんな現象を研究するためにも，あなたがあるひとつの方法を用いると決めるときはいつでも，あるものを手に入れることができるが同時に他のものを失うであろう。あなたがなす選択は，複雑なトレード・オフを表わしているのである。そのトレード・オフのなかで，あなたが用いると決めた方法の長所と短所の組み合わせは，あなたが用いないと決めたもうひとつ別の方法の長所と短所の組み合わせと比較考量される。親密な関係の研究で一般に出くわすトレード・オフのいくつかが以下にしるされる。

もうひとつ別の見方と比べてひとつの見方を選ぶ

　あなたのリストから選択肢1（「ジャニスに，どうなっているかを私に話すように求める」）を選ぶならば，ドンとの関係についてのジャニスの見方を彼女自身があなたに知らせるよい機会になるかもしれない。しかしながら，選択肢1があなたが選んだ唯一の選択肢であるならば，かわりに選択肢2（「ドンにたずねる」）か5（「双方の友人にたずねる」）を選んでいたら得たであろう別の見方を犠牲にして，あなたはジャニスの見方を得ることになろう。他のいくつかの選択肢を犠牲にしてひとつの見方を求めようと決める際に，あなたは暗黙のうちに，その見方が最も正確で，バイアスがかかっておらず，検閲されておらず，直感力が鋭く，十分に詳しいなどのような判断をしている。まちがった見方——不正確であるか，無知であるか，バイアスがかかっているか，または誤解をまねきかねない見方——を求めて選ぶならば，あなたは，ジャニスとドンの関係についてまちがった結論にいたる危険をおかすだろう。

もうひとつ別の分析レベルと比べてひとつの分析レベルを選ぶ

　あなたが選択肢1（「ジャニスにたずねる」）か選択肢2（「ドンにたずねる」）のいずれかを選べば，個人として各人から得る情報は，あなたが選択肢4を選び，ジャニスとドンをカップルとして一緒に研究したならば得られるであろう情報とは異なるかもしれない。たとえば，別々にたずねられると，ジャニスとドンは，互いに恋愛感情を持っていることを否定するかもしれない。しかしながら，あなたが彼らを一緒に観察したとき，彼らの言語あるいは非言語的反応は，まさしく正反対のことをあなたに告げているかもしれない。あなたが"まちがっている"分析レベル（たとえば，二者関係的であるよりもむしろ個人のレベル）で彼らの関係を調べるのを選ぶならば，まぎらわしいか，不正確な結論にいたる危険を再びおかすことになるかもしれない。

あからさまな方法と比べてひそかな方法を選ぶ

あなたのリストの方法のいくつか（とくに選択肢1，2，3）は，ジャニスとドンに彼らの関係に関心があるとはっきりと伝えるという点であからさまなものである。残っている方法のすべては，ジャニスとドンにあなたの関心を気づかせずに同じ情報を得ようとする点で，いくらかひそかなものである。ジャニスとドンがあなたに嘘をつく，あるいは誤解させるように動機づけられていると思うならば，あからさまな方法によってはあなたが本当に知りたいことを知ることはできないであろう。他方，ひそかな方法を用いることは，同様にある危険を背負い込むことになるであろう。たとえば，あなたがジャニスとドンの会話を聞く（選択肢6，10），彼らのプライベートな考えや気持ちを読む（選択肢7，8，そして14！），あるいは彼らの行動を密かに監視する（選択肢9，11，12）ことによって，彼らを"スパイしている"ということを彼らが知ったら，どうなるであろうか？　せいぜい，彼らは，今後，あなたのまわりで，より疑わしげで用心深くなるだけかもしれない。最悪の場合，彼らのプライバシーに侵入するので，彼らはあなたを訴えるかもしれない！

ひそかな方法はスパイといった形態をともなうので，それらと関連する倫理的で実際的なコストが潜在的に存在する。倫理的な見地から，これらの方法は，被験者のプライバシーの権利をおかすことになるが，彼ら自身のことおよび彼らが秘密にしておきたい彼らの関係について明らかにすることができる。実際的な見地からすると，これらの方法は実行するのにコストがかかる場合がある。電話の盗聴器をセットするか，ビデオ装置を購入するか，または私立探偵を雇うことは，あなたが知りたいことを明らかにするには高価な方法であろう。あなたのリストにあるさまざまな選択肢から選ぶとき，たった今言及された他のものと同じく，これらのコストもまた考慮されなければならないであろう。

倫理的に安全な方法と比べて倫理的に問題がある方法を選ぶ

あなたのリストにある方法のいくつかは，倫理的に問題がある（たとえば，選択肢8と9），あるいはまったくの違法である（選択肢6と7）のは事実である。そのような倫理的に問題がある方法（あなたが研究している人々の信用を失う，逮捕される，訴えられる，など）と関連する潜在性の高いコストがあることを考慮に入れると，いつ，そしてなぜ，あなたはそれらを使うことを考えるのだろうか？

一般に，あなたは，おそらくそれらを用いることは考えないだろう。さまざまな法的，専門的，そして社会的な制度によって社会科学者に対して反倫理的な行動に責任を持たせるのと同じように，あなたの社会はあなたを反倫理的な行動に

対して責任があるようにしているだろう。事実，社会科学者は自分たちのデータを集め始める前に，学会の検閲委員会（Institutional Review Boards: IRBs）に承認を得るために，提案された研究プロジェクトの説明書を通常提出しなければならない。これらの検閲委員会は，委員会が承認するどんな研究プロジェクトも倫理的に妥当であり，どんな潜在的な被験者の幸福（well-being）をそこなうようなリスクも最小で許容できるレベルにあることを保証する課題を課されている。

しかしながら，このタイプの決定はいつも容易になされるというわけではない。被験者のプライバシーへの侵入といった倫理的な問題は，研究から得られる知識の，社会にとっての重要性に対して秤にかけられなければならない。また，方法の有益性と自己呈示バイアスがないという査定も，被験者のプライバシーと幸福への潜在的な脅威と比較考量されなければならない。最終的に，用いられた研究方法が，適用されている状況しだいであるが，多かれ少なかれ倫理的に妥当であろうと認められるべきである。たとえば，もし被験者がある行動が密かに観察され記録されるかもしれないということを知らされて同意書にサインするならば，被験者は限定的なプライバシー侵害が起こることに許可を与えたことになる。しかしながら，こういったケースでさえ，被験者のプライバシーは，大まかに言って，彼らのアイデンティティを大事にし，"統計的な目的のみ"に彼らのデータを使用するという研究者の保証によって，さらに保護されている。

もうひとつ別の"哲学"を反映している方法と比べて，あるひとつの"哲学"を反映している方法を選ぶ

これまでのところ，トレード・オフ問題についてのこの議論は，研究者自身の哲学と理論的なコミットメントを何ら考慮しないコスト－利益分析のみのような印象を与えている。その印象は修正されるべきである。研究者による方法の選択は，研究されている現象についての研究者の理論的および哲学的な前提によって，強く（そして，ある場合には，たぶん完全に）決定される。ダック（Duck, 1992, 私信）が以下のように記している。

> たとえば，被験者がある程度の許容できる精度で自分のパーソナルな関係について思い出すか，内省することができると思わない者はだれも日記や相互作用記録による研究をしないであろう。対照的に，観察研究をする人は，人々は自分自身の行動に関して報告するとき，バイアスがかかり，まちがい得るという意見を持っている。一方で，観察研究をする人は外部の観察者を買収して不正な観察をすることはないという心理的なダイナミックスによって影響を受けているのである。言い換えると，方法の選択は必ずしも知的

に中立な企てであるというわけではないが，代わりに，ものごとをどう見るかという暗黙の考え方，そして同様に暗黙の価値にかかわるものである。

トレード・オフ問題への解答

われわれは，これらのトレード・オフ問題の非常に多くを本章と以下の章で考察するつもりである。しかしながら，われわれが考察する前に，トレード・オフ問題への最も明らかで常識的な解答——互いの利点を完全なものにし，互いの弱点を補う複合的な方法を用いること——を考察することが有用であろう。

たとえば，ジャニスだけの考えを求める（選択肢1）ことの代わりに，ドンの考え（選択肢2），そして同様にあなたの共通の友だちの考え（選択肢5）を求めるのに必要な余分な時間と努力をつぎこむかもしれない。これらの追加データを手に入れるのに，より多くのコストがかかるけれども，いくつかの潜在的な利点も結果として得るであろう。理想的な場合，データのすべて3つの源泉が一致し，そのことがあなたの仮説と一致してジャニスとドンの関係が実際に変わったという確信を増大させるであろう。しかし，データのすべての3つの源泉が同じ結論にいたらないとしても，データを総合的に見ることにより現実に起こっていることに対して，よりすばらしい洞察をさらにもたらすことだろう。あなたの双方の友だちが一致して，ドンがジャニスと恋に落ちたがジャニスもドンもこれが事実であると認めるのを望んでいないと考えていると仮定してみよう。(a) ジャニスがロビーとの関係がちょうど壊れたところで，実際のところ彼女はロビーとドンのどちらを愛しているのかが混乱しており，(b) ドンが彼らの関係崩壊の原因であることをうしろめたく思っている，と思えば，あなたは，ジャニスとドンの関係が実際に変化したと結論を下すことができるかもしれない。彼らのどちらも，そうだと公的に認めるのをまだ望んでいないだろうが。

同様に，ジャニスとドンが同時に観察されるときに彼らが互いにどのように関係するか（選択肢4）の情報を用いて彼らの個々の説明（選択肢1と2）を補足することによって，あなたは，彼らの関係は実際に変化したが，彼らのどちらもまだ公的にそれを認めたがらないと再び結論を下すことができるであろう。ジャニスとドンの行動を密かに測ること（選択肢6～12）は，公的な否定にもかかわらず，あなたの疑いをさらに確かなものにするであろう。言い換えると，異なった方法，または異なった源泉から得られるデータの収斂や三角測量（triangulation）的なやり方（訳注：三角測量は，地形図などを作成する際，精密に長さを測った基線と，そのほかいくつかの測点を設け，それらを結びつけることによって多くの三角形の網を作り，三角法によって計算する測量法である。ここではさまざまな方法でデータを集めることをいう）は，単独

の方法で得られたどんな単一のデータよりも，関係についてのより完全で正確な見方を提供してくれるようである（Duck, 1990）。

社会科学者は親密な関係についてどのように知るのだろうか？

　ジャニスとドンの例が示唆するように，社会科学者はわれわれが日常生活で知るのと本質的に同じように，親密な関係について知るのである。社会科学者が用いる方法は，より系統的で，ある場合にはより洗練されているだけであって，われわれの方法と類似している。続くセクションで，われわれはこれらの方法を簡潔にレビューするつもりである。その方法とは，**自己報告法**，**仲間報告法**，**観察法**，**生活出来事公文書法**（life-event archival method），**実験法**，および**生理学的方法**，加えて，多様な方法が組み合わされた**折衷的**手法である。ほとんどの場合，代表的な研究例で始め，それぞれの方法の目的と手続きを調べ，それぞれが研究するのに通常用いられる際のある種の問題を検討するつもりである。それから，われわれは，親密な関係研究におけるトレード・オフ問題の議論を改めて取り上げ，この問題へのさまざまな解決法を探るつもりである。これからわれわれが見るように，これらの解決には，親密な関係の研究で社会科学者が用いる方法と適用する理論の両方が密接に結びついている。

自己報告法

　自己報告法は，親密な関係を研究するほかのどんなタイプの方法よりもよく用いられている。これらの方法は回答者としての役目を果たすひとりかそれ以上の関係者を必要とする。そして，これらの方法は，関係について，口頭による，あるいは記述された情報という形でデータをもたらす。この情報は，情報提供者の特定の見方を反映しているので主観的なものであると仮定される。親密な関係研究における自己報告法は，(a) 質問紙研究，(b) 対面による面接あるいは電話による面接研究，(c) 日記と記述研究，(d) 相互作用記録研究，および (e) 記述された通信形態である書簡研究，からなる。

質問紙研究

　リヌ・ラムケ（Lamke, 1989）は，夫婦の性役割志向が彼らの結婚適応と満足度にどのように関連しているのかを決定するために質問紙研究を行なった。彼女の研究では，アラバマ州の田舎に住んでいるおおよそ 300 カップルに質問紙を郵送した。約 3 分の 1 のカップルが質問紙に回答して，返送してくれた。夫と妻の両方に個人属性調査票（Personal Attributes Questionnaire, PAQ: Spence,

Helmreich, & Stapp, 1975) に回答させることによって，ラムケは各パートナーが養護性，世話好き (caring)，やさしさ，親切といった"女性的"特性，および主張，支配，決断力といった"男性的"特性を持っていると報告した程度を測定することができた。そして，夫と妻の両方にスパニアーの二者間適応尺度 (Spanier Dyadic Adjustment Scale: Spanier, 1976) に回答させることによって，ラムケは各パートナーが婚姻関係に満足している程度を測定することができた。

ラムケは，妻の結婚満足度は支配，決断力といった夫の男性的特性によって予測されない ($r = 0.05$) が，代わりに，親切で，慈愛深く，世話好きといった女性的特徴によって予測される ($r = 0.43$) ことを見いだした。同様に，夫の結婚満足度は，妻の男性的特性によって予測されなかった ($r = 0.10$) が，彼らの妻の女性的特性によって強く予測された ($r = 0.51$)。夫と妻の両方にとって，"幸福であるためには，女性的な結婚相手を持つこと"のようである (Ickes, 1985, p.200)。

ラムケの質問紙研究は，ひとつないしはそれ以上の予測変数（自己報告による男性的および女性的特性）をひとつないしはそれ以上の規準変数（自己報告による結婚満足度）と関連づけようと試みている点で，典型的なものである。親密な関係についてのほとんどの質問紙研究は，このタイプである。それらは，人口統計学的特徴（たとえば，年齢，民族性），パーソナリティ特性（たとえば，シャイネス，女性性），および状況要因（たとえば，雇用状態，近隣における犯罪発生）などの外的要因を回答者の親密な関係についてのひとつないしはそれ以上の側面に関する主観的な知覚（たとえば，満足度，葛藤解決）と関連づけようとするのである。こういった研究の一般的な目標は，個々人の社会的アイデンティティ，パーソナリティ，および生活環境が，どのように親密な関係が経験され，記述されるかに，いかに影響を及ぼすのかについてのわれわれの理解を増加させることである (Harvey, Hendrick, & Tucker, 1988)。

しかしながら，すべての質問紙研究が郵送によって行なわれるというわけではない。しばしば大学生年代の回答者が教室ないしは実験室状況で質問紙に回答するように求められる（たとえば，Simpson & Gangestad, 1991）。直接質問紙そのものに書き込む代わりに，コンピュータに回答を入力するか，またはそれらをコンピュータが得点化できる回答用紙にマークするかもしれない。大量の郵送調査は，一般に，コミュニティの人々の回答を抽出するのに有用な方法であるけれども，地方紙か全国紙および雑誌に掲載された質問事項をとおして，同様の回答も得られる（たとえば，Shaver & Rubenstein, 1983）。

ヘンドリックとヘンドリック (Hendrick & Hendrick, 1992) が記しているように，「現在，愛（たとえば，Hendrick & Hendrick, 1986），親密さ（たとえば，Lund, 1985），恋愛関係信念（たとえば，Sprecher & Metts, 1989），自己開示（た

とえば，Miller, Berg, & Archer, 1983)，および多くのほかの概念の測度があるように，関係志向（質問紙）測度の開発が近年おおいに増大してきた。」(p.11)。

面接研究

自己報告データは，対面による面接あるいは電話による面接をとおしても集めることができる。たとえば，アンティルと彼の学生は，ラムケ（1989）が後に質問紙で郵送することによって集めたのと同じタイプのデータを集めるのに，対面による面接を用いた（Antill, 1983)。オーストラリアのシドニーの都市部にあるさまざまなショッピングセンターで被験者になりうる人を募集した後に，アンティルの研究助手は108組の既婚夫婦に対してそれぞれの家で面接を行なった。これらの面接の間，両方の配偶者は別々にベムの性役割目録（Bem Sex-Role Inventory: Bem, 1974）とスパニアーの二者間適応尺度（Spanier, 1976）に回答した。ラムケ（1989）と同様に，アンティル（1983）は，夫と妻の両方にとっての結婚満足度は彼らのパートナーが親切で，思いやりがあって，情緒的に支持しているといった伝統的な女性的特性を持っていると見られる程度によって一義的に予測されることを見いだした。

同じデータが電話による面接をとおしても集められるということもある。しかしながら，対面による面接を行なうというアンティルの決断は，たぶん，電話によって面接される被験者は，電話をかけてきたよく知らない人にかなりパーソナルなことがら（つまり，彼らの結婚満足度）について非常に多くの回答をするには，あまり協力的ではないだろう，という彼の信念を反映していたのであろう。

日記と記述研究

ローゼンブラット（Rosenblatt）は，恋愛関係について研究している間に，サンフォード（Sanford, 1959）の日記に出くわし，それに非常に惹かれたので，“親密な関係についての素材を求めながら，未発表の19世紀の日記を徹底的に調べる”のに数年を費やした。彼は，すぐに，以下のことに気づいた（Rosenblatt, 1983, p.vii)。「悲嘆が日記に表明された親密な関係の最も一般的な面であった。いくつかの日記は結婚の幻想を打ち砕くこと，求愛，子育ての問題を扱っていた。しかし，多くは死と別離を扱っていた。」

これらの日記についてのローゼンブラットの分析は，悲嘆の時間経過とそのパターン，悲嘆を再び引き起こすことになる出来事と機会，および個人と家族システムがそれに対処する方法を含む，悲嘆のプロセスに関するさまざまな問題に焦点を当てた。日記研究は親密な関係の研究で頻繁には用いられていない。したがって，この方法は豊かで，かなりのところ手つかずのデータ源を表わしているか

もしれない。たとえば，日記で利用できるデータをとおして，個人の社会的ネットワークの大きさと多様性を比較することが可能であろう。典型例は，**H. L. メンケンの日記**（訳注：Henry Louis Mencken, 1880-1956 米国の編集者・批評家）である。

親密な関係についての記述はさまざまな形で見いだされる。「もちろん，それらは，日記形態，あるいは記録，手紙や手記，およびビデオテープにさえ表わされる。」(Harvey et al., 1988, p.108)。最近のひとつの研究で，被験者はパーソナルコンピュータ・ネットワークでの共同参加者との会話に同時にコメントをするように頼まれた (Daly, Webster, Vangelisti, Maxwell, & Neel, 1989)。ほとんどの記述研究の典型的な焦点は，同じ関係出来事についての別々の記述が比較されるときに見いだされる差異にある。たとえば，結婚相手についての記述は，差異が非常に顕著なので，"あたかもひとつの結婚に2つの異なった関係が共生している"かのようである (Mansfield & Collard, 1988, p.39)。同じ個人の記述でさえ，時間が経過し，洞察力が深まるにつれ，本質的に異なる可能性がある (Burnett, 1987; Harvey et al., 1988)。

相互作用記録研究

対人関係を研究する際に相互作用記録研究法を用いることは，人々は社会生活を送っている間，相互作用をモニターすることができるという仮定に基づいている。この仮定を正しく評価するために，ふだん，さまざまな人々と相互作用するとき，あなたはこれらの相互作用のおのおのについて心にとどめると仮定しよう。各相互作用が起こった日の時間，それがどれくらい続いたか，あなたと一緒にいた人の数，これらの相互作用相手の性，相互作用は楽しかったか楽しくなかったか，などを思い起こすであろう。定期的に，あなたはこれらの相互作用を記憶から取り戻し，これらを記述形式に変換する。次に，これらの書きとどめられた記録のデータは，あなたの一般的な社会的相互作用のパターンがどのようなものであるのかを決定するために分析される。たとえば，あなたはどれくらい多くの社会的接触があったのか，あるいはほんのわずかだったのかどうか，あなたの相互作用はほとんどが同性との間で生じたのか，異性との間で生じたのかどうか，あなたはどれくらい自己開示したのか，そしてだれにか，などである。

この研究方法の関心は，ウィーラー，ネズレック，ライス (Wheeler, Nezlek, & Reis) およびロチェスター大学の彼の仲間による一連の研究によって刺激された。これらの研究では，大学生年代の被験者が，10分以上続いた社会的相互作用のおのおのを記録するために，ロチェスター相互作用記録 (Rochester Interaction Record: RIR) ——図8.1に示した標準化された形式——を用いた。これらの被験者は，社会的活動の一般的なパターンを適切に抽出するために長期間

```
相互作用の日：_____
時間：_____AM／PM
長さ：_____時間_____分
3人以上ならばイニシャルを：_____
性： 男性_____名，女性_____名

  親密さ：         表面的       1 2 3 4 5 6 7    意味のある
  私の開示度：     ほとんどない  1 2 3 4 5 6 7    非常に多い
  他者の開示度：   ほとんどない  1 2 3 4 5 6 7    非常に多い
  質：             好ましい     1 2 3 4 5 6 7    好ましくない
  満足度：         期待以下     1 2 3 4 5 6 7    期待以上
  相互作用開始：   私の方から   1 2 3 4 5 6 7    他者の方から
  影響力：         私の方が大きい 1 2 3 4 5 6 7  他者の方が大きい

  相互作用の種類：
              勉強   仕事   娯楽   会話   デート
```

図8.1 ロチェスター相互作用記録

（典型的には10〜14日）にわたって，この記録をとるように求められた。これまでのところ，RIRは，孤独感（Wheeler, Reis, & Nezlek, 1983），大学環境への適応（Wheeler & Nezlek, 1977），社会生活への人々の身体的魅力の影響（Reis, Nezlek, & Wheeler, 1980），および求愛の後期段階に他の関係から手を引く傾向（Milardo, Johnson, & Huston, 1983）を含むさまざまなトピックスを研究するために用いられている。

ごく最近，アイオワ大学のダックと彼の仲間は，相互作用相手間に生じる会話により焦点をあてた徹底的な研究を可能にするために，アイオワ・コミュニケーション記録（Iowa Communication Record: ICR）を開発している（Duck, 1991）。ICRは，会話の内容，それが生じた文脈，およびそれの知覚された質，目的，および被験者の関係への影響についての質問を含んでいる。ダックら（Duck, Pond, & Leatham, 1991）は，被験者の各ペアが5分間相互作用しているところがビデオテープに撮られるという最近の研究でICRを用いている。その際，2番めの被験者ペアが最初のペアの相互作用を観察していた。結果によると，実際の参加者（部内者）と受動的な観察者（部外者）は，たとえ彼らがおそらく同じ行動の手がかりに注目していたとしても，相互作用について異なった見方をしていた。とくにその知覚された関係の質と親密さに関して異なった見方をしていた。同様の結論を示唆している研究に関しては，アビー（Abbey, 1982）やフロイドとマークマン（Floyd & Markman, 1983）を参照してほしい。

RIRとICRを用いた相互作用記録研究は，適切な出来事（たとえば，少なくとも10分の相互作用）が起こるたびに，回答者に経験を記録するように求めているので，出来事しだい（event-contingent）で決まってくる。対照的に，他の相互作用記録研究は，一定のあらかじめ決められた時間間隔で回答者に報告するように求めるので，時間間隔しだい（interval-contingent）で決まってくるし，または，研究者によって合図されたときにいつでも，回答者に報告を求めるので，合図しだい（signal-contingent）で決まってくる（Wheeler & Reis, 1991）。たとえば，レヴェンストーフら（Revenstorf, Hahlwegg, Schnidler, & Kunert, 1984）は，結婚療法に参加しているカップルに関係について6つの側面から毎日評定するように求めるときに，時間間隔しだい相互作用記録研究を用いた。続いて，これらのデータは，時間がたつにつれてカップルの関係で起こった変化を査定するために，時系列的統計法を用いて分析された。

　合図しだい研究は，実験者が電話の呼び出しか，ポケットベルのピィという音によって被験者に合図したときはいつでも，相互作用記録を完成させるように被験者に求める。被験者に合図し反応を記録させるために電話の呼び出しを用いた明快な研究で，ヒューストンら（Huston, Robins, Atkinson, & McHale, 1987）は，2ないし3週の間に9回既婚夫婦に電話をかけた。これらの呼び出しの間，各配偶者は，過去24時間の家事，レジャー活動，正負の相互作用出来事，葛藤，および会話を含む活動を報告するように求められた。170人の高校生の日々の経験を抽出した研究で，ウォンとシクスゼントミハリィ（Wong & Csikszentmihalyi, 1991）は，10代の被験者に，ランダムな間隔で行動の自己報告測度に答えるように合図するために，あらかじめプログラム化されたポケットベルを用いた。彼らの最もはっきりした知見のひとつは，少女は少年よりも，友人とより多くの時間を過ごし，ひとりでいる時間が少ないということであった。

書簡研究

　手紙（たとえば，書簡）や他の記述による通信形態（たとえば，電子メール）の分析は，自己報告データによって対人関係を研究するのに用いられうるもうひとつの方法を表わしている。ママリィ（Mamali, 1991）が，セオドア・ドライサー（訳注：小説家，1981-1945）とメンケンの間の関係についての書簡研究でしるしているように，2人が交換した手紙は，対人的な認知，情動，説明，コミュニケーション，および行為についての一貫した日付順の記録をもたらし得る。それらは，グルーチョ・マルクス（Marx, 1987　訳注：喜劇俳優，1890-1977）のひどく非礼な手紙によって明らかなように，他者と関係を持つことの一貫したスタイルを実証するのに有用である。記述による通信形態は他者と関係をもつひとつの様式でも

あるので，書簡研究もまたパーソナルな関係のダイナミックスについてわれわれに多くのことを教えてくれる。というのは，他のやり方と同じく，このやり方でもパーソナルな関係が表わされるからである（Mamali, 1992）。

仲間報告法

仲間報告法は親密な関係についての研究ではめったに用いられていない。これらの方法は，回答者としての役目を果たすひとりないしはそれ以上のよく知っている情報提供者を必要とする。その情報提供者が面識のある人々の関係について，口頭による，あるいは記述による情報という形でデータをもたらすのである。

個々の関係者の見方の違いの証拠をしばしば求める自己報告法を用いた研究とは対照的に，仲間報告法を用いている研究は，仲間の回答者群のなかでの一致という証拠をしばしば求める。自己報告研究は，関係の個々のメンバーのさまざまな主観的な反応に焦点を合わせる傾向があるが，仲間報告研究は，観察者やよく知った情報提供者として外部から関係を見るひと組の仲間に共有された間主観的な反応に焦点を合わせる傾向がある。仲間報告が一致することへの理論的関心は，そのような一致が偶然に生じたわけではなく，むしろ研究する価値のある純粋な関係現象をさし示しているという仮定に基づいている。

理論的には，関係研究における仲間報告法は自己報告法と同じ形態を取ることができる。

(a) 質問紙研究
(b) 対面による面接あるいは電話による面接
(c) 日記と記述研究
(d) 相互作用記録研究
(e) 記述による通信形態という書簡研究

しかしながら，実際のところ，親密な関係の研究者は，まれにしか仲間報告データを集めようと試みてこなかった。たとえそれらが伝記作家や社会歴史家によって慣例的に集められたデータの種類であったとしてもである（たとえば，スタイン［Stein, 1982］によるアンディ・ウォーホール（訳注：米国のポップアートの画家・映像作家。1928-1987）の被後見人であるイーデス・セジウィック（訳注：モデル，映画スター。1943-）の伝記——彼女を直接知っている，あるいは間接的に知っている人々の会話をもっぱらの根拠としている一代記——を参照してほしい）。さらに，研究者がもっと時間や努力を注ぎ込んでもいいと思っているならば，彼らは，当該の関係についてよく知っている観察者に，質問紙に回答するか，面接の質問

に答えるか，記述による説明をもたらすか，相互作用記録をつけるか，または調べられている関係についての彼ら自身の通信形態を検討するように求めることによって，多くを知ることができるであろう。

観察法

対人関係研究における観察研究と仲間報告研究を区別する簡単な方法がある。仲間報告研究は，その術語の最も厳密な意味で，知人である観察者によってなされる口頭による，あるいは記述された報告である。観察者の識見は，関係者やその関係の流れに関する積み重なった理解に基づいている。対照的に，観察研究は，いずれの関係者やその関係の流れについての事前の知識を何ら持っていない，訓練された評定者によってなされた大まかな判断もしくは行動記録である。この区別によってわかる重要なことは，仲間報告研究は親密な関係研究で非常にまれにしか用いられていないが，観察研究は比較的一般的であるということである。

イックスとトーケ（Ickes & Tooke, 1988, p.80）が記しているように，観察法によって研究される関係の範囲は非常に広い。

> ほんの少しの代表的な例をあげると，観察法は子どもの口げんか（Dawe, 1934）や子どもの友人関係の研究（Gottman & Parker, 1986）に適用されている。ポーカーのプレーヤー（Hayano, 1980），警察官（Rubenstein, 1973），囚人（Jacobs, 1974），悩んでいる夫婦と悩んでいない夫婦（Gottman, 1979），および統合失調症患者の家族（Cheek & Anthony, 1970）の相互作用を調べるのに用いられている。臨床およびカウンセリング心理学では，その最も一般的な適用はセラピストとクライアントの関係の研究でなされている（Jones, Reid, & Patterson, 1975; Scheflen, 1974）。

観察され記録されうる行動の範囲もまた非常に広く，研究者の想像力によってのみ限定される。ウィック（Weick, 1968）によると，研究者は，（1）顔面表情，凝視，身体動作，および対人距離といった非言語的行動，（2）会話のピッチ，声の振幅，および速度といった言語外の行動，（3）示唆を与える，一致を表わす，あるいは意見や評価を求めるといった言語行動を研究するかもしれない。自然な場面で観察されるときに人々が示す瞬目といったひとつの行動のみを調べる研究者（Ponder & Kennedy, 1927）もいれば，見ず知らずの異性どうしの発言，微笑，凝視，およびジェスチャーといったいくつかの行動を調べる研究者（Garcia, Stinson, Ickes, Bissonnette, & Briggs, 1991）もいる。また，研究者は悩んでいるカップルと悩んでいないカップルを比べ，それぞれの葛藤時に示されるネガテ

ィブな感情の応酬といったより広範囲にわたる行動パターン（Gottman, 1979）も調べるだろう。

多くの観察研究は実験室場面（たとえば，Gottman, Markman, & Notarius, 1977; Ickes, 1984）でなされるけれども，他の研究はオークション（Clark & Halford, 1978），パーティ（Riesman & Watson, 1964），高校（Barker & Gump, 1964），病院の分娩室（Leventhal & Sharp, 1965），警察の派出所（Holdaway, 1980），地下鉄（Fried & DeFazio, 1974），および国連ビル（Alger, 1966）といったさまざまな現実場面でなされている。どんな場面が選ばれても，観察そのものはできるだけ密かに行なうことが重要である。後の分析のために隠されたビデオカメラによって被験者の相互作用を記録することは，その場面に訓練された評定者がいるわけではないので，被験者の行動にバイアスがかからないひとつの確かなやり方である（Ickes, 1983; Ickes et al., 1990a）。また，会話を始めたときにはいつでも，寄宿舎で大学のルームメートにテープレコーダーを始動させるようにすることは，彼らの自然に生じる相互作用を研究する比較的密かな方法でもある（Ginsberg & Gottman, 1986）。しかしながら，被験者の顔に指向性マイクをつけ，カメラクルーあるいは訓練された評定者の面前で相互作用するように求めることは，彼らの行動が記録過程自体によって変えられるか，またはじゃまされることをほぼ確実なものにしてしまう。

生活出来事公文書法

関係研究者によって探求されている問題のいくつかは，公文書資料によって公的に利用可能な生活出来事データによって研究されうる。その好例はカナダでの離婚と自殺との関係についてのトラヴァトによる公文書研究である（Trovato, 1986, 1987; Trovato & Lauris, 1989）。ヘンドリックとヘンドリック（Hendrick & Hendrick, 1992, pp.14-15）は，この研究を次のようにしるしている。

> トラヴァトは，離婚が自殺に及ぼす影響を調べるために，教育レベル，信仰する宗教，婚姻率，および州間の地理的な移動といった他の変数の影響を考慮しつつ，すべてのカナダの州についての国勢調査タイプの人口統計学データを使用した。そして，離婚は自殺率（1986）に重大な影響を及ぼすと結論した。しかも，ただひとつの質問紙による調査も実施せず，またひとつの行動観察さえせずに結論づけたのである。

トラヴァトの知見は，スタックのものと同様であった。彼は，合衆国（Stack, 1980, 1981）とノルウェー（Stack, 1989）で離婚と自殺との関係を検証するのに

同じ種類の公文書データを使用した。これらの研究群が例証しているように，重要な生活出来事に関するデータは，離婚判決，出産，結婚，および死亡証明書などの公的記録から統計量をまとめる政府機関から手に入れることができる。したがって，スタックとトラヴァトといった研究者は，研究の被験者に直接接することなく，個人的な関係についての重要な仮説を検証するために公文書データを用いることができる。関係研究を行なうのに利用できるすべての方法のなかで，公文書法は最も密かなやり方である。この理由で，公文書法は被験者の研究者に対する反応に最もバイアスがかからない。

実験法

対人関係研究における実験法は，ある独立変数のレベルの変化に対応してひとつないしはそれ以上の従属変数の水準に変化が観察されるかどうかを決定するのに用いられる。どのような実験法を適用する場合でも，独立変数は実験者によって系統的に操作される変数である。一方，従属変数は実験者によって結果として測定される変数である。研究が正当な実験として意味を持つには，2つの基準が満たされなければならない。第1に，実験者は，実験条件群によって，独立変数（被験者が受ける特定の処置）の水準を操作する，あるいは系統的に変化させなければならない。第2に，実験者はランダムに（個人，2人関係，グループなどとしての）被験者をそれぞれの実験条件に割り当てなければならない。

たとえば，イックスら (Ickes, Patterson, Rajecki, & Tanford, 1982) は，見ず知らずの者どうしの男性ペアの一方の者（知覚者）がもう一方の者（対象者）についての3種類の異なった相互作用情報のひとつを事前に受け取るようにランダムに割り当てられた研究を行なった。具体的に言うと，何人かの知覚者は，対象者は非常に親しみやすくふるまうと期待するように導かれ，他の者は対象者はあまり親しみやすくないと期待するように導かれ，3番めの群（統制群）は期待をいだく情報は何ら与えられなかった。もちろん，知覚者が受け取った情報は彼らの相互作用相手が実際にどういう人であるかにはまったく基づいておらず，実験者によって独自に操作されたものであった。

研究の結果は，何ら期待をいだかない知覚者と比べて，親しみやすいという期待をいだいた知覚者は互恵的な相互作用方略（自分のパートナーが示すと期待する親しみのある行動を返報するように意図された方略）をとり，一方，親しみにくいという期待をいだいた知覚者は相補的な相互作用方略（自分のパートナーが示すと期待する親しみにくい行動を補償するように意図された方略）をとるというのを示唆する傾向を示していた。実験者はどんな情報を知覚者が受け取るかを決め，被験者（知覚者と対象者）はランダムに3つの条件に割り当てられたので，

3つの条件の知覚者の行動の相違は3つの条件に割り振られた被験者自体の違いによるよりもむしろ、その条件によって作り出された期待の違いによるのである。言い換えると、3つの条件における知覚者の行動の違いの唯一のはっきりした原因は、実験者が設定した期待の差異であった。

この例が示すように、対人関係研究で実験法を用いる研究者は、独立変数の操作によって異なったタイプの関係現象（たとえば、互恵性 対 補償）が観察されるようなさまざまな条件を作り出すように独立変数を設定し分けようとすることがよくある。しかしながら、時に、実験者は、関係についての被験者の知覚への影響を調べる（たとえば、Clark, 1985; Clark & Mills, 1979）ために、ある関係現象の有無を操作するという正反対の目的を追究するかもしれない。

生理学的方法

ジャニスとドンの互いについての本当の感情を見つけ出すわれわれのリストのなかで最も非現実的な選択肢は、選択肢13（彼らを並んで座らせ、リビドー測定器を取り付ける）である。しかしながら、この選択肢はそれが与える印象よりも現実的であるかもしれない。増えつつある対人関係研究者は、彼らの被験者が本能的な（visceral）レベルで、つまりさまざまな身体的反応が測定されるレベルで、他者にどのように反応するかを確定するために生理学的方法を用いつつある。たとえば、男性の性的覚醒はペニスの膨張変化（つまり、勃起の程度）を測るコンドーム膨張水銀測定器（mercury-in-rubber strain gauge）によってしばしば査定される。もしドンが2つの性行為に関するシナリオ――ひとつは彼がジャニスとセックスするもの、もうひとつは彼の元の恋人であるリンダと同じようにセックスするもの――を読んでいる間、彼にペニス測定器をつけるように何とか説得できれば、われわれは、"リビドー測定器"がリンダよりジャニスへの反応でより大きな性的覚醒をもたらすのを予想するであろう。

しかしながら、ジャニスへのドンの熱愛を査定するのに用いる同じ方法が、社会的に望ましくない性的覚醒の形態を査定するのにも同様に用いられ得ることを理解するのは重要である。マラムス（Malamuth, 1986）が言及しているように、ペニスの膨張をレイプ指標とみなす測度は、レイピストかレイピストでないかを弁別するのに役立つことがわかっている。この指標を用いた研究は、合意のうえの性行為に関するシナリオで示す最大膨張よりもレイプシナリオで示す最大膨張のほうが大きい男性は、レイプする素質を持っているかもしれないと示唆している（Quinsey, Chaplin, Maguire, & Upfold, 1987）。

生理学的方法はまた、夫婦間の葛藤時に高レベルの生理的覚醒を示すことが結婚満足度の長期の低落と強く相関することを示すのにも用いられている。レヴェ

ンソンとゴットマン（Levenson & Gottman, 1983, 1985）は，30組の既婚カップルに実験室で大きな葛藤を引き起こす問題について議論するようにさせた。実験の間，彼らの生理的反応（心拍数，皮膚電気伝導など）がモニターされていた。3年後にそのカップルに連絡したとき，結婚満足度が最も低減していたカップルは，実験室でのこの議論の間，最も大きな生理的覚醒を示していたのと同じカップルであることを彼らは見いだした。実際のところ，「葛藤についての論議の間の夫の心拍数と結婚満足度低減の相関は0.92であった」（Gottman & Levenson, 1986, p.41）。明らかに，あなたの心拍数を速くする結婚相手が，いつもよいものであるというわけではない！

折衷的手法

関係についての現代の研究では，研究者は上で示した2つないしはそれ以上の方法を組み合わせる折衷的手法を用いることがますます一般的になりつつある。これらの方法を用いる研究者の目的は，それぞれの利点を生かし，それぞれの弱点を補うように異なった方法を組み合わせることである。折衷的手法の有用な例は，ウイリアム・イックスと彼の仲間（自分を第三者のように言及するのを異様に感じるし，仲間は"ほか"として言及されるのが異様に感じるだろう：Ickes, 1983; Ickes & Tooke, 1988; Ickes et al., 1990a）によって開発された構造化されていない二者間相互作用パラダイムである。

おおよその手続きは以下のとおりである。それぞれ二者のメンバー——研究の目的によって，見ず知らずの人，知人，あるいは親密な仲間——が待合室に導かれ，実験者のいないそこに残される。被験者が実験が始まるのを表向き待っているこの間に，彼らの言語および非言語的行動が密かに音声とともにビデオテープに撮られている。実験者が観察時間の終わりに実験室にもどったとき，被験者は実験の目的や内容を一部知らされ，相互作用のビデオテープをデータとして提供するという同意書にサインするように求められる。彼らはまた，相互作用の間に抱いた特定の考えや感情に関する第2部の研究に参加するように依頼される。

サイン付きの同意書が得られれば，被験者は別々にしかし同じ小個室に座らされる。そこで，ビデオに撮られた相互作用をそれぞれ見るように教示される。各被験者が特定の考えや感情をいだいたのを覚えている箇所でリモコンの休止ボタンを用いてビデオテープを止め，そこでの**実際の考え－感情記入**の標準化された書式の時間経過記録表（8.2(a)を参照）に記入させる。それから，被験者はもう一度ビデオテープを見るように教示される。このときには，相互作用相手がある考えや感情を報告した箇所のそれぞれでビデオテープが止められる。ビデオテープによるこの試行の間の被験者の課題は，パートナーの考えや感情の内容を推測

                                                          日付＿＿＿＿＿＿
                                                          番号＿＿＿＿＿＿
                                                              男性　女性

時　間	思考あるいは感情	＋，0，－	
	□私は以下のことを考えていた： □私は以下のことを感じていた：		
	□私は以下のことを考えていた： □私は以下のことを感じていた：		
	□私は以下のことを考えていた： □私は以下のことを感じていた：		
	□私は以下のことを考えていた： □私は以下のことを感じていた：		
	□私は以下のことを考えていた： □私は以下のことを感じていた：		
	□私は以下のことを考えていた： □私は以下のことを感じていた：		
	□私は以下のことを考えていた： □私は以下のことを感じていた：		
	□私は以下のことを考えていた： □私は以下のことを感じていた：		
	□私は以下のことを考えていた： □私は以下のことを感じていた：		
	□私は以下のことを考えていた： □私は以下のことを感じていた：		

図 8.2(a)　標準化された思考／感情の報告フォーム

し，これらの**推測された考え－感情記入**の２つめの標準化されたフォームに時間経過記録表（8.2(b)を参照）をしるすことである。両方の被験者がこの課題を完成させたあとで，相互作用中の自分自身およびパートナーについての知覚を査定する事後質問紙に回答するように求められる。それから，彼らに実験の目的や内容をすべて知らせ，謝意を伝え，終了となる。

　構造化されていない二者間相互作用パラダイムは，本章ですでに記された多くの方法を組み合わせている。第１に，被験者の相互作用行動が後の分析のために音声とともにビデオテープに密かに記録されるときに，観察法が用いられている。第２に，被験者は，相互作用中の出来事に随伴する彼ら自身の考えや感情についての自己報告による相互作用記録を作成するために，ビデオに記録された出来事によって手がかりを与えられている。第３に，彼らは，出来事に随伴する相互作用相手について推測した考えや感情という仲間報告の相互作用記録を作成するた

時　間	思考あるいは感情	+, 0, −	
	□彼／彼女は以下のことを考えていた： □彼／彼女は以下のことを感じていた：		
	□彼／彼女は以下のことを考えていた： □彼／彼女は以下のことを感じていた：		
	□彼／彼女は以下のことを考えていた： □彼／彼女は以下のことを感じていた：		
	□彼／彼女は以下のことを考えていた： □彼／彼女は以下のことを感じていた：		
	□彼／彼女は以下のことを考えていた： □彼／彼女は以下のことを感じていた：		
	□彼／彼女は以下のことを考えていた： □彼／彼女は以下のことを感じていた：		
	□彼／彼女は以下のことを考えていた： □彼／彼女は以下のことを感じていた：		
	□彼／彼女は以下のことを考えていた： □彼／彼女は以下のことを感じていた：		
	□彼／彼女は以下のことを考えていた： □彼／彼女は以下のことを感じていた：		
	□彼／彼女は以下のことを考えていた： □彼／彼女は以下のことを感じていた：		

日付＿＿＿＿＿＿
番号＿＿＿＿＿＿
男性　女性

図 8.2(b)　標準化された思考／感情の推論フォーム

めに，同じビデオテープによって手がかりを与えられている。第4に，被験者は付加的な自己報告と仲間報告のデータとなる事後質問紙に回答している。第5に，すでに述べた研究（Ickes, et al., 1982, 実験1）によって例証したように，いくつかのケースでは，二者関係のうちの一方の男性が，相互作用が始まる前に，もう一方の男性についての親しみやすさ，あるいは親しみにくさについての偽のフィードバックを受け取るようにランダムに割り振られたという実験法をこの手続きに組み入れることができる。

　この手続きの折衷性をさらに例証するために，構造化されていない二者間相互作用パラダイムを用いて，ジャニスとドンの関係を研究することができると考えてみよう。事後質問紙データによって，われわれは関係についてのジャニスの見方（最初のリストの選択肢1）とドンの見方（選択肢2）について直接的な質問をすることができる。密かに音声とともにビデオテープに撮るという手続き（選択肢10と12）によって，われわれはジャニスとドンが2人だけで部屋に残され

ている間,彼らをじっくりと観察する(選択肢4)ことができる。後に作成するように求められる考え-感情記録によって,彼らのパーソナルな日記を読んでいる(選択肢8)かのように直接的に彼らのプライベートな考えや感情——しかも,彼らの心をほとんど直接読んでいる(選択肢14!)かのように——を読みとることができる。しかも,ジャニスの実際の考えと感情の内容を,ドンが推測したジャニスの考えと感情の内容と比較する(逆もまた同様)ことによって,われわれは,彼らは互いの心を読むのがどれくらい上手であるかを判定することさえできる(Ickes et al., 1990a, 1990b; Stinson & Ickes, 1992)!

親密な関係研究におけるトレード・オフ問題

　本章の最初のほうで,対人関係を研究するための方法のどれを選択しようとも,それは複雑なトレード・オフを表わしていると述べた。すなわち,研究者が用いると決めた方法の長所と短所の組み合わせが,研究者が用いないと決めたもうひとつ別の方法の長所と短所の組み合わせと比較検討される。われわれがこれまでレビューしてきたさまざまな方法の長所と短所は何であろうか? もうひとつ別の方法ではなく,あるひとつの方法を用いるのを選択するとき,研究者は通常どのような種類のトレード・オフをするのであろうか? 互いの長所を完璧なものにし,互いの短所を補うように,異なった方法がどのようなやり方で組み合わされるのであろうか?

さまざまな方法の長所と短所

　対人関係研究者によって用いられるそれぞれの方法は,それ自身特有の長所と短所によって特徴づけられる。以下に,これらの長所と短所の概要を示す。

自己報告法

　ハーヴェイら(Harvey, Christenson, & McClintock, 1983; Harvey, Hendrick, & Tucker, 1988)によると,対人関係を研究するために自己報告法を用いるのには,少なくとも3つの主要な利点がある。第1に,自己報告法は,関係の被験者から得るのに比較的簡単で,効率的で,費用がかからない。第2に,自己報告法は,現在のところ,研究者が被験者の考え,感情,知覚,期待,および記憶といった純粋に主観的な出来事を利用できる唯一のやり方である。第3に,自己報告法は,典型的にプライベートであって,他の方法では研究に組み込みがたいようなこと(たとえば,葛藤や性行動)について顕在的な行動として被験者の報告を研究者に入手可能にさせる。

これらの長所と対照される，さまざまな短所がある（Duck & Sants, 1983; Harvey et al., 1983, 1988; Huston et al., 1987; Wheeler & Reis, 1991)。第1に，被験者は，研究者の諸質問を理解しないかもしれないし，研究者が意図したのとは異なって解釈するかもしれない。第2に，被験者の自己報告は以下のものによってバイアスがかかっているかもしれない。

(a) 不十分か，選択的か，あるいは歪曲された記憶
(b) 研究者による質問が立ち入りすぎたもので不適切だと知覚されることへの反発
(c) 相互作用相手についての関係の知覚に適切な重みづけをできない利己的な反応
(d) 自分自身と自分の行為を好ましく見せようとする自我防衛的な反応
(e) "出来事の推定の誤り，質問紙反応のバイアス，など"（Harvey et al., 1988, p.110）

　第3に，関係について，どのひとりの被験者の見方も必ずしも完璧ではない。そして，すべての被験者の個々の見方を組み合わせることは，何人かが目隠しをしてさわることだけでモノの特徴を言い当てるというようなゲームで得られる結果よりまとまったイメージを生み出すという保証は何もない。第4に，研究者が被験者によって部内者と知覚されるか，部外者と知覚されるかの程度は，彼らの信頼や自己開示しようとする気持ちに影響を及ぼすだけでなく，関係そのもののダイナミックスをも変えてしまう（Levinger, 1977)。

　もちろん，いくつかのタイプの自己報告法は，他の方法よりも上で記した問題の影響をこうむりやすいというわけではない。たとえば，研究者の諸質問を誤解するか，誤って解釈することは，日記法と記述研究には関係のない問題である。そして，記憶に基づくバイアスは，その関係の出来事が生じた後，できるだけ早く記録されるならば，たとえ完全に排除されないとしても，相互作用記録研究において減らすことができる（Huston et al., 1987; Wheeler & Resi, 1991)。しかしながら，他のタイプのバイアスは，排除するのが困難であり，全体として，被験者の自己報告のみに頼るどのような方法の妥当性にも大きな潜在的な脅威となっている。

仲間報告法

　仲間報告データは，仲間の回答者に打ち明けたその関係の参与者の主観的な考えや感情についての情報を得るのに用いられる。加えて，そのようなデータは，

関係者なら仲間に打ち明けるかもしれない性や葛藤といったプライベートな行動に何らかの洞察をもたらすことができる。しかしながら，仲間報告のデータは，自己報告のデータほど簡単には得られない。なぜなら，仲間報告のデータは，研究者に，よく知っている仲間の回答者を見きわめ，彼らに人々の関係についての情報をもたらすように求める必要があるからである。しかも，その被験者がまだ生存しているならば，その研究企画への協力をプライバシー侵害と信頼の侵害の両方と見なすかもしれないのである。それらもまた自己報告のデータと同じバイアスの多くにさらされる。個々の回答者のいくつかのバイアスは，そのデータが他の回答者のデータと一緒にされると相殺されるかもしれないけれども。

観察法

　観察データの最もよい点は，客観的に記録された事実という重みにある。観察データが密かにしかも応答的でないやり方で得られ，被験者の行動を代表する例に基づいているほど，それらは利用できる最も妥当なタイプのデータである。他方，観察データは，得るのに費用がかかり，面倒である。多くの場合，それらは，時間に拘束されずに，研究されている対人関係で明らかにしようとする一連の出来事を記録するための精巧な電子式装置を必要とする。ほとんどすべての場合，それらは生起する行動から被験者のさまざまな側面の行動をコード化し，そして再コード化するための訓練された評定者をしばしば必要とする。そのうえ，被験者の反応は二者間や二者内の相互依存を反映するので，そのようなデータの分析は通常は，複雑になっている（Bissonnette, 1992; Kenny, 1988; Kenny & Kashy, 1991）。最後に，観察法は，被験者のプライバシーが侵されるということが避けがたいものであり，他の倫理的な問題を引き起こす可能性がある（Middlemist, Knowles, & Matter, 1976, 1977; Koocher, 1977）。

生活出来事公文書法

　さきに記したように，生活出来事公文書法には多くの利点がある。この方法は，研究者がオリジナルなデータを集める必要がない。かわりに，さまざまな公的機関によって編纂された主要な生活出来事（出産，結婚，離婚など）についての統計的情報に頼ることになる。さらに，公文書法は，研究者が，研究の被験者との接触を何ら必要としないので，利用可能な方法のなかで最も密かで，しかも応答的でもない。他方，公文書データは同様にいくつかの重大な限界を示している。たとえば，"報告の方法の特異性や不十分な点のため"，異なった機関（異なった都市，郡，州など）は，それらを編纂する際に用いられる精度，完全さ，および基準において実質的に異なるデータを提供しているかもしれない（Cox, Paulus,

& McCain, 1984, p.1149)。加えて，大きな母集団を対象にした概要統計量に基づく関係は，概要統計量を構成する個人の"実際の経験を正確に映し出していないかもしれない"(Baum & Paulus, 1987, p.541)。

実験法

関係を研究するのに実験法を用いる主要な利点は，実験者によって操作された独立変数と実験者によって測定される従属変数との間の因果関係を明らかにするようにうまくデザインされているその手腕にある。ターディとホスマン(Tardy & Hosman, 1991)によると，実験法を用いるのに3つの主要な不都合な点がある。第1に，多くの実験室研究が被験者にいくらか人工的あるいは不自然であると印象づけることである。ただし，これは，実験室外でなされたフィールド実験にはあまりあてはまらない批判である。第2に，典型的な実験は被験者に能動的な行為者としてよりむしろ受動的な反応者として行動するのを奨励する，ある状態に強くし向ける状況に直面させている(Ickes, 1982; Snyder & Ickes, 1985)。第3に，実験で成り立つ特定の条件は被験者の毎日の生活という現実世界の条件に合わないかもしれないので，実験の結果は，生態学的妥当性を欠き，いつも他の事態にうまく一般化されるというわけではない。

生理学的方法

関係を研究するために生理学的な測定を用いる最も明白で独自な利点は，互いに対してなされる本能的な反応を測定している可能性があることである。しかしながら，この利点をそこなうのは，カシオッポとペティ(Cacioppo & Petty)が重要な社会的プロセスの研究に生理学的手続きの適用を妨げるものとして記している，ある特定の障害である。たぶん，これらの障害のうちで最も手強いのは，"すでに複雑な社会-心理学的なパラダイムで解釈可能な心理生理学的データを集め，データを集約し，そして分析するのに必要な生理学的なバックグラウンド，技術的な洗練度，および精巧な機器"を必要とすることである(Cacioppo & Petty, 1986, p.649)。他の障害は，このタイプの研究を行なう際の高コスト(時間，設備，および訓練された人員)，ある種類の生理学的な測度への被験者の反応性，およびいくつかの生理学的な測度が非常に深入りしすぎたものと知覚されるかもしれないという事実(たとえば，ペニスの勃起という膨張度測定!)である。

方法選択の際の一般的なトレード・オフ

　他の方法ではなく，あるひとつの方法を用いようと選ぶとき，通常，研究者はどのような種類のトレード・オフをするのだろうか？　一般に，自己報告にのみ頼る研究者は，そういったデータを集める便利さと，そのデータが主観的な経験や関係者のプライベートな行動についてもたらす洞察性から利益を得る。他方，これらの研究者は，自己報告データは以前に述べた多くのことがらのいくつかにおいてバイアスがかかっているかもしれないという危険をおかしている。さらに，これらの研究者が関係の参与者のすべての主観的な知覚を査定しないのであれば，彼らは，最悪の場合には単一の回答者だけの自己中心的な知覚による非常に一方的な見方を得るという危険をおかすかもしれない。最後に，研究者の自己報告データが相互作用記録という形を取らないならば，おそらく被験者の知覚が根拠となっている特定の行動について，どちらかと言えば，多くを知ることができないかもしれない。

　仲間報告データに頼る研究者は，通常，同じ種類のトレード・オフをするだろう。しかし，彼らの回答者は研究されている関係の実際の被験者でなく，むしろ仲間の情報提供者なので，問題が拡大するかもしれない。これらの仲間の情報提供者は，関係に関して実際にどのくらいの知識があるのか，そして，ゴシップと伝聞を事実としてどれくらい好んで報告するのかでおおいに異なるかもしれないので，研究者が情報提供者の回答の一致の証拠を求めるのは自己報告データの場合よりもさらに重要である。

　観察法，生理学的方法，生活出来事公文書法を用いる研究者は，客観的で，信頼でき，自己報告研究を悩ますバイアスの原因の多くを持たない関係の参与者の行動についての情報を得ることによって通常利益を得るだろう。他方，これらの方法にのみ頼る研究者は，これらの行動が関係者にとって持つ意味を見きわめるのがむずかしいのがわかるかもしれない (Harvey et al., 1988)。この意味を確定するために，行動の客観的な記録は，被験者自身の自己報告によって補われなければならない。

　最後に，実験法にのみ頼る研究者は，通常，ある因果関係を特定できることから利益を得るだろう。しかしながら，トレード・オフとして，彼らは，これらの関係が実験自体のなかで作られた特定の条件を超えて十分に一般化されないかもしれないという危険をしばしば背負い込むだろう。

トレード・オフ問題への解決として方法を組み合わせる

　関係研究者は，ますますトレード・オフ問題への解決として折衷的手法を用い始めている。本章の初めのほうに記された構造化されていない二者間相互作用パラダイムによって例示したように，それらの一般的な方略は，互いの利点に頼り，互いの弱点を補うようなやり方で異なった方法を組み合わせることである。この方略が首尾よく適用されると，単一の研究プロジェクトのなかに異なった方法を統合させることは，さまざまな方法にかかわらない結果の一致あるいは三角測量を研究者に示させることができる。異なった方法を統合させることは，ひとつの方法によって得られた結果と別の方法によって得られた結果のパターンのズレを説明する助けとなるやり方であり，研究者が研究している関係現象についての彼らの見方を広げることにもなるかもしれない。しかしながら，これらの重要な利点を手に入れることはまた，折衷的手法はたったひとつの手法が必要とするよりも，時間，努力，および他の資源についてより多くの投資を必要とするという点で，トレード・オフ問題がかかわってくる。

結論と要約

　ここまでに，あなたは何を学んだであろうか？　さて，あなたは今朝，あなたの友人クリスから，ジャニスとドンが昨夜遅く駆け落ちして，2週間のハネムーンのためにタホ湖（訳注：カリフォルニア州とネヴァダ州にまたがる湖）に行く前に，結婚式をあげるつもりでラスベガスに向かっているの知った。皮肉にも，あなたは彼らのことに非常に関心があったにもかかわらず，彼らはあなたに話そうとさえしなかったのである。しかも，明らかになったところでは，あなたは友だちのなかでそのことを知った最後のひとりだったのである。

　しかしながら，幸い，そのことはあなたが学んだすべてでない。本章で学んだ他のことについてあなたに思い出させるために，次の文章をよく読んでほしい。「本章は社会科学者が人々の（PEOPLE'S）関係について研究する（INQUIRED）さまざまな方法をレビューしている。」あなたがこの要約された文章のうちの2つの単語さえ思い出すことができるならば（どの2つの単語かを推測してほしい），あなたはまた，対人関係についての研究者が用いる異なったタイプの方法を覚えていることができるはずである。あなたが推測したかもしれない，これらの2つの単語は，記憶を助ける装置もしくは記憶補助となる。より具体的に言うと，それらは異なったタイプの方法の最初の文字をとり，それから，INQUIREDとPEOPLE'Sという単語を成すこれらの文字を並べ替えることによって形成さ

れるアクロスティックアナグラム（訳注：クロスワードパズルに似た文字遊びの一種で，数語の語頭［中央，語尾］の文字を順に並べて別の語を作る）である。2番めの単語のPEOPLE'Sは，対人関係研究者によって用いられる主要な方法タイプの最初の文字をあなたに与えるアクロスティックアナグラムである。新たにごちゃ混ぜにされた順序で，これらは，仲間（Peer）報告法，実験（Experimental）法，観察（Observational）法，生理学的（Physiological）方法，生活出来事（Life-event）公文書法，折衷（Eclectic）的手法，および自己報告（Self-report）法である。最初の単語（INQUIRED）は，関係研究者が用いる自己報告法のさまざまな下位カテゴリーの最初の文字をもたらすアクロスティックアナグラムである。これらの文字は，以下のことを思い出すのを助けるはずである。面接（INterview）法，質問紙（QUestionnaire）法，相互作用記録（Interaction Record）法，記述された通信形態という書簡（Epistolary）研究，および日記（Diary）と記述研究である。われわれの著者－読者という関係があなたの記憶に（少なくともしばらくの間）とどまるというのを確かにするために，私はこれらの2つの単語をあなたに残しておこう。

8章のまとめ

親密な関係を研究する方法

方法	内容	長所	短所
自己報告法	口頭あるいは記述された情報という形でデータを得る。次の方法がある：(a) 質問紙研究，(b) 対面による面接あるいは電話による面接研究，(c) 日記と記述研究，(d) 相互作用記録研究，(e) 記述された通信形態である書簡研究。	①データを得るのが比較的簡単で，効率的で，費用がかからない。②現在のところ，研究者が被験者の考え，感情，知覚，期待，記憶といった純粋に主観的な出来事を知ることのできる唯一のやり方である。③非常にプライベートで，他の方法では研究に組み込みがたいようなこと（葛藤や性行動）についてのデータも入手できる。	①被験者は，研究者の諸質問を理解しないかもしれないし，研究者が意図したのとは異なって解釈するかもしれない。②被験者の自己報告は，不十分か，選択的な記憶などによるバイアスがかかっている可能性がある。③関係についての見方はどのひとりの被験者も必ずしも完璧ではないので，すべての被験者の個々の見方を組み合わせることがよりまとまったイメージを生み出すという保証は何もない。④被験者が研究者をどのように知覚するかによって，被験者の信頼や自己開示しようとする気持ちに影響を及ぼす。
仲間報告法	対象者をよく知っているひとり以上の情報提供者からデータを得る。関係研究における仲間報告法は自己報告法と同じ形態を取る。	①仲間（の回答者）に打ち明けたその関係当事者の主観的な考えや感情についての情報を得られる。②仲間だからこそ打ち明けるかもしれない性や葛藤といったプライベートな行動も知ることができる可能性がある。	①自己報告のデータほど簡単には得られない。②自己報告のデータと同じく多くのバイアスにさらされる。
観察法	研究対象者について事前の知識を持ってない訓練された評定者によってなされる。	客観的に記録された事実である。	①データを得るのに費用がかかり，面倒である。②被験者のプライバシーが侵されるということが避けがたいので，倫理的な問題を引き起こす可能性がある。
生活出来事公文書法	公文書資料によって公的に利用可能な生活出来事データを用いる。	①研究者がオリジナルなデータを集める必要がない。②研究者が研究の被験者との接触を何ら必要としないので，もっとも密で，しかも応答的でない方法である。	①発行機関によって，編纂する際に用いられる精度，完全さ，および基準が異なるデータを提供しているかもしれない。②大きな母集団を対象にした概要統計量に基づく関係は，個々人の実際の経験を正確に映し出していないかもしれない。
実験法	ある独立変数のレベルの変化に対応してひとつないし以上の従属変数の水準に変化が観察されるかどうかを決定するのに用いられる。	うまくデザインされれば，実験者によって操作された独立変数と測定される従属変数との間の因果関係を明らかにできる。	①被験者にいくらか人工的あるいは不自然であると印象づける。②被験者に能動的な行為者としてというよりむしろ受動的な反応者として行動するようにし向けている。③実験の結果は生態学的妥当性を欠く可能性がある。
生理学的方法	被験者が本能的なレベルで，他者にどのように反応するかを確定するために用いられる。	人々の本能的な反応を測定できている可能性がある。	①生理学的なバックグラウンド，技術的な洗練，精巧な機器を必要とする。②研究を行なう際にコストがかかる（時間，設備，訓練された人員など）。③ある種類の生理学的測度への被験者の反応やいくつかの生理学的測度は非常に深入りしすぎたものとなる。
折衷的手法	上で示した方法を2つ以上組み合わせる。	ある方法によって得られた結果と別の方法によって得られた結果のズレを説明する助けとなり，研究している関係現象についての研究者の見方を広げる。	ひとつの手法だけを用いるよりも，時間，努力，他の資源についてより多くの投資を必要とする。

9章
相互依存性についての統計学
―― 二者間データの慎重な取り扱い

リチャード・ゴンザレス　Richard Gonzalez
デイル・グリフィン　Dale Griffin

　　　　"そろそろ頃合"海象いった
　　　　"あれやこれやのつもる話
　　　　靴のことや――船のことや――封蠟のこと――
　　　　キャベツのことや――王のこと――……"
　　　　　　（ルイス・キャロル　『鏡の国のアリス』　柳瀬尚紀訳　筑摩書房）

　二者関係はわれわれの社会生活の核となる要素を形成する。それらはまた対人関係研究者による研究の核となる単位も形成する。それならなぜ（ウッディ・アレン流にいえば）この領域のそれほどまでに多くの分析は，たったひとりの大人が承諾を得ることに焦点を合わせているのだろうか？　われわれは，その理由としてわれわれが専門家として初期の成長をとげる際にかかわる非常に厳密で権威のある人物，つまり，独立したサンプリングが大切にすべき前提であると教えるような統計学の教授と関連しているのではないかと疑っている。しかしながら，われわれがデータ収集を行なうとき，あたかも独立性について理想化された世界にあるかのようにサンプルの単位はひとつずつ個別に得られるのではなく，代わりに二者間の相互依存性のある現実世界でのように同時に2つずつ得られるので，われわれは欲求不満のジレンマに直面させられる。われわれはどのようにして相互依存性の心理学を個人の独立性をもっぱら扱うことを旨とする統計学でとらえたらいいのだろうか？

　対人関係理論の発展にとっては不幸にも，大学院で行なわれる統計学の授業で刷り込まれたパターンがその人の専門家人生の残りを支配する傾向にある。データにおける相互依存性は典型的には厄介者と見なされ，それゆえ二者関係の研究者たちは相互依存性を既存の統計学の方法でなんとかおさめてしまう戦略を発達させてきた。これらの戦略は，(a) "独立した"二者間の平均得点サンプルを作

り出すことで，相互依存性を平均化してしまうこと，(b) "独立した"個人得点サンプルを作ることで，相互依存性の影響を取り除くこと，そして (c) 二者関係メンバーのひとりの得点を落とし，"独立した"個人得点の切りつめられたサンプルを作ることを含む。この二者関係データを形式的に切り捨ててしまうことはコストが高くつく。つまり，二者関係メンバー間の類似性や非類似性に関する重要な情報が失われてしまう。

　本章では，相互依存性の統計学を個人の独立性を扱うことを旨とする統計学と同じように使いやすいものにすることを意図しており，二者間データの分析についての最近の発展を再検討する（若干異なる視点からの類似の分析としては，ケニー [Kenny, 1988] を参照）。これらのテクニックは，研究者に相互依存性を直接研究できるようにしてくれるものである。つまり，それらは相互依存性を回避すべき問題ではなく，新しい研究上の疑問を問うためのチャンスと考える。われわれは相関分析と回帰分析的手法に焦点を当てる。なぜなら，それらが研究者の間で最も混乱した領域を象徴しているからである。われわれが述べるテクニックは，二者間のデータ分析につきまとう特有の4つの解釈のエラー，すなわち，仮定された独立性のエラー，削除のエラー，レベル横断のエラーまたは生態学的エラー，そして分析レベルのエラーの防止に役立つ。最初に，これらの二者間データの分析においてよく起こる4つのエラーについて議論し，次に被験者どうしが相互依存的であるときに起こる多くのデータ分析上の問題を取り扱うことのできる一般的な枠組みを提示する。

4つの共通のエラー

　二者間データの分析の問題と分析適用機会を個別の例に照らして考えてみよう。スティンソンとイックス（Stinson & Ickes, 1992）は構造化されていない"待合室状況"において，男子学生ペアに相互作用を行なわせた。友人どうしと未知者どうしでの相互作用がビデオ録画され，発話頻度や凝視頻度を含む多くのチャネルでコード化された。研究者は二者関係で相互作用している個人をとらえるという文脈において，どのようにして発話と凝視の線形関係の程度を評価すべきなのであろうか？　われわれは二者関係という文脈で2つの変数間の線形関係を評価する際に，研究者が避けるべき4つのエラーを指摘したい。[原注1]

　第1に研究者はそれらのデータが独立であるかのように，$2N$ 個の独立したデータ数についての相関を求めることによる（ここで N は二者関係の数を表わす），**仮定された独立性のエラー**を避けなければならない。そうすることはおもに適切なサンプルサイズに依存している相関係数についての統計的検定を不適切なもの

にしてしまう（Kenny, 1995b も参照）。ひとつの改善方法はそのサンプルにおける相互依存性の程度とタイプを考慮に入れて，有意性検定を調整することである。このアプローチは本章で後ほどより詳細に述べられる。

第2に研究者はそのサンプルの半数を捨てることによって独立したデータを作り出すべきではない。われわれはこのエラーを**削除のエラー**とよぶ。いくつかの状況ではこれは実際に得られる相関にバイアスを与えることにはならないかもしれないが，被験者数を減らすことは労力のむだとなる。またこの削除のエラーは研究者が二者関係における相互依存性のタイプと程度を評価することも妨げる。われわれは相互依存性の評価を，興味ある理論的疑問を調査するためのチャンスと考え，除去する必要のある統計的攪乱とは考えない。

第3に研究者はあるレベルの集合を別の集合へと一般化する傾向，**レベル横断のエラー**を避けなければならない。とりわけ研究者は各変数において二者関係の平均を作り出し，その平均値間の相関を個人に対する相関の指標と解釈することによって相互依存性の問題を避けようと試みるべきではない（Robinson, 1950, 1957）。各変数における二者関係内の相互依存性の程度に応じて，二者の平均値間の相関は個人得点から計算された相関とはかなり異なることがある。これについては以下でより詳しく論じる。

最後に研究者は一般的な解釈上の誤謬，すなわち**分析レベルのエラー**を避けるべきである。つまり二者の平均値間の相関を"二者関係レベルのプロセス"をさし示すものと解釈することを避けねばならない。同様に個人得点間の相関が"個人レベルのプロセス"をさし示すと解釈することも避けるべきである。代わりに，これらの相関のいずれもが二者関係レベルと個人レベルの情報の**混合物**を含んでいるという事実を理解しなければならない。二者関係レベルと個人レベルの相関を分離することは，分析の各レベルにおける変数内そして変数間の相互依存性の程度を明示的に同定しモデル化するアプローチを必要とする。

共通のエラーを確認することは，鋭敏な代わりになる選択肢がどれくらい利用可能であるかによってのみ有効となる。避けるべきエラーについては指摘し終えたので，次はそれらのエラーを研究者が避ける助けとなるテクニックについて述べる。このテクニックである。**ペアワイズ法**は使用が簡便であり，研究者によく知られたピアソンタイプの相関を求め，そして二者関係内で観測された相互依存性の程度に対して調整をし，比較的直接的な有意性検定を可能にする。しかしながらペアワイズ法の最大の利点は，それが研究者に二者関係における心理学的プロセスについて考えるための一般的な枠組みを提供することである。ペアワイズ・アプローチでは研究者は（a）二者関係レベルと個人レベルの両方についての疑問を同時に問うことができ，（b）二者関係のメンバー両方からのデータを

使用することができ，そして (c) 二者関係メンバーの反応における相互依存性の程度に応じて適切に調整された方法で，観測された相関や回帰の傾きに関する有意性検定を可能とする。

単一変数における相互依存性の評価

　この節および次の数節では，単一の従属変数に対する二者関係における相互依存性（つまり単一変数の相互依存性）の評価の問題を取り扱う。それぞれのケースで，スティンソンとイックス（1992）からのデータを用いて概念を説明する。見知らぬ者を用いた場合，二者関係のパートナーは実験者によってランダムに割り当てられているので，個々人が彼らのパートナーとはサンプル内のほかの人たち以上には類似していない状態でその関係を開始していると想定できる。しかし，もし相互作用によって相互依存性が形成されるのなら，つまり，二者はもはや単なる"個々の部分の総和"ではないとしたら，相互作用はしだいに個々人をサンプルのほかの人々とよりも，パートナーとより類似するように導く。[原注2]

　スティンソンとイックスの研究で扱っている両方のタイプの二者関係（すなわち男性の友人どうしと男性の未知者どうし）には，研究者の対象とするほかの種類の二者関係とは異なる根本的な次元がある。異性のカップルのような二者関係では，性別が二者関係内のメンバーを識別するのに用いることができるので，メンバーは**識別可能**である。つまり，相関を計算するとき研究者は性別のおかげで，「X カラムに置かれたのがだれの得点で，Y カラムに置かれたのがだれの得点かを知っている」。この例では，われわれは二者関係メンバーを識別するための変数として性別を用いているが，一般的には，識別可能なケースでは，**何らかの意味のある変数が二者関係にある2人のメンバーを識別するのに使用できる**ということである。しかしながら同性のプラトニックな友人関係や同性愛のカップルでは，性別や他の任意でない変数に基づいて容易には識別されない（つまり研究者はどのメンバーの得点が X カラムに置かれ，だれの得点が Y コラムに置かれているのかを知らない）ので二者関係にあるメンバーは**交換可能**である。二者関係メンバーを識別できるとき，各カテゴリー内のメンバーの得点が異なった平均値，分散，共分散をもちうる。しかしながら二者関係メンバーが交換可能であるとき，彼らの得点は同じ平均値，分散，分布を持つ。なぜならそれらを別個のカテゴリーに分割する有効な方法がないからである。

　識別可能なケースにおいて，われわれはどのように相互依存性の程度を評価するのであろうか？　すなわち，識別可能な二者関係にある2人のメンバーは，単一変数上でどれほど類似しているのであろうか？　ほとんどの読者は，標準級間

相関係数あるいはピアソンの積率相関係数がそれぞれの二者関係において2人の個人が識別可能であるときには相互依存性を評価するために用いることができると認識するであろう。級間相関係数は"相対的類似性"，たとえば，ひとつの変数上で，"他の女性と比較して"高得点を示す女性が，"他の男性と比較して"その変数上で高得点を示す男性とペアになる傾向があるかどうかを評価する。それは絶対的な類似性というよりもむしろ相対的な類似性を評価するので，集団平均の違いは級間相関には影響しない。この文脈における級間相関は二者関係のメンバー間の絶対的類似性測度や一致性とは解釈できないのであるから（Robinson, 1957），それは重要な点である。

　交換可能なケースではどのようにわれわれは相互依存性の程度を評価するのか？　この状況では，研究者は二者関係のメンバーを意味のあるようには識別できないので，級間相関は算出できない。しかしながら，級内相関を算出できる。2人のメンバーを分離する意味のある方法が存在しない，つまり，彼らは両者ともが同一分布からサンプリングされたのだから，このケースでは等分散性の仮定が保証される。交換可能なケースでは，相対的類似性を調べることは不可能だが絶対的類似性を調べることはできる。

　2つの集団が等分散を持つ母集団に由来していると想定できるときには，識別可能なケースで絶対的類似性を測定することも可能である。その類似性の測度は平均差が一部取り除かれた級内相関である。この相互依存性の指標は一般的には級間相関と非常に類似した値を生み出すが，級間相関とは違って以下で紹介するようなより複雑な測度の基礎として用いることができる。

　級内相関と偏級内相関は二者関係内の類似性を評価するのに有効であり得ることを述べた。級内相関の算出と検定については文献によるといくつかの処理が存在している（Haggard, 1958; Kenny, 1988; Kenny & Jud, 1996; Shrout & Fleiss, 1979）。これらの処理は分散分析（ANOVA）の文脈における級内相関を提出している。ANOVAの枠組みは，（もっともなことだが）統計理論を学ぶよりも研究上の疑問に答えることにより興味を持つ傾向のある研究者にとっては概念を必ずしもわかりやすいものにはしていない。われわれは異なる枠組み，つまりはデータのペアワイズ・コード化に基づく相関分析的アプローチを提出するが，それは研究者にとって関連概念をより直観的にすることを望むからである。ペアワイズ・アプローチの利点は，われわれが単一変数状況を多変数のケースへと一般化するときに明らかとなる。多変数の二者間データに関する込み入った分析の問題は，次節で展開されるテクニックを適用すると比較的単純なものと理解されるだろう。ここで使用されるアプローチのもうひとつの利点はANOVAの枠組みでは必ずしもそうではない有意性検定が簡単に引き出されることである。

相互依存性の尺度としてのペアワイズ級内相関
交換可能なケース

単一変数に対する二者関係内類似性の有効な尺度は**ペアワイズ級内相関**である（Donner & Koval, 1980; Fisher, 1925）。ペアワイズ級内相関は得点のグループ内で可能な各ペアが相関を算出するために用いられることから名づけられている。たとえば，最初の二者関係にあるアダムとアモスの個人では2つの組み合わせ，つまり，カラム1にアダムでカラム2にアモス，あるいはカラム1にアモスでカラム2にアダムが可能である。3つの交換可能な二者関係（アダムとアモス，ボブとビル，そしてコリンとクリス）でのペアワイズの仕組みは，第1カラムに，アダム，アモス，ボブ，ビル，コリン，そしてクリスのXについての得点（Xと表記）と第2カラムに，アモス，アダム，ビル，ボブ，クリス，そしてコリンのXについての得点（X'と表記）から構成される。各組み合わせが二度，しかも反対の順番で起こること（カラム2に近接したアモスとコラム1のアダム，そしてカラム2に近接したアダムとカラム1のアモスなど）に注意してほしい。このように$N = 3$の二者関係では，各メンバーが両方のカラムにおいて表示されるので，各カラムは$2N = 6$の得点を含む。このコード化は表9.1に記号として表記されている。そして2つのカラム（たとえば，XとX'）は通常の積率相関係数を用いて関連づけられる。この相関は$r_{xx'}$と表記され，**ペアワイズ級内相関**とよばれる。そしてそれは級内相関の最尤推定値である。級内相関$r_{xx'}$は二者関係において交換可能なパートたちの間の絶対的類似性をさし示す。いいかえると$r_{xx'}$はある人の得点とそのパートナーの得点との級内相関である。級内相関は通常のピアソンの相関とは異なり，解釈の"説明となる分散"を$r_{xx'}$という形式のうちに含んでいる。つまり，級内相関を2乗する必要はないと指摘しておくことは重要である（たとえばHaggard, 1958を参照）。

表9.1　交換可能なケースでのペアワイズ・データ設定の記号表現。1番めの添え字は二者関係を，2番めの添え字は個人を表わす。1または2という個人のカテゴリー化は任意である。

二者関係	変数		二者関係	変数	
	X	X'		X	X'
No.1	X_{11}	X_{12}	No.3	X_{31}	X_{32}
	X_{12}	X_{11}		X_{32}	X_{31}
No.2	X_{21}	X_{22}	No.4	X_{41}	X_{42}
	X_{22}	X_{21}		X_{42}	X_{41}

級内相関 $r_{xx'}$ はすべての $2N$ ペアについて計算される。しかしながら，この $r_{xx'}$ は通常のケースにおいてのように N 組の二者関係にではなく $2N$ 組のペアに基づいているので，有意性の検定は調整される必要がある。つまり，研究者は標準的な統計パッケージによって印刷される p 値を用いることができない。サンプル値 $r_{xx'}$ は漸近検定[原注3]を用いて $\rho_{xx'} = 0$ という帰無仮説に対して検定できる。ここでの N とは二者関係の個数であり，Z は正規分布している。

$$Z = r_{xx'}\sqrt{N} \tag{9.1}$$

観測された Z は標準表で見いだされる臨界値（棄却限界値）と比較できる。研究者が第1種のエラーの比率を $a = 0.05$（両側）に設定した適用例では Z に対する臨界値は 1.96 となる。観測された Z が 1.96 よりも大きいか等しければ，$\rho_{xx'} = 0$ という帰無仮説の棄却につながる。

ペアワイズ級内相関は二者関係内の個々人の類似性を示し，それゆえ ANOVA 推定量のような級内相関を推定するほかの方法と密接に関連している（Fisher, 1925; Haggard, 1958）。しかしながらペアワイズ法は現在の状況ではいくつかの重要な利点を有している。最も重要なのはそれが通常のピアソンの相関と同一の方法で計算されるということである。つまり，2つの"入れ替えられコード化された"カラムは通常の方法で相関づけられ，したがって計算の容易さを提供し，既存のコンピュータ・パッケージの使用に融通が利き，そして一般的な相関分析の手法と直観的に結びつく。われわれが示すように，それは相互依存性に関するより込み入った統計学に対する基礎として働くのに理想的な確かな統計学的特性も有している。さらには単一変数内での級内相関を計算するのに使用されるのと同じペアワイズ法が，異なる諸変数にわたる"クロス級内相関"を計算するのにも使用できる。それは以下で論じられる重要な指標である。

識別可能なケース

識別可能なケースでの**ペアワイズ級内偏相関**の計算は同じく一般的なパターンに従う。しかしながら識別可能なケースでは，ペアワイズ相関モデルは二者関係メンバーを示すグループ化コードというひとつの追加情報を要する。各二者関係メンバーが何らかの理論的に意味のある変数に応じて識別可能であるためにこの追加情報は必要とされる。そしてこの情報は $r_{xx'}$ の値に組み入れられる必要がある。それゆえ級の平均差の影響を取り除くために追加のデータカラムを作ることが必要である。C とラベルづけされたこの第1カラムは，たとえば被験者の性別のような"級"変数を表わす2値コードから構成される。たとえばもし研究者が

妻を"1",夫を"2"とコード化することにしたなら,第1行の第1カラムには"1"が,第2行には"2"が入り,そしてこのパターンがサンプル内のN組の二者関係それぞれに対してくり返され,$2N$個の2値コードが生み出される。

Xとラベルづけされた第2カラムは第1カラムの級コードに対応する関心の変数の得点で構成される。たとえば第1番めの二者関係の女性メンバーを表わす第1カラムの最初の"1"に隣接して最初の女性の得点は置かれる。そのもとに最初の二者関係の男性メンバーであることを表わす第1カラムの"2"に隣接して,最初の男性の得点が置かれる。このパターンがサンプルにおけるN組の二者関係に対して続き,再びトータル$2N$個の得点が生じる。第3カラムは第2カラムのペアワイズの入れ替えによって作り出される。たとえば第2カラムの各人の得点に隣接して第3カラムには彼らのパートナーの得点が置かれる。再びこのペアワイズで"入れ替えられた"Xに関する得点のカラムは,X'とよばれる。このコード化は表9.2に記号で表記されている。

このペアワイズ級内偏相関のサンプル推定は単純に変数Cの影響を除いたXとX'のピアソンの相関である。ペアワイズ級内偏相関は$r_{xx'.c}$と表記される。この相関は標準の統計パッケージ(たとえば,SASとSPSSどちらの偏相関分析の手続きでも)で計算できる。完全を期して,その偏相関の公式を提示しておく。

$$r_{xx'.c} = \frac{r_{xx'} - r_{cx}r_{cx'}}{\sqrt{(1-r_{cx}^2)}\sqrt{(1-r_{cx'}^2)}}$$

表9.2 識別可能なケースでのペアワイズ・データ設定の記号表現。1番めの添え字は二者関係を,2番めの添え字は個人を表わす。1または2という個人のカテゴリー化は級変数Cに基づく。

二者関係	変数			二者関係	変数		
	C	X	X'		C	X	X'
No.1	1	X_{11}	X_{12}	No.3	1	X_{31}	X_{32}
	2	X_{12}	X_{11}		2	X_{32}	X_{31}
No.2	1	X_{21}	X_{22}	No.4	1	X_{41}	X_{42}
	2	X_{22}	X_{21}		2	X_{42}	X_{41}

サンプル値$r_{xx'.c}$は大規模サンプルを用いて$\rho_{xx'.c} = 0$という帰無仮説に対して漸近検定でテストされる。

$$Z = r_{xx'.c}\sqrt{N}$$

ここで Z は正規分布し,標準表中の臨界値と比較できる。識別可能なケースでは等分散性の仮定が適用されることに注意してほしい。たとえば,変数 X での男性の母分散は変数 X での女性の母分散に等しいことが仮定されている。2つの従属変数の等分散性に対しては標準検定がこの仮定が妥当であるかを決定するために使用できる(たとえば,Kenny, 1979)。群間分散が異なる状況の取り扱いに関するアドバイスとしては,ゴンザレスとグリフィン(Gonzalez & Griffin, 1998b)を参照してほしい。

ペアワイズ級内相関の例

この節でわれわれはペアワイズ級内相関とペアワイズ級内偏相関の例を提示する。

交換可能なケース──ペアワイズ級内相関

スティンソンとイックスのデータから,われわれは二者関係の相互依存性を測定するために,凝視,発話,そしてジェスチャーという3変数を選んだ。例として同性の未知者たちの24組の二者関係に焦点を当てる。各変数はペアワイズの様式でコード化され,3変数に対して合計6カラムのデータが作成されている(たとえば,第1カラムには $2N$ の凝視得点,そして第2カラムには入れ替えられた順番で $2N$ の凝視得点というように続く)。凝視頻度に対する $r_{xx'}$ の結果値は 0.57 で,発話頻度に対しては 0.84,ジェスチャーに対しては 0.23 であった(つまり,それぞれ各変数の分散の 57%,84%,23% が二者関係メンバー間で共有されていた)。これらの $r_{xx'}$ の値は二者関係メンバーたちが凝視の頻度と発話の頻度においてきわめて類似していることを示している。しかしジェスチャーの頻度における二者関係メンバー間の類似性は低いようである。

(9.1)式を直接的に適用すると $\rho_{xx'} = 0$ という帰無仮説に対するこれら3つのサンプルの $r_{xx'}$ 値の有意性検定を行なうことになる。この例では $N = 24$ の二者関係(したがって48名の個人)であった。対応する Z の値は,凝視が 2.79,発話が 4.12,ジェスチャーが 1.11 であった。したがって両側の $\alpha = 0.05$ を用いると,二者関係の類似性は,凝視と発話に関してはゼロとは有意に異なり,ジェスチャーに関しては有意でなかった。

識別可能なケース——ペアワイズ級内偏相関

識別可能な二者関係の研究から次の例を考察してみよう。マレー（Murray, 1995）は排他的にデートをする163組の異性愛カップルのメンバー両方から自己評価とパートナー評価を収集した。これら2変数の男性と女性の分散の比較は各ケースにおいて群間の差は非常に小さく，男性と女性はほぼ同じ分散を持っていたことを明らかにしたうえで，ペアワイズ級内偏相関でプールされた分散を扱うことを正当化した。自己評価に対するペアワイズ偏相関係数は0.218と統計的に有意であった（$Z = 0.218\sqrt{163} = 2.78$）。パートナー評価に対する偏相関は0.365で，これもまた有意であった（$Z = 4.65$）。このようにパートナーたちは2変数のそれぞれで互いに似ている。自己評価とパートナー評価の間の級間相関が0.46，そして女性の級間相関は0.55で有意ではなかった（$Z = 1.08$）ことに注目すると興味深い。

二者関係のケースにおける級内相関を計算するペアワイズ法については紹介したので，次はこのテクニックをより複雑な相関分析的手法のために用いてみよう。本章の残りで2変数間の二者関係の相関を精査するための方法を提示する。その方法は個人と二者関係の影響を分離し，また二者関係研究における行為者－パートナーの効果を検定するためのものである。それでは各論題を順に取り上げていく。

包括的相関とクロス級内相関

研究者が二者関係の各メンバーを測定した2変数XとYを持っていると考えてみよう。たとえば，信頼感尺度と関係満足度尺度がN組の二者関係の各メンバーに実施されたと仮定しよう。その研究者が問うであろう2つの自然な疑問がある。「ある個人が抱く信頼感はその人の満足度と結びついているのだろうか？」，そして「ある個人が抱く信頼感はその人のパートナーの満足度と関連しているのだろうか？」。

これらの疑問に対して答えるために研究者はすべての個人に対する2つのピアソンの相関係数を計算するだろう。(a) われわれが**包括的パートナー内相関**とよぶXとYの相関（たとえば個人の信頼感と満足度との相関）と (b) われわれが**クロス級内相関**とよぶ個人のXとそのパートナーのYとの相関（たとえば個人の信頼感とパートナーの満足度との相関）。これら2つの相関の値は背後にある線形関係の推定に役立つ。不幸にもこれら2つの相関に対する標準的検定は一般的に誤っている。それらは仮定された独立性のエラーを犯している。なぜなら標準的検定は$2N$の独立した被験者の存在を仮定するがそのデータは独立性を守っ

ていないからである。この独立性の侵犯は有意性検定の結果に劇的な効果を持つ（たとえばKenny & Judd, 1986）。

交換可能なケースに対するペアワイズ・アプローチ

　幸運にも前節で展開されたペアワイズ・アプローチを一般化して用いることで，包括的相関とクロス級内相関の両方への有意性検定に対する直接的な解決策が見つけられる。最初に交換可能な二者関係メンバーのケースを考え，次に識別可能な二者関係メンバーのケースについて考察する。個々の変数XとYについて別々にペアワイズ・コード化は行なわれる。つまり，Xに対する$2N$個の得点，"入れ替えられてコード化"されたXに対する$2N$個の得点（表9.1で示されたようにX'と表記される），Yに対する$2N$個の得点，そしてY'に対する$2N$個の得点が，表9.3で示されているように4つのカラムに入れられる。この枠組みでは図9.1に描かれているような6つの相関関係が可能である。図9.1はXとYに対するペアワイズ級内相関が$r_{xx'}$と$r_{yy'}$によってそれぞれ与えられ，包括的パートナー内相関はr_{xy}によって与えられ，クロス級内相関が$r_{xy'}$によって与えられることを示している。なお，この枠組みでは$r_{xy'} = r_{x'y}$かつ$r_{xy} = r_{x'y'}$となることに注意を要する。

表9.3　交換可能なケースについて，2変数に対するペアワイズ・データ設定の記号表現。
1番めの添え字は二者関係を、2番めの添え字は個人を表わす。1または2という個人のカテゴリー化は任意である。

二者関係	変数				二者関係	変数			
	X	X'	Y	Y'		X	X'	Y	Y'
No.1	X_{11}	X_{12}	Y_{11}	Y_{12}	No.3	X_{31}	X_{32}	Y_{31}	Y_{32}
	X_{12}	X_{11}	Y_{12}	Y_{11}		X_{32}	X_{31}	Y_{32}	Y_{31}
No.2	X_{21}	X_{22}	Y_{21}	Y_{22}	No.4	X_{41}	X_{42}	Y_{41}	Y_{42}
	X_{22}	X_{21}	Y_{22}	Y_{21}		X_{42}	X_{41}	Y_{42}	Y_{41}

　図9.1にみられる4つの基本的相関で相互依存性の程度を考慮に入れたr_{xy}と$r_{xy'}$に対する有意性の検定を計算することが可能である。これらの検定の展開を支持するシミュレーションの詳細については，グリフィンとゴンザレス（1995）を参照してほしい。$\rho_{xy} = 0$という帰無仮説のもとで，r_{xy}の近似的大規模サンプルの分散は，$1/N^*_1$となる。ここで

$$N^*_1 = \frac{2N}{1 + r_{xx'}r_{yy'} + r^2_{xy'}}$$

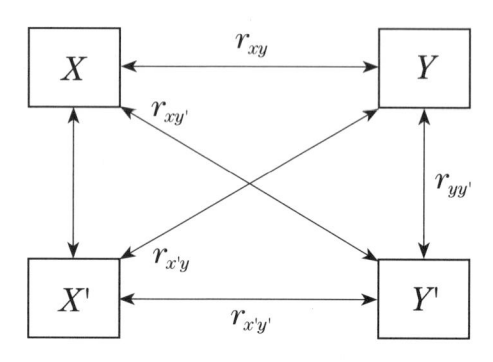

図 9.1 変数 X と Y 間で可能なすべてのペアワイズ相関とそれらの対応する "逆コード"

したがって包括的相関 r_{xy} は Z を用いて検定できる。ここで

$$Z = r_{xy'}\sqrt{N^*_1} \tag{9.2}$$

　直観的にも N^*_1 が従属的な観測値に関しても調整された r_{xy} に対する "有効サンプルサイズ" となることが理解できるだろう（この直観の展開としては，Rosner, 1982 と Eliasziw & Donner, 1991 を参照）。

　有効サンプルサイズ N^*_1 に対する公式は何人かの研究者たちが従っている慣習に欠陥があることを例証する。それらの研究者たちは最初に級内相関を検定し，そしてもし両方の級内相関がゼロに近ければそのデータが独立であるかのように処理する。この慣習にともなう問題は r_{xy} の標準誤差に関連する別の依存性の源泉，つまり，クロス級内相関 $r_{xy'}$ が存在するということである。依存性の源泉のすべてがゼロであるときにのみデータは独立として取り扱うことができる。(9.2)式における Z 検定は相互依存性の 3 つの源泉に対する値にかかわらず適用できるので有用である。

　個人の変数 X の得点とそのパートナーの変数 Y の得点（つまり変数 Y'）との相関は，クロス級内相関である。クロス級内相関 $r_{xy'}$ は異なる二者関係パートナーについて測定された 2 変数間の関係の強さを評価する。$\rho_{xy'} = 0$ という帰無仮説のもとで $r_{xy'}$ の漸近的分散は $1/N^*_2$ となる。ここで，

$$N^*{}_2 = \frac{2N}{1 + r_{xx'}r_{yy'} + r^2{}_{xy}}$$

クロス級内相関 $r_{xy'}$ は Z 検定を用いてテストできる，ここで

$$Z = r_{xy'}\sqrt{N^*{}_2}$$

同じく $N^*{}_1$, $N^*{}_2$ は従属的な観測値に対して調整された $r_{xy'}$ にとっての"有効サンプルサイズ"と考えられる。再び有意性検定が2つの級内相関と包括的パートナー内相関によって測定されたときのように相互依存性の源泉によって影響されているのがわかる。

交換可能なケースの例

スティンソンとイックスによって研究された24組の同性で未知者の二者関係を考察してみよう。研究者は次のような問題に興味を持つだろう。すべての個人にわたって3変数（凝視の頻度，発話の頻度，そしてジェスチャーの頻度）は互いに有意に関連しているだろうか。表9.4にある囲み付きの数値の検討はすべての包括的相関が正でほどほどに大きいことを明らかにした。つまり，発話頻度と凝視頻度との包括的相関は 0.386，発話頻度とジェスチャーの頻度との包括的相関は 0.449，凝視頻度とジェスチャーの頻度との包括的相関は 0.474 であった。包括的相関 r_{xy} の有意性検定が有効サンプルサイズ $N^*{}_1$ に依存するということを思い出してほしい。発話と凝視の間では，

$$N^*{}_1 = \frac{48}{1 + (0.841)(0.570) + 0.471^2} = 28.22;$$

発話とジェスチャーの間では $N^*{}_1 = 33.81$，そして凝視とジェスチャーの間では $N^*{}_1 = 38.88$ である。有意性検定の結果は，それぞれ $Z = 0.386\sqrt{28.22} = 2.05$, $p < 0.05$; $Z = 2.61$, $p < 0.05$; $Z = 2.96$, $p < 0.05$ であった。3つの包括的相関はすべて有意に正であった。

それでは次にクロス級内相関 $r_{xy'}$ の評価に目を向けてみよう。ひとつの変数での個人の得点は2番めの変数でのパートナーの得点と関連しているのだろうか？発話と凝視との間のクロス級内相関 $r_{xy'}$ は 0.471 であった。有効サンプルサイズは

$$N^*{}_2 = \frac{48}{1 + (0.841)(0.570) + 0.386^2} = 29.48;$$

そしてその結果として，$Z = 0.471\sqrt{29.48} = 2.56, p < 0.05$ であった。発話頻度とジェスチャー頻度のクロス級内相関 $r_{xy'}$ は 0.479 であった。その標準誤差に対する $r_{xy'}$ の検定（$N^*{}_2 = 34.49$ での）の結果，$Z = 2.82, p < 0.01$ であった。同様に凝視頻度とジェスチャー頻度の間のクロス級内相関 $r_{xy'}$ は 0.325 であった。その標準誤差に対する $r_{xy'}$ の検定（$N^*{}_2 = 35.46$ での）の結果，$Z = 1.94, p = 0.053$ であった。$r_{xy'}$ にとって有意で正の値は頻繁に話す個人が頻繁に凝視しジェスチャーを行なうパートナー（このケースでは未知者）と結びついており，頻繁に凝視する個人が頻繁にジェスチャーを行なうパートナーとゆるやかに関連していることを示している。

表 9.4 ランダムにサンプリングされた同性未知者のペアワイズの相関マトリックス（Stinson & Ickes, 1992）

	発話	発話'	凝視	凝視'	ジェスチャー	ジェスチャー'
発話	1.000					
発話'	**0.841**	1.000				
凝視	0.386	0.471	1.000			
凝視'	0.471	0.386	**0.570**	1.000		
ジェスチャー	0.449	0.479	0.476	0.325	1.000	
ジェスチャー'	0.479	0.449	0.325	0.474	**0.226**	1.000

ペアワイズ級内相関は太字で印字されている。発話＝発話頻度。凝視＝凝視頻度。ジェスチャー＝ジェスチャー頻度
注：囲まれた値は包括的相関 r_{xy}
（訳注：二者おのおのを発話，発話' と区別して記してある）

識別可能なケースに対するペアワイズ・アプローチ

識別可能なケースでの包括的パートナー内そしてクロス級内相関のための計算の仕組みは，交換可能なケースでの仕組みと対応している。ペアワイズ級内相関と同じく識別可能なケースは，影響が除かれるコード化変数の点でのみ交換可能なケースと異なるように扱われる。基本的なデータの調整は表 9.5 に示されている。それは二者関係内での個人のカテゴリー化を表わす追加カラムを除いては表 9.3 と同様である。コード化変数 C はすべての相関から影響が取り除かれる。図 9.2 では 4 変数間の可能な相関が示されているが，変数 C が取り除かれているということを表わすために添え字に ".c" が用いられている。再び偏相関のための標準的公式が使用される。包括的偏相関 $r_{xy.c}$ は次式にしたがって計算される。

$$r_{xy.c} = \frac{r_{xy} - r_{cx}r_{cy}}{\sqrt{(1-r_{cx}{}^2)(1-r^2{}_{cy})}} \tag{9.3}$$

そしてクロス級内偏相関 $r_{xy'.c}$ は次のように計算される。

$$r_{xy'.c} = \frac{r_{xy'} - r_{cx}r_{cy'}}{\sqrt{(1-r_{cx}{}^2)(1-r^2{}_{cx'})}} \tag{9.4}$$

表9.5 識別可能なケースでの2変数に対するペアワイズ・データ設定の記号表現。1番めの添え字は二者関係を、2番めの添え字は個人を表わす。1または2という個人のカテゴリー化とは級変数Cに基づく。プライム符号は本文中に述べたように入れ替えられ，コード化されていることを示す。

二者関係	変数				二者関係	変数			
	C	X	X'	Y	Y'		C	X	X'	Y	Y'
No.1	1	X_{11}	X_{12}	Y_{11}	Y_{12}	No.3	1	X_{31}	X_{32}	Y_{31}	Y_{32}
	2	X_{12}	X_{11}	Y_{12}	Y_{11}		2	X_{32}	X_{31}	Y_{32}	Y_{31}
No.2	1	X_{21}	X_{22}	Y_{21}	Y_{22}	No.4	1	X_{41}	X_{42}	Y_{41}	Y_{42}
	2	X_{22}	X_{21}	Y_{22}	Y_{21}		2	X_{42}	X_{41}	Y_{42}	Y_{41}

いったん，表9.5のようにデータが配列されると，これらの偏相関はSASやSPSSのような標準的な統計パッケージで計算できる。XとYに対するペアワイズ級内偏相関はそれぞれ$r_{xx'.c}$，$r_{yy'.c}$と表記される。包括的偏相関は$r_{xy.c}$，クロス級内偏相関は$r_{xy'.c}$と表記される。

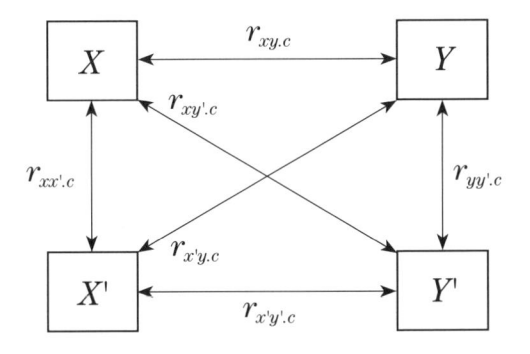

図9.2 識別可能なケースにおいて，*X，Y*，そして対応する"入れ替えられたコード"の間で可能なすべてのペアワイズ相関。変数*C*はすべての相関から影響が除かれている。

交換可能なケースと異なり処理の前にチェックの必要がある3つの仮定が存在する。(a) 各変数における2級間の分散の等質性（たとえばXについての男性の分散はXについての女性の分散に等しい必要があり，かつ，Yについての男性の分散はYについての女性の分散に等しい必要がある），(b) 級を横断する2変数間の共分散の等質性（たとえば男性のXとYの間の共分散は，女性のXとYの間の共分散に等しいことが必要），(c) 2変数間のクロス共分散の等質性（たとえば女性のXと男性のYとの間の共分散は，男性のXと女性のYとの間の共分散に等しいことが必要）。交換可能なケースでこれらの仮定がなされていないのは個人に区別がついて意味のある2つの級（たとえば，男性 対 女性）に分離できないからである。しかし識別可能なケースでは個人は2つの級に分離できるので，結果として2グループからのデータが包括的偏相関，クロス級内偏相関のためにプールされる以前に分散と共分散の等質性のチェックが必要である。ゴンザレスとグリフィンはこれらの仮定のテストに関して詳細に論じている。一般にこれらの仮定が満たされるとき，関連のある相関の計算はより効率的に，そして対応する検定は各級のデータを別個に分析するという通常の戦略と比較してより強力になる。これらの仮定を行なう実質的な理由もある（Gonzalez & Griffin, 1999を参照）。

図9.2における4つの基本的相関が与えられると，相互依存性の程度を考慮に入れた$r_{xy.c}$と$r_{xy'.c}$に対する有意性検定を計算することが可能である。検定の展開の詳細，サポートするシミュレーション，そして標準の構造方程式モデルのプログラムを用いた検定の実行方法に関してはゴンザレスとグリフィン（1999）を参照してほしい。$\rho_{xy.c} = 0$という帰無仮説のもとで，$r_{xy.c}$の近似的大規模サンプルの分散は$1/N^*_1$である。ここで

$$N^*_1 = \frac{2N}{1 + r_{xx'.c}r_{yy'.c} + r^2_{xy'c}} \tag{9.5}$$

したがって，包括的偏相関$r_{xy.c}$はZ検定を用いてテストできる。ここで，

$$Z = r_{xy'.c}\sqrt{N^*_1}$$

クロス級内偏相関は，2人のパートナー間の平均差を取り除いた異なる二者関係のパートナーについて測定された2変数間の関係の強さを評価する。$\rho_{xy'.c} = 0$という帰無仮説のもとで$r_{xy'.c}$の漸近的分散は$1/N^*_2$である。ここで

9章 相互依存性についての統計学　237

$$N^*_2 = \frac{2N}{1 + r_{xx'.c}r_{yy'.c} + r^2_{xy.c}} \tag{9.6}$$

クロス級内偏相関 $r_{xy'.c}$ は Z 検定を用いてテストできる。ここで，

$$Z = r_{xy'.c}\sqrt{N^*_2}$$

識別可能なケースの例

マレー（1995）の調査で 163 組のカップルの男性に対する自己評価とパートナー評価の相関係数は 0.46 で，女性の同じ 2 変数間の相関係数が 0.55 であったが，統計的には有意ではなかったことを思い出してほしい。女性の自己評価と男性のパートナー評価との相関係数は 0.37 で，男性の自己評価と女性のパートナー評価の相関係数は 0.41 であった。さらには各変数についての男性の分散は女性の分散と類似していた。このようにこれらのデータに対しては，包括的相関とクロス級内相関を計算するために必要な条件は揃っている。

性別の影響が取り除かれた，自己評価とパートナー評価との包括的偏相関係数は 0.501 であった。つまり，性差を統制すると各個人の自己評価はその人のパートナーについての評価と強く関連しているようである。以前に報告された自己評価の級内偏相関係数 0.218 とパートナー評価の級内偏相関係数 0.364 とともに，この結果から（9.5）式を直接に適用できる。この包括的相関に対する Z 値は，$0.501\sqrt{264.39} = 8.15, p < 0.001$ であった。

$$N^*_1 = \frac{163 * 2}{1 + 0.218 * 0.364 + 0.392^2} = 264.39,$$

一方の人の自己評価ともう一方のパートナー評価のクロス級内偏相関係数は 0.392 であった。つまり，性差を統制すると個人の自己評価はそのパートナーの自分に対する評価とほどほどに関連していた。このクロス級内偏相関はサンプルサイズ N，2 つのペアワイズ級内偏相関，そして包括的偏相関を（9.6）式に代入することで与えられる有効サンプルサイズ 244.30 を用いて検定できる。このサンプル $r_{xy'.c}$ に対する Z 値は $0.392\sqrt{244.30} = 6.13, p < 0.001$ であった。

✝個人と二者関係の効果を分離するための潜在変数モデル

次にわれわれはペアワイズの枠組みを二者関係研究に存在する分析レベルの問

題への取り組みに適用する。二者関係の研究者は，個人レベル，二者関係レベル，あるいはその両方について検討することができる（Kenny & La Voie, 1985）。この問題を具体的にするためにスティンソンとイックス（1992）に言及しよう。研究者はジェスチャーをより多く行なう**個人**は発話もまた多く行なうのであろうかと問うことができる。研究者はまた両者の人がより多くジェスチャーを行なう二者関係は，両者の人が発話を多く行なう**二者関係**でもあるのだろうかと問うこともできる。この2つの問いは個人あるいは二者関係という分析のレベルが異なっている。

　両方の分析レベルが情報を提供するものとなり得，ひとつのレベルにだけ焦点を合わせることは理論的に興味深い情報を浪費することになる。さらには2つのレベルを横断すると2変数の関係で符号の方向が異なるといった状況を発見することも可能である。たとえば，信頼感と満足度尺度のデータが夫婦から集められたとしよう。それぞれのパートナーは両方の尺度に答えるので，各夫婦につき2つの信頼感得点と2つの満足度得点という合計4つの観測変数がある。二者関係レベルでの信頼感と満足度の関係が正である（信頼している二者関係ほど，よりその関係に満足している）のに対し，個人レベルでの関係が負である（比較的信頼している二者関係内の個人が比較的満足度が低い。なぜならその人の信頼感は相互に報酬をもたらすのではないから）ことは妥当である。二者関係の相互作用の完全な理解が両方のレベルの分析に取り組まねばならないのであるから，そのようなパターンは理論発展と理論検証の両方の点で興味深い。

　個人レベルの分析を二者関係レベルの分析からどう分離するかという問題は，長い間方法論者を悩ませてきた。ロビンソン（Robinson, 1950）は2つの集合変数間の相関（たとえば州を**またいで**の学業成績の平均と収入の平均）は，個々人について測定された同じ2つの変数（たとえば州**内**での学業成績の平均と収入の平均）の間の相関と等価ではないことを指摘した。社会学ではレベル横断のエラーあるいはひとつのレベルから別のレベルへの誤った一般化は"生態学的相関錯誤（ecological correlation fallacy）"（訳注：個人単位での情報を集めていないため，集団単位で認められた相関が個人単位で認められていないこと）とよばれている（Hauser, 1974; Robinson, 1950）。異なるレベルにおける分析（"マルチレベル分析"）を可能にする統計的な技法を得たいとの欲求は異なる観点と統計プログラムの家内工業（訳注：標準的な統計パッケージソフトを使用するのではなく独自に統計プログラムを開発することの比喩的表現）へとつながった（Bock, 1989; Bryk & Raudenbush, 1992; Goldstein, 1987; Goldstein & McDonald, 1988, Kreft, de Leeuw, & van der Leeden, 1994 を参照）。

　この節では異なるレベルの分析のペアワイズ・アプローチへの導入の可能性を

示す。われわれ自身の仕事は，個人レベルの影響と集団レベルの影響を分解するための集団相関モデルを提唱したケニーとラヴォイエ（Kenny & La Voie, 1985）に多大な影響を受けている。ケニーとラヴォイエは彼らの集団相関モデルをANOVAの文脈において展開させた。われわれはケニーとラヴォイエの集団相関モデルのペアワイズ版を提供する。われわれはそれを**ペアワイズ潜在変数モデル**とよぶ。このモデルの構成要素は再び二者関係メンバーが交換可能であるか識別可能であるかに依存している。

交換可能なケースに対するペアワイズ潜在変数モデル

図9.3は交換可能な二者関係デザインに対する単純な潜在変数モデルを示している。このモデルでは各変数はペアワイズの様式でコード化されており，変数XとX'（同じ論理によってYとY'）は順序を除いては同一である。ある所与の観測変数の分散は2つの異なる測定されていない潜在変数を源泉として生じると仮定される。つまり，二者関係のパートナーたちに共有されている変数の部分を表現する二者関係的成分，そして共有されていないまたは独自の変数の部分を表現する個人成分である。

図9.3に示されているように変数が関連づけられる2つのレベルが存在する。XとYの共有された二者関係自体の分散は二者関係レベル相関r_dを通じて関係づけられている。XとYの独自の個人的分散は個人レベル相関r_iを通じて関係づけられている。図9.3で描かれているこのモデルはr_dとr_iの同時推定と検定を可能にする。

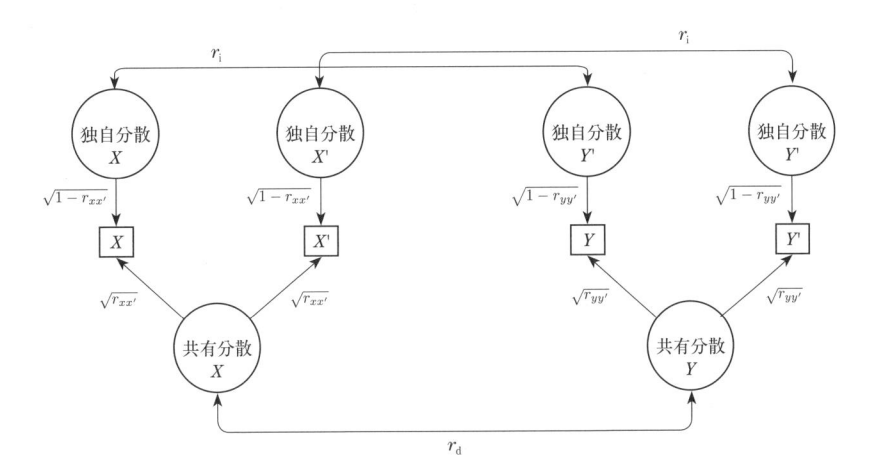

図9.3 個人レベル（独自）と二者関係レベル（共有）効果を分離する潜在変数モデル

個人レベル相関 r_i と潜在的二者関係レベル相関 r_d は次のように計算される。

$$r_\mathrm{i} = \frac{r_{xy} - r_{xy'}}{\sqrt{1-r_{xx'}}\sqrt{1-r_{yy'}}} \tag{9.7}$$

そして

$$r_\mathrm{d} = \frac{r_{xy'}}{\sqrt{r_{xx'}}\sqrt{r_{yy'}}} \tag{9.8}$$

r_i と r_d はともに図9.1に示されている4つの基本的相関係数から計算されることに注意してほしい。個人レベル相関 r_i の分子は二者関係レベルと個人レベルの効果を結合する観測された相関 r_{xy} と二者関係レベルの効果のみを含むクロス級内相関 $r_{xy'}$ の差分である。したがって，r_i は二者関係レベルの効果が混じっていない個人レベルの関係の測度となる。二者関係レベルの相関 r_d の分子は単純にペアワイズ・クロス級内相関であり，そしてこのモデルでは二者関係レベルの関係の直接的な測度と対応する。分母もまた概念的には簡単である。つまり，各観測変数の"一部"だけが関連づけられているという事実に対してそれらは相関の尺度を修正する。変数 X と Y の個人成分が相関しているとき，分母は**非共有の**効果に対応する観測変数 X と Y の分散の比率（$\sqrt{1-r_{xx'}}$ と $\sqrt{1-r_{yy'}}$ のそれぞれに）を調整する。同様に変数 X と Y の"二者関係についての"成分が相関しているとき，分母は共有される二者関係の効果に対応する観測された X と Y の分散の比率（$\sqrt{r_{xx'}}$ と $\sqrt{r_{yy'}}$ のそれぞれに）を調整する。r_d が薄められていない $r_{xy'}$（つまり二者関係分散の比率を表わす級内相関によって分割されている）と解釈できることに注意してほしい。ペアワイズ潜在変数モデルは，ゴローブ (Gollob, 1991) によって提出された最尤集団レベル相関と等価である。

交換可能なケースにおける内在（underlying）相関 r_i と r_d の検定

二者関係の特殊な例では，r_i は (9.7) 式によって，または X と Y の偏差得点の相関によっても同等に計算され得る。つまり，X での二者関係の平均が各 X の得点から Y での二者関係の平均が各 Y の得点からそれぞれ減じられ，そして X の $2N$ 偏差が Y の $2N$ 偏差と関連づけられる。二者関係では，(9.7) 式と偏差法は通常のピアソンの相関表を用いて検定できる自由度 $N-1$ の r_i に対して同じ値を生み出す (Kenny & La Voie, 1985)。

$r_{xx'}$ や $r_{yy'}$ の級内相関のどちらか（あるいは両方）が小さいとき，r_d は大きくなり1.0を超えることすらあることに注意してほしい。二者関係モデルは二者関係の類似性の仮定に基づいているので，そのモデルは**両方の**級内相関が有意に正

のときにのみ検定されるべきである。一般に，両方の級内相関が有意に正のときにこのモデルのケースへの適用を制限することは，r_d の外れ値の出現を減少させる。r_d に対する有意性検定はグリフィンとゴンザレス（1995）に報告されている。興味深いことに，r_d と関連する p 値は $r_{xy'}$ と関連する p 値と同一である。それゆえ，両方の級内相関が有意で X と Y 両方の有意な二者関係レベルの分散を示唆するときには，r_d の素点版についての $r_{xy'}$ を解釈（つまり r_d は $r_{xy'}$ の希薄化されていない値である）することをすすめる。

平均値－レベル相関

2変数での各二者関係の平均値間の相関は，二者関係レベルの推定を生み出すようである。この直観に反して，"平均値－レベル" 相関（r_m と表記）は個人と二者関係レベルの効果の両方を反映しており，"包括的な" 相関として考えるのがよい。平均－レベル相関 r_m は，二者関係レベルの指標としては用いられるべきではない。なぜなら，それは $r_d = 0$ のときでさえ有意に正または負になり得るからである。図9.3のモデルによると，X について二者関係メンバーの**両方**が高いという傾向が Y について二者関係メンバーの**両方**が高いという傾向と合致したときにのみ，正の二者関係レベルの相関は存在する。しかしながら，これは X での高い**平均**が Y での高い**平均**と合わさっていることを示す r_m の正の値へとつながるいくつかの状況のうちのただひとつでしかない。たとえば，X でひとりのメンバーが極端に高いという傾向が，Y でそのメンバーが極端に高いという傾向と合わさったとき，その人の二者関係のパートナーのどちらの得点にもかかわりなく，正の平均－レベル相関は生じる。r_m のより体系的な取り扱いはグリフィンとゴンザレス（1995）を参照してほしい。

交換可能なケースの例

交換可能なケースを例証するために引き続きスティンソンとイックス（1992）のデータを用いる。ペアワイズ級内相関によって指標化される二者関係レベルの分散の存在を確定したので，少なくとも興味のある3変数のうちの2つで r_d と r_i を計算し検定する。発話と凝視のケースでは，

$$r_d = \frac{0.471}{\sqrt{(0.841)(0.570)}} = 0.680$$

r_d に対して観測された Z 値と p 値は $r_{xy'}$ に対して見いだされたものと同一である（つまり $Z = 2.56, p < 0.01$）。凝視頻度とジェスチャー頻度との潜在二者関係レベル相関（r_d）は，0.906, $Z = 1.94, p < 0.052$ で，統計的な有意性に少し不足

であった。発話頻度とジェスチャー頻度との二者関係レベル相関（r_d）は 1.10 で"外れ値"であった。そのような外れ値は変数のひとつあるいは両方に対する級内相関が最低限であるか有意でないとき（ジェスチャーのケースのように）最も生じやすい。要するに，r_d（そして r_{xy}）の有意な正の値は，両方のメンバーが頻繁に凝視する二者関係というのが両方のメンバーが互いに頻繁に話しかけ，頻繁にジェスチャーを行なう二者関係でもあることを示す。

3 変数が二者関係内の"個人"のレベルで関連していたのだろうか？ 発話と凝視の個人レベル相関 r_i の計算は直接的であり，以下のとおりとなる。

$$\frac{r_{xy} - r_{xy'}}{\sqrt{1 - r_{xx'}}\sqrt{1 - r_{yy'}}} = \frac{0.386 - 0.471}{\sqrt{(1 - 0.841)(1 - 0.570)}} = -0.325$$

発話と凝視との正の二者関係レベルの相関（0.680）とは対照的に個人レベル相関は負である。つまり，**より多く**話す二者関係メンバーは**より低い**頻度で相手を見つめる二者関係メンバーである傾向にある。頻繁な発話が存在する二者関係は頻繁な凝視が存在する二者関係ともなる傾向にあるという事実にもかかわらず，この負の個人レベル相関が示される。しかしながら，個人レベル相関も辛うじて有意であった（$p < 0.01$）。

$$\begin{aligned} t_{N-1} &= \frac{r_i\sqrt{N-1}}{\sqrt{1-r^2_i}} \\ &= \frac{-0.325\sqrt{23}}{\sqrt{1-0.325^2}} \\ &= 1.65 \end{aligned}$$

この有意性検定は，このケースでは自由度が $N-2$ ではなく $N-1$ であることを除いては，相関を検定するための通常の公式によっていることに注意してほしい。残りの変数のペアに対する個人レベル相関は比較的小さく有意ではなかった。発話とジェスチャーの $r_i = -0.086$，ジェスチャーと凝視の $r_i = 0.258$。r_i の 3 つすべての値は r_d と r_{xy} の対応する値から著しく離れており，二者関係レベルと個人レベルの関係を分離することの重要性がそこにある。

3 つすべての包括的相関は中程度に正であったことを思い出してほしい。しかし包括的相関は内在する二者関係そして個人レベルの相関の組み合わせたものを表わしている。この研究で生じている社会的相互作用のより詳細な描写が 2 つのレベルが分解されたときに現われる。発話と凝視は個人レベルでは負の相関があるが二者関係レベルでは正の相関がある。発話とジェスチャーは個人レベルでは関連がないが二者関係レベルでは正の相関がある。最後に凝視とジェスチャーは

個人と二者関係レベルの両方で正の相関がある。

識別可能なケースに対するペアワイズ潜在変数モデル

識別可能なケースに対するペアワイズ潜在変数モデルは，"級"またはグループ変数 C が 4 変数, X, X', Y, そして Y' から取り除かれる必要があること以外は交換可能なケースに対するモデルと類似している。したがって対応するモデルは，すべての観測された相関が偏相関（グループ変数 C が統制変数となっている）である以外は図 9.3 で描かれているモデルと同じである。この節では識別可能なケースに対するペアワイズ潜在変数モデルを簡単に紹介するので，詳細に興味のある読者はゴンザレスとグリフィン（1999）を参照してほしい。

個人レベルの偏相関 r_i の公式は図 9.2 で与えられている観測された偏相関からすると次のように表現できる。

$$r_i = \frac{r_{xy.c} - r_{xy'.c}}{\sqrt{1-r_{xx'.c}}\sqrt{1-r_{yy'.c}}}$$

個人レベルの偏相関 r_i はその計算中に相関 $r_{xy.c}$ と $r_{xy'.c}$ を用いているので，包括的相関とクロス級内偏相関を計算するときに必要とされた仮定が r_i にも同様に適用される。これらの仮定は個人レベルの関係がカテゴリー変数の各レベルで同一であること（たとえば，夫に対する r_i が妻に対する r_i に等しい）が必要だということを示唆している。

サンプル r_i は値が 0 という帰無仮説に対して相関に関する標準の t 検定を用いて検定できる。識別可能なケースではその検定は $N-2$ の自由度を有する（交換可能なケースの r_i に対してよりも自由度が 1 少ないのは 2 値級変数 C が識別可能なケースでは用いられているため）。マレーのデータ・サンプルでは自己評価とパートナー評価の r_i は 0.155 で，観測された $t = 2.00$, $p < 0.05$ であった。

二者関係レベルの偏相関 r_d は図 9.2 で与えられている観測された相関の観点から次のように表現できる。

$$r_d = \frac{r_{xy'.c}}{\sqrt{r_{xx'.c}}\sqrt{r_{yy'.c}}} \tag{9.9}$$

再びペアワイズモデルに対する r_d の推定では，クロス級内偏相関が級変数の各レベルで等しいという仮定を満たす必要がある。たとえば，夫の自己評価と妻のパートナー評価の母集団相関は妻の自己評価と夫のパートナー評価の母集団相関に等しいと仮定される。この仮定が所与のデータで妥当なら，クロス級内偏相関は級内偏相関によって希薄化されていない二者関係レベル相関の素点版として

使用できる。もしこの仮定が満たされていないのなら構造方程式アプローチを用いて，より一般的なモデルを推定できる（Gonzalez & Griffin, 1999 を参照）。

マレーのデータではクロス・パートナー相関の等質性が維持されているようである（男性に対する $r_{xy'.c}$ は 0.41，女性に対する $r_{xy'.c}$ は 0.37 で，その差は統計的に有意ではなかった）。また級内偏相関は自己評価に対して 0.22，パートナー評価に対して 0.364 であったことを思い出してほしい。これらの値の両方がゼロとは統計的に異なっているけれどもそれらはなお比較的小さく，そのことが r_d の外れ値を生じさせると予想できる。マレーのデータでの二者関係レベルの相関 r_d は $r_d = 1.39$ で外れ値となることが判明し，それを相関として解釈することは困難である。幸運にも，級内偏相関が有意であったので，$r_{xy'.c}$ を r_d（つまり，級内偏相関によって希薄化されていない二者関係レベルの相関）の素点推定値として解釈でき，その値は 0.392 であった。このサンプル $r_{xy'.c}$ に対する Z 検定はすでに見たように 6.13 であった。したがってマレーらのデータは，自己評価とパートナー評価が個人レベルと夫婦レベルの両方でまさに相関していることを示唆する。

二者関係研究における構造的モデル

研究者はしばしば変数間の線形関係の強さを計算する以上のことをしたいと望む。ほとんどに共通して彼らは相関指標を超えて，ひとつまたはそれ以上の独立変数が従属変数の値を決定する構造的モデルにおけるパラメータの推定を行ないたいと願っている。二者関係データでこのことを成し遂げることができる数多くの方法が存在する。詳細な計算の記述よりもそれらの使用例に焦点を当てつつそれらのモデルのいくつかについて概略を述べる。

二者関係レベルと個人レベルに対する回帰モデル

すでに提示された二者関係レベルと個人レベルの効果を分離するための相関分析的方法は複数の予測変数のケースにも拡張できる。そのような分析は個人レベルの分析では簡単だけれども二者関係レベルへの拡張はより複雑である。個人レベルの分析は個人レベルの相関から二者関係パートナー間の相互依存性が"取り除かれている"ので比較的単純である。そうであるから個人レベルの相関は標準的な重回帰の所定の手順あるいは構造方程式モデルのプログラムへの入力として代入でき，その標準的プログラムをとおして完全な推定と有意性検定もできる。対照的に二者関係レベルの相関は相互依存的情報のみを測定し，それゆえ標準的な回帰分析の手順に本質的な独立性の仮定に違反している。したがって二者関係レベルの相関が重回帰分析の手順に入力されたとしても，結果として生じる有意

性検定は適切ではない。

　再びスティンソンとイックス（1992）の結果を考察しよう。二者関係レベルと個人レベルの相関に関する初めの分析で，二者関係レベル，個人レベル，あるいは両方のレベルの分析において3変数が相互に連関しているかどうかを評価した。これらの相関分析の拡張として図9.4に描かれている心理学的モデルを組み立てた。このパス図はジェスチャー頻度と凝視頻度が両方とも発話頻度の予測子となっていることを意味する。これら3変数を関連づけることが可能な心理学的理論については，ダンカンとフィスク（Duncan & Fiske, 1977）を参照してほしい。本章における目標はいくつかの統計モデルの適用を例証することなので，われわれが選択した特定の例に対する心理学的な動機づけについては言及しない。

　この重回帰モデルは2つの分析のレベルに対して別個に推定されなければならない。最初に個人レベルに目を向けると，2つの予測子（ジェスチャーと凝視）の個人レベル相関が0.258であることを知っている。これは回帰モデルで変えられないまま残る。なぜならそれはかなり小さく，0次の相関と標準化された偏回帰係数との間にほとんど変化が期待できないからである。3つの個人レベルの相関（下で見るように約 N）が，入力として相関係数を受け取る重回帰プログラムへ投入されるとき（$SPSS$ の REGRESSION コマンドのようなコード例として表9.6参照），凝視から発話を予測する標準化係数が-0.324（実質的には個人レベルの相関と同じ）であることがわかる。ジェスチャーから発話を予測する係数は

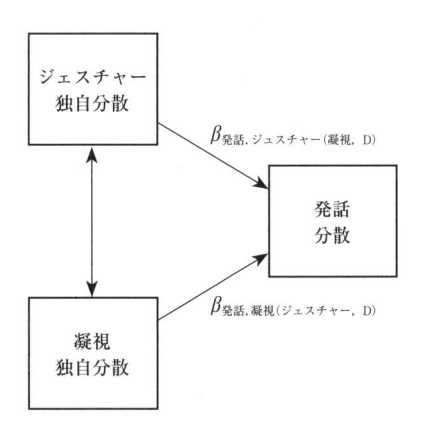

図9.4　個人レベルの影響間の回帰に関する表現。すべての入力された相関は個人レベル r_i のもの。変数 D は N 個のダミーコードを表わす。回帰分析の文献における標準的な表記法に従っており，点の左側は従属変数，点の右側の変数は予測子，そしてカッコ内の変数は，以前の段階で入力されるなどして，統制されている変数。

−0.002でこれも実質的には比較可能な個人レベル相関と同じである。これら2つの標準回帰係数はそれぞれ$\beta_{発話 \cdot ジェスチャー（凝視）}$と$\beta_{発話 \cdot 凝視（ジェスチャー）}$と表記される。

表9.6 テキストで記述された回帰モデルを実行するためのSPSSのコード例。入力される相関は，ジェスチャー，凝視，発話頻度のすべての可能なペアの間の個人レベル相関r_iである。

```
matrix data variable=gest gaze verb
  /contents=corr
  /n=24.
begin data
  1
   .258    1
  -.086   -.325   1
end data.
regression matrix in (*)
  /noorigin
  /dependent=verb
  /method=enter gest gaze.
```

　この個人レベルの分析に対する近似的有意性検定は被験者数に依存する。しかし個人レベル相関は実際には各二者関係の得点から引き出されるので，重回帰の手順に入力する近似値Nは被験者の数ではなく二者関係の数である。このケースでは重回帰の手順に入力する正しい"サンプルサイズ"は24である。凝視に対する回帰係数は不十分だけれども（$t = 1.52, p < 0.15$），このサンプルサイズではどちらの係数も有意ではない。ここで述べられているのと等価な方法は二者関係を表わす$N - 1$のダミー・コードを作り，ダミー・コード，ジェスチャー変数，凝視変数への発話の回帰分析を実行することである。そのダミー・コードは二者関係に与えられるべき平方和を説明する。

　この分析の二者関係レベルの部分はより複雑である。なぜなら相互依存性によってサンプルサイズの問題が引き起こされるからである。つまり，それぞれの二者関係的相関は2つの関連変数における二者関係の相互依存の程度によって異なる"効果サンプルサイズ"に基づいている。この問題に対する2つの可能な，しかし正確ではない解決策が頭に浮かんでいる。第1は各二者関係の相関が少なくとも二者関係の数であるNの効果サンプルサイズと関連するのだから，それをサンプルサイズの控えめな推定値としてプログラムに入力するというものである。第2はモデルにおける二者関係レベル相関のうちで最小の効果サンプルサイズを用いることである。われわれの例では2番めの戦略を用い，最小の効果サンプル

サイズ 29.5 (切り捨てて 29) と 3 つのクロス級内相関を SPSS の重回帰分析の手順に投入する。すべての可能な関連変数間のクロス級内相関 (二者関係レベル相関の素点指標) が回帰分析への入力として提出される。このケースでは予測子間のクロス級内相関は再び 0.325 とそこそこである。それは標準化係数が対応するゼロ次の相関とさほど変わらないことを意味する。実際, 標準回帰係数は 2 つの予測子が同時に投入されたときでも有意であり続けた。ジェスチャーに対する係数はクロス級内相関 0.479 と比較していくぶん減少し ($0.364, p < 0.05$), 凝視に対する係数も 0.471 と比較して同様であった ($0.352, p < 0.05$)。

このアプローチは交換可能なケースと識別可能なケースのどちらにも使用できる。加えて識別可能な二者関係では, より直接的なアプローチで有意性検定を可能にする構造方程式モデルが使用できる。そのような場合, ゴンザレスとグリフィン (1999) で概略が述べられている一般的な手続きに従い, 共分散行列が LSIREL や EQS のような構造方程式モデルのプログラムに直接に投入される。

行為者とパートナー効果を分離するための回帰モデル

二者関係デザインでの包括的相関が二者関係レベルと個人レベルの関係を表現する内在相関に分解されることをはじめのほうで述べた。次の節で議論される重回帰モデルに投入されるのはそれらの相関である。しかしこの特定の分解はこの状況に適用できる多くの可能なモデルのうちのひとつでしかない。二者関係内の社会的相互作用をモデル化する別の便利な方法は X と Y の結ぶ 2 つのパスの組み合わせである。つまり, 二者関係のメンバー ("行為者") の変数 X での立場が行為者の変数 Y での立場を決定する程度を表わす行為者の効果, そしてパートナーの変数 X での立場が行為者の変数 Y での立場を決定する程度を表わすパートナー効果である。それでは行為者-パートナーに目を向けてみよう。

スティンソンとイックスの例では, 「何が個人の発話頻度を予測するのだろうか?」と問う。個人の行為者の発話頻度は個人自身の凝視とそのパートナーの凝視との合同の効果によって引き起こされるだろう。図 9.5 に描かれている構造的モデルに従えば"行為者相関"として (部分相関 [semi partial] である) ペアワイズ r_{xy} を, "パートナー相関"として (部分相関である) ペアワイズ $r_{xy'}$ を解釈することになる。交換可能なケースでの行為者とパートナーの効果を得るためには行為者とパートナーの共有された成分を取り除く必要がある。それは X についてのペアワイズ級内相関 $r_{xx'}$ から平均の影響を取り除くことである。図 9.5 に描かれているこのモデルと本章の始めに提示した分解 (図 9.3) との比較は, 分析が行なわれるべき方法を導き, 組み立てる際の理論的モデルの重要性を例証している。同一の相関 r_{xy} と $r_{xy'}$ が異なるモデルのもとでは異なる解釈をもたら

すことになる。

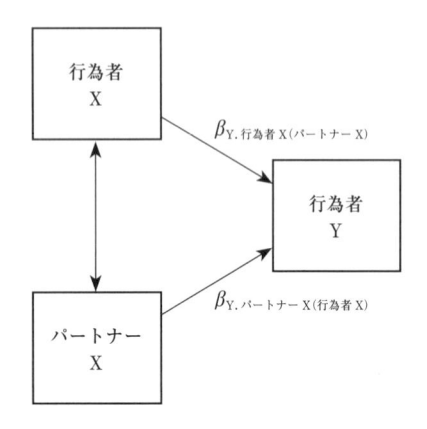

図9.5　行為者-パートナー回帰モデルの表現

　行為者-パートナー回帰モデル（Kenny, 1995a により最も一般的な形式で紹介されている）はペアワイズ法で推定可能である。興味の対象となる従属変数（Y）は本章をとおしてペアワイズ・データの設定に用いてきた標準的回帰プログラム（そこではカラムは $2N$ のデータポイントを含む）を用いて，単純に X と X' のカラムにおいて回帰される。素の回帰係数と標準回帰係数のどちらかがプログラムの出力から読みとられ，有意性が検定される（Griffin & Gonzalez, 1998 を参照）。最初に与えられたペアワイズモデルの検定と同じく，行為者とパートナーの回帰係数に対する有意性検定は4つのペアワイズ相関，$r_{xx'}$, $r_{yy'}$, r_{xy}，そして $r_{xy'}$ から構成される。ここでは計算の詳細は扱わず簡単に例を提示し，それらの解釈について論じよう。ティボーとケリー（Thibaut & Kelley, 1959）の再帰的統制，運命統制，行動的統制という概念の推定を可能にする相互作用の述語を含む一般化されたモデルと同様に，技術的な詳細はグリフィンとゴンザレス（1998）にある。

　ペアワイズ相関の観点から，素点の回帰係数を表現するのは有益である。行為者の回帰係数は次のように与えられる。

$$\frac{s_y(r_{xy} - r_{xy'}r_{xx'})}{s_x(1 - r^2_{xx'})} \qquad (9.10)$$

ここで s_y と s_x はそれぞれ基準変数と予測変数の標準偏差である。この式は標準的な回帰プログラムによって生み出される係数と同一の値を生み出す。このパ

ートナー効果に対する回帰係数は r_{xy} と $r_{xy'}$ が入れ替わった役割を果たす同じ形式を持つ。$\beta = 0$ という帰無仮説のもとで行為者の回帰係数の傾きに対する分散は，次のようになる。

$$V(\beta_{\text{actor}}) = \frac{s^2{}_y(r^2{}_{xy'}r^2{}_{xx'} - r_{xx'}r_{yy'} + 1 - r^2{}_{xy'})}{2N\,s^2{}_x(1 - r^2{}_{xx'})} \tag{9.11}$$

行為者の効果に対する有意性検定は $\beta/\sqrt{V_{(\beta)}}$ を用いた Z 検定で計算される。パートナー効果に対する検定は（9.11）式の $r_{xy'}$ の場所に r_{xy} が現われる以外は類似している。

本章を通じて使用してきたスティンソンとイックスのデータでは凝視と発話の間の行為者効果 r_{xy} は 0.38 であった。図 9.5 に示されているモデルの文脈では標準回帰係数は 0.173（$Z = 0.97$）であった。この標準回帰係数はパートナーの凝視頻度を一定に保ったまま行為者の凝視の頻度に 1 標準偏差分の変化が与えられた場合の，行為者の発話頻度への影響と解釈される。このケースでは行為者効果は統計的には有意ではなかった。同様に凝視と発話の間のパートナー相関 $r_{xy'}$ は 0.471 であった。標準回帰係数は 0.372（$Z = 2.09$）であった。言い換えると，行為者の凝視頻度を一定に保ったままパートナーの凝視の頻度に 1 標準偏差分の変化が与えられた場合の行為者の発話頻度への影響は，統計的に有意であった。パートナーの凝視頻度は行為者の発話頻度の予測子として，行為者自身の凝視頻度よりも強力であった。これらの結果の可能なひとつの理論的分析としては，ダンカンとフィスク（1977）も参照してほしい。

行為者－パートナー回帰モデルのより複雑な形は，識別可能な二者関係からのデータを分析するのに用いられる。なぜなら異なる 2 つのタイプの二者関係メンバーがいるとき，行為者効果とパートナー効果がそれら 2 つのタイプの種類の個人において変化するかどうかを調べることは通常興味深いからである。たとえば，夫婦に関するマレーら（Murray, Homes, & Griffin, 1996a）の研究で採用されている図 9.6 で提示されているモデルを考えてみよう。このモデルではパートナーに対する女性のイメージは 2 つの原因によって引き起こされている。彼女自身の自己イメージ（"a" とレベルづけされている "投影" パス，それは行為者効果である）とパートナーが自己報告する自己イメージ（"b" とラベルづけされている "マッチング" パス，それはパートナー効果である）。男性のパートナーに対するイメージも同様に行為者効果 "d" とパートナー効果 "c" によって決定されている。

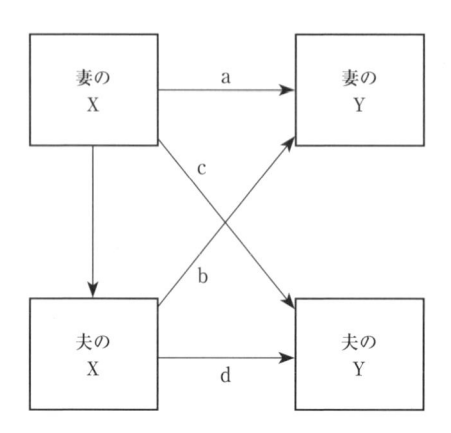

```
        ┌─────┐    a    ┌─────┐
        │ 妻の│────────→│ 妻の│
        │  X  │         │  Y  │
        └─────┘         └─────┘
           │    ╲   c   ╱
           │     ╲     ╱
           │      ╲   ╱
           │     b ╲ ╱
           │       ╱ ╲
           │      ╱   ╲
           ▼     ╱     ╲
        ┌─────┐         ┌─────┐
        │ 夫の│────────→│ 夫の│
        │  X  │    d    │  Y  │
        └─────┘         └─────┘
```

図9.6　2つのクラス間の回帰係数における差を検定するための行為者－パートナー回帰モデルの表現

　そのようなモデルでは，行為者（投影）パスが性を通じて等しいか，あるいはパートナー（マッチング）・パスが性を通じて等しいかを検定することが興味の中心である。これはマレーらの研究におけるような構造方程式モデルを用いて最も容易になされ得る。そこでは等質性の制約のもとでのモデルの適合度が，制約が課されていないモデルと比較される。もしも行為者とパートナー効果の両方が2つの級を通じて等しいなら，"a" と "d" がプールでき，"b" と "c" がプールできる。このような単純なモデルでプールされた構造方程式モデルは，識別可能な二者関係に対して調整されたペアワイズ回帰モデルを実行することと実質的に等価である。なぜなら2つのタイプの人々を通じて平均化されたパラメータも存在するからである。構造的モデル化アプローチはマレーらの研究において例証されているようにいっそう複雑なモデルを推定するように拡張できる。

　マレーらの例では，検定は行為者とパートナー効果の両方が妻と夫を通じて等しいことを明らかにした。さらには行為者とパートナー効果はともに非常に有意で，大きさがほぼ等しかった（標準回帰係数は，それぞれ 0.315 と 0.304）。

　行為者－観察者回帰は二者関係あるいは個人レベルの相関に基づく回帰とはまったく異なるように解釈される。行為者－観察者モデルは，単純な回帰で行為者の結果変数での得点が予測変数での行為者の得点と予測変数におけるそのパートナーの得点のどちらによって決定されているのかに回答するために用いられる。これらのモデルは相互依存性に対して修正された推定値と有意性検定を提供する。それらは相互依存性自体を特別にモデル化してはいない。対照的に二者関係レベ

ルについての回帰は二者関係内の相互依存性を明示的にモデル化し，異なるレベルの分析で問いに答える。最後に個人レベルの回帰は2変数あるいは多変数の回帰であり，それらは結果変数における個人の独自または共有されていない性質が予測変数での自分の独自な性質の組み合わせによって決定されるかどうかに回答する。

同一デザインにおける交換可能で識別可能な二者関係
——特別な行為者－パートナー効果

　行為者－観察者モデルの特殊なケースはクラマー・ジャクリーン法 (Kraemer & Jacklin, 1979) である。ケニー (1985) が指摘したように，これは"混合した"二者関係に対するモデルである。これはいくつかの二者関係が識別可能なメンバーで構成され，他者が交換可能なメンバーで構成されているときに適用可能である。クラマー・ジャクリーン法の古典的な使用は，異性の二者関係における性差が直接（行為者）または間接（パートナー）の効果を生じるかどうかを調べることである。たとえば，異性愛カップルにおける男性がパートナーたちよりも攻撃的なのは彼らが男性であるから（行為者効果）なのか，それとも女性とペアにされている（パートナー効果）からなのか？　ケニー (1985) の専門用語を用いれば，攻撃に作用する性の効果は行為者効果またはパートナー効果によるものなのか？　この疑問はすべての二者関係が男性と女性の両方を含むデザインでは答えられない。代わりにいくつかの二者関係が男性と女性を含み，別のいくつかは2人の男性を含み，そしていくつかは2人の女性を含む混合デザインが必要である。このデザインは研究者に女性とペアにされている効果から男性である効果を分離することを可能にする。メンドザとグラジアーノ (Mendoza & Graziano, 1982) はクラマー・ジャクリーン・モデルの多変量データへの拡張を提示した。この方法はモデルの仮説検定とはコントラストをなしている。

　基本的なクラマー・ジャクリーン・デザインは，ペアワイズ回帰モデルによって扱うこともできる。古典的なバランス化デザイン（例として性差を用いる）では k 組の二者関係は男性－男性，k 組の二者関係は女性－女性と，そして $2k$ 組の二者関係は異性，ここで $k = 1/4N$ （他の分割は可能だが，これが最大の力を提供する。なぜなら行為者とパートナー仮説の直交検定ができるからである。Kenny, 1995 を参照）。第1カラムは被験者の性別をコード化し，第2カラムはパートナーの性別をコード化する。データの2カラム以上が従属変数をコード化するのに用いられ，ひとつは被験者の結果変数をコード化し，もうひとつはパートナーの結果変数をコード化する。

もともとのクラマー・ジャクリーンの例は，12 組の男性－男性，12 組の女性－女性，21 組の男性－女性の二者関係であった。結果変数はパートナーにおもちゃを提供する頻度であった。被験者の性別とパートナーの性別を表わすカラムでは，少年－1，少女＋1 とコード化するのが便利である（コードが入れ替えられても一般性は失われない）。結果変数がこれら 2 つのペアワイズ変数に回帰させられるとき，行為者効果は単純に被験者の性別カラムに対する偏回帰係数であり，パートナー効果はパートナーの性別カラムへの偏回帰係数である。再びこれらの係数は 4 つのペアワイズ相関，$r_{xx'}$，$r_{yy'}$，r_{xy}，そして $r_{xy'}$（Griffin & Gonzalez, 1998）に基づく式によって検定される。完全にバランス化されたデザインでは先行のパラグラフで述べたように，行為者とパートナー効果は直交し，その結果，$r_{xs'} = 0$ となる。この制限は仮説検定の局面を単純化する。しかしもともとのクラマー・ジャクリーンの研究では 24 組の異性二者関係ではなく 21 組であるので，デザインは直交ではない。

この例では行為者効果に対する標準化していない係数は，女の子によるおもちゃの提供数と男の子による提供数との平均差の 1/2 である。パートナー効果は女の子へのおもちゃの提供と男の子に対する提供との平均差の 1/2 である。（実際には，これがアンバランスなデザインであるので，平均には若干の調整がなされている）。このケースにおける行為者効果に対する素点係数は 0.29 で，少女はおもちゃを提供しやすいことを示している。そして行為者効果に対しては 0.48 で，少女はおもちゃを提供されやすいことを示している。これらの値の両方ともクラマー・ジャクリーンによって提唱されたずっと冗長な推定方法を含むもともとの方法からの推定値と同一である。これら 2 つの効果に対する Z 検定は 1.1（有意でない）と 1.80（わずかに有意）で，両方とももともとの方法によって観測された値と非常に類似していた。展開とそれを支持するシミュレーションをともなうクラマー・ジャクリーン法のペアワイズ形式に関する詳細はグリフィンとゴンザレス（1998）を参照してほしい。

結論

　　　　　"待っておくれよ" 牡蠣たちわめく
　　　　　"おしゃべりいいけどその前に
　　　　　ぼくらの仲間が息切れしてる
　　　　　なにせぼくらは肥満児ぞろい！"
　　　　　（ルイス・キャロル 『鏡の国のアリス』 柳瀬尚紀訳 筑摩書房）

われわれはペアワイズ・アプローチを用いて答えられる，研究上の問いの例を

与えてきた。われわれのアプローチは他の人たちによって提案されているものとは異なっている。相互依存性を取り扱う通常のアプローチは多様な特殊なケースに関して新たな統計学を定義するものであった。これらの統計学のいくつかは容易には取り組めず実行するのは困難であった。対照的にわれわれのアプローチはデータがデータ行列内で配列される方法を変更し，そしてよく知られた推定量（ピアソンの相関，偏相関，希薄化に対する修正，回帰の傾きのような）を用いている。ペアワイズ・アプローチは比較的実行しやすく，おのおので例示されたように，それが可能にする研究上の問いの範囲はかなり一般的である。

しかし統計学は孤立した状態で用いられるべきではない。研究における統計学の使用は特定の領域に関連した実質的な理論，測定の関心，そしてデザインの問題によって導かれるべきである（Gonzalez, 1995）。ペアワイズ法はパズルのひとつのかけらを提供する。他のかけらが等しく重要なものとして研究領域の全体的な進展にとっては必要である。たとえば，研究者は相互依存性を出現させるようなパラダイムを開発すべきである（たとえば，Ickes, Robertson, Tooke, & Teng, 1986 や Ickesm, 1990 によって述べられているパラダイムを参照）。そして相互依存性に対する統計学を武器とすれば，関係性研究者は新しい研究上の問いを立て，新たな理論を発展させ，測定問題に取り組み，そして新たなパラダイムや研究デザインを構成することができる。相互依存性の統計学を研究するわれわれの興味は，われわれの分野で初期の段階に重要であった研究上の問い——われわれの考えではそれらは適切には解決されていない——にもどりたいという熱望から起こった。

社会心理学の歴史において興味の中心的な現象のひとつは"集団心"の性質と特性であった。世紀の変わり目にタルドやル・ボンのようなフランスの社会学者は非合理的な群衆と合理的な個人との間の差異に魅了された。彼らにとって群衆それ自身が実体であり，その部分である個人の総和以上の何かであった。しかしながら群衆の現象学は統制された実験研究になじまず，まもなく研究のトピックスとしては好まれなくなった。1930年代の後期と1940年代に集団は再び社会心理学における影響力のある研究者たち，すなわち，集団力学研究者たちの注目の的となった。しかし再び社会心理学への集団に基づくアプローチはまもなく置き去りにされた。それは一部には統計学的デザインの考慮のためであった。とりわけ集団成員の示す得点間の統計学的依存性が集団の分析を個人データよりもより複雑なものとしているという認識は，実験的な集団研究の実質的な断念とサクラの使用，紙と鉛筆による記述，オーディオ・テープ，そして類似の個人に焦点を当てた方法を好むことにつながった（Steiner, 1974, 1986）。

集団と個人レベルの効果を評価し分離するための概念的にも計算論的にもすっ

きりした技法を紹介することで，初期の世代を魅了した古典的な問いにもどることができるというのがわれわれの主張である。これらの問いのいくつかは近年，ケニーと彼の同僚たちによって開発されたモデルが利用可能となったために提起されるようになった（Kenny, 1995a, 1996; Kenny & La Voie, 1984, 1985, 適用例はKenny & Albright, 1987 を参照）。ペアワイズの枠組みにおけるわれわれの仕事はケニーと彼の同僚のモデルに多大な影響を受けている。いつ集団がそれらの部分の総和以上の行為をするのか，あるいはそもそもするのかどうかということ以上に社会心理学にとって中心的な問いはわれわれには想像できない。これらの問題を提起し始めるのによい場所は，最も単純であり得る集団の構造，つまりは二者関係である（われわれは現在，ここで提示したペアワイズ法を任意のサイズの集団へと一般化しつつある［Gonzalez & Griffin, 1998a］）。この章で示された二者関係のデータに対するテクニックが二者関係とそれを構成する個人に関する理論上の問いを提起し，回答するために有用な道具を提供するものとなることを望んでいる。

謝辞

データの提供とわれわれの努力に対する全般的なサポートに対して，ビル・イックスに感謝する。われわれはまたデータを提供してくれたサンドラ・マレー，編集作業を手伝ってくれたマービン・ヘクトとローラ・レイノルズに感謝する。この章で提示した研究にはNSF助成金の給付を受けた。

この論文に関する問い合わせは著者のいずれかまで。ミシガン大学心理学部リチャード・ゴンザレス，Ann Arbor, MI 48109，またはブリティッシュコロンビア大学商学・経営管理学部デイル・グリフィン，バンクーバー，BC，カナダ，V6T 1Z2。E-mail は gonzo@u.washington.edu（ゴンザレス）あるいは dale.griffin@commerce.ubc.ca（グリフィン）まで。

原注1 これらのエラーはスティンソンとイックスによって作成されたものではない。彼らはここで提出されているものとは別の研究上の疑問に答えるためにそれらのデータを使用している。

原注2 異性の恋愛関係やステンソンとイックス（1992）の研究における男性の友人どうしのように二者関係の選定がランダムでないとき，この推論はそう簡単ではない。二者関係内の類似性は相互作用を通じて生じる相互依存性を示すのかもしれないが，共通の興味，共通の能力，あるいは共通の地位に応じた選定の産物かもしれない。そのようなケースでも，ここで提示されているすべての統計学はなお適切となるが，二者関係を作り出した方法がランダムかランダムでないかによって，その解釈は異なったものとなる。

原注3 問題を単純化するためによく知られ容易に接近可能な"小規模サンプル"検定が利用可能でない限り，本章を通じてわれわれは大規模サンプルの漸近有意性検定を提示することを選んだ。これらの検定の適用例のほとんどにとって，"大規模サンプル"というのは約30～40（あるいはそれ以上）の二者関係をいう。またわれわれは信頼区間を求

めるアプローチよりも帰無仮説検定のアプローチを提示する。なぜならペアワイズの領域では後者が比較的単純だからである。

● 9章のまとめ ●

二者間データの相互依存性の取り扱い

```
┌──────────────────┐
│  二者間のデータ分析  │
└──────────────────┘
          ↓
┌────────────────────────────────────┐
│     つきまとう4つの解釈のエラー          │
│ ・仮定された独立性のエラー・削除のエラー   │
│ ・レベル横断のエラー・分析レベルのエラー   │
└────────────────────────────────────┘
          ↓
┌────────────────────────────┐
│   相互依存性の程度を明示的に     │
│  モデル化するアプローチの必要性   │
└────────────────────────────┘
          ↓
┌────────────────────────────────────────┐
│          ペアワイズ・アプローチ              │
│ ・二者関係レベルと個人レベルの両方についての疑問を同時に問う │
│ ・二者関係のメンバー両方からのデータを使用          │
└────────────────────────────────────────┘
          ↓
┌────────────────────────────────────┐
│          ピアソンタイプの相関              │
│  相互依存性の程度に応じて調整された方法で有意性を検定 │
└────────────────────────────────────┘
```

10章
社会的なるものをパーソナルな関係とその研究に取り込むには

リンダ・K・アシテリ　Linda. K. Acitelli
スティーヴ・ダック　Steve Duck
リー・ウェスト　Lee West

　「パーソナルな関係とはそもそも何か？」という問題は，今から10年以上も前に，パーソナルな関係研究者の前に立ちはだかる中心的な論点として提起されていた（Kelley, 1979; Duck, 1990）が，この問題の重要性は何も対人関係（もしくは対人魅力や親密な対人関係）の一部の研究対象に限られたものではない。パーソナルな関係論的な（章末の訳注＊を参照）研究，およびその周辺の論点は，より大きな領域である社会心理学にとって有意義である。それは社会心理学が，"**社会的**なるもの"をもっと温かく歓待する必要性を気に留めているからだ（Ickes & Gonzalez, 1996）。社会行動について何らかの説明を行なう際に，対人関係の何らかの形式を前提としなければならないことがある。バーシェイドとライス（Berscheid & Reis, 1998）が認めたように，"対人関係についての知識は社会心理学のいっそうの発展に必要なもの"（p.196）なのである。
　社会的なるものの以下の3つの側面は正しく対人関係的である：

1．**2人の人物の間の心理的な一致と共感的理解**。たとえば，イックスが彼の同僚との研究で（Ickes & Dugosh, 2000; Ickes & Gonzalez, 1996）述べているのは，実験的に操作された"社会的"刺激に対する個人の反応のみに基づいて社会行動を説明することは不十分であるということである。彼らによると，社会的な行為を行なう2人の知覚が一致することは対人関係論的研究の重要な研究課題であるだけでなく，社会的相互作用の必要条件でもある（Kenny, 1994 も参照）。したがって，いかなる純粋に**社会的**な行動についても，しっかりした心理学的説明を行なうのに考慮しなければならないのは，少なくとも2人の人間どうしの意識された2つの心の間の間主観性（Ickes & Gonzalez, 1996），そして互いに整合しながら作用する社会的行動（Kenny, 1994）である。

2. **行動の相互依存性**。相互依存性についての例は，対人関係論的理論がより一般的な社会心理学的理論にまで普及した理論である，ケリー（Kelley, 1979），ケリーら（1983），そしてラスバルトとアリアガ（Rusbult & Arriaga, 1997）（訳注：本書5章の旧稿）の理論などに豊富に見られる。
3. **より広い社会的文脈**。文脈は対人関係がとる形態と対人関係の生起のしかたに強い影響を与える。さまざまな社会心理学者が主張してきたように，場所と状況は，役割や他の社会的行動がどのように実行されるかに影響を与える（Altman, Vinsel, & Brown, 1981; Argyle, Furnham, & Graham, 1981）。

さらに，対人関係的過程は他の社会心理学的過程の多くの基礎にもなっている（Reis, 1998）。たとえばテイラー（Taylor, 1998）によれば，社会的認知による自己観は"不十分な形で対人関係の中心的な性質を含んで"（p.77）おり，社会的認知と対人関係に関する研究とのつながりは，そうあるべきほどまでには進んでいない。ダック（1998）は対人関係と社会心理学的過程との力動的な相互作用のほかの例について言及している。たとえば，態度変容と説得の機能は，友人とは明らかに異なる匿名の対象者を説得している場合には違ったものになってしまう。友人は，将来親密な相互作用を交わすであろう説得者に対しては，匿名の対象者とは異なったやり方で対応する可能性が高いのである。したがって，友だちに親切にすることはあるかもしれないが，知らない人のためには頼まれてもそんなことはしないだろう。さらに別の例を言えば，集団力学（グループ・ダイナミクス）や陪審員の意志決定に注目した研究のうち，パーソナルな関係に関する研究をそのような力学や決定に結びつけて論じたものは驚くほど少ない。しかしこのように仮定してみることもできるのではなかろうか。生死を分かつ決定をすることを求められた12人の初対面の人たちが，少なくともある程度の時間を費やして互いのことを知り，その過程の結果が彼らの最終的な決定に何らかの影響を残すのではないだろうかと。集団行動では社会感情的要因が作用することは規範のように見なされているが，対人関係の理論がこの分野で直接考慮されたことは寡聞にして聞かない。もっと言えば，健康・ソーシャルサポート・集団の同一視・ステレオタイプ化・偏見・愛他性・社会的比較・言語・帰属の社会心理学，そしてまだ紹介しきれなかった他の社会心理学的現象のもうひとつの大きな一連の対人要因と複雑に結びついているのである（Gaines & Ickes, 1997［訳注：本書4章の旧稿］; Rusbult & Arriaga, 1997）。印象形成や自己呈示もそうである（本書7章のレアリーとミラーによる章）。

パーソナルな関係の社会心理学についての本章の論評は，それゆえ2つのレベルの特異性に関するものとなる。本章の議論はとくにパーソナルな関係の研究者

にとって，そしてより一般的に社会科学者にとって，重要な方向へと誘うものである。一方のレベルにおいて，本章の分析は，対人魅力研究が対人関係論的研究になっていくにつれて，社会心理学者たちはしだいに，これらの対人研究分野の本来社会的な性質を認識していくようになったという事実に基づくものである。社会心理学者たちは，それらの領域の範囲内で純粋に社会的である過程に注目して把握するためのものであることが明らかな方法論を適用し始めるようになった。もうひとつのレベルの論評が目的とするのは，社会心理学的過程が対人関係論的条件に基づく，またはその条件によって調整される場を確認することである。

社会心理学において流行しているスタイルに合わせて（Berscheid & Reis, 1998），本章では対人関係を，抽象的な構成物でも，さまざまな形で析出された要因からできあがった態度でもなく，社会生活における実体験として注目する。このような日常生活における社会的およびパーソナルな体験は，社会的認知の過程のみしかふれることができていない場合に，まだ十分にとらえられていない個人についての特別なジレンマを提示する——とくに対人関係のパートナーの一方のみの認知だけに注目している場合は（Ickes & Dugosh, 2000；本書1章のイックスとダックによる章）。社会心理学と社会的経験の本当に社会的な側面は，一個人の社会的対象についての思考のなかにはわずかに部分的のみにしか反映されない。研究者たちは，社会的相互作用がパートナーたちには別な形で知覚されていることをしだいに認識するようになっており，また二者関係や集団の構成員どうしの知覚の一致および不一致の度合いやその形式を評価することが重要であることに気づきつつある（Acitelli, Veroff, & Douvan, 1993; Kenny, 1994; Ickes & Gonzalez, 1996）。**社会的**な点というのは，実生活の対人関係に関する行為において，パートナーたちはそのような観点の違いを理解し，さまざまな程度で戦略的に受け入れているということである。このような認知的な差異は，さまざまな相互作用において，意味のある行動面での重大な結果として表面化することがある。

さらに，社会的経験というものは選択的知覚に深く根ざしている。研究者たちが自分たちの好きなように特定の側面に関する注意を選んでしまうと，パートナーたちの主観的な経験の評価について完全な公正さを期することができなくなるかもしれない。したがって，バーシェイドとライス（1998）は，対人関係研究者は相互作用のどの側面（頻度，形式，性質など，またはそれらの組み合わせ）を実際に対人関係と定義するのか，未だに合意していないと述べている。よって本質的には，研究者たちはすべての実践的な行動とそれらに付随した相互依存性に注意を向けねばならず，たとえそれらがある程度ありきたりでつまらないものであっても，それらすべてをひっくるめて"対人関係"として認識することになる。

実生活における経験では，相互作用に関する選択は，以下のさまざまなものをどのように配分するかということを考慮して行なわれる。それらはすなわち，つごうのつく時間，社会的行動力，相互作用の間に生み出される行動の強制力と制約，他者が自分に行なってくる道義を弁えた制御への対応，そして他の人々によって与えられた文脈における個人のアイデンティティの表現である（Shotter, 1992）。どれだけ（認知的には）隣人の牛がほしくてしかたないとしても，現実の社会的な慣習の許ではそのような欲望を追求し尽くすことなどできはしない。さらに言えば，社会的行為を行なう者はありきたりの日常のなかで，同じくらい好きな友人2人のどちらを選ぶかという問題に直面しているし，時間的制約や引き裂かれた忠誠心といった形を呈した対人関係の実践に係る実際のジレンマを目の前に突きつけられている。しばしば人々は同じように価値があって同じように大切な2つの対人関係の一方に対して，そのもう一方に対するよりも多くの時間を割かざるを得ないことがあるし，家族よりも仕事のほうに時間をつぎ込まざるを得ないこともある（Crouter & Helms-Erickson, 1997）。

　対人関係研究者は，そのような日常生活における体験の対人的な文脈をまだ十分に認めていないのに社会的な過程を研究しようと試みることの危険性について，証拠を挙げつつ論じてきたが（Parks & Eggert, 1991; Duck, 1993; 1994a），そのような文脈が影響するときには複雑に絡み合っているものである。不十分な見方ではあるが，文脈について考慮したものといえば，行動が行なわれたその瞬間的な背景（たとえば場所，環境，状況のような；Argyle, Furnham, & Graham, 1981）ぐらいなものである。この見方はむしろ舞台上の演技の背景の景色に近いもので，演技の雰囲気を醸し出すものである。それは黒い布の背景を付けて人物写真の印象を白い背景を付けたときと異なるようにすることや，あるタイプの社会的なオーディエンス（観衆）がいるのに合わせて行動をあるやり方から別のやり方に変えることに似ている。よりしっかりした見方で文脈を見ると，場所・時間・儀礼・儀式・祝典・そのほかの一時的な文脈によって，対人関係のパートナーたちはそのような機会や場所で異なった経験をすることになるのがわかる（Werner, Altman, Brown, & Ginat, 1993）。最もしっかりした見方では，文脈とはそこで魚が泳ぐ水のようなものだといえる。つまり，それは人間の対人関係および社会的相互作用である行為の重要な媒体なのである。パーソナルな関係は文化・態度・社会・規範・会話・認知・経済・弁証法に関する文脈にどっぷり浸かったものであり，それらの文脈によって，入力された他者の心理に自分を合わせるような特定のやり方で，個人の情報処理の傾向が微妙に変更されるのである（Allan, 1993; Ickes & Dugosh, 2000）。バーガーとケルナー（Berger & Kellner, 1964）の結婚に関する先見の明がある著作が指摘するように，夫婦関係は人々が

自分たちの日々の行動を調整するのに用いる行動と過程をとおしてより構造化されるものである。ただし，彼らはこの過程を意識することが，夫婦生活が秩序だっている**状態である**ことを意味するとまでは仮定していない。実際，バーガーとケルナー（1964）は，夫婦はこの過程を察知せず，自分たちが共有する現実感を作り出す過程を明確に表現することができないと仮定している。

よって本章の核心として主張するのは，本当の意味での**社会心理学**とは，対人関係がひとりの人間の心理の及ぶ範囲を超えた部分にあり，ひとりの人間の心理のみから得られた情報をかき集めても対人関係についての理解を歪曲するだけであるという事実に注目することだということである。対人関係を十分に理解するためには，個人間で一致するものだけでなく社会的経験を本当の意味で社会的にする行動や実践および過程をも探究しなければならない。このような主張をするには，最先端の研究で行なわれている，注目しなければならない現象を選ぶのに用いる新しい方法，そして社会心理学の分野で伝統的もしくは正統的と見なされている現象を再解釈するのに用いる方法について簡潔に考察する。

研究対象の選択によって社会的なるものを明らかにする

> （前略）所与のシステムを記述する際に，科学者は多くの選択を行なう。科学者は用語を選び，システムのどの部分を最初に記述するかを決定する。さらにはそのシステムを記述するのにいくつの部分に分けるのかを決定する。これらの決定は，記述における基本要素となるそれぞれのメッセージ間の分類上の関係を表象する全体図に影響を与えるという意味で，その記述全体に影響を与えることとなる（Bateson, 1991, p.62）。

研究者は，データを収集して行動を記述するために，現象の溜まったプールなら何でもそのなかから何かを選び取らねばならない。ある場面におけるすべてのことがらがデータとなるわけではない。同様に，ある相互作用におけるすべての行動が，起こった出来事の記述に含める価値があるとは限らない。何を含めて何を外すかについての決定は，その現象を観察する人が，それがどれだけ関連性のあるものかを斟酌し，どう決断するかによるものである。筆者たちの見たところでは，研究において記述されるべきことで，多くの場合記述されることが少なかったのは，ありきたりで退屈で繰り言のようなもので，経験の多様性や変動，そして関係を持つことの否定的な側面である。例外的に研究されているのは，日常的なわずらわしさ（Bolger & Kelleher, 1993），対人関係の闇の部分（Cupach & Spitzberg, 1994; Duck, 1994b），そして対人関係のターニング・ポイント（Surra, 1987）ぐらいなものである。重大であろうと，劇的であろうと，それが実際に起こってしまおうと，まれにしか起こらない行動はあまり研究してもらえない。たとえば，これまで比較的多くの研究が自己開示の親密さの成長に果たす役割に注目してきたが（Metts, 1997; Prager, 1995），しかし最近報告されたフィールド研究の結果では，自己開示というものは自然な相互作用では全体の時間の2％しか生じない現象であることがわかっている（Dindia, 1997）。しかしながら，研究者は自己開示というものが一枚岩の概念でないことをわかっており，自己開示にはいくつかのスタイルやレベルというものがあって，それらが親密な関係の発達に異なった影響を及ぼしていることも認めている（たとえば Derlega, Metts, Petronio, Margulis, 1993; Reis & Shaver, 1988）。さらに，研究者たちは親密な関係が発展するには，自己開示よりももっと別のものがいろいろあることを発見しつつある（Acitelli & Duck, 1987; Berscheid & Reis, 1998; Prager, 1995）。何の変哲もないありきたりのくり返しにすぎないものや，余暇や日常生活を実践したり，うまく調整したりすることによって対人関係を固めることが，対人関係の構成要素の一部であるように思われるのである（Huston, Surra, Fitzgerald, & Cate, 1981）。

そのような実践やいつもの決まりきったことは，時には不合理で，無秩序で，不注意なものであることもある。対人関係研究というものは一般的に，対人関係の合理的な部分をうまく理解できるように発展してきたが（Andersen, 1993; Berger, 1988; 1993; Berscheid, 1994; Fehr, 1993; Fincham & Bradbury, 1987; Fletcher & Fitness, 1993; Honeycutt, 1993; Kelley et al., 1983），実生活で起こる明らかに不合理で感情的な経験に向けられた努力をしだいに含めるようになってきた（Fitness & Strongman, 1991）。実生活の対人関係を何とかやっていくときに重要な側面には，困惑（Miller, 1996），羞恥と怒り（Retzinger, 1995），日常のいらだちごと（Bolger & Kelleher, 1993），対人関係の闇の部分（Cupach & Spitzberg, 1994; Duck, 1994b），忌避すべき対人関係と社会行動（Kowalski, 1997, 印刷中）などがある。特定の社会的行動，たとえば気づかい（Stein, 1993; Wood, Dendy, Dordek, Germany, & Varallo, 1994）やソーシャルサポート（La Gaipa, 1990; Rook, 1984）のような向社会的行動の否定的な面についてまで研究を広げることで，研究者は今や，すべての対人関係はきずなと束縛をあわせ持つものであり（Wiseman, 1986），すべての対人関係には闇と光があり，そしてすべての対人関係にはわずらわしさやいらいらがあって，しかもそれらを日々経験するだけでなく何とかやり過ごさねばならない（Bolger & Kelleher, 1993; Duck & Wood, 1995）という事実に注目するようになっている。

均衡と複雑性に向けた動きがことさらに重要になってくるのは，対人関係につ

いての記述がしばしば何かを測定したときの瞬間に限られ，そのパートナーたちの視点から見たより長期的な，より波乱に満ちた経験の文脈におけるものではないという事実の方法論的意義を認めたときである。最近の研究で認識されつつあるのは，対人関係の過程それ自体をその測定の瞬間から一般化した形式で記述してしまい，その測定法によって親密な関係が完全に特徴づけられてしまうかのようにすること（Berscheid & Reis, 1998; Duck, 1994a）の危険性である。対人関係は何かの一定の状態や，プラトー（安定期）にあるだけではないので，研究者は今や，多くの特徴が同時に存在することを認識し，実際にパートナーが辿った道のほかにも本当は辿ることのできた道の困難さを観察しもする（Kelly, 1955）。たとえば，"ターニング・ポイント"（Surra, 1987）というものは，実際の選択肢のなかから何を選ぶかということである。つまり，パートナーたちの選択を理解するためには，その選択が為されたときの選択肢に関する心理的および社会的文脈を理解しなければならない（Duck, 1994a; Dixon & Duck, 1993; Kelly, 1955）。

それと同じように，日常的な対人関係の行為は，いくつかの対人関係の選択，異なるパートナーたちと過ごすためにそれぞれ違う長さの時間の選択，そして自分の対人関係的資源や設備をめぐって同時に競争して要求を突きつけてくるかもしれない人たちに対する極度の緊張と忠誠心を必然的にともない得るものである（Nicholson, 1998）。ふつうの人は，いくつかの対人関係の間の葛藤に直面してしまうことになりかねないのである——配偶者と時間を過ごすのか，それとも子どもたちとか，また友人とか，それとも同僚とか，また家族とか，それとも特定のパートナーとかといったことを決めなければならないし，また仕事関連の行事で遅くまで残るのか，帰宅して子どもと遊ぶ方にするのか，さらには親への義理を通すか，はたまた隣人への義理を通すかというまで決めなければならないことはたくさんある（Baxter et al., 1997）。実生活における対人関係では，ある人が特定の対人関係にどれだけ関与しているかということの評価は，その人の対人関係**間**での時間配分，つまりその人が持つ他の対人関係と比べてどれくらいの時間がその関係に配分されているかということと，それぞれの対人関係**内**での損得，すなわちそれぞれの対人関係における報酬とコストの内的システムの均衡状態がどうなっているかということの重要性の等しい2つによって決まる（Stein, Bush, Ross, & Ward, 1992; Timmer, Veroff, & Hatchett, 1996）。

上記のような選択に加えて，最近の研究の流れでは，他にも次のようなことが認識されるようになっている。人々は時おり自分たちの対人関係の性質について選びながら語り，パートナーの"よい"ところと"悪い"ところを同時に見ているため，特定の手がかり的行為の感情面に関する評価を否定的なものから肯定的なものに変更するかと思えば（Murray, Holmes, & Griffin, 1996b），逆に実際に

まだ別れていないのに互いをそしり合うこともある（Felmlee, 1995）。確かに，肯定的な感情と否定的な感情の2つは一貫して2つの独立した次元として示されてきた（たとえばCacioppo & Bernston, 1994）。しかしパートナーたちは対人関係をよく感じるときもあるが，また別のときには口論して喧嘩することもある（すなわち，同一の対人関係についてもさまざまな気持ちや異なった性格づけがあり，それらが周期的に変化する）し，同じ関係を続けていても照る日もあれば曇る日もある（Barbee, 1990）——対人関係が変わりやすく浮き沈みのあるものであることをひとつの完成された物語として認める方向へ向かう重要な発展をするのである。対人関係は本当に力動的かつ複雑なので，経験に基づき，多くの場合むらのある，人がかかわり合う過程をとらえることが研究の第1の目的である。この目的が暗に言わんとしているのは，対人関係はその激しい過程をあいまいにし，穏やかな単一性をにおわせてしまう1元的なラベルではうまく表わすことができないという認識である（Berscheid & Reis, 1998; Duck & Wood, 1995）。

　要約すると，最近の研究は，社会生活は個人の経験のみに限られるというわけではないことをしだいに認識しつつあるのである。社会生活は個人が個人的に制御するものではない。そのすべてが重要というわけではないし，すべてが予測可能というわけではないし，すべてが刺激的だとか劇的だとかいうわけでもないし，すべてが一貫しているわけでもないし，そしてすべてが肯定的だというわけでもない。それが生活というものなのである。

対人関係と社会的体験を科学的に理解する方法（パラダイム）

　対人関係的行為についての文化的規範は，日常の対人関係において起こる相互作用を解釈したもののなかに封じ込められている。重要なのは，そのような規範を利用して人とかかわることの本当に社会的な側面を理解する努力をすることである。人と人の間に認められている正当かつ適切な対人関係というものは，たとえば，平等，階級制，独立，個人主義，集団主義などといったものが好ましい様式か否かというような文化的価値に依存している（Gudykunst, 1992）。実生活における隣人や第三者との日常のありふれた直接の相互作用を行なうことによって，人は"文化"のような抽象概念にふれる機会を増やしていく。そのような通常でありきたりの形で文化と接触することによって，日常の行為を解釈するための文化的な文脈を得ることができるのは，その第三者たちがパーソナルな関係の内部における行動についてしばしば論評し，場合によってはそれを制限しさえするからであるし（Klein & Johnson, 1997），それ以外にも夫婦の間の軋轢に積極的に

介入することがあるからである (Klein & Milardo, 1993)。それに加えて，社会的ネットワークはしばしば，夫婦を対人関係のパートナーの別々の個人としてではなく一社会的単位として，その単位に対して対応し，ともに相互作用を行ない，またその単位とかかわりを持つのである (Bentschneider & Duck, 1993; Stein et al., 1992)。簡潔に言うと，対人関係なるものは，自立的な機能を持つ社会的単位ではなく，その対人関係それ自体とは分離した存在でありながらその内部のみに限定された行為に影響を与える他者によって制限されるものなのである（これに関する批評については Wellman, 1985; Milardo & Wellman, 1992 を参照）。現在研究者たち，とりわけ社会学者が注目するようになってきたのは，二者関係のそれぞれのパートナーが，それと同時に社会的ネットワーク上の個人とそれぞれ，しかもしばしば同時に複数の対人関係を作り上げるという事実である (Berscheid, 1995; Klein & Johnson, 1997; Klein & Milardo, 1993; Sarason, Sarason, & Gurung, 1997)。

個人の意識へ及ぼす外部からの影響

社会心理学という学問は，外的作用がどのように個人の意識に，そしてその結果として二者関係に影響を与えるのかを探究し続けねばならない。たとえば，同性どうしの友人関係についての研究が仮定するところによれば，その対人関係はあえて言われることもなく，すんなりと文化そして家族や他の友人たちによって支持される。それに対して，ワーキング (Werking, 1997) の指摘では，異性間の恋愛を伴わない友人関係は他の人々によってしばしば本気で疑われ，問題にされてしまうので，余計な努力，さらに高度な説明能力そして補助的な社会心理的**作業**をしなければならないというのである。ヒューストンとシュワーツ (Huston & Schwartz, 1995) が示すように，ゲイ・レズビアンのパートナーたちは，他の人々の反応の影響力が極端に強い文脈においては，自分たちの関係を続けていくのに余計な社会的負担を経験することになる。さらに，ウェストン (Weston, 1991) が主張するのは，同性愛者たちは"血縁による家族 (blood-family)"を"選択による家族 (families of choice)"に置きかえることが多いということである。同性愛者たちは血縁による家族から"アウト"(訳注："部外者になった""同性愛であることを公然とした""きずものになった"など複数の意味が掛けられている) とされることが多く，またはっきりと自身の同性愛のゆえに自身の血縁による家族から疎外されている可能性もあるので，ゲイ・レズビアンの人たちには，血縁による家族は非常に異なった形で機能してしまうのである。ゲイ・レズビアンの人たちは，自分たちの両親やきょうだいにそのような対人関係を作りつつあることをあまり伝えることがないだけでなく，すでにできあがった親密な対人関係について

話すことも少ない (Huston & Schwartz, 1995)。レズビアンのカップルと彼女たちの元々の家族との関係を調べたマーフィ (Murphy, 1989) の報告では，レズビアンの人たちの両親は自分の娘の恋愛関係に気づいていながら，そのきずなや交わりを否定することが多い (たとえば，祝日に娘だけを家に呼んで，彼女の恋人を招かない。[章末の訳注 ** を参照])。簡潔に言えば，典型的な人々 (訳注：異性間の友人関係やレズビアンの関係を含めて"典型的"と言い切ることが，この章の著者のパラダイムを表わしていることに注意する必要がある) が日常の社会的または対人関係的経験で抱える重要な難問の数々――およびその結果として起こる社会心理学的過程――というものは，われわれ研究者たちが大学の学部 2 年次学生のデータを分析しているだけでは見過ごされてしまうものなのだ。

　本当の**社会**心理学といえるものは，社会心理学において"純粋に認知的"な概念や態度の概念のそれぞれが，実生活に密着した構造化された概念を持つことに言及するものである。ダック (1994a) が嘆いていることは，パートナーどうしの類似性が社会的構成物というよりはむしろ根本的に認知的構成物として，そして両者の一致を絶えず知覚して再構成する無制限で変更可能な過程としてではなく，単なる静的な状態として解釈されてしまっていることである。初期の対人魅力研究を行なった研究者たちは，類似性についてしばしば対人関係の発達に重要な認知および感情のメカニズムであると述べていたが (Byrne, 1971)，そのような研究者でも最近の研究では，現実の社会という世界においては社会的な事実が認知のうえでの類似性の影響力を制約し，規定していることに注目しているのである (Byrne, 1997)。類似性に先立つものとして機能上の近接性が対人関係の開始を理論的に説明する重要な要因とされていたが (Festinger, Schachter, & Back, 1950)，ある特定の文脈では近接性というものは単に身体が近くにあるというだけのことにすぎない (Kerckoff, 1974; Murstein, 1971)。類似性と近接性はともに社会的経験を構築するものである (Allan, 1993)。人が自分により身近と感じるのは，自分自身の社会的な立場と似たところに立つ人たちである。

　自分が対人関係を作ることができると思われる手の届く範囲にいる人々がだれかを考えるうえで，社会経済的な面での位置づけの果たす役割は甚大である (Kerckhoff, 1974; Whiebeck & Hoyt, 1994)。それゆえ，社会経済的立場や社会的集団への所属というものが，"態度の類似性"なる題目の具体的内容であると広く想定されていると主張することもできる。同じように，ケニーとアシテリ (Kenny & Acitelli, 1994) は，2 人の人たちにのみ特有の類似性と，ある人と他の人たち全員 (ある研究の対象となる特定の母集団の範囲内における) との一般的な類似性との間には明確な違いが存在することを示している。この研究は，一般的もしくは"ステレオタイプ的"に類似性とされているものが，われわれ研究

者がパートナーたちの類似性を高く見積もりすぎてしまうことを論証しているが，その前者の類似性というものはみなが思っているよりももっと強い影響を対人関係に与えている。このステレオタイプ的類似性が文化的もしくは規範的な基礎を持つことを想定すれば，この研究結果によって社会構造が心理的類似性を創造し得るという考えに信憑性が与えられたといえる。

さらには，社会構造それ自体が，最も重要な類似性の判断の基礎と思われる要因を決定することもある（たとえば，アメリカ合衆国では人種や民族性が論点として強調されているが，他の文化ではカーストや階級や宗教が論点となり，ある種のパートナー候補を排除したり，蔑んだりする一方，別の種のパートナー候補については承認したり，パートナーとなるよう命令したりすることもあるのだ）。個人間の心理的な類似性を最もよい形で理解する方法は，個人間に存在する純粋に心理学的（認知的）な関係として見たりせずに，社会的文脈によって一部が作られて演じられるものとして見ることである。社会階層によって人々はあらかじめ仕分けされてしまい，それによって出会う人々どうしがある種の類似性を持ってしまうであろう確率が高くなり（たとえば社会経済，民族，宗教，政治などに関する価値），ある特定の対人関係にとってどれだけ類似性が重要であるかは社会的文脈によって決定され制限されてしまうのである。

対人関係が実際に展開される文脈は，個人が対人関係の形成を進めるのに用いるはずの方法について考える場である（Allan, 1993）。ある対人関係に帰属するとされるその関係発達過程の経路は，ある程度説明的な物語であるともいえ，その物語はある特定の社会的文脈の内部で妥当な経路として知覚される行事や出来事について言及しているのである（Beall & Sternberg, 1995）。たとえば，「私たちは出会って恋に落ちて結婚した」という物語は，「私は挽いたアーモンドで作ったペーストを食べて，そのときから関係がちょうど始まってしまったのだ」という物語や「私たちの親たちがカタログから私たちのパートナーを選び出したので，当然その翌日私たちは結婚したのである」という物語よりも，北米においては受け容れられやすいものである。文化的文脈によって，個人は対人関係がどのように発達することになっているのかという考え方だけでなく，対人関係の成長を表わす語彙をも得ることができるのだ。「私たちは恋に落ちたのだ」という言葉は，大多数の西洋文化においてはよくある説明のしかたであるが，世界のほかの多くの地域では，「両家にとってよい組み合わせである」という方が受け容れられやすいのだ。

文化が個人に対人関係のための語彙を供給しているので，他の人々に対する気持ちを表現したり，説明したりするのも文脈によって修正されることが多く，それにともないそれらについての研究者の見方も修正される。ヘンドリックとヘン

ドリック (Hendrick & Hendrick, 1993) の所見では，研究者は恋愛の異なるタイプを絶対的で比較的一定の存在として注目しやすく，異なった文脈で異なったオーディエンス（たとえば，研究者，両親，聖職者，セックスの相手など）を意識して恋愛が多様なやり方で表現され得るということには注目しない。それゆえ，他にも研究できそうなことは，同一人物が同一のパートナーに対してさまざまな種類の愛を表現するのに，場所，文脈，状況に適切と知覚されたこと——たとえば結婚を申し込むとき，新婚旅行の真っ最中，心の支えになってほしいと頼んでいるとき，不貞がばれた後など——といった要因がどのような機能を果たしているのかということである (Duck, 1994a)。

もし社会心理学者が対人関係を，そのような社会的性質を形づくる第三者的なものからの影響を除外して個人的な選択を行なうだけの問題としか見ないならば，社会心理学者は社会的文脈にあまり注意しなくなってしまう (Bradbury, Cohen, & Karney, 1998)。なぜなら選択の余地のない否応なしの対人関係は，その関係にかかわる人々にとって無関係な外部のものによって形成されると想定されるからである (Berscheid & Reis, 1998; Hepburn & Crepin, 1984)。しかしながら，どんな対人関係であっても，そのアイデンティティとその形式の仲をうまく取り持つのは，究極的にはその対人関係や個人の外部にある準拠集団ということもありうるのであり，人はほかの人々の考えていることにくり返し接触することによって準拠集団を心のなかに取り込むのである (Simmel, 1950)。ある対人関係におけるある人物のアイデンティティ，そして複数の対人関係自体のアイデンティティ，つまり対人関係の身元確認に影響することになるのは，究極的には，対人関係を構成する2人の個人のみに照らし合わせることよりもむしろ，社会的共同体に照らして考えることなのである。

外部からの影響が対人関係の経験を修飾して表現すること

慣例としては**対人関係**という術語は，それを表わすのに適切な方法はただひとつしかないかのごとく用いられており，それゆえ「対人関係が対人関係であるということが対人関係なのである」ということは，すべての人に対して，またはパートナーたち両者に，もしくはそれぞれのパートナーに恒常的に変わることなく，等価的に適用されている。社会心理学者による対人関係研究の初期の段階での所見では，対人関係の見方には"当事者"の観点と"部外者"の観点があることになっていた (Olson, 1977; Duck & Sants, 1983; Surra & Ridley, 1991)。もっと最近になって認められるようになったことは (Acitelli, 1993; Wood & Cox, 1993)，部外者の位置にいることは単純に当事者の経験の外にいるということを意味せず，"外にいること"が結果的に内部の現象を描写することに影響を与えるというこ

とである。研究者がついつい忘れてしまいがちなことは，部外者が対人関係を観察する目的のためには，たいていの場合，当事者の観点を限定的にしか記述や理解をしなくていいということである。ひとつの理由としては，部外者の位置でできることはしばしばある時点でのひとつの横断面のみを表わすことにすぎないのに対し，当事者の位置ではある時点での横断面をたくさん豊富に入手できるのである。それは当事者であるパートナーたちが，特定の何かを観察することと同じくらい記憶を頼りにしているからである。また部外者の位置にいると，研究参加者の内部の力動的なものを，その変動よりもむしろ瞬間的な位置を記録することで，必然的に"固定化"してしまうのである（Dixson & Duck, 1993）。最後にもうひとつ，男性と女性が自分たちの対人関係の"内部"を違うように見てしまうことがあげられる。これまで報告されてきた差異はとくに性別に結びついている。したがって対人関係の諸側面の経験は，性別を反映した社会現象であり，対人関係を十分に調べるには対人関係の行動を見定めるだけでなく，対人関係の行動をそれらの性別を反映した文脈や歴史に置いてみて考えるということも必要なのである（Acitelli & Young, 1996; Maccoby, 1990; Peplau & Gordon, 1985; Wood, 1995a）。

対人関係論の研究者は今や，さまざまな社会的条件や期待が対人関係の行動に及ぼす経済的影響を軽視しないようになりつつある（Allan, 1993）。実際，友人関係というものは個人の精神が生み出した"単なる行動"などではけっしてなく，あるときある場所で行なわれる行為であり（Werner et al., 1993），"場所"というものは，どういう様式でどの程度の範囲で友人関係の行動を行なうことになるのかということに副次的な影響を与える（Allan, 1995）。たとえば，お金がなくて自宅でお客をもてなすことができない人や，家が手狭な人——もしくは家自体がない人——は，そのような経済的条件を反映した場所において対人関係を行なう可能性が高い。そのような場所では，それぞれのパートナーたちが必要な財源が限られたものになる——たとえば，英国のパブでは，友人関係における互恵性というものは，自宅での料理の交換ではなく，互いに注文したお酒を回し飲むという形になる。しかしそのような場所では，プライバシーが十分に守られているわけではなく，そのため全体的に自己開示の性質やその行為，また情報の流れがその影響を受けてしまい，人々がプライベートな情報をやりとりすることは少なくなり，逆に"人前で話せること"は何かということを表明することが多くなる。

対人関係がその形式を構成することは，それゆえ，認知だけの問題ではなく，その人自身の行為と，そのパートナーの行為，所属するネットワーク，それを含む社会的集団のそれぞれとの調整の問題でもある（Milardo, 1984; Parks & Eggert, 1991; Milardo & Wellman, 1992）。そのような行動は場所や時間や社会的規

則に敏感に反応する（Ginsburg, 1988）。これらの構成作業のすべては本質的に意味システムの操作で，これに必要なのは意味を共有して調整する——もっと正確に詳しく言えば，意味の調整によって自分自身の行動と他者の行動についての期待が具体化される——ことである。この意味の共有と調整の問題を論じるために，さきに述べた一致についての論点を再び議論することにする。

対人関係が他の社会心理学的過程を修飾すること

　これまでの本章の議論がおもに扱ってきた事実は，対人関係的過程がより広い社会的過程と対応しており，社会心理学者はこれまで，対人関係的過程が他の社会的行動を補強するものであるという主張に対して直に耳を傾けることをすべきであったのに，十分にそれをしてこなかったことである。ワツラウィック，ビーヴィンとジャクソン（Watzlawick, Beavin, & Jackson, 1967）が述べたように，すべてのメッセージは内容とその関係についての主題からなるものであるが，本章の立場から考えると，この考えは社会的行動により広い関連性を持つものをさしているように思われる。

　社会心理学者が研究するほとんどの社会的過程には，研究参加者の間の対人関係に根元的な性質についての暗黙の仮定が含まれているが，しかし異なる対人関係の形態がこのような過程に及ぼす効果についてはほとんど手を付けられていない。もしだれかがそういうことを調べていたならば，われわれ社会心理学者は，ある人物と別の人物の間の対人関係の性質が社会心理学的過程に影響を与えるであろうトピックがたくさんあることにもっと気づきやすかったのではなかろうか。たとえば，本章ですでに述べたことだが，対人関係の過程は，説得，ステレオタイプ，愛他性，自己呈示，集団力学の研究において，独立変数として定義することも可能なのである。われわれ社会心理学者は今や，ある人と別の人の対人関係によって他の多くの社会心理学的過程が修正されてしまうことを率直に観察することになったといえよう。その社会心理学的過程の例をあげると，釈明（accounts），帰属，非言語的行動，法廷での証言の判断，医師と患者の相互作用，不協和，葛藤，感情表現，不安，社会的行動における言語の使用などがある。

　対人関係的過程は，たいていの場合，対人関係論的分析とははっきり区別されているほかの社会心理学的過程と，少なくともある一点では交差している部分がある。たとえば，困惑や社会的な意味での苦境の場合（Miller, 1996; Metts, 1997），その主要人物の悩みの少なくとも一部は，自分たちの対人関係の仲間内で，仲間として尊重してもらっているように見えるにはどうあるべきかという考えに密接に関連している。だが一方，親密な関係の場面では気まずい行動の影響力は低くなり得る。うわさ話のなかで行なわれる社会的比較の過程は（Suls,

1977), 自分と親しい関係の相手との社会的比較に密接につながっているが, 一方うわさ話, そしてニュースや流言の伝播は社会的集団の構造を裏づける事例となる。バーグマン (Bergmann, 1993) が述べるように, ニュース (たとえば, 誕生, 婚約, 結婚, 死去など) は集団に本来備わっている対人関係的構造を反映しながら広がっていくが, そのような集団の構成員のなかには, 他の人より前ではなく, 他の人よりも後になってそのことが耳に入ると気が悪くなるのはあたりまえという人たちが含まれている。集団や組織の社会的行動は, 同じように対人関係的構造を反映する。その例としてあげられるのは, 権力 (Kelvin, 1977), 職場での迷惑 (Cunningham, Barbee, & Duncan, 1997), 村八分 (Williams, 1997) などである。最後に, 人格特性の社会心理学的分析においても, エゴティズム (Leary, Bednarski, Hammon, & Duncan, 1997), 統制欲求 (William, 1997), 抑うつ状態や分裂性性格などの精神病理 (Segrin, 2000) などの分析で, それらの特性の基礎となる対人関係的過程が指摘され始めている。

かつて社会心理学では, 対人関係と他の社会的過程とのつながりは, 対人関係が他の社会的過程に従属していることを示すものと見られていた。困惑, 自己開示, 規範的行動のような過程の結果として, 多様な親密さの度合いが決まってくるという見方をすることが好まれてきた。今や社会心理学が挑まねばならないのは, ものごとを逆に見ることであり, 具体的には困惑の軽減, 自己呈示, 規範などを, 2人の人物がかかわる対人関係の性質に従属するものとして見ることなのである。たとえば, 健康に対する社会心理学的影響は少なくとも部分的には対人関係上の身分や対人関係的機能の状態の産物であるという証拠がしだいに報告されつつある (Sarason, Sarason, & Gurung, 1997; Heller & Rook, 1997)。

結論

イックスとデュゴッシュ (Ickes & Dugosh, 2000) が述べるように, 二者関係やパーソナルな関係を研究することで, 個人がおのずと検証され拡大解釈されることになると社会心理学は強調する。われわれ社会心理学者は対人関係の内外両面を見て, 対人関係が文脈に置かれることでどう見えるのか, より大きな描写をできるようになる必要がある。したがって, 研究者は, いくつかの状況における個々の対人関係の内容を見てパターンを描写できるようになるべきであり, 対人関係の片割れにすぎない研究参加者や, 文脈から抜き出されたほんの一瞬の測定結果に依存することで誤って導き出してしまったのかもしれない, 固定化されたパターンで経験を描写したもので過程を推定することをやめるべきである。ハインド (Hinde, 1981) は対人関係をもっと詳しく記述する必要があると主張した

(動物行動学の類推から)が，本章では対人関係のパートナーたちが知覚する対人関係の変動性に関する研究がもっと必要であると主張する。たとえば，パートナーたちが克服しなければならない矛盾や不確実性 (Duck, 1994b; Duck & Wood, 1995)，対人関係に関する期待の変化 (Miell, 1987)，対人関係にまつわる話のパターンの変化 (Acitelli, 1988, 1993; Duck, Rutt, Hurst, & Strejc, 1991) などの研究である。

　本章ではまた，対人関係が行なわれる社会的構造や社会的文脈を，外的な行動に基づいて記述することを重視する。温度計の目盛りの数字は水の状態についてたくさんのことを教えてくれるけれども，本当の沸点というものは温度計の特定の目盛りの数字なのではなく，お湯が沸く過程で起こる内部の沸騰状態と分子の構造上の変化のことなのである。同様に"よいセックス"とは，単に日記にその旨をチェックマークで印を付けることではなく，むしろ精力的かつ力動的で，複雑かつ一致した行動なのであり，互いに理解し合い，目的と気持ちを共有し合うことに基づいた何らかの行為なのである。完全無欠な表象についての本章の議論にあわせて，本章で提案するのは，外部からの観察をもっと一貫した形で，内部の変動性を表示するのに十分な長さの長期にわたって行なわれた内部からの観察と組み合わせるべきであるということである。研究者はまた，信頼性を単純に強調すること (これは意図的に変動性を除去してしまおうとすることである) をやめて，その代わりに，信頼性を重視することでわれわれ研究者たちの対人関係の理解から省かれてしまったものは何であるのかを思い出すことである。

　対人関係の研究者としてわれわれは，もし対人関係というもの (relationships) ではなく人とかかわるということ (relating) を調査するのだとしたら，その研究計画はどのようなものになるのかをわれわれ自身問い直すべきである。名詞から動詞に焦点を切り替えることは，どのようにしてパートナーや友人や家族の緩やかな定義が，行動によって構成されるのか (何度もくり返し再構成されるのか) を見るためのわれわれの探究に有益なものになり得るのである。そのような問いに対する解答の一部については，本書のなかから探し出せるだろうし，別の一部についても，対人関係とその行為に関する研究分野で将来発表される成果のなかに見ることができるはずである。

謝辞
ビル (ウィリアム)・イックスが本章の草稿に対して役立つ論評をくれたことに感謝の念を捧げる。

訳注
＊ 原文では"relational"。著者がこの形容詞を用いる場合，単に"対人関係 [論] におけ

る"という意味の"対人関係［論］の"という意味ではなく,"対人関係［論］を構成する"という意味を含ませていることがある。したがって本章では生硬な日本語ではあるが,そのような場合に"対人関係［論］的"という訳語を便宜的にあてる。
** 合衆国では,感謝祭やクリスマスなどの国民の祝日に家族が集まって食事をすることがふつうである。そこに招かれるということは,家族全員にとっての重要なお客様,もしくは家族同様と見なされたことを意味する。したがって恋人たちにとっては,"家族公認"のお墨付きを確認するために果たさねばならない重要な儀式でもある。

● 10章のまとめ ●

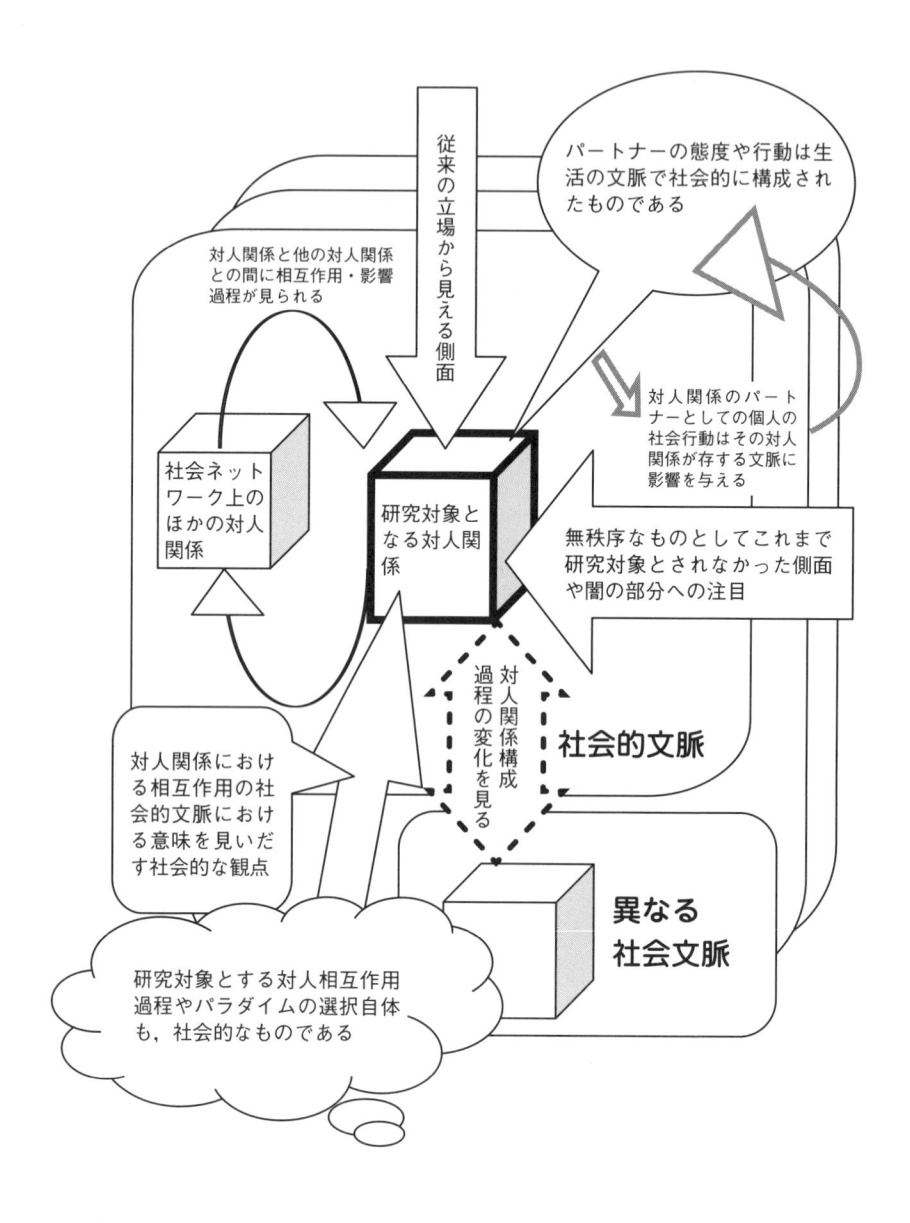

- 従来の立場から見える側面
- パートナーの態度や行動は生活の文脈で社会的に構成されたものである
- 対人関係と他の対人関係との間に相互作用・影響過程が見られる
- 対人関係のパートナーとしての個人の社会行動はその対人関係が存する文脈に影響を与える
- 社会ネットワーク上のほかの対人関係
- 研究対象となる対人関係
- 無秩序なものとしてこれまで研究対象とされなかった側面や闇の部分への注目
- 対人関係構成過程の変化を見る
- 社会的文脈
- 対人関係における相互作用の社会的文脈における意味を見いだす社会的観点
- 異なる社会文脈
- 研究対象とする対人相互作用過程やパラダイムの選択自体も，社会的なものである

文 献

Abbey, A. (1982). Sex differences in attributions for friendly behavior: Do males misperceive females' friendliness? *Journal of Personality and Social Psychology*, **42**, 830–838.

Acitelli, L. K. (1988). When spouses talk to each other about their relationship. *Journal of Social and Personal Relationships*, **5**, 185–199.

Acitelli, L. K. (1993). You, me, and us: Perspectives on relationship awareness. *Understanding relationship processes 1: Individuals in relationships* (pp. 144–174). Newbury Park: Sage.

Acitelli, L. K. (1995). Disciplines at parallel play. *Journal of Social and Personal Relationships*, **12**, 589–596.

Acitelli, L. K., & Duck, S. W. (1987). Intimacy as the proverbial elephant. In D. Perlman & S. W. Duck (Eds) *Intimate relationships: Development, dynamics, and deterioration* (pp. 297–308). London: Sage.

Acitelli, L. K., & Young, A. M. (1996). Gender and thought in relationships. In G. Fletcher & J. Fitness, *Knowledge structures and interactions in close relationships: A social psychological approach*. Hillsdale, NJ: Lawrence Erlbaum Associates.

Acitelli, L. K., Douvan, E., & Veroff, J. (1993). Perceptions of conflict in the first year of marriage: How important are similarity and understanding? *Journal of Social and Personal Relationships*, **10**, 5–19.

Adams, J. S. (1965). Inequity in social exchange. In L. Berkowitz (Ed.), *Advances in experimental social psychology* (Vol. 2, pp. 267–299). New York: Academic Press.

Agnew, C. R., Van Lange, P. A. M., Rusbult, C. E., & Langston, C. A. (1998). Cognitive interdependence: Commitment and the mental representation of close relationships. *Journal of Personality and Social Psychology*, **74**, 939–954.

Ahuvia, A. (1993). *I love it! Towards a unifying theory of love across diverse love objects*. Unpublished Ph.D. Dissertation, Northwestern University.

Ainsworth, M. D. S., Blehar, M. C., Waters, E., & Wall, S. (1978). *Patterns of attachment: Assessed in the strange situation and at home*. Hillsdale, NJ: Erlbaum.

Alcock, J. (1993). *Animal behavior*, 5th edn. Sunderland, MA: Sinauer.

Aldridge, D. P. (1978). Interracial marriages: Empirical and theoretical considerations. *Journal of Black Studies*, **8**, 355–368.

Aldridge, D. P. (1991). *Focusing: Black male–female relationships*. Chicago: Third World Press.

Alger, C. E. (1966). Interaction in a committee of the United Nations General Assembly. *Midwest Journal of Political Science*, **10**, 411–447.

Allan, G. A. (1993). Social structure and relationships. *Social contexts of relationships* [*Understanding relationship processes 3*] (pp. 1–25). Newbury Park: Sage.

Allan, G. A. (1995, June). *Friendship, class, status and identity*. Paper presented at the International Network on Personal Relationships, Williamsburg, VA.

Allan, G. A., & Milardo, R. M. (1997). Social Networks and Marital Relationships, *Handbook of personal relationships*, 2nd edn (pp. 505–522). Chichester, UK: Wiley.

Allen, J. B., Kenrick, D. T., Linder, D. E., & McCall, M. A. (1989). Arousal and attraction: A response-facilitation alternative to misattribution and negative-reinforcement models. *Journal of Personality and Social Psychology*, **57**, 261–270.

Allport, G. W. (1954/1979). *The nature of prejudice*. Chicago: Addison-Wesley.

Altman, I., & Taylor, D. (1973). *Social penetration: The development of interpersonal relationships*. New York: Holt, Rinehart & Winston.

Altman, I., Vinsel, A., & Brown, B. B. (1981). Dialectic conceptions in social psychology: An application to social penetration and privacy regulation. In L. Berkowitz (Ed.) *Advances in experimental social psychology*, Vol. 14, pp. 107–160. New York: Academic Press.

Andersen, P. A. (1993). Cognitive schemata in personal relationships. In S. W. Duck (Ed.) *Understanding relationship processes 1: Individuals in relationships* (pp. 1–29). Newbury Park: Sage.

Antill, J. K. (1983). Sex role complementarity versus similarity in married couples. *Journal of Personality and Social Psychology*, **45**, 145–155.

Apsler, R. (1975). Effects of embarrassment on behavior toward others. *Journal of Personality and Social Psychology*, **32**, 145–153.

Argyle, M., Furnham, A., & Graham, J. (1981). *Social situations*. Cambridge: Cambridge University Press.

Aron, A. (1970). *Relationship variables in human heterosexual attraction*. Unpublished doctoral dissertation, University of Toronto.

Aron, A., & Aron, E. N. (1986). *Love and the expansion of self: Understanding attraction and satisfaction* (pp. 19–67). Washington: Hemisphere.

Aron, A., & Aron, E. N. (1997). Self-expansion motivation and including other in the self. In S. W. Duck (Ed.) *Handbook of personal relationships: Theory, research, and interventions*, 2nd edn (pp. 251–270). Chichester: Wiley.

Aron, A., & Rodriguez, G. (1992, July). *Scenarios of falling in love among Mexican, Chinese, and Anglo-Americans*. In A. Aron (chair), *Ethnic and cultural differences in love*. Symposium conducted at the Sixth International Conference on Personal Relationships, Orono, ME.

Aron, A., Aron, E. N., & Allen, J. (1998). Motivations for unrequited love. *Personality and Social Psychology Bulletin*, **24**, 787–796.

Aron, A., Aron, E. N., & Smollan, D. (1992). Inclusion of Other in the Self Scale and the structure of interpersonal closeness. *Journal of Personality and Social Psychology*, **63**, 596–612.

Aron, A., Aron, E. N., Tudor, M., & Nelson, G. (1991). Close relationships as including other in the self. *Journal of Personality and Social Psychology*, **60**, 241–253.

Aron, A., Dutton, D. G., Aron, E. N., & Iverson, A. (1989). Experiences of falling in love. *Journal of Social and Personal Relationships*, **6**, 243–257.

Aron, A., Melinat, E., Aron, E. N., Vallone, R. D., & Bator, R. J. (1997). The experimental generation of interpersonal closeness: A procedure and some preliminary findings. *Personality and Social Psychology Bulletin*, **23**, 363–377.

Aron, A., Paris, M., & Aron, E. N. (1995). Falling in love: Prospective studies of self-concept change. *Journal of Personality and Social Psychology*, **69**, 1102–1112.

Aron, E. N., & Aron, A. (1996). Love and expansion of the self: The state of the model. *Personal Relationships*, **3**, 45–58.

Aronson, E., & Linder, D. (1965). Gain and loss of esteem as determinants of interpersonal attraction. *Journal of Experimental Social Psychology*, **1**, 156–171.

Arriaga, X. B., & Rusbult, C. E. (1998). Standing in my partner's shoes: Partner perspective-taking and reactions to accommodate dilemmas. *Personality and Social Psychology Bulletin*, **9**, 927–948.

Asante, M. (1987). *The Afrocentric idea*. Philadelphia: Temple University Press.

Asch, S. (1946). Forming impressions of personality. *Journal of Abnormal and Social Psychology*, **41**, 258–290.

Axelrod, R. (1984). *The evolution of cooperation*. New York: Basic Books.

Axelrod, R., & Hamilton, W. D. (1981). The evolution of cooperation. *Science*, **211**, 1390–1396.

Backman, C. W. (1959). The effect of perceived liking on interpersonal attraction. *Human Relations*, **12**, 379–384.

Bailey, J. M., & Pillard, R. C. (1991). A genetic study of male sexual orientation. *Archives of General Psychiatry*, **48**, 1089–1096.

Bailey, J. M., Gaulin, S., Agyei, Y., & Gladue, B. A. (1994). Effects of gender and sexual orientation on evolutionarily relevant aspects of human mating psychology. *Journal of Personality and Social Psychology*, **66**, 1074–1080.

Bakan, D. (1966). *The duality of human existence: Isolation and commitment in Western man*. Boston: Beacon Press.

Baldwin, M. W. (1992). Relational schemas and the processing of social information. *Psychological Bulletin*, **112**, 461–484.

Baldwin, M. W. (1994). Primed relational schemas as a source of self-evaluative reactions. *Journal of Social and Clinical Psychology*, **13**, 380–403.

Bandura, A. (1977). Self-efficacy: Toward a unifying theory of behavioral change. *Psychological Review*, **84**, 191–215.

Barbee, A. P. (1990). Interactive coping: The cheering up process in close relationships, *Personal Relationships and Social Support*. London: Sage.

Barker, R. G., & Gump, R V. (1964). *Big school, small school: High school size and student behavior*. Stanford, CA: Stanford University Press.

Barkow, J. H., Cosmides, L., & Tooby, J. (1992). *The adapted mind: Evolutionary psychology and the generation of culture*. New York: Oxford University Press.

Bartholomew, K., & Horowitz, L. M. (1991). Attachment styles among young adults: A test of a four category model. *Journal of Personality and Social Psychology*, **61**, 226–244.

Bateson, G. (1991). Naven: Epilogue 1958. In R. E. Donaldson (Ed.) *A sacred unity: Further steps to an ecology of mind* (pp. 49–69). New York: Harper Collins.

Batson, C. D. (1987). Prosocial motivation: Is it ever truly altruistic? In L. Berkowitz (Ed.) *Advances in experimental social psychology* (Vol. 20, pp. 65–122). New York: Academic Press.

Baum, A., & Paulus, P. B. (1987). Crowding. D. Stokols & I. Altman (Eds) In *Handbook of environmental psychology*, (pp. 533–70. New York: John Wiley & Sons.

Baumeister, R. F. (1982a). A self-presentational view of social phenomena. *Psychological Bulletin*, **91**, 3–26.

Baumeister, R. F. (1982b). Self-esteem, self-presentation, and future interaction: A dilemma of reputation. *Journal of Personality*, **50**, 29–45.

Baumeister, R. F. (1989). Motives and costs of self-presentation in organizations. In R. A. Giacalone & P. Rosenfeld (Eds) *Impression management in the organization* (pp. 57–71). Hillsdale, NJ: Lawrence Erlbaum Associates.

Baumeister, R. F., & Jones, E. E. (1978). When self-presentation is constrained by the target's knowledge: Consistency and compensation. *Journal of Personality and Social Psychology*, **36**, 608–618.

Baumeister, R. F., & Leary, M. R. (1995). The need to belong: Desire for interpersonal attachment as a fundamental human motivation. *Psychological Bulletin*, **117**, 497–529.

Baumeister, R. F., Hutton, D. G., & Tice, D. M. (1989). Cognitive processes during deliberate self-presentation: How self-presenters alter and misinterpret the behavior of their interaction partners. *Journal of Experimental Social Psychology*, **25**, 59–78.

Baxter, L. A., & Dindia, K. (1990). Marital partners' perceptions of marital maintenance strategies. *Journal of Social and Personal Relationship*, **7**, 187–208.

Baxter, L. A., & Widenmann, S. (1993). Revealing and not revealing the status of romantic relationships to social networks. *Journal of Social and Personal Relationships*, **10**, 321–337.

Baxter, L. A., Mazanec, M., Nicholson, J., Pittman, G., Smith, K., & West, L. (1997). Everyday loyalties and betrayals in personal relationships. *Journal of Social and Personal Relationships*, 14, 655-678.
Beach, F. A. (1976). Sexual attractivity, proceptivity and receptivity in female mammals. *Hormones and Behavior*, 7, 105-138.
Beach, S. R. H., & Tesser, A. (1995). Self-esteem and the extended self-evaluation maintenance model: The self in social context. In M. H. Kernis (Ed.), *Efficacy, agency, and self-esteem* (pp. 145-170). New York: Plenum.
Beall, A., & Sternberg, R. (1995). The social construction of love. *Journal of Social and Personal Relationships*, 12, 417-438.
Becker, H. S. (1960). Notes on the concept of commitment. *American Journal of Sociology*, 66, 32-40.
Belk, R. W. (1988). Possessions and the extended self. *Journal of Consumer Research*, 15, 139-168.
Belsky, J., Steinberg, L., & Draper, P. (1991). Childhood experience, interpersonal development, and reproductive strategy: An evolutionary theory of socialization. *Child Development*, 62, 647-670.
Bendtschneider, L., & Duck, S. W. (1993). What's yours is mine and what's mine is yours: Couple friends. In P. Kalbfleisch (Ed.) *Developments in interpersonal communication* (pp. 169-186). Hillsdale, NJ: Erlbaum.
Berg, J. H. (1984). Development of friendship between roomates. *Journal of Personality and Social Psychology*, 46, 346-356.
Berg, J. H., & Derlega, V. J. (1987). Themes in the study of self-disclosure. In V. J. Derlega & J. H. Berg (Eds) *Self-disclosure: Theory, research, and therapy* (pp. 1-8). New York: Plenum.
Berger, C. R. (1988). Uncertainty and information exchange in developing relationships. In S. W. Duck, D. F. Hay, S. E. Hobfoll, W. Ickes & B. Montgomery (Eds) *Handbook of personal relationships* (pp. 239-256). Wiley: Chichester.
Berger, C. R. (1993). Goals, plans and mutual understanding in personal relationships, *Understanding relationship processes 1: Individuals in relationships* (pp. 30-59). Newbury Park: Sage.
Berger, P., & Kellner, H. (1964). Marriage and the construction of reality: An exercise in the microsociology of knowledge. *Diogenes*, 46, 1-24.
Bergler, E. (1946). *Unhappy marriage and divorce: A study of neurotic choice of marriage partners*. New York: International Universities Press.
Bergmann, J. R. (1993). *Discreet indiscretions: The social organization of gossip*. New York: Aldine de Gruyter.
Berkowitz, L., & Daniels, L. R. (1963). Responsibility and dependency. *Journal of Abnormal Social Psychology*, 66, 429-436.
Berlyne, D. E. (1960). *Conflict, arousal, and curiosity*. New York: McGraw-Hill.
Bern, S. L. (1974). The measurement of psychological androgyny. *Journal of Consulting and Clinical Psychology*, 42, 155-162.
Bernstein, I. S. (1964). The integration of rhesus monkeys introduced to a group. *Folia Primatologica*, 2, 50-63.

Bernstein, I. S. (1969). Introductory techniques in the formation of pigtail monkey troops. *Folia Primatologica*, 10, 1-19.
Bernstein, I. S. (1971). The influence of introductory techniques on the formation of captive mangabey groups. *Primates*, 12, 33-44.
Berscheid, E. (1983). Emotion. In H. H. Kelley, E. Berscheid, A. Christensen, J. H. Harvey, T. L. Huston, G. Levinger, E. McClintock, L. A. Peplau & D. R. Peterson (Eds) *Close relationships* (pp. 110-168). New York: Freeman.
Berscheid, E. (1985). Interpersonal attraction. In G. Lindzey & E. Aronson (Eds) *Handbook of social psychology*, 3rd edn (pp. 413-484). Reading, MA: Addison-Wesley.
Berscheid, E. (1994). Interpersonal relationships. *Annual Review of Psychology*, 45, 79-129.
Berscheid, E. (1995). Help wanted: A grand theorist of interpersonal relationships, sociologist or anthropologist preferred. *Journal of Social and Personal Relationships*, 12, 529-533.
Berscheid, E., & Graziano, W. (1979). The initiation of social relationships and social attraction. In R. L. Burgess & T. L. Huston (Eds) *Social exchange in developing relationships*. New York: Academic.
Berscheid, E., & Reis, H. T. (1998). Attraction and close relationships. In D. T. Gilbert, S. F. Fiske & G. Lindzey (Eds) *The handbook of social psychology*, 4th edn (Vol. 2, pp. 193-281), Boston: McGraw-Hill.
Betzig, L. (1989). Causes of conjugal dissolution: A cross-cultural study. *Current Anthropology*, 30, 654-676.
Betzig, L. (1992). Roman polygyny. *Ethology and Sociobiology*, 13, 309-349.
Bissonnette, V L. (1992). *Interdependence in dyadic gazing*. Unpublished doctoral dissertation, University of Texas at Arlington.
Blau, P. M. (1964). *Exchange and power in social life*. New York: Wiley.
Blieszner, R., & Adams, R. G. (1992). *Adult friendship*. Newbury Park, CA: Sage.
Blood, R. O., & Wolfe, D. W. (1960). *Husbands and wives*. Glencoe, IL: The Free Press.
Bloom, B. L., Asher, S, J., & White, S. W. (1978). Marital disruption as a stressor: A review and analysis. *Psychological Bulletin*, 85, 867-894.
Blumstein, P., & Schwartz, P. (1983). *American couples: Money, work, sex*. New York: William Morrow.
Bock, R. D. (1989). *Multilevel analysis of educational data*. San Diego: Academic Press.
Bolger, N., & Kelleher, S. (1993). Daily Life in Relationships. *Social contexts of relationships [Understanding relationship processes 3]* (pp. 100-109). Newbury Park: Sage.
Bolig, R., Stein, P. J., & McKenry, P. C. (1984). The self-advertisement approach to dating: Male-female differences. *Family Relations*, 33, 587-592.
Bombar, M. L., & Littig, L. W., Jr. (1996). Babytalk as a communication of intimate attachment: An initial study in adult romances and friendships. *Personal Relationships*, 3, 137-158.

Bond, M. H. (1991). Cultural influences on modes of impression management. In R. A. Giacalone & P. Rosenfeld (Eds) *Applied impression management: How image-making affects managerial decisions* (pp. 195–215). Newbury Park, CA: Sage.

Bowen, S. P., & Michal-Johnson, P. (1995). HIV/AIDS: A crucible for understanding the dark side of sexual interactions. In S. W. Duck & J. T. Wood (Eds) *Confronting relationship challenges [Understanding relationship processes 5]* (pp. 150–179). Thousand Oaks, CA: Sage.

Bower, G. H., & Gilligan, S. G. (1979). Remembering information related to one's self. *Journal of Research in Personality*, 13, 420–432.

Bowlby, J. (1944). Forty-four juvenile thieves: Their characters and home life. *International Journal of Psychoanalysis*, 25, 19–52.

Bowlby, J. (1969/1982). *Attachment and loss, Vol. I. Attachment*, 2nd edn. New York: Basic Books.

Bowlby, J. (1973). *Attachment and loss, Vol. II. Separation: Anxiety and anger*. New York: Basic Books.

Bowlby, J. (1979). *The making and breaking of affectional bonds*. London: Tavistock Publications.

Bowlby, J. (1980). *Attachment and loss, Vol. III. Loss: Sadness and depression*. New York: Basic Books.

Bowlby, J. (1988). *A secure base: Parent-child attachment and healthy human development*. New York: Basic Books.

Bradbury, T. N., & Fincham, F. D. (1990). Attributions in marriage: Review and critique. *Psychological Bulletin*, 107, 3–33.

Bradbury, T. N., Cohen, C. L., & Karney, B. R. (1998). Optimizing longitudinal research for understanding and preventing marital dysfunction. In T. N. Bradbury (Ed.) *The developmental course of marital dysfunction*. New York: Cambridge University Press.

Brake, S., Shair, H., & Hofer, M. A. (1988). Exploiting the nursing niche: The infant's sucking and feeding in the context of the mother-infant interaction. In E. M. Blass (Ed.) *Handbook of behavioral neurobiology* (Vol. 9, pp. 347–388). New York: Plenum.

Brehm, S. S. (1985). *Intimate relationships*. New York: Random House.

Brehm, S. S. (1988). Passionate love. In R. J. Sternberg & M. L. Barnes (Eds) *The psychology of love* (pp. 232–263). New Haven, CT: Yale University Press.

Brehm, S. S. (1992). *Intimate relationships*, 2nd edn. New York: McGraw-Hill.

Brennan, K. A., Shaver, P. R., & Tobey, A. E. (1991). Attachment styles, gender, and parental problem drinking. *Journal of Social and Personal Relationships*, 8, 451–466.

Brewer, M. (1991). The social self: On being the same and different at the same time. *Personality and Social Psychology Bulletin*, 17, 475–482.

Brewer, M. B., & Miller, N. (1988). Contact and cooperation: when do they work? In P. A. Katz and D. A. Taylor (Eds) *Eliminating racism: Profiles in controversy*. pp. 315–326. New York: Plenum.

Brickman, P., Dunkel-Schetter, C., & Abbey, A. (1987). The development of commitment. In P. Brickman (Ed.) *Commitment, conflict, and caring* (pp. 145–221). Englewood Cliffs, NJ: Prentice Hall.

Britt, T. W. (1995, August). *The identity regulation of romantic partners*. Paper presented at the meeting of the American Psychological Association, New York.

Brockner, J., & Rubin, J. Z. (1985). *Entrapment in escalating conflicts: A social psychological analysis*. New York: Springer-Verlag.

Broude, G. J. (1992). The May-September algorithm meets the 20th century actuarial table. *Behavioral and Brain Sciences*, 15, 94–95.

Brown, D. E. (1991). *Human universals*. New York: McGraw-Hill.

Brown, R. (1986). *Social psychology*, 2nd edn. New York: Free Press.

Bryk, A. S., & Raudenbush, S. W. (1992). *Hierarchical linear models: Applications and data analysis methods*. Newbury Park: Sage.

Buber, M. (1937). *I and thou*. New York: Scribners.

Buller, D. B., & Burgoon, J. K. (1994). Deception: Strategic and nonstrategic communication. In J. A. Daly & J. M. Wiemann (Eds) *Strategic interpersonal communication* (pp. 191–223). Hillsdale, NJ: Erlbaum.

Burnett, R. (1987). Reflection in personal relationships. In R. Burnett, P. McGhee & D. D. Clarke (Eds) *Accounting for relationships: Explanation, representation, and knowledge*. London: Methuen.

Burnstein, E., Crandall, C., & Kitayama, S. (1994). Some neo-Darwinian rules for altruism: Weighing cues for inclusive fitness as a function of the biological importance of the decision. *Journal of Personality and Social Psychology*, 67, 773–789.

Buss, D. M. (1988a). The evolution of human intrasexual competition: Tactics of mate attraction. *Journal of Personality and Social Psychology*, 54, 616–628.

Buss, D. M. (1988b). From vigilence to violence: Tactics of mate retention in American undergraduates. *Ethology and Sociobiology*, 9, 291–317.

Buss, D. M. (1989a). Sex differences in human mate preferences: Evolutionary hypotheses tested in 37 cultures. *Behavioral and Brain Sciences*, 12, 1–49.

Buss, D. M. (1994). *The evolution of desire*. New York: Basic Books.

Buss, D. M. (1995). Evolutionary psychology: A new paradigm for psychological science. *Psychological Inquiry*, 6, 1–30.

Buss, D. M., & Barnes, M. F. (1986). Preferences in human mate selection. *Journal of Personality and Social Psychology*, 50, 559–570.

Buss, D. M., & Kenrick, D. T. (1998). Evolutionary social psychology. In D. Gilbert, S. Fiske & G. Lindzey (Eds) *Handbook of social psychology*, 4th edn. (Vol. 2, pp. 982–1026). New York: McGraw-Hill.

Buss, D. M., & Schmitt, D. P. (1993). Sexual strategies theory: An evolutionary perspective on human mating. *Psychological Review*, 100, 204–232.

Buss, D. M., Larsen, R., Westen, D., & Semmelroth, J. (1992). Sex differences in jealousy: Evolution, physiology, and psychology. *Psychological Science*, 3, 251–255.

Buunk, A. P. (1987). Conditions that promote breakups as a consequence of extradyadic involvements. *Journal of Social and Clinical Psychology*, **5**, 271-284.

Buunk, A. P. (1991). Jealousy in close relationships: An exchange-theoretical perspective. In P. Salovey (Ed.) *The psychology of jealousy and envy* (pp. 148-177). New York: Guilford.

Buunk, A. P., & Hupka, R. B. (1987). Cross-cultural differences in the elicitation of sexual jealousy. *Journal of Sex Research*, **23**, 12-22.

Buunk, A. P., & Van Yperen, N. W. (1991). Referential comparisons, relational comparisons, and exchange orientation: Their relation to marital satisfaction. *Personality and Social Psychology Bulletin*, **17**, 709-717.

Buunk, A. P., Angleitner, A., Oubaid, V., & Buss, D. M. (1996). Sex differences in jealousy in evolutionary and cultural perspective: Tests from the Netherlands, Germany, and the United States. *Psychological Science*, **7**, 359-363.

Buunk, B. (1987). Conditions that promote breakups as a consequence of extradyadic involvements. *Journal of Social and Clinical Psychology*, **5**, 271-284.

Byers, J. A., & Byers, K. Z. (1983). Do pronghorn mothers reveal the locations of their hidden fawns? *Behavioral Ecology and Sociobiology*, **13**, 147-156.

Byrne, D. (1971). *The attraction paradigm*. New York: Academic Press.

Byrne, D. (1997). An overview (and underview) of research and theory within the attraction paradigm. *Journal of Social and Personal Relationships*, **14**, 417-431.

Cacioppo, J. T., & Bernston, G. C. (1994). Relationship between attitudes and evaluative space: A critical review, with emphasis on the separability of positive and negative substrates. *Psychological Bulletin*, **115**, 401-423.

Cacioppo, J. T., & Petty, R. E. (1986). Social processes. In M. G. H. Coles, E. Donchin, & S. W. Porges (Eds) *Psychophysiology: Systems, processes, and applications*, (pp. 646-79). New York: Guilford Press.

Cameron, C., Oskamp, S., & Sparks, W. (1977). Courtship American style—newspaper ads. *Family Coordinator*, **26**, 27-30.

Campbell, A., Converse, P. E., & Rodgers, W. L. (1976). *The quality of American life*. New York: Russell Sage.

Campbell, D. T. (1975). On the conflicts between biological and social evolution and between psychology and moral tradition. *American Psychologist*, **30**, 1103-1126.

Campos, J., Barrett, K., Lamb, M., Goldsmith, H., & Stenberg, C. (1983). Socioemotional development. In P. Mussen (Ed.) *Handbook of child psychology*, Vol. 2, pp. 783-917.

Canary, D. J., Stafford, L., Hause, K. S., & Wallace, L. A. (1993). An inductive analysis of relational maintenance strategies: Comparisons among lovers, relatives, friends, and others. *Communication Research Reports*, **10**, 5-14.

Carnegie, D. (1940). *How to win friends and influence people*. New York: Pocket Books.

Carnevale, P. J. D., Pruitt, D. G., & Britton, S. D. (1979). Looking tough: The negotiator under constituent surveillance. *Personality and Social Psychology Bulletin*, **5**, 118-121.

Carter, C. S. (1992). Oxytocin and sexual behavior. *Neuroscience and Biobehavioral Reviews*, **16**, 131-144.

Chapman, L. J., & Chapman, J. P. (1969). Genesis of popular but erroneous psychodiagnostic observations. *Journal of Abnormal Psychology*, **74**, 272-280.

Cheek, F E., & R. Anthony, R. (1970). Personal pronoun usage in families of schizophrenics and social space utilization. *Family Process*, **9**, 431-448.

Cherlin, A. (1989). Remarriage as an incomplete institution. In J. M. Henslin (Ed.) *Marriage and family in a changing society* (pp. 442-501). New York: Free Press.

Chrisman, S. M., Pieper, W. A., Clance, P. R., Holland, C. L., & Gliekauf-Hughes, C. (1995). Validation of the Clance Imposter Phenomenon Scale. *Journal of Personality Assessment*, **65**, 456-467.

Cialdini, R. B. (1989). Indirect tactics of image management: Beyond basking. In R. A. Giacalone & P. Rosenfeld (Eds) *Impression management in the organization* (pp. 45-56). Hillsdale, NJ: Lawrence Erlbaum Associates.

Cialdini, R. B., & DeNicholas, M. E. (1989). Self-presentation by association. *Journal of Personality and Social Psychology*, **57**, 626-631.

Clark, M. S. (1985). Implications of relationship type for understanding compatibility In W. Ickes (Ed.) *Compatible and incompatible relationships* (pp. 119-40). New York: Springer-Verlag.

Clark, M. S., & Mills, J. (1979). Interpersonal attraction in exchange and communal relationships. *Journal of Personality and Social Psychology*, **37**, 12-24.

Clark, M. S., Mills, J., & Powell, M. C. (1986). Keeping track of needs in communal and exchange relationships. *Journal of Personality and Social Psychology*, **51**, 333-338.

Clark, R. D., & Hatfield, E. (1989). Gender differences in receptivity to sexual offers. *Journal of Psychology and Human Sexuality*, **2**, 39-55.

Clark, R. E., & Halford, L. J. (1978). Going going gone: Some preliminary observations on "deals" at auctions. *Urban Life*, **7**, 285-307.

Cloven, D. H., & Roloff, M. E. (1994). A developmental model of decisions to withhold relational irritations in romantic relationships. *Personal Relationships*, **1**, 143-164.

Clulow, C. (1993). Marriage across frontiers: National, ethnic and religious differences in partnership. *Sexual and Marital Therapy*, **81**, 81-87.

Collins, N. L., & Read, S. J. (1990). Adult attachment, working models, and relationship quality in dating couples. *Journal of Personality and Social Psychology*, **58**, 644-663.

Cook, W. L. (1993). Interdependence and the interpersonal sense of control: An analysis of family relationships. *Journal of Personality and Social Psychology*, **64**, 587-601.

Cosmides, L., & Tooby, J. (1989). Evolutionary psychology and the generation of culture. Part II: A computational theory of social exchange. *Ethology and Sociobiology*, **10**, 51-97.

Cox, V C., Paulus, R B., & McCain, G. (1984). Prison crowding research: The relevance for prison housing standards and a general approach regarding crowding phenomena. *American Psychologist*, **39**, 1148-1160.

Cozby, P. C. (1973). Self-disclosure: A literature review. *Psychological Bulletin*, **79**, 73-91.

Crawford, C. B., & Anderson, J. L. (1989). Sociobiology: An environmentalist discipline. *American Psychologist*, **44**, 1449-1459.

Crittenden, P. M. (1988), Relationships at risk. In J. Belsky & T. Nezworski (Eds) *Clinical implications of attachment* (pp. 136-174). Hillsdale, NJ: Lawrence Erlbaum Associates.

Crosby, F. (1976). A model of egoistical relative deprivation. *Psychological Review*, **83**, 85-113.

Crouter, A. C., & Helms-Erickson, H. (1997). Work and family from a dyadic perspective: Variations in inequality. *Handbook of personal relationships*, 2nd edn (pp. 487-504). Chichester, UK: Wiley.

Cunningham, M. R., Barbee, A. P., & Druen, P. B. (1997). Social allergens and the reactions that they produce: Escalation of annoyance and disgust in love and work. In R. Kowalski (Ed.) *Aversive interpersonal behaviors* (pp. 190-215). New York: Plenum.

Cunningham, M. R., Roberts, A. R., Barbee, A. P., Druen, P. B., & Wu, C. (1995). "Their ideas of beauty are, on the whole, the same as ours": Consistency and variability in the cross-cultural perception of female physical attractiveness. *Journal of Personality and Social Psychology*, **68**, 261-279.

Cupach, W. R., & Metts, S. (1994). *Facework*. Thousand Oaks, CA: Sage.

Cupach, W. R., & Spitzberg, B. H. (Eds). (1994). *The dark side of interpersonal communication*. Hillsdale NJ: LEA.

Curtis, R. C., & Miller, K. (1986). Believing another likes or dislikes you: Behaviors making the beliefs come true. *Journal of Personality and Social Psychology*, **51**, 284-290.

Cutler, W. B., Garcia, C. R., Huggins, G. R., & Preti, G. (1986). Sexual behavior and steroid levels among gynecologically mature premenopausal women. *Fertility and Sterility*, **45**, 496-502.

Cutler, W. B., Preti, G., Huggins, G. R., Erickson, B., & Garcia, C. R. (1985). Sexual behavior frequency and biphasic ovulatory type menstrual cycles. *Physiology and Behavior*, **34**, 805-810.

Dainton, M., & Stafford, L. (1993). Routine maintenance behaviors: A comparison of relationship type, partner similarity and sex differences. *Journal of Social and Personal Relationships*, **10**, 255-271.

Daly, J. A., Hogg, E., Sacks, D., Smith, M., & Zimring, L. (1983). Sex and relationship affect social self-grooming. *Journal of Nonverbal Behavior*, **7**, 183-189.

Daly, J. A., Weber, D. J., Vangelisti, A. L., Maxwell, M., & Neel, H. (1989). Concurrent cognitions during conversations: Protocol analysis as a means of exploring conversations. *Discourse Processes*, **12**, 227-244.

Daly, M., & Wilson, M. I. (1983). *Sex, evolution, and behavior*, 2nd edn. Belmont, CA: Wadsworth.

Daly, M., & Wilson, M. I. (1988a). *Homicide*. New York: Aldine de Gruyter.

Daly, M., & Wilson, M. I. (1988b). Evolutionary social psychology and family homicide. *Science*, **242** (October), 519-524.

Daly, M., & Wilson, M. I. (1989). Homicide and cultural evolution. *Ethology and Sociobiology*, **10**, 99-110.

Daly, M., & Wilson, M. I. (1994). Some differential attributes of lethal assaults on small children by stepfathers versus genetic fathers. *Ethology and Sociobiology*, **15**, 207-217.

Daly, M., Wilson, M. I., & Weghorst, S. J. (1982). Male sexual jealousy. *Ethology and Sociobiology*, **3**, 11-27.

Darwin, C. (1859). *The origin of species*. London: Murray.

Darwin, C. (1872). *The expression of emotions in man and animals*. London: Murray.

Davidson, J. R. (1992). Interracial marriages: A clinical perspective. *Journal of Multicultural Counseling and Development*, **20**, 150-157.

Davies, J. C. (1962). Toward a theory of revolution. *American Sociological Review*, **27**, 5-13.

Davis, M. H., & Oathout, H. A. (1987). Maintenance of satisfaction in romantic relationships: Empathy and relational competence. *Journal of Personality and Social Psychology*, **53**, 397-410.

Dawe, H. C. (1934). An analysis of two hundred quarrels of pre-school children. *Child Development*, **5**, 139-57.

Dawkins, R. (1976). *The selfish gene*. Oxford: Oxford University Press.

Deag, J. M. (1977). Aggression and submission in monkey societies. *Animal Behaviour*, **25**, 465-474.

Dean, D. G., Braito, R., Powers, E. A., & Britton, B. (1975). Cultural contradictions and sex roles revisted: A replication and a reassessment. *Sociological Quarterly*, **16**, 201-215.

Deci, E. L. (1975). *Intrinsic motivation*. New York: Plenum Press.

Dehue, F. M. J., McClintock, C. G., & Liebrand, W. B. G. (1993). Social value related response latencies: Unobtrusive evidence for individual differences in information processes. *European Journal of Social Psychology*, **23**, 273-294.

Denzin, N. K. (1970). Rules of conduct and the study of deviant behavior: Some notes on social relationships. In G. J. McCall, M. McCall, N. Denzin & S. Kurth (Eds) *Social relationships* (pp. 62-94). Chicago: Aldine.

DePaulo, B. M. (1992). Nonverbal behavior and self-presentation. *Psychological Bulletin*, **111**, 203-243.

DePaulo, B. M., & Bell, K. L. (1996). Truth and investment: Lies are told to those who care. *Journal of Personality and Social Psychology*, **71**, 703–716.

DePaulo, B. M., & Kashy, D. A. (1998). Everyday lies in close and casual relationships. *Journal of Personality and Social Psychology*, **74**, 63–79.

DePaulo, B. M., Kashy, D. A., Kirkendol, S. E., Wyer, M. M., & Epstein, J. A. (1996). Lying in everyday life. *Journal of Personality and Social Psychology*, **70**, 979–995.

Derlega, V. J., & Berg, J. H. (1987). *Self-disclosure: Theory, research, and therapy*. New York: Plenum.

Derlega, V. J., Metts, S., Petronio, S., & Margulis, S. T. (1993). *Self-disclosure*. Newbury Park, CA: Sage.

Deutsch, F. M., Zalenski, C. M., & Clark, M. E. (1986). Is there a double standard of aging? *Journal of Applied Social Psychology*, **16**, 771–775.

Deutsch, M. (1975). Equity, equality, and need: What determines which value will be used as the basis of distributive justice? *Journal of Social Issues*, **31**, 137–149.

deWaal, F. (1989). *Chimpanzee politics*. Baltimore: Johns Hopkins University Press.

Dindia, K. (1997). Self-disclosure, self-identity, and relationship development: A transactional/dialectical perspective. *Handbook of personal relationships*, 2nd edn (pp. 411–425). Chichester, UK: Wiley.

Dindia, K., & Baxter, L. A. (1987). Strategies for maintaining and repairing marital relationships. *Journal of Social and Personal Relationships*, **4**, 143–158.

Dindia, K., Fitzpatrick, M. A., & Kenny, D. A. (1997). Self-disclosure in spouse and stranger interaction: A social relations analysis. *Human Communication Research*, **23**, 388–412.

Dixson, M. D., & Duck, S. W. (1993). Understanding relationship processes: Uncovering the human search for meaning. *Understanding relationship processes 1: Individuals in relationships* (pp. 175–206). Newbury Park: Sage.

Doherty, R. W., Hatfield, E., Thompson, K., & Chao, P. (1994). Cultural and ethnic influences on love and attachment. *Personal Relationships*, **1**, 391–398.

Dollard, J., & Miller, N. E. (1950). *Personality and psychotherapy*. New York: McGraw-Hill.

Donner, A., & Koval, J. J. (1980). The estimation of intraclass correlation in the analysis of family data. *Biometrics*, **36**, 19–25.

Drigotas, S. M., & Rusbult, C. E. (1992). Should I stay or should I go? A dependence model of breakups. *Journal of Personality and Social Psychology*, **62**, 62–87.

Drigotas, S. M., Rusbult, C. E., & Verette, J. (1999). Level of commitment, mutuality of commitment, and couple well-being. *Personal Relationships*, **6**, 389–409.

Drigotas, S. M., Rusbult, C. E., Wieselquist, J., & Whitton, S. (1999). Close partner as sculptor of the ideal self: Behavioral affirmation and the Michelangelo phenomenon. *Journal of Personality and Social Psychology*, **77**, 509–524.

Du Bois, W. E. B. (1903/1969). *The souls of Black folk*. New York: Signet.

Du Bois, W. E. B. (1947/1965). *The world and Africa*. New York: International Publishers.

Du Bois, W. E. B. (1986). *Writings*. New York: Library of America.

Duck, S. W. (1986). *Human relationships*. Newbury Park, CA: Sage.

Duck, S. W. (1990). Relationships as unfinished business: Out of the frying pan and into the 1990s. *Journal of Social and Personal Relationships*, **7**, 5–29.

Duck, S. W. (1991). Diaries and logs. In B. M. Montgomery & S. W. Duck (Eds) *Studying interpersonal relationships*, (pp. 141–61). New York: Guilford Press.

Duck, S. W. (1993). *Understanding relationship processes 3: Social contexts of relationships*. Newbury Park: Sage.

Duck, S. W. (1994a). *Meaningful relationships: Talking, sense, and relating*. Thousand Oaks, CA: Sage.

Duck, S. W. (1994b). Stratagems, spoils and a serpent's tooth: On the delights and dilemmas of personal relationships. *The dark side of interpersonal communication*, (pp. 3–24). Mahwah, NJ: Erlbaum.

Duck, S. W. (1998). *Human relationships*, 3rd edn. London: Sage.

Duck, S. W., & Miell, D. E. (1986). Charting the development of personal relationships. In R. Gilmour & S. W. Duck (Eds) *The emerging field of personal relationships* (pp. 133–144). Hillsdale, NJ: Erlbaum.

Duck, S. W., & Sants, H. K. A. (1983). On the origin of the specious: Are personal relationships really interpersonal states? *Journal of Social and Clinical Psychology*, **1**, 27–41.

Duck, S. W., & Wood, J. T. (1995). *Confronting relationship challenges [Understanding relationship processes 5]*. Newbury Park: SAGE.

Duck, S. W., Pond, K., & Leatham, G. (1991). *Remembering as a context for being in relationships: Different perspectives on the same interaction*. Paper presented at the Third Conference of the International Network on Personal Relationships, Normal/Bloomington, Illinois.

Duck, S. W., Rutt, D. J., Hurst, M., & Strejc, H. (1991). Some evident truths about communication in everyday relationships: All communication is not created equal. *Human Communication Research*, **18**, 228–267.

Duck, S. W., West, L., & Acitelli, L. K. (1997). Sewing the field: The tapestry of relationships in life and research. In S. W. Duck, K. Dindia, W. Ickes, R. M. Milardo, R. S. L. Mills & B. Sarason (Eds) *Handbook of Personal Relationships*, 2nd edn (pp. 1–24). Chichester, UK: Wiley.

Duckitt, J. (1994). *The social psychology of prejudice*. Westport, CT: Praeger.

Duncan, S., & Fiske, D. W. (1977). *Face-to-face interaction: Research, methods, and theory*. New Jersey: Lawrence Erlbaum Associates.

Durodoye, B. (1994). Intermarriage and marital satisfaction. *TCA Journal*, **22**, 3–9.

Dutton, D. G., & Aron, A. (1974). Some evidence for heightened sexual attraction under conditions of high anxiety. *Journal of Personality and Social Psychology*, **30**, 510–517.

Dutton, D. G., & Aron, A. (1989). Romantic attraction and generalized liking for others who are sources of conflict-based arousal. *Canadian Journal of Behavioural Science*, **21**, 246-257.

Early, G. (1993). Introduction. In G. Early (Ed.) *Lure and loathing: Essays on race, identity, and the ambivalence of assimilation* (pp. xi-xxiv). New York: Penguin.

Eibl-Eibesfeldt, I. (1975). *Ethology: The biology of behavior*, 2nd edn. New York: Holt, Rinehart & Winston.

Eibl-Eibesfeldt, I. (1989). *Human ethology.* New York: Gruyter.

Ekman, P. (1992). An argument for basic emotions. *Cognition and Emotion*, **6**, 169-200.

Ekman, P., & Friesen, W. V. (1971). Constants across cultures in the face and emotion. *Journal of Personality and Social Psychology*, **17**, 124-129.

Ekman, P., Friesen, W. V., O'Sullivan, M., Chan, A., Diacoyanni-Tarlatzis, I., Heider, K., Krause, R. LeCompte, W. A., Pitcairn, T., Ricci-Bitti, P. E., Scherer, K., Tomita, M., & Tzavaras, A. (1987). Universals and cultural differences in the judgments of facial expressions of emotion. *Journal of Personality and Social Psychology*, **53**, 712-717.

Eliasziw, M., & Donner, A. (1991). A generalized non-iterative approach to the analysis of family data. *Annals of Human Genetics*, **55**, 77-90.

Ellis, B. J., & Symons, D. (1990). Sex differences in sexual fantasy: An evolutionary psychological approach. *Journal of Sex Research*, **27**, 527-556.

Ellis, L., & Ames, M. A. (1987). Neurohormonal functioning and sexual orientation: A theory of homosexuality-heterosexuality. *Psychological Bulletin*, **101**, 233-258.

Erikson, E. H. (1950). *Childhood and society.* New York: Norton.

Essed, P. (1991). *Understanding everyday racism: An interdisciplinary theory.* Newbury Park, CA; Sage.

Fairchild, H. H. (1991). Scientific racism: The cloak of objectivity. *Journal of Social Issues*, **47**, 101-115.

Feeney, J., & Noller, P. (1990). Attachment style as a predictor of adult romantic relationships. *Journal of Personality and Social Psychology*, **58**, 281-291.

Fehr, B. (1993). How do I love thee? ... Let me consult my prototype. *Understanding relationship processes 1: Individuals in relationships* (pp. 87-120). Newbury Park: Sage.

Felmlee, D. H. (1995). Fatal attractions: Affection and disaffection in intimate relationships. *Journal of Social and Personal Relationships*, **12**, 295-311.

Felmlee, D., Sprecher, S., & Bassin, E. (1990). The dissolution of intimate relationships: A hazard model. *Social Psychology Quarterly*, **53**, 13-30.

Festinger, L. (1954). A theory of social comparison processes. *Human Relations*, **7**, 117-140.

Festinger, L., Schachter, S., & Back, K. W. (1950). *Social pressure in informal groups: A study of human factors in housing.* New York: Harper.

Finch, J. F., & Cialdini, R. B. (1989). Another indirect tactic of (self-) image management: Boosting. *Personality and Social Psychology Bulletin*, **15**, 222-232.

Fincham, F. D., & Bradbury, T. N. (1987). The impact of attributions in marriage: A longitudinal analysis. *Journal of Personality and Social Psychology*, **53**, 510-517.

Fincham, F. D., & Bradbury, T. N. (1993). Marital satisfaction, depression, and attributions: A longitudinal analysis. *Journal of Personality and Social Psychology*, **64**, 442-452.

Fine, M. A., McKenry, P. C., Donnelly, B. W., & Voydanoff, P. (1992). Percieved adjustment of parents and children: Variations by family structure, race, and gender. *Journal of Marriage and the Family*, **54**, 118-127.

Fine, M., Schwebel, A. I., & James-Myers, L. (1987). Family stability in Black families: Values underlying three different perspectives. *Journal of Contemporary Family Study*, **18**, 1-23.

Fisher, H. E. (1992). *Anatomy of love.* New York: Norton.

Fisher, R. A. (1925). *Statistical Methods for Research Workers.* Edinburgh: Oliver & Boyd.

Fiske, S. T. (1992). Thinking is for doing: Portraits of social cognition from daguerreotype to laserphoto. *Journal of Personality and Social Psychology*, **63**, 877-889.

Fiske, S. T. (1993). Controlling other people: The impact of power on stereotyping. *American Psychologist*, **48**, 621-628.

Fiske, S. T., & Taylor, S. E. (1984). *Social cognition.* Reading, MA: Addison-Wesley.

Fitness, J., & Strongman, K,. (1991). Affect in close relationships. *Cognition in close relationships*, 175-202.

Fleming, J. H., & Rudman, L. A. (1993). Between a rock and a hard place: Self-concept regulating and communicative properties of distancing behaviors. *Journal of Personality and Social Psychology*, **64**, 44-59.

Fleming, J. H., Darley, J. M., Hilton, J. L., & Kojetin, B. A. (1990). Multiple audience problem: A strategic communication perspective on social perception. *Journal of Personality and Social Psychology*, **58**, 593-609.

Fletcher, G. J. O., & Fincham, F. D. (1991a). Attribution processes in close relationships. In G. J. O. Fletcher & F. D. Fincham (Eds) *Cognition in close relationships* (pp. 7-35). Hillsdale, NJ: Erlbaum.

Fletcher, G. J. O., & Fincham, F. D. (1991b). *Cognition in close relationships.* Hillsdale, NJ: Lawrence Erlbaum.

Fletcher, G. J. O., & Fitness, J. (1993). Knowledge structures and explanations in intimate relationships, *Understanding relationship processes 1: Individuals in relationships* (pp. 121-143). Newbury Park: Sage.

Floyd, F., & Markman, H. (1983). Observational biases in spouse interaction: Toward a cognitive/behavioral model of marriage. *Journal of Consulting and Clinical Psychology*, **51**, 450-457.

Form, W. H., & Nosow, S. (1958). *Community in disaster.* New York: Harper.

Frable, D. E. S., Blackstone, T., & Scherbaum, C. (1990). Marginal and mindful: Deviants in social interactions. *Journal of Personality and Social Psychology*, **59**, 140-149.

Freeman, D. (1983). *Margaret Mead and Samoa.* Cambridge, MA: Harvard University Press.

French, M. (1985). *Beyond power: On women, men, and morals.* New York: Ballantine.

Fried, M. L., & DeFazio, V. J. (1974). Territoriality and boundary conflicts in the subway *Psychiatry*, 37, 47–59.

Frijda, N. H. (1988). The laws of emotion. *American Psychologist*, 43, 349–358.

Funderberg, L. (1994). *Black, White, Other: Biracial Americans talk about race and identity.* New York: Morrow.

Furman, W. (1985). Compatibility and incompatibility in children's peer and sibling relationships. In W. Ickes (Ed.) *Compatible and incompatible relationships* (pp. 61–87) New York: Springer-Verlag.

Gaines, S. O., Jr. (1996). Impact of interpersonal traits and gender-role compliance on interpersonal resource exchange among dating and engaged/married couples. *Journal of Social and Personal Relationships*, 13, 241–261.

Gaines, S. O., Jr., & Reed, E. S. (1994). Two social psychologies of prejudice: Gordon W. Allport, W. E. B. Du Bois, and the legacy of Booker T. Washington. *Journal of Black Psychology*, 20, 8–28.

Gaines, S. O., Jr., & Reed, E. S. (1995). Prejudice: From Allport to Du Bois. *American Psychologist*, 50, 96–103.

Gaines, S. O., Jr., Marelich, W. D., Bledsoe, K. L., Steers, W. N., Henderson, M. C., Granrose, C. S., Barájas, L., Hicks, D., Lyde, M., Takahashi, Y., Yum, N., Ríos, D. I., García, B. F., Farris, K. R., & Page, M. S. (1997). Links between race/ethnicity and cultural values as mediated by racial/ethnic identity and moderated by gender. *Journal of Personality and Social Psychology*, 72, 1460–1476.

Gaines, S. O., Jr., Ríos, D. I., Granrose, C. S., Bledsoe, K. L., Farris, K. R., Page, M. S., & García, B. F. (1999). Romanticism and interpersonal resource exchange among African American-Anglo and other interracial couples. *Journal of Black Psychology*, 25, 461–489.

Gaines, S. O., & Ickes, W. (1997). Perspectives on interracial relationships. In S. W. Duck (Ed.) *Handbook of personal relationships*, 2nd edn (pp. 197–220). Chichester, UK: Wiley.

Gangestad, S. W., & Simpson, J. A. (1990). Toward an evolutionary history of female sociosexual variation. *Journal of Personality*, 58, 69–96.

Garcia, S., Stinson, L., Ickes, W., Bissonnette, V., & Briggs, S. (1991). Shyness and physical attractiveness in mixed-sex dyads. *Journal of Personality and Social Psychology*, 61, 35–49.

Geary, D. C. (1998). *Male, female: The evolution of human and sex differences.* Washington, DC: American Psychological Association.

Gecas, V. (1989). Social psychology of self-efficacy. *American Sociological Review*, 15, 291–316.

Gelles, R. J. (1979). *Family violence.* Beverly Hills, CA: Sage.

Gelles, R. J., & Straus, M. A. (1985). Violence in the American family. In A. J. Lincoln & M. A. Straus (Eds) *Crime and the family* (pp. 88–110). Springfield, Ill.: Thomas.

Gergen, K. J., & Wishnov, V. B. (1965). Others' self-evaluation and interaction anticipation as determinants of self-presentation. *Journal of Personality and Social Psychology*, 2, 348–358.

Gilbert, D. T., Pelham, B. W., & Krull, D. S. (1988). On cognitive busyness: When person perceivers meet persons perceived. *Journal of Personality and Social Psychology*, 54, 733–740.

Ginsberg, D., & Gottman, J. M. (1986). Conversations of college roommates: Similarities and differences in male and female friendship. In J. M. Gottman & J. G. Parker (Eds) *Conversations of friends* (pp. 241–91). New York: Cambridge University Press.

Ginsburg, G. P. (1988). Rules, scripts and prototypes in personal relationships. In S. W. Duck (Ed.) *Handbook of personal relationships* (pp. 23–39). Chichester: Wiley.

Giuliano, T. A., Barnes, L. C., Fiala, S. E., & Davis, D. M. (1998, April). *An empirical investigation of male answer syndrome.* Paper presented at the meeting of the Southwestern Psychological Association, New Orleans.

Givens, D. B. (1978). The nonverbal basis of attraction: Flirtation, courtship, and seduction. *Psychiatry*, 41, 346–359.

Glenn, N. D. (1990). Quantitative research on marital quality in the 1980s: A critical review. *Journal of Marriage and the Family*, 52, 818–831.

Goffman, E. (1955). On facework. *Psychiatry*, 18, 213–231.

Goffman, E. (1959). *The presentation of self in everyday life.* Garden City, NJ: Doubleday Anchor.

Goffman, E. (1963). *Stigma: Notes on the management of spoiled identity.* Englewood Cliffs, NJ: Prentice Hall.

Goldberg, L. R. (1981). Unconfounding situational attributions from uncertain, neutral, and ambiguous ones: A psychometric analysis of descriptions of oneself and various types of others. *Journal of Personality and Social Psychology*, 41, 517–552.

Goldstein, H. (1987). *Multilevel models in educational and social research.* New York: Oxford.

Goldstein, H., & McDonald, R. P. (1988). A general model for the analysis of multilevel data. *Psychometrika*, 53, 455–467.

Gollob, H. F. (1991). Methods for estimating individual- and group-level correlations. *Journal of Personality and Social Psychology*, 60, 376–381.

Gonzales, M. H., Pederson, J. H., Manning, D. J., & Wetter, D. W. (1990). Pardon my gaffe: Effects of sex, status, and consequence severity on accounts. *Journal of Personality and Social Psychology*, 58, 610–621.

Gonzalez, R. (1995). The statistics ritual in psychological research. *Psychological Science*, 5, 321–326.

Gonzalez, R., & Griffin, D. (1997): On the statistics of interdependence: Treating dyadic data with respect. In S. W. Duck, K. Dindia, W. Ickes, R. Milardo, R. Mills, & B. Sarason (Eds) *Handbook of personal relationships*, 2nd edn (pp. 271–302). Chichester: Wiley.

Gonzalez, R., & Griffin, D. (1998a). *An approximate significance test for the group-level correlation.* University of Michigan and University of Sussex.

Gonzalez, R., & Griffin, D. (1998b). *The multiple personalities of the intraclass correlation.* University of Michigan and University of Sussex.

Gonzalez, R., & Griffin, D. (1999). The correlational analysis of dyad-level data in the distinguishable case. *Personal Relationships,* 6, 449-469.

Goodwin, J. S., Hurt, W. C., Key, C. R., & Sarret, J. M. (1987). The effect of marital status on stage, treatment, and survival of cancer patients. *Journal of the American Medical Association,* 258, 3125-3130.

Gordon, R. A. (1996). Impact of ingratiation on judgments and evaluations: A meta-analytic investigation. *Journal of Personality and Social Psychology,* 71, 54-70.

Gottman, J. M. (1979). *Marital interaction: Experimental investigations.* New York: Academic Press.

Gottman, J. M., & Levenson, R. W. (1986). Assessing the role of emotion in marriage. *Behavioral Assessment,* 8, 31-48.

Gottman, J. M., & Parker, J. G. (Eds) (1986). *Conversations of friends.* New York: Cambridge University Press.

Gottman, J. M., Markman, H. J., & Notarius, C. I. (1977). The topography of marital conflict: A sequential analysis of verbal and nonverbal behavior. *Journal of Marriage and the Family,* 39, 461-478.

Gottman, J. M., Markman, H., & Notarius, C. (1977). The topography of marital conflict: A study of verbal and nonverbal behavior. *Journal of Marriage and the Family,* 39, 461-477.

Gove, W. R., Hughes, M., & Geerken, M. R. (1980). Playing dumb: A form of impression management with undesirable side effects. *Social Psychology Quarterly,* 43, 89-102.

Greenberg, L. (1979). Genetic component of bee odor in kin recognition. *Science,* 206, 1095-1097.

Greenwald, A. G. (1980). The totalitarian ego: Fabrication and revision of personal history. *American Psychologist,* 35, 603-618.

Griesinger, D. W., & Livingston, J. W. (1973). Toward a model of interpersonal orientation in experimental games. *Behavioral Science,* 18, 173-188.

Griffin, D., & Gonzalez, R. (1995). The correlational analysis of dyad-level data: Models for the exchangeable case. *Psychological Bulletin,* 118, 430-439.

Griffin, D., & Gonzalez, R. (1998). *Regression models in dyadic research.* University of Sussex and University of Washington.

Gross, M. (1984). Sunfish, salmon, and the evolution of alternative reproductive strategies and tactics in fishes. In G. Potts & R. Wootton (Eds) *Fish reproduction: Strategies and tactics* (pp. 55-75). New York: Academic Press.

Gubrium, J. F. (1992). *Out of control: Family therapy and domestic disorder.* Newbury Park, CA: Sage.

Gudykunst, W. (1992). *Bridging differences: effective intergroup communication,* 2nd edn. Thousand Oaks, CA: Sage.

Guerrero, L. K. (1997). Nonverbal involvement across interactions with same-sex friends, opposite-sex friends and romantic partners: Consistency or change? *Journal of Social and Personal Relationships,* 14, 31-58.

Guttentag, M., & Secord, P. F. (1983). *Too many women? The sex ratio question.* Beverly Hills: Sage.

Haggard, E. A. (1958). *Intraclass correlation and the Analysis of Variance.* New York: Dryden Press.

Halberstadt, A. G. (1986). Family socialization of emotional expression and nonverbal communication styles and skills. *Journal of Personality and Social Psychology,* 51, 827-836.

Hamilton, D. L., & Rose, T. L. (1980). Illusory correlation and the maintenance of stereotypic beliefs. *Journal of Personality and Social Psychology,* 39, 832-845.

Hamilton, W. D. (1964). The genetical evolution of social behavior. *Journal of Theoretical Biology,* 7, 1-32.

Harlow, H., & Harlow, M. K. (1962). The effects of rearing conditions on behavior. *Bulletin of the Menniger Clinic,* 26, 213-224.

Harlow, H., & Harlow, M. K. (1965). The affectional systems. In A. M. Schrier, H. F. Harlow & F. Stollnitz (Eds) *Behavior of nonhuman primates* (Vol. 2). New York: Academic Press.

Harpending, H. (1992). Age differences between mates in southern African pastoralists. *Behavioral and Brain Sciences,* 15, 102-103.

Harrison, A. A., & Saeed, L. (1977). Let's make a deal: analysis of revelations and stipulations in lonely hearts advertisements. *Journal of Personality and Social Psychology,* 35, 257-264

Harvey, J. H., Christensen, A., & McClintock, E. (1983). Research methods. In H. H. Kelley, E. Berscheid, A. Christensen, J. H. Harvey, T. L. Huston, G. Levinger, E. McClintock, L. A. Peplau, & D. R. Peterson (Eds) *Close relationships* (pp. 449-485). New York: W. H. Freeman.

Harvey, J. H., Hendrick, S. S., & Tucker, K. (1988). Self-report methods in studying personal relationships. In S. W. Duck, D. E. Hay, S. E. Hobfoll, W. Ickes, & B. M. Montgomery (Eds) *Handbook of personal relationships: Theory, research, and interventions* (pp. 99-113). Chichester: Wiley.

Harvey, J. H., Ickes, W. J., & Kidd, R. F. (1976). A conversation with Fritz Heider. In J. H. Harvey, W. J. Ickes, & R. F. Kidd (Eds) *New directions in attribution research* (Vol. 1, pp. 3-18) Hillsdale, NJ: Erlbaum.

Hatfield, E., Traupmann, J., & Sprecher, S. (1984). Older women's perceptions of their intimate relationships. *Journal of Social and Clinical Psychology,* 2, 108-124.

Hatfield, E., Walster, G. W., & Berscheid, E. (1978). *Equity: Theory and research.* Boston: Allyn & Bacon.

Hauser, R. M. (1974). Contextual analysis revisited. *Sociological Methods and Research,* 2, 365-375.

Hayano, D. M. (1980). Communicative competency among poker players. *Journal of Communication,* 30, 113-20.

Hazan, C., & Shaver, P. R. (1987). Romantic love conceptualized as an attachment process. *Journal of Personality and Social Psychology*, **52**, 511–524.

Hazan, C., & Shaver, P. R. (1990). Love and work: An attachment theoretical perspective. *Journal of Personality and Social Psychology*, **59**, 270–280.

Hazan, C., & Shaver, P. R. (1994a). Attachment as an organizational framework for research on close relationships. *Psychological Inquiry*, **5**, 1–22.

Hazan, C., & Shaver, P. R. (1994b). Deeper into attachment theory. *Psychological Inquiry*, **5**(1), 68–79.

Hazan, C., & Zeifman, D. (1994). Sex and the psychological tether. *Advances in Personal Relationships*, **5**, 151–177.

Hazan, C., Zeifman, D., & Middleton, K. (July, 1994). *Attachment and sexuality*. Paper presented at the International Conference on Personal Relationships, Gottingen, The Netherlands.

Heatherington, L., Daubman, K. A., Bates, C., Ahn, A., Brown, H., & Preston, C. (1993). Two investigations of "female modesty" in achievement situations. *Sex Roles*, **29**, 739–754.

Heider, F. (1958). *The Psychology of Interpersonal Relations*. New York: Wiley.

Heller, K., & Rook, K. S. (1997). Distinguishing the theoretical functions of social ties: Implications of support interventions. In S. W. Duck (Ed.) *Handbook of personal relationships*, 2nd edn (pp. 649–670). Chichester UK: Wiley.

Hendrick, C., & Hendrick, S. S. (1986). A theory and method of love. *Journal of Personality and Social Psychology*, **50**, 392–402.

Hendrick, S. S., & Hendrick, C. (1992). *Liking, loving and relating*, 2nd edn. Pacific Grove, CA: Brooks/Cole.

Hendrick, S. S., & Hendrick, C. (1993). Lovers as friends. *Journal of Social and Personal Relationships*, **10**, 459–466.

Hepburn, J. R., & Crepin, A. E. (1984). Relationship strategies in a coercive institution: A study of dependence among prison guards. *Journal of Social and Personal Relationships*, **1**, 139–158.

Hernton, C. C. (1965/1988). *Sex and racism in America*. New York: Anchor Books.

Higgins, E. T. (1989). Self-discrepancy theory: What patterns of self-beliefs cause people to suffer? In L. Berkowitz (Ed.) *Advances in experimental social psychology* (Vol. 22, pp. 93–136). San Diego: Academic Press.

Hill, C. T., Rubin, Z., & Peplau, L. A. (1976). Breakups before marriage: The end of 103 affairs. *Journal of Social Issues*, **32**, 147–168.

Hill, K., & Hurtado, M. (1989). Hunter-gatherers of the new world. *American Scientist*, **77**, 437–443.

Hill, M. S. (1988). Marital stability and spouses' shared time: A multidisciplinary hypothesis. *Journal of Family Issues*, **9**, 427–451.

Hinde, R. A. (1981). The bases of a science of interpersonal relationships. *Personal relationships 1: Studying personal relationships* (pp. 1–22). London, New York, San Francisco: Academic Press.

Ho, M. K. (1984). *Building a successful intermarriage between religions, social classes, ethnic groups, or races*. St. Meinrad, IN: St. Meinrad Archabbey.

Ho, M. K. (1990). *Intermarried couples in therapy*. Springfield, IL: Thomas.

Hobfoll, S. E., & deVries, M. W. (Eds) (1995). *Extreme stress and communities: Impact and intervention*. Dordrecht: Kluwer.

Hodgins, H. S., Liebeskind, E., & Schwartz, W. (1996). Getting out of hot water: Facework in social predicaments. *Journal of Personality and Social Psychology*, **71**, 300–314.

Hofer, M. A. (1984). Relationships as regulators: A psychobiologic perspective on bereavement. *Psychosomatic Medicine*, **46**, 183–197.

Hofer, M. A. (1987). Early social relationships: A psychobiologist's view. *Child Development*, **58**, 663–647.

Hoffman, M. L. (1976). Empathy, role taking, guilt, and development of altruistic motives. In T. Lickona (Ed.) *Moral development and behavior*. New York: Holt.

Hogan, R. (1982). A socioanalytic theory of personality. In M. Page (Ed.) *Nebraska symposium on motivation* (pp. 55–89). Lincoln, NE: University of Nebraska Press.

Holdaway, S. (1980). The police station. *Urban Life*, **9**, 79–100.

Holman, T. B., & Jacquart, M. (1988). Leisure-activity patterns and marital satisfaction: A further test. *Journal of Marriage and the Family*, **50**, 69–77.

Holmes, J. G. (1981). The exchange process in close relationships: Microbehavior and macromotives. In M. Lerner & S. Lerner (Eds) *The justice motive in social behavior: Adapting to times of scarcity and change* (pp. 261–284). New York: Plenum.

Holmes, J. G., & Murray, S. L. (1996). Conflict in close relationships. In E. T. Higgins & A. W. Kruglanski (Eds) *Social psychology: Handbook of basic principles* (pp. 622–654). New York: Guilford.

Holmes, J. G., & Rempel, J. K. (1989). Trust in close relationships. In C. Hendrick (Ed.) *Review of personality and social psychology* (Vol. 10, pp. 187–220). London: Sage.

Holmes, T. H., & Rahe, R. H. (1967). The social readjustment scale. *Journal of Psychosomatic Research*, **11**, 213–218.

Holmes, W. G., & Sherman, P. W. (1983). Kin recognition in animals. *American Scientist*, **71**, 46–55.

Homans, G. C. (1961). *Social behavior: Its elementary forms*. New York: Harcourt Brace Jovanovich.

Homans, G. C. (1974). *Social behavior: Its elementary forms (revised edn)*. New York: Harcourt Brace Jovanovich.

Honeycutt, J. M. (1993). Memory structures for the rise and fall of personal relationships. *Understanding relationship processes 1: Individuals in relationships* (pp. 60–86). Newbury Park: Sage.

Howitt, D., & Owusu-Bempah, J. (1994). *The racism of psychology: Time for change*. New York: Harvester/Wheatsheaf.

Huesmann, L. R. (1980). Toward a predictive model of romantic behavior. In K. S. Pope et al. (Eds) *On love and loving* (pp. 152–171). San Francisco, CA: Jossey-Bass.

Huston, M., & Schwartz, P. (1995). Lesbian and gay male relationships. In J. T. Wood & S. W. Duck (Eds) *Under-studied relationships: Off the beaten track* (pp. 89–121) Thousand Oaks, CA: Sage.

Huston, T. L. (1983). Power. In H. H. Kelley, E. Berscheid, A. Christensen, J. H. Harvey, T. L. Huston, G. Levinger, E. McClintock, L. A. Peplau & D. R. Peterson (Eds) *Close relationships* (pp. 315–359). New York: W. H. Freeman.

Huston, T. L., & Ashmore, R. D. (1986). Women and men in personal relationships. In R. D. Ashmore & F. K. Del Boca (Eds) *The social psychology of female–male relations: A critical analysis of central concepts* (pp. 167–210). Orlando, FL: Academic Press.

Huston, T. L., & Levinger, G. (1978). Interpersonal attraction and relationships. *Annual Review of Psychology*, **29**, 115–156.

Huston, T. L., & Vangelisti, A. L. (1991). Socioemotional behavior and satisfaction in marital relationships: A longitudinal study. *Journal of Personality and Social Psychology*, **61**, 721–733.

Huston, T. L., McHale, S. M., & Crouter, A. C. (1986). When the honeymoon's over: Changes in the marriage relationship over the first year. In R. Gilmour & S. W. Duck (Eds) *The emerging science of personal relationships* (pp. 109–132). Hillsdale, NJ: Lawrence Erlbaum Associates.

Huston, T. L., Robins, E., Atkinson, J., & McHale, S. M. (1987). Surveying the landscape of marital behavior: A behavioral self-report approach to studying marriage. In S. Oskamp (Ed.) *Family processes and problems: Social psychological aspects. Applied Social Psychology Annual*, **7**, 46–71. Newbury Park, CA: Sage.

Huston, T. L., Surra, C. A., Fitzgerald, N. M., & Cate, R. M. (1981). From courtship to marriage: Mate selection as an interpersonal process. *Personal relationships 2: Developing personal relationships* (pp. 53–88). London and New York: Academic Press.

Ickes, W. (1982). A basic paradigm for the study of personality, roles, and social behavior. In W. Ickes & E. S. Knowles (Eds) *Personality, roles, and social behavior* (pp. 305–41). New York: Springer-Verlag.

Ickes, W. (1983). A basic paradigm for the study of unstructured dyadic interaction. In H. T. Reis (Ed.) *New directions for methodology of social and behavioral science: Naturalistic approaches to studying social interaction*, Vo. 15 (pp. 5–21). San Francisco: Jossey-Bass.

Ickes, W. (1984). Compositions in Black and White: Determinants of interaction in interracial dyads. *Journal of Personality and Social Psychology*, **47**, 330–341.

Ickes, W. (1985). Sex-role influences on compatibility in relationships. In W. Ickes (Ed.) *Compatible and incompatible relationships*, (pp. 187–208). New York: Springer-Verlag.

Ickes, W., Bissonnette, V., Garcia, S., & Stinson, L. (1990a). Implementing and using the dyadic interaction paradigm. In C. Hendrick & M. Clark (Eds) *Review of personality and social psychology*, Vol. 11, (pp. 16–44). Calif.: Sage.

Ickes, W., & Dugosh, J. W. (2000). An intersubjective perspective on social cognition and aging. *Basic and Applied Social Psychology* (special issue on Social Cognition and Aging), **22**, 157-167.

Ickes, W., & Gonzalez, R. (1994). "Social" cognition and *social* cognition: From the subjective to the intersubjective. *Small Group Research*, **25**, 294–315.

Ickes, W., & Gonzalez, R. (1996). "Social" cognition and *social* cognition: From the subjective to the intersubjective. In J. Nye & A. Brower (Eds) *What's so social about social cognition? Social cognition research in small groups*. Newbury Park, CA: Sage.

Ickes, W., Patterson, M. L., Rajecki, D. W., & Tanford, S. (1982). Behavioral and cognitive consequences of reciprocal versus compensatory responses to pre-interaction expectancies. *Social Cognition*, **1**, 160-90.

Ickes, W., Robertson, E., Tooke, W., & Teng, G. (1986). Naturalistic social cognition: Methodology, assessment, and validation. *Journal of Personality and Social Psychology*, **51**, 66–82.

Ickes, W., Stinson, L., Bissonnette, V., & Garcia, S. (1990b). Naturalistic social cognition: Empathic accuracy in mixed-sex dyads. *Journal of Personality and Social Psychology*, **59**, 730–742.

Ickes, W., & Tooke, W. (1988). The observational method: Studying the interaction of minds and bodies. In S. W. Duck, D. E Hay, S. E. Hobfoll W. Ickes, & B. M. Montgomery (Eds) *Handbook of personal relationships: Theory, research and interventions*, (pp. 79–97). Chichester: John Wiley & Sons.

Ickes, W., Tooke, W., Stinson, L., Baker, V., & Bissonnette, V. (1988). Naturalistic social cognition: Intersubjectivity in same-sex dyads. *Journal of Nonverbal Behavior*, **12**, 58–84.

Insko, C. A., Schopler, J., Hoyle, R. H., Dardis, G. J., & Graetz, K. A. (1990). Individual-group discontinuity as a function of fear and greed. *Journal of Personality and Social Psychology*, **58**, 68–79.

Jack, D. C. (1991). *Silencing the self: Women and depression*. Cambridge, MA: Harvard University Press.

Jacobs, J. B. (1974). Participant observation in prison. *Urban Life Culture*, **3**, 221-40.

Jacobson, N. S., & Margolin, G. (1979). *Marital therapy: Strategies based on social learning and behavior exchange principles*. New York: Brunner/Mazel.

James, W. (1890). *The principles of psychology*. New York: Holt.

James, W. (1948). *Psychology*. Cleveland: Fine Editions Press. (Original work published 1890)

Jankowiak, W. R., & Fischer, E. F. (1992). A cross-cultural perspective on romantic love. *Ethnology*, **31**, 149–155.

Janoff-Bulman, R., & Wade, M. B. (1996). The dilemma of self-advocacy for women: Another case of blaming the victim? *Journal of Social and Clinical Psychology*, **15**, 143–152.

Jellison, J. M., & Gentry, K. W. (1978). A self-presentation interpretation of the seeking of approval. *Personality and Social Psychology Bulletin*, **4**, 227–230.

Johnson, D. J. (1992). Developmental pathways: Toward an ecological theoretical formulation of race identity in Black-White biracial children. In M. P. P. Root (Ed.) *Racially mixed people in America* (pp. 37–49). Newbury Park, CA: Sage.

Johnson, D. J., & Rusbult, C. E. (1989). Resisting temptation: Devaluation of alternative partners as a means of maintaining commitment in close relationships. *Journal of Personality and Social Psychology*, **57**, 967–980.

Johnson, M. P. (1989). Commitment to personal relationships. In W. H. Jones & D. W. Perlman (Eds) *Advances in personal relationships* (Vol. 3, pp. 117–143). London: Jessica Kingsley.

Johnson, M. P. (1991a). Commitment to personal relationships. In W. H. Jones & D. Perlman (Eds) *Advances in personal relationships* (Vol. 3, pp. 117–143). London: Kingsley.

Johnson, M. P. (1991b). Reply to Levinger and Rusbult. In W. H. Jones & D. Perlman (Eds) *Advances in personal relationships* (Vol. 3, pp. 171–176). London: Kingsley.

Johnson, M. P., & Ewens, W. (1971). Power relations and affective styles as determinants of confidence in impression formation in a game situation. *Journal of Experimental Social Psychology*, **7**, 98–110.

Johnson, M. P., Huston, T. L., Gaines, S. O. Jr., & Levinger, G. (1992). Patterns of married life among young couples. *Journal of Social and Personal Relationships*, **9**, 343–364.

Jones, E. E. (1964). *Ingratiation*. New York: Appleton-Century-Crofts.

Jones, E. E., & Davis, K. E. (1965). From acts to dispositions: The attribution process in person perception. In L. Berkowitz (Ed.) *Advances in experimental social psychology* (Vol. 2, pp. 283–329). New York: Academic Press.

Jones, E. E., & Goethals, G. R. (1972). Order effects in impression formation. In E. E. Jones et al. (Eds) *Attribution: Perceiving the causes of behavior*. Morristown, NJ: General Learning Press.

Jones, E. E., & Nisbett, R. (1971). The actor and the observer: Divergent perceptions of the causes of behavior. In E. E. Jones, D. Kanouse, H. Kelley, H. Nisbett, S. Valins & B. Weiner (Eds) *Attribution: Perceiving the causes of behavior* (pp. 79–94). Morristown, NJ: General Learning Press.

Jones, E. E., & Pittman, T. S. (1982). Toward a general theory of strategic self-presentation. In J. Suls (Ed.) *Psychological perspectives on the self* (Vol. 1, pp. 231–262). Hillsdale, NJ: Erlbaum.

Jones, E. E., Bell, L., & Aronson, E. (1972). The reciprocation of attraction from similar and dissimilar others: A study in person perception and evaluation. In C. G. McClintock (Ed.) *Experimental social psychology* (pp. 142–179). New York: Holt, Rinehart.

Jones, E. E., Gergen, K. J., Gumpert, P., & Thibaut, J. W. (1965). Some conditions affecting the use of ingratiation to influence performance evaluation. *Journal of Personality and Social Psychology*, **1**, 613–625.

Jones, J. M. (1988). Racism in Black and White: a bicultural model of reaction and evaluation. In P. A. Katz & D. A. Taylor (Eds) *Eliminating racism: Profiles in controversy* (pp. 117–135). New York: Plenum.

Jones, R. R., Reid, J. B., & Patterson, G. R. (1975). Naturalistic observations in clinical assessment. In P. McReynolds (Ed.) *Advances in Psychological Assessment* (Vol. 3), San Francisco: Jossey-Bass.

Jones, W. H., & Burdette, M. P. (1994). Betrayal in relationships. In A. L. Weber & J. H. Harvey (Eds) *Perspectives on close relationships* (pp. 243–262). Boston: Allyn & Bacon.

Jourard, S. M. (1971). *Self-disclosure: An experimental analysis of the transparent self*. New York: Wiley Interscience.

Jung, C. G. (1959). Marriage as a psychological relationship. In V. S. DeLaszlo (Ed.) *The basic writings of C. G. Jung* (R. F. C. Hull, Trans.; pp. 531–544). New York: Modern Library. (Original work published 1925).

Kahneman, D., & Tversky, A. (1979). Prospect theory: An analysis of decision under risk. *Econometrica*, **47**, 263–291.

Kahneman, D., & Tversky, A. (1982). The psychology of preferences. *Scientific American*, **246**, 160–173.

Kahneman, D., Slovik, P., & Tversky, A. (1982). *Judgment under uncertainty: Heuristics and biases*. New York: Cambridge University Press.

Kambon, K. K. K., & Hopkins, R. (1993). An African-centred analysis of Penn et al.'s critique of the own-race preference assumption underlying Africentric models of personality. *Journal of Black Psychology*, **19**, 342–349.

Kashy, D. A., & DePaulo, B. M. (1996). Who lies? *Journal of Personality and Social Psychology*, **70**, 1037–1051.

Katz, P. A., & Taylor, D. A. (1988). Introduction. In P. A. Katz & D. A. Taylor (Eds) *Eliminating racism: Profiles in controversy* (pp. 1–16). New York: Plenum.

Keenan, J. M., & Baillet, S. D. (1980). Memory for personally and socially significant events. In R. S. Nickerson (Ed.) *Attention and performance* (Vol. 8, pp. 652–669). Hillsdale, NJ: Erlbaum.

Keenan, J. P., Gallup, G. G., Jr., Goulet, N., Kulkarni, M. (1997). Attributions of deception in human mating strategies. *Journal of Social Behavior and Personality*, **12**, 45–52.

Kelley, H. H. (1972). Attribution in social interaction. In E. E. Jones, D. E. Kanouse, H. H. Kelley, R. E. Nisbett, S. Valins, & B. Weiner (Eds) *Attribution: Perceiving the causes of behavior* (pp. 1–26). Morristown, NJ: General Learning Press.

Kelley, H. H. (1979). *Personal relationships: Their structure and process*. Hillsdale, NJ: Erlbaum.

Kelley, H. H. (1983a). Love and commitment. In H. H. Kelley, E. Berscheid, A. Christensen, J. H. Harvey, T. L. Huston, G. Levinger, E. McClintock, L. A. Peplau & D. R. Peterson (Eds) *Close relationships* (pp. 265–314). New York: W. H. Freeman.

Kelley, H. H. (1983b). The situational origins of human tendencies: A further reason for the formal analysis of structures. *Personality and Social Psychology Bulletin*, **9**, 8–30.

Kelley, H. H. (1984a). Affect in interpersonal relations. In P. Shaver (Ed.) *Review of personality and social psychology* (Vol. 5, pp. 89–115). Newbury Park, CA: Sage.

Kelley, H. H. (1984b). Interdependence theory and its future. *Representative Research in Social Psychology*, **14**, 2–15.

Kelley, H. H. (1984c). The theoretical description of interdependence by means of transition lists. *Journal of Personality and Social Psychology*, **47**, 956–982.

Kelley, H. H. (1991). Lewin, situations, and interdependence. *Journal of Social Issues*, **47**(2), 211–233.

Kelley, H. H. (1997). The "stimulus field for interpersonal phenomena": The source of language and thought about interpersonal events. *Personality and Social Psychology Review*, **1**, 140–169.

Kelley, H. H., & Grzelak, J. L. (1972). Conflict between individual and common interests in an n-person relationship. *Journal of Personality and Social Psychology*, **21**, 190–197.

Kelley, H. H., & Stahelski, A. J., (1970). Social interaction basis of cooperators' and competitors' beliefs about others. *Journal of Personality and Social Psychology*, **16**, 66–91.

Kelley, H. H., & Thibaut, J. W. (1969). Group problem solving. In G. Lindzey & E. Aronson (Eds) *Handbook of social psychology*, 2nd edn (Vol. 4, pp. 1–101). Reading, MA: Addison-Wesley.

Kelley, H. H., & Thibaut, J. W. (1978). *Interpersonal relations: A theory of interdependence.* New York: Wiley.

Kelley, H. H., & Thibaut, J. W. (1985). Self-interest, science, and cynicism. *Journal of Social and Clinical Psychology*, **3**, 26–32.

Kelley, H. H., Berscheid, E., Christensen, A., Harvey, J., Huston, T. L., Levinger, G., McClintock, D., Peplau, L. A., & Peterson, D. (1983). *Close relationships.* San Francisco: Freeman.

Kelly, G. A. (1955). *The psychology of personal constructs* (Vol. 1). New York: Norton.

Kelvin, P. (1977). Predictability, power, and vulnerablity in interpersonal attraction. In S. W. Duck (Ed.) *Theory and practice in interpersonal attraction* (pp. 355–378). London, Academic Press.

Kenny, D. A. (1979). *Correlation and causality.* New York: John Wiley.

Kenny, D. A. (1988). The analysis of data from two-person relationships. In S. W. Duck (Ed.) *Handbook of personal relationships* (pp. 57–77). New York: John Wiley.

Kenny, D. A. (1994). *Interpersonal perception: A social relations analysis.* New York: Guilford Press.

Kenny, D. A. (1995a). Design issues in dyadic research. *Review of Personality and Social Psychology*, **11**, 164–184.

Kenny, D. A. (1995b). The effect of nonindependence on significance testing in dyadic research. *Personal Relationships*, **2**, 67–75.

Kenny, D. A. (1996). Models of non-independence in dyadic research. *Journal of Social and Personal Relationships*, **13**, 279–294.

Kenny, D. A., & La Voie, L. (1984). The social relations model. In L. Berkowitz (Ed.) *Advances in Experimental social psychology* (Vol. 18, pp. 141–182). Orlando: Academic Press.

Kenny, D. A., & La Voie, L. (1985). Separating individual and group effects. *Journal of Personality and Social Psychology*, **48**, 339–348.

Kenny, D. A., & Acitelli, L. K. (1994). Measuring similarity in couples. *Journal of Family Psychology*, **8**, 417–431.

Kenny, D. A., & Albright, L. A. (1987). Accuracy in interpersonal perception: A social relations analysis. *Psychological Bulletin*, **102**, 390–402.

Kenny, D. A., & Judd, C. M. (1986). Consequences of violating the independence assumption in the analysis of variance. *Psychological Bulletin*, **99**, 422–431.

Kenny, D. A., & Judd, C. M. (1996). A general procedure for the estimation of interdependence. *Psychological Bulletin*, **119**, 138–148.

Kenny, D. A., & Kashy, D. A. (1991). Analyzing interdependence in dyads. In B. M. Montgomery & S. W. Duck (Eds) *Studying interpersonal relationships* (pp. 275–285). New York: The Guilford Press.

Kenrick, D. T. (1987). Gender, genes, and the social environment: A biosocial interactionist perspective. In P. Shaver & C. Hendrick (Eds) *Review of personality and social psychology* (Vol. 7, pp. 14–43). Newbury Park, CA: Sage.

Kenrick, D. T. (1994). Evolutionary social psychology: From sexual selection to social cognition. In M. P. Zanna (Ed.) *Advances in experimental social Psychology* (Vol. 26, pp. 75–122). San Diego, CA: Academic Press.

Kenrick, D. T., & Brown, S. (1995). Al Capone, discrete morphs, and complex dynamic systems. *Behavioral and Brain Sciences*, **18**, 560–561.

Kenrick, D. T., & Cialdini, R. B. (1977). Romantic attraction: Misattribution versus reinforcement explanations. *Journal of Personalty and Social Psychology*, **35**, 381–391.

Kenrick, D. T., & Gutierres, S. E. (1980). Contrast effects and judgments of physical attractiveness: When beauty becomes a social problem. *Journal of Personality and Social Psychology*, **38**, 131–140.

Kenrick, D. T., & Keefe, R. C. (1992). Age preferences in mates reflect sex differences in reproductive strategies. *Behavioral and Brain Sciences*, **15**, 75–133.

Kenrick, D. T., & Sheets, V. (1994). Homicidal fantasies. *Ethology and Sociobiology*, **14**, 231–246.

Kenrick, D. T., & Trost, M. R. (1987). A biosocial model of relationship formation. In K. Kelley (Ed.) *Females, males and sexuality: Theories and research* (pp. 58–100). Albany: SUNY Press.

Kenrick, D. T., & Trost, M. R. (1989). A reproductive exchange model of heterosexual relationships: Putting proximate economics in ultimate perspective. In C. Hendrick (Ed.) *Review of personality and social psychology: Vol. 10. Close Relationships* (pp. 92–118). Newbury Park: Sage.

Kenrick, D. T., & Trost, M. R. (1993). The evolutionary perspective. In A. E. Beall & R. J. Sternberg (Eds) *Perspectives on the psychology of gender* (pp. 148–172). New York: Guilford.

Kenrick, D. T., & Trost, M. R. (1997). Evolutionary approaches to relationships. In S. W. Duck (Ed.) *Handbook of personal relationships: Theory, research, and interventions*, 2nd edn (pp. 156-177). Chichester: Wiley.

Kenrick, D. T., Dantchik, A., & MacFarlane, S. (1983). Personality, environment, and criminal behavior: An evolutionary perspective. In W. S. Laufer & J. M. Day (Eds) *Personality theory, moral development and criminal behavior* (pp. 201-234). Lexington, Mass.: D. C. Heath & Co.

Kenrick, D. T., Gabrielidis, C., Keefe, R. C., & Cornelius, J. S. (1996). Adolescents' age preferences for dating partners: Support for an evolutionary model of life-history strategies. *Child Development*, 67, 1499-1511.

Kenrick, D. T., Groth, G. E., Trost, M. R., & Sadalla, E. K. (1993). Integrating evolutionary and social exchange perspectives on relationships: Effects of gender, self-appraisal, and involvement level on mate selection. *Journal of Personality and Social Psychology*, 64, 951-969.

Kenrick, D. T., Gutierres, S. E., & Goldberg, L. (1989). Influence of popular erotica on judgments of strangers and mates. *Journal of Experimental Social Psychology*, 25, 159-167.

Kenrick, D. T., Keefe, R. C., Bryan, A., Barr, A., & Brown, S. (1995). Age preferences and mate choice among homosexuals and heterosexuals: A case for modular psychological mechanisms. *Journal of Personality and Social Psychology*, 69, 1166-1172.

Kenrick, D. T., Neuberg, S. L., Zierk, K. L., & Krones, J. M. (1994). Evolution and social cognition: Contrast effects as a function of sex, dominance, and physical attractiveness. *Personality and Social Psychology Bulletin*, 20, 210-217.

Kenrick, D. T., Sadalla, E. K., Groth, G., & Trost, M. R. (1990). Evolution, traits, and the stages of human courtship: Qualifying the parental investment model. *Journal of Personality*, 58, 97-116.

Kenrick, D. T., Sadalla, E. K., & Keefe, R. C. (1998). Evolutionary cognitive psychology: The missing heart of modern cognitive science. In C. Crawford & D. Krebs (Eds) *Handbook of evolutionary psychology* (pp. 485-514). Mahwah, NJ: Lawrence Erlbaum Associates.

Kenrick, D. T., Stringfield, D. O., Wagenhals, W. L., Dahl, R. H., & Ransdell, H. J. (1980). Sex differences, androgyny, and approach responses to erotica: A new variation on the old volunteer problem. *Journal of Personality and Social Psychology*, 38, 517-524.

Kephart, W. M., & Jedlicka, D. (1988). *The family, society, and the individual*, 6th edn. New York: Harper & Row.

Kerckhoff, A. C. (1974). *Foundations of interpersonal attraction* (pp. 61-77). New York: Academic Press.

Kerckhoff, A. C., & Davis, K. (1962). Value consensus and need complementarity in mate selection. *American Sociological Review*, 27, 295-303.

Kiecolt-Glaser, J. K., Garner, W., Speicher, C., Penn, G. M., Holliday, J., & Glaser, R. (1984). Psychological modifiers of immunocompetence in medical students. *Psychosomatic Medicine*, 46, 7-14.

Kiecolt-Glaser, J. K., Ricker, D., George, J., Messick, G., Speicher, G. E., Garner, W., & Glaser, R. (1984). Urinary cortisol levels, cellular immunocompetence, and loneliness in psychiatric inpatients. *Psychosomatic Medicine*, 46, 15-23.

Kilbourne, B. S., Howell, F., & England, P. (1990). A measurement model for subjective marital solidarity: Invariance across time, gender, and life cycle stage. *Social Science Research*, 19, 62-81.

Kingston, P. W., & Nock, S. L. (1987). Time together among dual-earner couples. *American Sociological Review*, 52, 391-400.

Kirkpatrick, L. A., & Davis, K. E. (1993). Attachment style, gender, and relationship stability: A longitudinal analysis. *Journal of Personality and Social Psychology*, 66, 502-512.

Kirkpatrick, L. A., & Hazan, C. (1994). Attachment styles and close relationships: A four year prospective study. *Journal of Social and Personal Relationships*, 1, 123-142.

Klein, R., & Johnson, M. (1997). Strategies of couple conflict. *Handbook of personal relationships*, 2nd edn (pp. 469-486). Chichester, UK: Wiley.

Klein, R., & Milardo, R. (1993). Third-party influences on the development and maintenance of personal relationships. In S. W. Duck (Ed.) *Understanding relationship processes: Vol. 3: Social contexts of relationships* (pp. 55-77). Newbury Park, CA: Sage Publications.

Kobak, R., & Hazan, C. (1991). Attachment in marriage: The effects of security and accuracy of working models. *Journal of Personality and Social Psychology*, 60, 861-869.

Köhler, W. (1947). *Gestalt psychology: an introduction to new concepts in modern psychology*. New York: Liveright.

Koocher, G. F. (1977). Bathroom behavior and human dignity. *Journal of Personality and Social Psychology*, 35, 120-121.

Korolewicz, M., & Korolewicz, A. (1985). Effects of sex and race on interracial dating patterns. *Psychological Reports*, 57, 1291-1296.

Kotler, T. (1985). Security and autonomy within marriage. *Human Relations*, 38, 299-321.

Kouri, K. M., & Lasswell, M. (1993). Black-White marriages: Social change and intergenerational mobility. *Marriage and Family Review*, 19, 241-255.

Kovecses, Z. (1986). *Metaphors of anger, pride, and love: A lexical approach to the structure of concepts*. Amsterdam: John Benjamins.

Kovecses, Z. (1991). A linguists quest for love. *Journal of Personal and Social Relationships*, 8, 77-98.

Kowalski, R. (1997). Aversive interpersonal behaviors: An overarching framework. In R. Kowalski (Ed.) *Aversive interpersonal behaviors* (pp. 216-234). New York: Plenum.

Kowalski, R. (in press). *The underbelly of social interaction*. Washington: American Psychological Association.

Kowalski, R. M., & Leary, M. R. (1990). Strategic self-presentation and the avoidance of aversive events: Antecedents and consequences of self-enhancement and self-depreciation. *Journal of Experimental Social Psychology*, 26, 322-336.

Kraemer, H. C., & Jacklin, C. N. (1979). Statistical analysis of dyadic social behavior. *Psychological Bulletin*, 86, 217-224.

Krebs, D. L., & Miller, D. T. (1985). Altruism and aggression. In G. Lindzey and E. Aronson (Eds) *Handbook of social psychology*, 3rd edn (Vol. 2, pp. 1-71). New York: Random House.

Kreft, I., de Leeuw, J., & van der Leeden, R. (1994). Review of five multilevel analysis programs: Bmdp-5v, genmod, hlm, ml3, varcl. *American Statistician*, **48**, 324-335.

La Gaipa, J. J. (1990). The negative effects of informal support systems. In S. W. Duck, with R. C. Silver (Eds) *Personal relationships and social support* (pp. 122-140). London: Sage.

Lakoff, G. (1987). *Women, fire and dangerous things: What categories reveal about the mind*. Chicago: University of Chicago Press.

Lakoff, G., & Turner, M. (1989). *More than cool reason: A field guide to poetic metaphor*. Chicago: University of Chicago Press.

Lamke, L. K. (1989). Marital adjustment among rural couples: The role of expressiveness. *Sex Roles*, **21**, 579-590.

Lane, J. D., & Wegner, D. M. (1995). The cognitive consequences of secrecy. *Journal of Personality and Social Psychology*, **69**, 237-253.

Langer, S. K. (1948). *Philosophy in a new key: A study of the symbolism of reason, rite, and art*. New York: Mentor.

Larson, D. G., & Chastain, R. L. (1990). Self-concealment: Conceptualization, measurement, and health implications. *Journal of Social and Clinical Psychology*, **9**, 439-455.

Lea, M., & Spears, R. (1995). Love at first byte? Building personal relationships over computer networks. In J. T. Wood & S. W. Duck (Eds) *Understudied relationships: Off the beaten track* (pp. 197-233). Thousand Oaks, CA: Sage.

Leary, M. R. (1995). *Self-presentation: Impression management and interpersonal behavior*. Boulder, CO: Westview Press.

Leary, M. R., & Downs, D. L. (1995). Interpersonal functions of the self-esteem motive: The self-esteem system as a sociometer. In M. Kernis (Ed.) *Efficacy, agency, and self-esteem* (pp. 123-144). New York: Plenum.

Leary, M. R., & Kowalski, R. M. (1990). Impression management: A literature review and two-component model. *Psychological Bulletin*, **107**, 34-47.

Leary, M. R., & Kowalski, R. M. (1995). *Social anxiety*. New York: Guilford.

Leary, M. R., Bednarski, R., Hammon, D., & Duncan, T. (1997). Blowhards, snobs, and narcissists: Interpsonal reactions to excessive egotism. In R. Kowalski (Ed.) *Aversive interpersonal behaviors* (pp. 112-132). New York: Plenum.

Leary, M. R., Landel, J. L., & Patton, K. M. (1996). The motivated expression of embarrassment following a self-presentational predicament. *Journal of Personality*, **64**, 619-636.

Leary, M. R., Nezlek, J. B., Downs, D. L., Radford-Davenport, J., Martin, J., & McMullen, A. (1994). Self-presentation in everyday interactions. *Journal of Personality and Social Psychology*, **67**, 664-673.

Leary, M. R., Tchividjian, L. R., & Kraxberger, B. E. (1994). Self-presentation can be hazardous to your health: Impression management and health risk. *Health Psychology*, **13**, 461-470.

Lenington, S. (1981). Child abuse: The limits of sociobiology. *Ethology and Sociobiology*, **2**, 17-29.

Leonard, J. L. (1989). Homo sapiens: A good fit to theory, but posing some enigmas. *Behavioral and Brain Sciences*, **12**, 26-27.

LeVay, S. (1993). *The sexual brain*. Cambridge, MA: MIT Press.

Levenson, R. W., & Gottman, J. M. (1983). Marital interaction: Physiological linkage and affective exchange. *Journal of Personality and Social Psychology*, **45**, 587-597.

Levenson, R. W., & Gottman, J. M. (1985). Physiological and affective predictors of change in relationship satisfaction. *Journal of Personality and Social Psychology*, **49**, 85-94.

Leventhal, H., & Sharp, E. (1965). Facial expressions as indicators of distress, In S. S. Tompkin & C. E. Izard (Eds) *Affect, cognition, and personality* (pp. 296-318). New York: Springer.

Levinger, G. (1977). Re-viewing the close relation ship. In G. Levinger & H. L. Raush (Eds) Amherst, MA: University of Massachusetts Press.

Levinger, G. (1979). A social exchange view on the dissolution of pair relationships. In R. L. Burgess & T. L. Huston (Eds) *Social exchange in developing relationships* (pp. 169-193). New York: Academic Press.

Levinger, G. (1991). Commitment vs. cohesiveness: Two complementary perspectives. In W. H. Jones & D. Perlman (Eds) *Advances in personal relationships* (Vol. 3, pp. 145-150). London: Kingsley.

Levinger, G., & Rands, M. (1985). Compatibility in marriage and other close relationships. In W. Ickes (Ed.) *Compatible and incompatible relationships* (pp. 309-331). New York: Springer-Verlag.

Lewin, K. (1936). *Principles of topological psychology*. New York: McGraw-Hill.

Liebowitz, M. (1983). *The chemistry of love*. New York: Berkeley Books.

Liebrand, W. B. G., & Van Run, G. J. (1985). The effects of social motives on behavior in social dilemmas in two cultures. *Journal of Experimental Social Psychology*, **21**, 86-102.

Lind, E. A., & Tyler, T. R. (1988). *The social psychology of procedural justice*. New York: Plenum.

Lindemann, E. (1942). Symptomology and management of acute grief. *American Journal of Psychiatry*, **101**, 141-148.

Littlefield, C. H., & Rushton, J. P. (1986). When a child dies: The sociobiology of bereavement. *Journal of Personality and Social Psychology*, **51**, 797-802.

Livingston, K. R. (1980). Love as a process of reducing uncertainty—Cognitive theory. In K. S. Pope (Ed.) *On love and loving* (pp. 133-151). San Francisco: Jossey-Bass.

Livingstone, M., & Hubel, D. (1988). Segregation of form, color, movement, and depth: Anatomy, physiology, and perception. *Science*, **240**, 740-749.

Lockard, J. S., & Paulhus, D. L. (1988). *Self-deception: An adaptive mechanism?* Englewood Cliffs, NJ: Prentice Hall.

Locke, H. J., & Wallace, K. M. (1959). Short marital adjustment and prediction tests: Their reliability and validity. *Marriage and Family Living*, **21**, 251-255.

Lofland, L. H. (1982). Loss and human connection: An exploration into the nature of the social bond. In W. Ickes & E. S. Knowles (Eds) *Personality, roles, and social behavior* (pp. 219-242). New York: Springer-Verlag.

Lord, C. G. (1980). Schemas and images as memory aids: Two modes of processing social information. *Journal of Personality and Social Psychology*, 38, 257-269.

Lord, C. G. (1987). Imagining self and others: Reply to Brown, Keenan, and Potts. *Journal of Personality and Social Psychology*, 53, 445-450.

Lorenz, K. (1970). *Studies in animal and human behavior.* Cambridge, MA: Harvard University Press.

Lumsden, C. J., & Wilson, E. O. (1981). *Genes, mind, and culture: The coevolutionary process.* Cambridge, MA: Harvard University Press.

Lund, M. (1985). The development of investment and commitment scales for predicting continuity of personal relationships. *Journal of Social and Personal Relationships*, 2, 3-23.

Lynch, J. J. (1977). *The broken heart: The medical consequences of loneliness.* New York: Basic Books.

Maccoby, E. E. (1990). Gender and relationships: A developmental account. *American Psychologist*, 45, 513-520.

Major, B., Carrington, P. I., & Carnevale, P. J. D. (1984). Physical attractiveness and self-esteem: Attributions for praise from an other-sex evaluator. *Personality and Social Psychology Bulletin*, 10, 43-50.

Malamuth, N. M. (1986). Predictors of naturalistic sexual aggression. *Journal of Personality and Social Psychology*, 50, 953-962.

Mamali, C. (1991). *The dynamic of personal relationships between Dreiser and Mencken: The correspondentogram of a dyadic epistolary space (1907-1945).* Paper presented at the Third Conference of the International Network on Personal Relationships, Normal Bloomington, Illinois.

Mamali, C. (1992). *Correspondence and the reconstruction of social dynamics: The correspondentogram of a nuclear family.* Paper presented at the Workshop on Theoretical Analysis, Department of Sociology, University of Iowa, Iowa City, Iowa.

Mandler, G. (1975). *Mind and emotion.* New York: Wiley.

Mansfield, P., & Collard, J. (1988). *The beginning of the rest of our life: A portrait of newlywed marriage.* London: Macmillan.

Margolin, G., & Wampold, B. E. (1981). Sequential analysis of conflict and accord in distressed and nondistressed marital partners. *Journal of Counseling and Clinical Psychology*, 49, 554-567.

Markus, H. R. (1977). Self-schemata and processing information about the self. *Journal of Personality and Social Psychology*, 35, 63-78.

Martin, K. A., & Leary, M. R. (1998) *Self-presentational determinants of health risk behavior among college freshmen.* Manuscript under review, Wake Forest University.

Martin, K., Leary, M. R., & Rejeski, W. J. (2000). Self-presentational concerns in the aged: Implications for health and well-being. *Basic and Applied Social Psychology*, 22, 169-179.

Martin, R. (1997). "Girls don't talk about garages!": Perceptions of conversation in same- and cross-sex friendships. *Personal Relationships*, 4, 115-130.

Marx, G. (1987). *The Groucho letters: Letters from and to Groucho Marx.* New York: Fireside.

Maslow, A. H. (1967). A theory of metamotivation: The biological rooting of the value-life. *Journal of Humanistic Psychology*, 7, 93-127.

McCall, G. J. (1974). A symbolic interactionist approach to attraction. In T. L. Huston (Ed.) *Foundations of interpersonal attraction* (pp. 217-231). New York: Academic Press.

McCall, G. J., & Simmons, J. L. (1991). Levels of analysis: The individual, the dyad, and the larger social group. In B. M. Montgomery & S. W. Duck (Eds) *Studying interpersonal interaction* (pp. 56-81). New York: Guilford.

McClelland, K. E., & Auster, C. J. (1990). Public platitudes and hidden tensions: Racial climates at predominantly White liberal arts colleges. *Journal of Higher Education*, 61, 607-642.

McClintock, C. G., & Liebrand, W. B. G. (1988). The role of interdependence structure, individual value orientation and other's strategy in social decision making: A transformational analysis. *Journal of Personality and Social Psychology*, 55, 396-409.

McCornack, S. A., & Levine, T. R. (1990). When lies are uncovered: Emotional and relational outcomes of discovered deception. *Communication Monographs*, 57, 119-138.

McDougall, W. (1908). *Social psychology: An introduction.* London, Methuen.

McKenna, C. (1989). *Marital satisfaction and sensation seeking in the first ten years of marriage: Self-expansion versus boredom.* Doctoral dissertation, California Graduate School of Family Psychology, San Francisco, CA.

McNeal, J., & Aron, A. (1995, June). *Exciting activities and relationship satisfaction: A comparison of married and dating couples.* Paper presented at the International Network Conference on Personal Relationships, Williamsburg, VA.

Mead, G. H. (1934). *Mind, self, and society.* Chicago: CUP.

Mealey, L. (1995). The sociobiology of psychopathy. *Behavioral and Brain Sciences*, 18, 523-541.

Mellen, S. L. W. (1981). *The evolution of love.* Oxford, England: W. H. Freeman & Co.

Mencken, H. L. (1991). *The diary of H. L. Mencken.* New York: Vintage Books.

Mendoza, J. L., & Graziano, W. G. (1982). The statistical analysis of dyadic social behavior: A multivariate approach. *Psychological Bulletin*, 92, 532-540.

Merleau-Ponty, M. (1945). *Phenomenologie de la perception.* Paris: Gallimard.

Messick, D. M., & McClintock, C. G. (1968). Motivational bases of choice in experimental games. *Journal of Experimental Social Psychology*, 4, 1-25.

Messner, M. A. (1992). Like family: Power, intimacy, and sexuality in male athletes' friendships. In P. Nardi (Ed.), *Men's friendships* (pp. 215-237). Newbury Park, CA: Sage.

Metts, S. (1997). Face and facework: Implications for the study of personal relationships, *Handbook of personal relationships*, 2nd edn (pp. 373-390). Chichester, UK: Wiley.

Middlemist, R. D., Knowles, E. S., & Matter, C. E. (1976). Personal space invasions in the lavatory: Suggestive evidence for arousal. *Journal of Personality and Social Psychology*, **33**, 541-546.

Middlemist, R. D., Knowles, E. S., & Matter, C. E. (1977). What to do and what to report: A reply to Koocher. *Journal of Personality and Social Psychology*, **35**, 122-124.

Miell, D. E. (1987). Remembering relationship development: Constructing a context for interactions In Burnett, R., McPhee, J., & Clarke, D. D. (Eds) *Accounting for relationships* (pp. 60-73). London: Methuen.

Mikula, G. (1983). Justice and fairness in interpersonal relations: Thoughts and suggestions. In H. Tajfel (Ed.) *The social dimension* (pp. 204-227). Cambridge: Cambridge Univ. Press.

Mikulincer, M., & Nachshon, O. (1991). Attachment styles and patterns of self-disclosure. *Journal of Personality and Social Psychology*, **61**, 321-331.

Milardo, R. M. (1984). Theoretical and methodological issues in the identification of the social networks of spouses. *Journal of Marriage and the Family*, **51**, 165-174.

Milardo, R. M., & Wellman, B. (1992). The personal is social. *Journal of Social and Personal Relationships*, **9**, 339-342.

Milardo, R. M., Johnson, M. P., & Huston, T. L. (1983). Developing close relationships: Changing patterns of interaction between pair members and social networks. *Journal of Personality and Social Psychology*, **44**, 964-976.

Miller, G. A., Gallanter, E., & Pribram, K. H. (1960). *Plans and the structure of behavior*. New York: Holt, Rinehart & Winston.

Miller, L. C., & Kenny, D. A. (1986). Reciprocity of self-disclosure at the individual and dyadic levels: A social relations analysis. *Journal of Personality and Social Psychology*, **50**, 713-719.

Miller, L. C., Berg, J. H., & Archer, R. L. (1983). Openers: Individuals who elicit intimate self-disclosure. *Journal of Personality and Social Psychology*, **44**, 1234-1244.

Miller, R. S. (1987). Empathic embarrassment: Situational and personal determinants of reactions to the embarrassment of another. *Journal of Personality and Social Psychology*, **53**, 1061-1069.

Miller, R. S. (1996). *Embarrassment: Poise and peril in everyday life*. New York: Guilford Press.

Miller, R. S. (1997a). Inattentive and contented: Relationship commitment and attention to alternatives. *Journal of Personality and Social Psychology*, **73**, 758-766.

Miller, R. S. (1997b). We always hurt the ones we love: Aversive interactions in close relationships. In R. M. Kowalski (Ed.) *Aversive interpersonal behaviors* (pp. 11-29). New York: Guilford Press.

Mirande, A. (1977). The Chicago family: A reanalysis of conflicting values. *Journal of Marriage and the Family*, **39**, 747-756.

Moghaddam, F. M., Taylor, D. M., & Wright, S. C. (1993). *Social psychology in cross-cultural perspective*. New York: W. H. Freeman.

Molm, L. D. (1985). Relative effects of individual dependencies: Further tests of the relation between power imbalance and power use. *Social Forces*, **63**, 810-837.

Montgomery, B. M. (1986). Interpersonal attraction as a function of open communication and gender. *Communication Research Reports*, **3**, 27-36.

Moore, M. M. (1985). Nonverbal courtship patterns in women. *Ethology and Sociobiology*, **6**, 237-247.

Mori, D., Chaiken, S., & Pliner, P. (1987), "Eating lightly" and the self-presentation of femininity. *Journal of Personality and Social Psychology*, **53**, 693-702.

Morier, D., & Seroy, C. (1994). The effect of interpersonal expectancies on men's self-presentation of gender role attitudes to women. *Sex Roles*, **31**, 493-504.

Morris, D. (1972). *Intimate behavior*. New York: Bantam.

Murphy, B. C. (1989). Lesbian couples and their parents: The effects of perceived parental attitudes on the couple. *Journal of Counseling and Development*, **68**, 46-51.

Murray, S. L. (1995). *Is love blind? Positive illusions, idealization and the construction of satisfaction in close relationships*. Doctoral Dissertation, University of Waterloo.

Murray, S. L., & Holmes, J. G. (1993). Seeing virtues in faults: Negativity and the transformation of interpersonal narratives in close relationships. *Journal of Personality and Social Psychology*, **65**, 707-722.

Murray, S. L., & Holmes, J. G. (1997). A leap of faith? Positive illusions in romantic relationships. *Personality and Social Psychology Bulletin*, **23**, 586-604.

Murray, S. L., Holmes, J. G., & Griffin, D. W. (1996a). The benefits of positive illusions: Idealization and the construction of satisfaction in close relationships. *Journal of Personality and Social Psychology*, **70**, 79-98.

Murray, S. L., Holmes, J. G., & Griffin, D. W. (1996b). The self-fulfilling nature of positive illusions in romantic relationships: Love is not blind, but prescient. *Journal of Personality and Social Psychology*, **71**, 1155-1180.

Murstein, B. I. (1971). Critique of models of dyadic attraction. In B. I. Murstein (Ed.) *Theories of attraction and love* (pp. 1-30). New York: Springer.

Murstein, B. I. (1987). A classification and extension of the SVR theory of dyadic pairing. *Journal of Marriage and the Family*, **42**, 777-792.

Myrdal, G. (1944). *An American dilemma*. New York: Harper & Row.

National Research Council (1989). *A common destiny: Blacks and American society*. Washington, DC: National Academy Press.

Neuberg, S. L., & Fiske, S. T. (1987). Motivational influences on impression formation: Outcome dependency, accuracy-driven attention, and individuating processes. *Journal of Personality and Social Psychology*, **53**, 431-444.

Newcomb, T. M. (1956). The prediction of interpersonal attraction. *American Psychologist*, **11**, 575-586.

Nicholson, J. H. (1998). *Sibling alliances*. Unpublished Ph.D. Thesis, University of Iowa.

Nisbett, R. E., & Ross, L. (1980). *Human inference: Strategies and shortcomings of social judgment*. Englewood Cliffs, NJ: Erlbaum.

Nisbett, R. E., Caputo, C., Legant, P., & Marecek, J. (1973). Behavior as seen by the actor and as seen by the observer. *Journal of Personality and Social Psychology*, **27**, 154-164.

Norman, C., & Aron, A. (1995, June). *The effect of exciting activities on relationships satisfaction: A laboratory experiment*. Paper presented at the International Network Conference on Personal Relationships, Williamsburg, VA.

Olson, D. H. (1977). Insiders' and outsiders' views of relationships: Research studies, *Close relationships: Perspectives on the meaning of intimacy* (pp. 115-135). Amherst: UMass Press.

Olson, D. H., Russell, C. S., & Sprenkle, D. H. (1983). Circumplex model of marital and family systems: VI. Theoretical update. *Family Process*, **22**, 69-83.

Omoto, A. M., & Gunn, D. O. (1994, May). *The effect of relationship closeness on encoding and recall for relationship-irrelevant information*. Paper presented at the May Meeting of the International Network on Personal Relationships, Iowa City, IA.

Orbell, J. M., Van de Kragt, A. J. C., & Dawes, R. M. (1988). Explaining discussion-induced cooperation. *Journal of Personality and Social Psychology*, **54**, 811-819.

Orden, S. R., & Bradburn, N. M. (1968). Dimensions of marriage happiness. *American Journal of Sociology*, **73**, 715-731.

Orpen, C. (1996). The effects of ingratiation and self-promotion tactics on employee career success. *Social Behavior and Personality*, **24**, 213-214.

Orthner, D. K. (1975). Leisure activity patterns and marital satisfaction over the marital career. *Journal of Marriage and the Family*, **37**, 91-101.

Osborne, R. E., & Gilbert, D. T. (1992). The preoccupational hazards of social life. *Journal of Personality and Social Psychology*, **62**, 219-228.

Page, J. R., Stevens, H. B., & Galvin, S. L. (1996). Relationships between depression, self-esteem, and self-silencing behavior. *Journal of Social and Clinical Psychology*, **15**, 381-396.

Panksepp, J., Siviy, S. M., & Normansell, L. A. (1985). Brain opioids and social emotions. In M. Reite & T. Field (Eds) *The psychobiology of attachment and separation* (pp. 3-50). London: Academic Press.

Parham, T. A. (1993). *Psychological storms: The African American struggle for identity*. Chacago: African American Images.

Parkes, C. M., Stevenson-Hinde, J., & Marris, P. (1991). *Attachment across the life cycle*. London: Tavistock/Routledge.

Parks, M. R., & Eggert, L. L. (1991). The role of social context in the dynamics of personal relationships, *Advances in personal relationships* (Vol. 2, pp. 1-34). London: Jessica Kingsley Publishers Ltd.

Parks, M. R., & Floyd, K. (1996). Meanings for closeness and intimacy in friendship. *Journal of Social and Personal Relationships*, **13**, 85-107.

Peeke, H. V. S., & Herz, M. J. (1973). *Habituation*. New York: Academic Press.

Penn, M. L., Gaines, S. O., Jr., & Phillips, L. (1993). On the desirability of own-group preference. *Journal of Black Psychology*, **19**, 303-321.

Pennebaker, J. W. (1997). *Opening up: The healing power of expressing emotions*. New York: Guilford Press.

Peplau, L. A., & Gordon, S. L. (1985). Woman and men in love: Gender differences in close heterosexual relationships. In V. E. O'Leary, R. K. Unger & B. S. Wallston (Eds) *Women, gender, and social psychology* (pp. 257-291). Hillsdale, NJ: Erlbaum.

Perlman, D. (1986, July). *Chance and coincidence in personal relationships*. Paper presented at the Third International Conference on Personal Relationships, Herzlia, Israel.

Perper, T., & Weis, D. L. (1987). Proceptive and rejective strategies of U.S. and Canadian women. *Journal of Sex Research*, **23**, 455-480.

Peterson, D. R. (1983). Conflict. In H. H. Kelley, E. Berscheid, A. Christensen, J. H. Harvey, T. L. Huston, G. Levinger, E. McClintock, L. A. Peplau & D. R. Peterson (Eds) *Close relationships* (pp. 360-396). New York: W. H. Freeman.

Pettigrew, T. F. (1988). Integration and pluralism. In P. A. Katz & D. A. Taylor (Eds) *Eliminating racism: Profiles in controversy* (pp. 19-30). New York: Plenum.

Phillips, L., Penn, M. L., & Gaines, S. O., Jr. (1993). A hermeneutic rejoinder to ourselves and our critics. *Journal of Black Psychology*, **19**, 350-357.

Phinney, J. S. (1995). Ethnic identity and self-esteem: A review and integration. In A. M. Padilla (Ed.) *Hispanic psychology: Critical issues in theory and research* (pp. 57-70). Thousand Oaks, CA: Sage.

Piaget, J. (1963). *The origins of intelligence in children* (M. Cook, Trans.). New York: Norton. (Original work published 1952).

Pinker, S. (1994). *The language instinct*. New York: William Morrow & Co.

Pinkney, A. (1993). *Black Americans*, 4th edn. Englewood Cliffs, NJ: Prentice Hall.

Pipp, S., Shaver, P., Jennings, S., Lamborn, S., & Fischer, K. W. (1985). Adolescents' theories about the development of their relationships with parents. *Journal of Personality and Social Psychology*, **48**, 991-1001.

Planalp, S., & Garvin-Doxas, K. (1994). Using mutual knowledge in conversation: Friends as experts on each other. In S. W. Duck (Ed.) *Dynamics of relationships* (pp. 1-26). Thousand Oaks, CA: Sage.

Plutchik, R. (1967). Marriage as dynamic equilibrium: Implications for research. In H. L. Silverman (Ed.) *Marital counseling: Psychology, ideology, science* (pp. 347-367). Springfield, IL: Charles C. Thomas.

Ponder, E., & Kennedy, W. P. (1927). On the act of blinking. *Quarterly Journal of Experimental Physiology*, **18**, 89-110.

Porterfield, E. (1978). *Black and White mixed marriages*. Chicago: Nelson-Hall.

Prager, K. J. (1995). *The psychology of intimacy*. New York: Guilford.

Prentice, D. A. (1990). Familiarity and differences in self- and other-representations. *Journal of Personality and Social Psychology*, 59, 369–383.

Presser, H. B. (1975). Age differences between spouses: Trends, patterns, and social implications. *American Behavioral Scientist*, 19, 190–205.

Pruitt, D. G., & Kimmel, M. J. (1977). Twenty years of experimental gaming: Critique, synthesis, and suggestions for the future. *Annual Review of Psychology*, 28, 363–392.

Prusank, D., Duran, R., & DeLillo, D. A. (1993). Interpersonal relationships in women's magazines: Dating and relating in the 1970s and 1980s. *Journal of Social and Personal Relationships*, 10, 307–320.

Quinsey, V. L., Chaplin, T. C., Maguire, A. M., & Upfold, D. (1987). The behavioral treatment of rapists and child molesters. In E. K. Morris & C. J. Braukmann (Eds) *Behavioral approaches to crime and delinquency: Application, research, and theory* (pp. 363–382). New York: Plenum.

Rajecki, D. W. (1985). Predictability and control in relationships: A perspective from animal behavior. In W. Ickes (Ed.) *Compatible and incompatible relationships* (pp. 11–31). New York: Springer-Verlag.

Rajecki, D. W., Bledsoe, S. B., & Rasmussen, J. L. (1991). Successful personal ads: Gender differences and similarities in offers, stipulations, and outcomes. *Basic and Applied Social Psychology*, 12, 457–469.

Rapoport, A. (1966). *Two-person game theory*. Ann Arbor, MI: Univ. of Michigan.

Reedy, M. N., Birren, J. E., & Schaie, K. W. (1981). Age and sex differences in satisfying love relationships across the adult life span. *Human Development*, 24, 52–66.

Reik, T. (1944). *A psychologist looks at love*. New York: Farrar & Reinhart.

Reis, H. T. (1998). The science of relationships grows up. *Contemporary Psychology*, 43, 393–395.

Reis, H. T., & Patrick, B. C. (1996). Attachment and intimacy: Component processes. In E. T. Higgins & A. W. Kruglanski (Eds) *Social psychology: Handbook of basic principles* (pp. 523–563). New York: Guilford.

Reis, H. T., & Shaver, P. (1988). Intimacy as an interpersonal process. In S. W. Duck (Ed.) *Handbook of personal relationships: Theory, research, and interventions* (pp. 367–389). Chichester: Wiley.

Reis, H. T., & Wheeler, L. (1991). Studying social interaction with the Rochester Interaction Record. In *Advances in experimental social psychology*, 24, 269–318. New York: Academic Press.

Reis, H. T., Nezlek, J., & Wheeler, L. (1980). Physical attractiveness in social interaction. *Journal of Personality and Social Psychology*, 38, 604–17.

Reis, H. T., Senchak, M., & Solomon, B. (1985). Sex differences in the intimacy of social interaction: Further examination of potential explanations. *Journal of Personality and Social Psychology*, 48, 1204–1217.

Reissman, C., Aron, A., & Bergen, M. R. (1993). Shared activities and marital satisfaction: Causal direction and self-expansion versus boredom. *Journal of Social and Personal Relationships*, 10, 243–254.

Rempel, J. K., Holmes, J. G., & Zanna, M. P. (1985). Trust in close relationships. *Journal of Personality and Social Psychology*, 49, 95–112.

Retzinger, S. M. (1995). Shame and anger in personal relationships. *Relationship challenges: Understanding relationship processes*, 5, 22–42.

Revenstorf, D., Hahlweg, K., Schindler, L., & Kunert, H. (1984). The use of time series analysis in marriage counseling. In K. Hahlweg & N. S. Jacobson (Eds) *Marital interaction: Analysis and modification* (pp. 199–231). New York: Guilford.

Riesman, D., & Watson, J. (1964). The sociability project: A chronicle of frustration and achievement. In P. E. Hammond (Ed.) *Sociologists at work* (pp. 235–321). New York: Basic Books.

Riggio, R. E. (1986). Assessment of basic social skills. *Journal of Personality and Social Psychology*, 51, 649–660.

Riordan, C. A., & Tedeschi, J. T. (1983). Attraction in aversive environments: Some evidence for classical conditioning and negative reinforcement. *Journal of Personality and Social Psychology*, 44, 684–692.

Robertson, J. (1953). Some responses of young children to the loss of maternal care. *Nursing Times*, 49, 382–386.

Robinson, W. S. (1950). Ecological correlations and the behavior of individuals. *American Sociological Review*, 15, 351–357.

Robinson, W. S. (1957). The statistical measurement of agreement. *American Sociological Review*, 22, 17–25.

Rogers, C. (1970). *Carl Rogers on encounter groups*. New York: Harper & Row.

Rogers, T. B., Kuiper, N. A., & Kirker, W. S. (1977). Self-reference and the encoding of personal information. *Journal of Personality and Social Psychology*, 35, 677–688.

Rollins, B., & Feldman, H. (1970). Marriage satisfaction over the family life cycle. *Journal of Marriage and the Family*, 32, 20–28.

Roloff, M. E., & Cloven, D. H. (1994). When partners transgress: Maintaining violated relationships. In D. J. Canary & L. Stafford (Eds) *Communication and relational maintenance* (pp. 23–43). New York: Academic Press.

Rook, K. S. (1984). The negative side of social interaction: Impact on psychological well-being. *Journal of Personality and Social Psychology*, 46, 1097–1108.

Rosenblatt, P. C. (1983). *Bitter, bitter tears: Nineteenth-century diarists and twentieth-century grief theorists*. Minneapolis: University of Minnesota Press.

Rosenblatt, P. C., Karis, T. A., & Powell, R. D. (1995). *Multiracial couples: Black and White voices*. Thousand Oaks, CA: Sage.

Rosenfeld, L. B., & Bowen, G. L. (1991). Marital disclosure and marital satisfaction: Direct-effect versus interaction effect models. *Western Journal of Speech Communication*, 55, 69–84.

Rosner, B. (1982). On the estimation and testing of interclass correlations: The general case of multiple replicates for each variable. *American Journal of Epidemiology*, 116, 722–730.

Ross, L. (1977). The intuitive psychologist and his shortcomings: Distortions in the attribution process. In L. Berkowitz (Ed.) *Advances in experimental social psychology* (Vol. 10, pp. 173–220). New York: Academic Press.

Rotter, J. B. (1954). *Social learning and clinical psychology*. Englewood Cliffs, NJ: Prentice Hall.

Rowatt, W. C., & Cunningham, M. R. (1997, August). *Impression management for relationship partners: The psychology of other-monitoring*. Paper presented at the meeting of the American Psychological Association, Chicago.

Rubenstein, J. (1973). *City police*. New York: Ferrar, Strauss, & Giroux.

Rubin, L. B. (1985). *Just friends: The role of friendship in our everyday lives*. New York: Harper & Row.

Rudman, L. A. (1998). Self-promotion as a risk factor for women: The costs and benefits of counterstereotypical impression management. *Journal of Personality and Social Psychology*, **74**, 629-645.

Runciman, W. G. (1966). *Relative deprivation and social justice*. Berkeley, CA: University of California Press.

Rusbult, C. E. (1983). A longitudinal test of the investment model: The development (and deterioration) of satisfaction and commitment in heterosexual involvements. *Journal of Personality and Social Psychology*, **45**, 101-117.

Rusbult, C. E. (1991). Comment on Johnson's "Commitment to personal relationships": What's interesting, and what's new? In W. H. Jones & D. Perlman (Eds) *Advances in personal relationships* (Vol. 3, pp. 151-169). London: Kingsley.

Rusbult, C., & Arriaga, X. (1997). Interdependence and personal relationships. In S. W. Duck (Ed.) with K. Dindia, W. Ickes, R. M. Milardo, R. S. L. Mills & B. Sarason, *Handbook of personal relationships*, 2nd edn (pp. 221-250). Chichester, UK: Wiley.

Rusbult, C. E., & Buunk, B. P. (1993). Commitment processes in close relationships: An interdependence analysis. *Journal of Social and Personal Relationships*, **10**, 175-204.

Rusbult, C. E., & Martz, J. M. (1995). Remaining in an abusive relationship: An investment model analysis of nonvoluntary commitment. *Personality and Social Psychology Bulletin*, **21**, 558-571.

Rusbult, C. E., & Van Lange, P. A. M. (1996). Interdependence processes. In E. T. Higgins & A. Kruglanski (Eds) *Social psychology: Handbook of basic principles* (pp. 564-596). New York: Guilford.

Rusbult, C. E., Van Lange, P. A. M., Yovetich, N. A., Wildschut, R. T., & Verette, J. (1999). *A functional analysis of positive illusion in close relationships*. Unpublished manuscript, University of North Carolina at Chapel Hill, Chapel Hill, NC.

Rusbult, C. E., Verette, J., Whitney, G. A., Slovik, L. F., & Lipkus, I. (1991). Accommodation processes in close relationships: Theory and preliminary empirical evidence. *Journal of Personality and Social Psychology*, **60**, 53-78.

Rusbult, C. E., Yovetich, N. A., & Verette, J. (1996). An interdependence analysis of accommodation processes. In G. J. O. Fletcher & J. Fitness (Eds) *Knowledge structures in close relationships: A social psychological approach* (pp. 91-120). Mahwah, NJ: Erlbaum.

Rushton, J. P. (1989a). Genetic similarity, human altruism, and group selection. *Behavioral and Brain Sciences*, **12**, 503-559.

Rushton, J. P. (1989b). Genetic similarity in male friendships. *Ethology and Sociobiology*, **10**, 137-149.

Sabatelli, R. (1984). The marital comparison level index: A measure for assessing outcomes relative to expectations. *Journal of Marriage and the Family*, **46**, 651-661.

Sadalla, E. K., Kenrick, D. T., & Vershure, B. (1987). Dominance and heterosexual attraction. *Journal of Personality and Social Psychology*, **52**, 730-738.

Samovar, L. A., & Porter, R. E. (1995). *Communication between cultures*. Belmont, CA: Wadsworth.

Sande, G. N., Goethals, G. R., & Radloff, C. E. (1988). Perceiving one's own traits and others': The multifaceted self. *Journal of Personality and Social Psychology*, **54**, 13-20.

Sanford, M. D. (1959). *Mollie: The journal of Mollie Dorsey Sanford in Nebraska and Colorado Territories, 1857-1866*. Lincoln: University of Nebraska Press.

Sanjek, R. (1994). Intermarriage and the future of races in the United States. In S. Gregory & R. Sanjek (Eds) *Race* (pp. 103-130). New Brunswick, NJ: Rutgers University Press.

Sarason, B. R., Sarason, I. G., & Gurung, R. A. R. (1997). Close personal relationships and health outcomes: A key to the role of social support. In S. W. Duck (Ed.) *Handbook of personal relationships*, 2nd edn (pp. 547-574). Chichester UK: Wiley.

Satir, V. (1967). *Conjoint family therapy*. Palo Alto, CA: Science and Behaviour Books.

Scanzoni, L. D., & Scanzoni, J. (1981). *Men, women and change*, 2nd edn. New York: McGraw-Hill.

Scheflen, A. E. (1974). *How behavior means*. Garden City, NJ: Anchor.

Schellenberg, J. A. (1978). *Masters of social psychology: Freud, Mead, Lewin, and Skinner*. Oxford: Oxford University Press.

Schlenker, B. R. (1975). Self-presentation: Managing the impression of consistency when reality interferes with self-enhancement. *Journal of Personality and Social Psychology*, **32**, 1030-1037.

Schlenker, B. R. (1980). *Impression management: The self-concept, social identity and interpersonal relations*. Monterey, CA; Brooks/Cole.

Schlenker, B. R. (1985). Identity and self-identification. In B. R. Schlenker (Ed.) *The self and social life* (pp. 65-99). New York: McGraw-Hill.

Schlenker, B. R. (1986). Self-identification: Toward an integration of the private and public self. In R. F. Baumeister (Ed.) *Public self and private self* (pp. 21-62). New York: Springer-Verlag.

Schlenker, B. R., & Leary, M. R. (1982). Audiences' reactions to self-enhancing, self-denigrating, accurate, and modest self-presentations. *Journal of Experimental Social Psychology*, **18**, 89-104.

Schlenker, B. R., & Weigold, M. F. (1992). Interpersonal processes involving impression regulation and management. *Annual Review of Psychology*, **43**, 133-168.

Schlenker, B. R., Dlugolecki, D. W & Doherty, K. (1994). The impact of self-presentations on self-appraisals and behavior: The power of public commitment. *Personality and Social Psychology Bulletin*, **20**, 20–33.

Schneider, D. J. (1969). Tactical self-presentation after success and failure. *Journal of Personality and Social Psychology*, **13**, 262–268.

Schreindorfer, L. S., Leary, M. R., & Keith, J. M. (1998). *In pursuit of acceptance: Interpersonal strategies and consequences of seeking inclusion vs. avoiding exclusion.* Manuscript under review, Wake Forest University.

Schutz, A. (1970). *On phenomenology and social relations.* Chicago: Chicago University Press.

Scott, C. K., Fuhrman, R. W., & Wyer, R. S., Jr. (1991). Information processing in close relationships. In G. J. O. Fletcher & F. D. Fincham (Eds). *Cognition and close relationships* (pp. 37–68). Hillsdale, NJ: Erlbaum.

Secord, P. F. (1983). Imbalanced sex ratios: The social consequences. *Personality and Social Psychology Bulletin*, **9**, 525–543.

Sedikides, C., Campbell, W. K., Reeder, G. D., & Elliot, A. J. (1998). The self-serving bias in relational context. *Journal of Personality and Social Psychology*, **74**, 378–386.

Sedikides, C., Olsen, N., & Reis, H. T. (1993). Relationships as natural categories. *Journal of Personality and Social Psychology*, **64**, 71–82.

Segal, N. (1988). Cooperation, competition, and altruism in human twinships: A sociobiological approach. In K. B. MacDonald (Ed.) *Sociobiological perspectives on human development* (pp. 168–206). New York: Springer-Verlag.

Segrin, C. (2000). Mental health and problematic personal relationships. In K. Dindia & S. W. Duck (Eds) *Communication and personal relationships.* (pp.95-111). Wiley: Chichester.

Shaffer, D. R., Pegalis, L. J., & Bazzini, D. G. (1996). When boy meets girl (revisited): Gender, gender-role orientation, and prospect of future interaction as determinants of self-disclosure among same- and opposite-sex acquaintances. *Personality and Social Psychology Bulletin*, **22**, 495–506.

Shaver, P. & Rubenstein, C. (1983). Research potential of magazine and newspaper surveys. In H. T. Reis (Ed.) *New directions for methodology of social and behavioral science: Naturalistic approaches to studying social interaction*, **15**, 75–92. San Francisco: Jossey-Bass.

Shaver, P. R., & Hazan, C. (1988). A biased overview of the study of love. *Journal of Social and Personal Relationships*, **5**, 473–501.

Shaver, P. R., & Hazan, C. (1993). Adult romantic attachment: Theory and evidence. In D. Perlman & W. Jones (Eds) *Advances in personal relationships: A research annual* (Vol. 4, pp. 29–70). London: Jessica Kingsley Publishers.

Shaver, P. R., Hazan, C., & Bradshaw, D. (1988). Love as attachment: The integration of three behavioral systems. In R. J. Sternberg & M. L. Barnes (Eds) *The psychology of love* (pp. 68–99). New Haven, CT: Yale University Press.

Shaver, P., Schwartz. J., Kirson, D., O'Connor, C. (1987). Emotion knowledge: Further exploration of a prototype approach. *Journal of Personality and Social Psychology*, **52**, 1061–1086.

Shepher, J. (1971). Mate selection among second generation kibbutz adolescents and adults: Incest avoidance and negative imprinting. *Archives of Sexual Behavior*, **1**, 293–307.

Short, R. V. (1979). Sexual selection and its component parts: Somatic and genital selection as illustrated in man and the great apes. *Advances in the study of behavior*, **9**, 131–155.

Shotter, J. (1992). What is a "personal" relationship? A rhetorical-responsive account of "unfinished business". In *Attributions, accounts and close relationships* (pp. 19–39). New York: Springer-Verlag.

Shrout, P. E., & Fleiss, J. L. (1979). Intraclass correlations: Uses in assessing rater reliability. *Psychological Bulletin*, **86**, 420–428.

Sigelman, L., & Welch, S. (1994). *Black Americans' views of racial inequality: The dream deferred.* Cambridge: Cambridge University Press.

Sillars, A. L., Folwell, A. L., Hill, K. C., Maki, B. K., Hurst, A. P., & Casano, R. A. (1994). Marital communication and the persistence of misunderstanding. *Journal of Social and Personal Relationships*, **11**, 611–617.

Silver, R. (1978). The parental behavior of ring doves. *American Scientist*, **66**, 209–215.

Simmel, G. (1950). *The sociology of Georg Simmel.* New York: Free Press.

Simon, H. A. (1990). A mechanism for social selection and successful altruism. *Science*, **250**, 1665–1668.

Simpson, G. E., & Yinger, J. M. (1985). *Racial and cultural minorities: An analysis of prejudice and discrimination*, 5th edn. New York: Plenum.

Simpson, J. A. (1987). The dissolution of romantic relationships: Factors involved in relationship stability and emotional distress. *Journal of Personality and Social Psychology*, **53**, 683–692.

Simpson, J. A. (1990). The influence of attachment styles on romantic relationships. *Journal of Personality and Social Psychology*, **59**, 971–980.

Simpson, J. A., & Gangestad, S. W. (1991). Individual differences in sociosexuality: Evidence for convergent and discriminant validity *Journal of Personality and Social Psychology*, **60**, 870–883.

Simpson, J. A., & Gangestad, S. W. (1992). Sociosexuality and romantic partner choice. *Journal of Personality*, **60**, 31–51.

Simpson, J. A., Gangestad, S. W., & Lerma, M. (1990). Perception of physical attractiveness: Mechanisms involved in the maintenance of romantic relationships. *Journal of Personality and Social Psychology*, **59**, 1192–1201.

Simpson, J. A., Rholes, W. S., & Nelligan, J. S. (1992). Support seeking and support giving within couples in an anxiety-provoking situation: The role of attachment styles. *Journal of Personality and Social Psychology*, **62**, 434–446.

Singh, D. (1993). Adaptive significance of female physical attractiveness: Role of waist-to-hip ratio. *Journal of Personality and Social Psychology*, **65**, 293–307.

Sivadas, E., & Machleit, K. A. (1994). A scale to determine the extent of object incorporation in the extended self. *American Marketing Association*, **5**, 143–149.

Smith, E., & Henry, S. (1996). An in-group becomes part of the self: Response time evaluation. *Personality and Social Psychology Bulletin*, **22**, 635–642.

Smith, J. L., Berry, N. J., & Whiteley, P. (1997). The effect of interviewer guise upon gender self-report responses as a function of interviewee's self-monitoring position. *European Journal of Social Psychology*, **27**, 237–243.

Snyder, M. (1984). When belief creates reality. In L. Berkowitz (Ed.) *Advances in experimental social psychology* (Vol. 18, pp. 247–305). New York: Academic Press.

Snyder, M., & Ickes, W. (1985). Personality and social behavior. In G. Lindzey & E. Aronson (Eds) *The handbook of social psychology*, 3rd edn (Vol. 2, pp. 883–947). New York: Random House.

Snyder, M., & Simpson, J. A. (1984). Self-monitoring and dating relationships. *Journal of Personality and Social Psychology*, **47**, 1281–1291.

Snyder, M., Tanke, E., & Berscheid, E. (1977). Social perception and interpersonal behavior: On the self-fulfilling nature of social stereotypes. *Journal of Personality and Social Psychology*, **35**, 656–666.

Solomon, R. L. (1980). The opponent-process theory of acquired motivation: The costs of pleasure and the benefits of pain. *American Psychologist*, **35**, 691–712.

Sorrentino, R. M., Holmes, J. G., Hanna, S. E., & Sharp, A. (1995). Uncertainty orientation and trust in close relationships: Individual differences in cognitive styles. *Journal of Personality and Social Psychology*, **68**, 314–327.

Spanier, G. (1976). Measuring dyadic adjustment: New scales for assessing the quality of marriage and similar dyads. *Journal of Marriage and the Family*, **38**, 15–28.

Spence, J., Helmreich, R., & Stapp, J. (1975). Ratings of self and peers on sex role attributes and their relation to self-esteem and conceptions of masculinity and femininity. *Journal of Personality and Social Psychology*, **32**, 29–39.

Spickard, P. R. (1989). *Mixed blood: Intermarriage and ethnic identity in twentieth-century America*. Madison, WI: University of Wisconsin Press.

Spigner, C. C. (1994). Black/White interracial marriages: A brief overview of U.S. Census data, 1980–1987. In R. Staples (Ed.) *The Black family: Essays and studies*, 5th edn (pp. 149–152). Belmont, CA: Wadsworth.

Spitz, R. A. (1946). Anaclitic depression. *Psychoanalytic Study of the Child*, **2**, 313–342.

Sprecher, S. (1985). Sex differences in bases of power in dating relationships. *Sex Roles*, **12**, 449–462.

Sprecher, S., & Metts, S. (1989). Development of the "Romantic Beliefs Scale" and examination of the effects of gender and gender-role orientation. *Journal of Social and Personal Relationships*, **6**, 387–411.

Sprecher, S., Aron, A., Hatfield, E., Cortese, A., Potapova, E., & Levitskaya, A. (1994). Love: American style, Russian style, and Japanese style. *Personal Relationships*, **1**, 349–369.

Sroufe, L. A., & Fleeson, J. (1986). Attachment and the construction of relationships. In W. W. Hartup & Z. Rubin (Eds) *Relationships and development* (pp. 51–72). Hillsdale, NJ: Lawrence Erlbaum Associates.

Sroufe, L. A., & Waters, E. (1977). Attachment as an organizational construct. *Child Development*, **48**, 1184–1199.

Stack, S. (1980). The effects of marital dissolution on suicide. *Journal of Marriage and the Family*, **42**, 83–91.

Stack, S. (1981). Divorce and suicide: A time series analysis, 1933–1970. *Journal of Family Issues*, **2**, 77–90.

Stack, S. (1989). The impact of divorce on suicide in Norway, 1951–1980. *Journal of Marriage and the Family*, **51**, 229–238.

Stafford, L., & Canary, D. J. (1991). Maintenance strategies and romantic relationship type, gender, and relational characteristics. *Journal of Social and Personal Relationships*, **8**, 263–275.

Staples, R. (1994). Interracial relationships: A convergence of desire and opportunity. In R. Staples (Ed.) *The Black family: Essays and studies*, 5th edn (pp. 142–149). Belmont, CA: Wadsworth.

Staples, R., & Mirande, A. (1980). Racial and cultural variations among American families: A decennial review of the literature. *Journal of Marriage and the Family*, **42**, 887–903.

Stein, C. H. (1993). Felt obligation in adult family relationships. In S. W. Duck (Ed.) *Understanding relationship processes 3: Social contexts of relationships* (pp. 78–99). Thousand Oaks: Sage.

Stein, C. H., Bush, E. G., Ross, R. R., & Ward, M. (1992). Mine, yours, and ours: A configural analysis of the networks of married couples in relation to marital satisfaction and individual well-being. *Journal of Social and Personal Relationships*, **9**, 365–383.

Stein, J. (1982). *Edie: An American biography*. New York: Dell.

Steiner, I. D. (1974). Whatever happened to the group in social psychology? *Journal of Experimental Social Psychology*, **10**, 94–108.

Steiner, I. D. (1986). Paradigms and groups. In L. Berkowitz (Ed.) *Advances in experimental social psychology* (Vol. 19, pp. 251–289). New York: Academic Press.

Stephan, W. G. (1985). Intergroup relations. In G. Lindzey & E. Aronson (Eds) *Handbook of social psychology*, 3rd edn (Vol. 2, pp. 599–638). New York: Random House.

Stern, D. N. (1977). *The first relationship: Mother and infant*. Cambridge, MA: Harvard University Press.

Sternberg, R. J., & Barnes, M. L. (1985). Real and ideal others in romantic relationships: Is four a crowd? *Journal of Personality and Social Psychology*, **49**, 1586–1608.

Stevens, C. K., & Kristof, A. L. (1995). Making the right impression: A field study of applicant impression management during job interviews. *Journal of Applied Psychology*, **80**, 587–606.

Stinson, L., & Ickes, W. (1992). Empathic accuracy in the interactions of male friends versus male strangers. *Journal of Personality and Social Psychology*, **62**, 787–797.

Stires, L. D., & Jones, E. E. (1969). Modesty vs. self-enhancement as alternative forms of ingratiation. *Journal of Experimental Social Psychology*, **5**, 172–188.

Stone, L. (1988). Passionate attachments in the West in historical perspective. In W. Gaylin & E. Person (Eds) *Passionate attachments* (pp. 15–26). New York: Free Press.

Strachan, C. E., & Dutton, D. G. (1992). The role of power and gender in anger responses to sexual jealousy. *Journal of Applied Social Psychology*, **22**, 1721–1740.

Strahan, R. (1974). Situational dimensions of self-reported nervousness. *Journal of Personality Assessment*, **38**, 341–352.

Stroebe, W. (1980). Process loss in social psychology: Failure to exploit? In R. Gilmour & S. W. Duck (Eds) *The development of social psychology* (pp. 181–208). London: Academic Press.

Strube, M. J. (1988). The decision to leave an abusive relationship: Empirical evidence and theoretical issues. *Psychological Bulletin*, **104**, 236–250.

Studd, M. V., & Gattiker, U. E. (1991). The evolutionary psychology of sexual harassment in organizations. *Ethology and Sociobiology*, **12**, 247–290.

Suls, J. (1977). Gossip as social comparison. *Journal of Communication*, **27**, 164–168.

Suomi, S. J. (1982). Sibling relationships in nonhuman primates. In M. E. Lamb & B. Sutton-Smith (Eds) *Sibling relationships*. Hillsdale, NJ: Erlbaum.

Surra, C. A. (1987). Reasons for changes in committment: Variations by courtship type. *Journal of Social and Personal Relationships*, **4**, 17–33.

Surra, C. A., & Longstreth, M. (1990). Similarity of outcomes, interdependence, and conflict in dating relationships. *Journal of Personality and Social Psychology*, **59**, 501–516.

Surra, C. A., & Ridley, C. A. (1991). Multiple perspectives on interaction: Participants, peers, and observers. In B. M. Montgomery & S. W. Duck (Eds) *Studying interpersonal interaction* (pp. 35–55). New York: Guilford.

Surra, C. A., Arizzi, P., & Asmussen, L. (1988). The association between reasons for commitment and the development and outcome of marital relationships. *Journal of Social and Personal Relationships*, **5**, 47–63.

Swann, W. B., Jr. (1983). Self-aggrandisement: Bringing social reality into harmony with the self. In J. Suls & A. G. Greenwald (Eds) *Social psychology perspectives* (Vol 2, pp. 33–66). Hillsdale, NJ: Erlbaum.

Swann, W. B., Jr., De La Ronde, C., & Hixon, J. G. (1994). Authenticity and positivity strivings in marriage and courtship. *Journal of Personality and Social Psychology*, **66**, 857–869.

Swann, W. B., Jr., Stein-Seroussi, A., & Giesler, R. B. (1992). Why people self-verify. *Journal of Personality and Social Psychology*, **62**, 392–401.

Symons, D. (1979). *The evolution of human sexuality*. New York: Oxford University Press.

Tajfel, H. (1979). Individuals and groups in social psychology. *British Journal of Social Psychology*, **18**, 183–190.

Tajfel, H., & Turner, J. C. (1979). An integrative theory of intergroup conflict. In W. G. Austin & S. Worchel (Eds) *The social psychology of intergroup relations* (pp. 33–47). Monterey, CA: Brooks/Cole.

Tangney, J. P., & Fischer, K. W. (Eds) (1995). *Self-conscious emotions*. New York: Guilford.

Tangney, J. P., Miller, R. S., Flicker, L., & Barlow, D. H. (1996). Are shame, guilt, and embarrassment distinct emotions? *Journal of Personality and Social Psychology*, **70**, 1256–1264.

Tardy, C. H., & Hosman, L. A. (1991). Experimentation. In B. M. Montgomery & S. W. Duck (Eds) *Studying interpersonal relationships* (pp. 219–35). New York: Guilford Press.

Taylor, D. A., & Altman, I. (1987). Communication in interpersonal relationships: Social penetration processes. In M. Roloff & G. Miller (Eds) *Interpersonal processes: New directions in communication research* (pp. 257–277). Newbury Park, CA: Sage.

Taylor, D. A., & Katz, P. A. (1988). Conclusion. In P. A. Katz & D. A. Taylor (Eds) *Eliminating racism: Profiles in controversy* (pp. 359–369). New York: Plenum.

Taylor, D. A., Altman, I., & Wheeler, L. (1972). Self-disclosure in isolated groups. *Journal of Personality and Social Psychology*, **26**, 39–47.

Taylor, D. M., & Moghaddam, F. M. (1994). *Theories of intergroup relations: International social psychological perspectives*, 2nd edn. Westport, CT: Praeger.

Taylor, S. (1998). The social being in social psychology. In D. T. Gilbert, S. F. Fiske & G. Lindzey (Eds) *The handbook of social psychology*, 4th edn (Vol. 1, pp. 58–95). Boston: McGraw-Hill.

Taylor, S. E. (1991). Asymmetrical effects of positive and negative events: The mobilization-minimization hypothesis. *Psychological Bulletin*, **110**, 67–85.

Taylor, S. E., & Brown, J. D. (1988). Illusion and well-being: A social psychological perspective on mental health. *Psychological Bulletin*, **103**, 193–210.

Teger, A. I. (1980). *Too much invested to quit*. New York: Pergamon.

Tennov, D. (1979). *Love and limerence: The experience of being in love*. New York: Stein & Day.

Terkel, S. (1991). *Race: How Blacks and Whites think and feel about the American obsession*. New York: Anchor Books.

Tesser, A. (1988). Toward a self-evaluation maintenance model of social behavior. In L. Berkowitz (Ed.) *Advances in experimental social psychology* (Vol. 11, pp. 288–338). San Diego, CA: Academic Press.

Thibaut, J. W., & Kelley, H. H. (1959). *The social psychology of groups*. New York: Wiley.

Thibaut, J., & Faucheux, C. (1965). The development of contractual norms in a bargaining situation under two types of stress. *Journal of Experimental Social Psychology*, **1**, 89–102.

Thibaut, J., & Gruder, C. L. (1969). Formation of contractual agreements between parties of unequal power. *Journal of Personality and Social Psychology*, **11**, 59–65.

Thibaut, J., & Walker, L. (1975). *Procedural justice: A psychological analysis*. New York: Wiley.

Thiessen, D., Young, R. K., & Burroughs, R. (1993). Lonely hearts advertisments reflect sexually dimorphic mating strategies. *Ethology and Sociobiology*, 14, 209–229.

Thomas, G., Fletcher, G. J. O., & Lange, C. (1997). On-line empathic accuracy in marital interaction. *Journal of Personality and Social Psychology*, 72, 839–850.

Thompson, J. M. (1995). Silencing the self: Depressive symptomatology and close relationships. *Psychology of Women Quarterly*, 19, 337–353.

Thornhill, R., & Gangestad, S. W. (1994). Human fluctuating asymmetry and sexual behavior. *Psychological Science*, 5, 297–302.

Thornhill, R., & Thornhill, N. W. (1989). The evolution of psychological pain. In R. W. Bell & N. J. Bell (Eds) *Sociobiology and the social sciences* (pp. 73–103). Lubbock: Texas Tech University Press.

Tice, D. M., Butler, J. L., Muraven, M. B., & Stillwell, A. M. (1995). When modesty prevails: Differential favorability of self-presentation to friends and strangers. *Journal of Personality and Social Psychology*, 69, 1120–1138.

Timmer, S. G., Veroff, J., & Hatchett, S. (1996). Family ties and marital happiness: the different marital experiences of black and white newlywed couples. *Journal of Social and Personal Relationships*, 13, 335–359.

Tjosvold, D. (1981). Unequal power relationships within a cooperative or competitive context. *Journal of Applied Social Psychology*, 11, 137–150.

Todd, J., McKinney, J. L., Harris, R., Chadderton, R., & Small, L. (1992). Attitudes toward interracial dating: Effects of age, sex, and race. *Journal of Multicultural Counseling and Development*, 20, 202–208.

Tooby, J., & Cosmides, L. (1992). The psychological foundations of culture. In J. H. Barkow, L. Cosmides & J. Tooby (Eds) *The adapted mind: Evolutionary psychology and the generation of culture* (pp. 19–136). New York: Oxford University Press.

Tooke, W., & Camire, L. (1991). Patterns of deception in intersexual and intrasexual mating strategies. *Ethology and Sociobiology*, 12, 345–364.

Townsend, J. M. (1993). Sexuality and partner selection: Sex differences among college students. *Ethology and Sociobiology*, 14, 305–330.

Traupmann, J., & Hatfield, E. (1981). Love and its effect on mental and physical health. In J. March, S. Kiesler, R. Fogel, E. Hatfield & E. Shana (Eds) *Aging: Stability and change in the family* (pp. 253–274). New York: Academic Press.

Trevarthen, C. (1979). Communication and cooperation in early infancy: a description of primary intersubjectivity. In M. Bullowa (Ed.), *Before Speech: The Beginnings of Human Communication*. Cambridge: Cambridge University Press.

Triandis, H. C. (1988). The future of pluralism revisited. In P. A. Katz & D. A. Taylor (Eds) *Eliminating racism: Profiles in controversy* (pp. 31–50). New York: Plenum.

Triandis, H. C. (1990). Cross-cultural studies of individualism and collectivism. *Nebraska symposium on motivation*, 39, 41–133.

Trivers, R. L. (1972). Parental investment and sexual selection. In B. Campbell (Ed.) *Sexual selection and the descent of man 1871–1971* (pp. 136–179). Chicago: Aldine.

Trivers, R. L. (1985). *Social evolution*. Menlo Park, CA: Benjamin/Cummings Publishing.

Trovato, E. (1986). The relation between marital dissolution and suicide: The Canadian case. *Journal of Marriage and the Family*, 48, 341–348.

Trovato, E. (1987). A longitudinal analysis of divorce and suicide in Canada. *Journal of Marriage and the Family*, 49, 193–203.

Trovato, E., & Lauris, G. (1989). Marital status and mortality in Canada: 1951–1981. *Journal of Marriage and the Family*, 51, 907–922.

Tucker, M. B., & Mitchell-Kernan, C. (1995). Social structural and psychological correlates of interethnic dating. *Journal of Social and Personal Relationships*, 12, 341–361.

Tucker, P., & Aron, A. (1993). Passionate love and marital satisfaction at key transition points in the family life cycle. *Journal of Social and Clinical Psychology*, 12, 135–147.

U.S. Bureau of the Census (1994). *Statistical abstract of the United States: 1994*. Washington, DC: U.S. Department of Commerce.

van Dijk, T. A. (1993). *Elite discourse and racism*. Newbury Park, CA. Sage.

Van Lange, P. A. M., & Rusbult, C. E. (1995). My relationship is better than—and not as bad as—yours is: The perception of superiority in close relationships. *Personality and Social Psychology Bulletin*, 21, 32–44.

Van Lange, P. A. M., Agnew, C. R., Harinck, F., & Steemers, G. E. M. (1997). From game theory to real life: How social value orientation affects willingness to sacrifice in ongoing close relationships. *Journal of Personality and Social Psychology*, 73, 1330–1344.

Van Lange, P. A. M., Rusbult, C. E., Drigotas, S. M., Arriaga, X. B., Witcher, B. S., & Cox, C. L. (1997). Willingness to sacrifice in close relationships. *Journal of Personality and Social Psychology*, 72, 1373–1395.

Veith, J. L., Buck, M., Getzlaf, S., Van Dalfsen, P., & Slade, A. (1983). Exposure to men influences the occurrence of ovulation in women. *Physiology and Behavior*, 31, 313–315.

Villanova, P., & Bernardin, H. J. (1989). Impression management in the context of performance appraisal. In R. A. Giacalone & P. Rosenfeld (Eds) *Impression management in the organization* (pp. 299–313). Hillsdale, NJ: Lawrence Erlbaum Associates.

von Baeyer, C. L., Sherk, D. L., & Zanna, M. P. (1981). Impression management in the job interview: When the female applicant meets the male (chauvinist) interviewer. *Personality and Social Psychology Bulletin*, 7, 45–51.

Vorauer, J. D., & Miller, D. T. (1997). Failure to recognize the effect of implicit social influence on the presentation of self. *Journal of Personality and Social Psychology*, 73, 281–295.

Vormbrock, J. K. (1993). Attachment theory as applied to war-time and job-related marital separation. *Psychological Bulletin*, 114, 122–144.

Vuorenkowski, V., Wasz-Hockert, O., Koivisto, E., & Lind, J. (1969). The effect of cry stimulus on the lactating breast of primipara: A thermographic study. *Experientia*, 25, 1286–1287.

Wallach, M. A., & Wallach, L. (1983). *Psychology's sanction for selfishness: The error of egoism in theory and therapy.* San Francisco: W. H. Freeman.

Waller, W. (1938). *The family: A dynamic interpretation.* New York: Dryden.

Walster, E. (1965). The effect of self-esteem on romantic liking. *Journal of Personality and Social Psychology*, 1, 184–197.

Walster, E., & Walster, G. W. (1963). Effect of expecting to be liked on choice of associates. *Journal of Personality and Social Psychology*, 67, 402–404.

Walster, E., Berscheid, E., & Walster, G. W. (1976). New directions in equity research. In L. Berkowitz & E. Walster (Eds) *Advances in experimental social psychology* (Vol. 9, pp. 1–42). New York: Academic Press.

Walster, E., Walster, G. W., Piliavin, J., & Schmidt, L. (1973). "Playing hard to get": Understanding an elusive phenomenon. *Journal of Personality and Social Psychology*, 26, 113–121.

Walters, R. W. (1993). *Pan Africanism in the African Diaspora: An analysis of modern Afrocentric political movements.* Detroit: Wayne State University Press.

Warner, R. R. (1984). Mating behavior and hermaphroditism in coral reef fishes. *American Scientist*, 72, 128–134.

Watzlawick, P., Beavin, J., & Jackson, D. (1967). *Pragmatics of human communication: A study of interactional patterns, pathologies and paradoxes.* New York: Norton.

Wegner, D. M. (1980). The self in prosocial action. In D. M. Wegner & R. R. Vallacher (Eds) *The self in social psychology* (pp. 131–157). New York: Oxford University Press.

Wegner, D. M., & Gold, D. B. (1995). Fanning old flames: Emotional and cognitive effects of suppressing thoughts of a past relationship. *Journal of Personality and Social Psychology*, 68, 782–792.

Wegner, D. M., & Lane, J. D. (1995). From secrecy to psychopathology. In J. W. Pennebaker (Ed.) *Emotion, disclosure and health* (pp. 25–46). Washington, DC: American Psychological Association.

Wegner, D. M., Giuliano, T., & Hertel, P. T. (1985). Cognitive interdependence in close relationships. *Compatible and incompatible relationships* (pp. 253–276). New York: Springer-Verlag.

Wegner, D. M., Lane, J. D., & Dimitri, S. (1994). The allure of secret relationships. *Journal of Personality and Social Psychology*, 66, 287–300.

Weick, K. (1968). Systematic observational methods. In G. Lindzey & E. Aronson (Eds) *The handbook of social psychology*, 2nd edn (Vol. 11, pp 357–451). Reading, MA: Addison-Wesley.

Weiner, B. (1986). *An attributional theory of motivation and emotion.* New York: Springer-Verlag.

Weiss, R. S. (1973). *Loneliness: The experience of emotional and social isolation.* Cambridge, MA: MIT Press.

Weiss, R. S. (1975). *Marital separation.* New York: Basic Books.

Weiss, R. S. (1982). Attachment in adult life. In C. M. Parkes & J. Stevenson-Hinde (Eds) *The place of attachment in human behavior* (pp. 171–184). New York: Basic Books.

Weiss, R. S. (1988). Loss and recovery. *Journal of Social Issues*, 44, 37–52.

Wellman, B. (1985). Domestic work, paid work and net work. In S. W. Duck & D. Perlman (Eds) *Understanding personal relationships.* Beverly Hills: Sage.

Werking, K. (1997). *Just good friends: Cross-sex friendships.* New York: Guilford Press.

Werner, C., Altman, I., Brown, B., & Ginat, J. (1993). Celebrations in personal relationships: A transactional/dialectical perspective. *Social contexts of relationships* [*Understanding Relationship Processes*], 3, 109–138.

West, C. (1993). *Race Matters.* Boston: Beacon.

Weston, K. (1991). *Families we choose.* New York: Columbia University Press.

Wetzel, C. G., & Insko, C. A. (1982). The similarity-attraction relationship: Is there an ideal one? *Journal of Experimental Social Psychology*, 18, 253–276.

Wheeler, L., & Miyake, K. (1992). Social comparison in everyday life. *Journal of Personality and Social Psychology*, 62, 760–773.

Wheeler, L., & Nezlek, J. (1977). Sex differences in social participation. *Journal of Personality and Social Psychology*, 35, 742–754.

Wheeler, L., & Reis, H. T. (1991). Self-recording of everyday life events: Origins, types, and uses. *Journal of Personality*, 59, 339–354.

Wheeler, L., Reis, H. T., & Nezlek, J. (1983). Loneliness, social interaction, and sex roles. *Journal of Personality and Social Psychology*, 45, 943–953.

Whitam, F. L., Diamond, M., & Martin, J. (1993). Homosexual orientation in twins: A report on 61 pairs and three triplet sets. *Archives of Sexual Behavior*, 22, 187–206.

Whitbeck, L. B., & Hoyt, D. R. (1994). Social prestige and assortative mating: A comparison of students from 1956 and 1988. *Journal of Social and Personal Relationships*, 11, 137–145.

White, G. L. (1980). Inducing jealousy: A power perspective. *Personality and Social Psychology Bulletin*, 6, 222–227.

White, G. L., & Kight, T. D. (1984). Misattribution of arousal and attraction: Effects of salience of explanations of arousal. *Journal of Experimental Social Psychology*, 20, 55–64.

White, G. L., & Mullen, P. E. (1989). *Jealousy: Theory, research, and clinical strategies.* New York: Guilford.

White, G. L., Fishbein, S., & Rutstein, J. (1981). Passionate love and misattribution of arousal. *Journal of Personality and Social Psychology*, 41, 56–62.

White, J. L., & Parham, T. A. (1990). *The psychology of Blacks: An African-American perspective*, 2nd edn. Englewood Cliffs, NJ: Prentice Hall.

White, L. K. (1983). Determinants of spousal interaction: marital structure or marital happiness. *Journal of Marriage and the Family*, 45, 511–519.

White, R. W. (1959). Motivation reconsidered: The concept of competence. *Psychological Review*, 66, 297–333.

Wiederman, M. W. (1993). Evolved gender differences in mate preferences: Evidence from personal advertisements. *Ethology and Sociobiology*, 14, 331–352.

Wiederman, M. W., & Allgeier, E. R. (1993). Gender differences in sexual jealousy: Adaptionist or social learning explanation? *Ethology and Sociobiology*, **14**, 115–140.

Wieselquist, J., Rusbult, C. E., Foster, C. A., & Agnew, C. R. (1999). Commitment, pro-relationship behavior, and trust in close relationships. *Journal of Personality and Social Psychology*, **77**, 942-966.

Wilkinson, G. S. (1988). Reciprocal altruism in bats and other mammals. *Ethology and Sociobiology*, **9**, 85–100.

Wilkinson, G. S. (1990). Food sharing in vampire bats. *Scientific American*, February, 76–82.

Williams, J. E., & Best, D. L. (1990). *Sex and psyche: Gender and self viewed cross-culturally*. Newbury Park, CA: Sage.

Williams, K. D. (1997). Social ostracism. In R. Kowalski (Ed.) *Aversive interpersonal behaviors* (pp. 133–171). New York: Plenum.

Wilson, E. O. (1975). *Sociobiology: The new synthesis*. Cambridge, MA: Harvard University Press.

Wilson, M., & Daly, M. (1985). Competitiveness, risk taking, and violence: The young male syndrome. *Ethology and Sociobiology*, **6**, 59–73.

Wiseman, J. P. (1986). Friendship: Bonds and binds in a voluntary relationship. *Journal of Social and Personal Relationships*, **3**, 191–211.

Wish, M., Deutsch, M., & Kaplan, S. J. (1976). Perceived dimensions of interpersonal relations. *Journal of Personality and Social Psychology*, **33**, 409–420.

Wolfgang, M. E. (1958). *Patterns in criminal homicide*. Philadelphia: University of Pennsylvania Press.

Wong, M. M., & Csikszentmihalyi, M. (1991). Affiliation motivation and daily experience: Some issues on gender differences. *Journal of Personality and Social Psychology*, **60**, 154–164.

Wood, J. T. (1993). Engendered relationships: Interaction, caring, power, and responsibility in intimacy, *Understanding relationship processes 3: Social contexts of relationships* (pp. 27–53). Newbury Park: Sage.

Wood, J. T. (1995a). Feminist scholarship and the study of relationships. *Journal of Social and Personal Relationships*, **12**, 103–120.

Wood, J. T. (1995b). *Relational communication: Continuity and change in personal relationships*. Belmont, CA: Wadsworth.

Wood, J. T., & Cox, J. R. (1993). Rethinking critical voice: materiality and situated knowledge. *Western Journal of Communication*, **57**, 278–287.

Wood, J. T., Dendy, L. L., Dordek, E., Germany, M., & Varallo, S. M. (1994). Dialectic of difference: A thematic analysis of intimates' meanings for difference. In K. Carter & M. Presnell (Eds) *Interpretive approaches to interpersonal communication* (pp. 115–136). New York: SUNY Press.

Wright, R. A., & Contrada, R. J. (1986). Dating selectivity and interpersonal attraction: Toward a better understanding of the "elusive phenomenon." *Journal of Social and Personal Relationships*, **3**, 131–148.

Yee, A. H., Fairchild, H. H., Weizmann, F., & Wyatt, G. E. (1993). Addressing psychology's problems with race. *American Psychologist*, **48**, 1132–1140.

Yinger, J. M. (1994). *Ethnicity: Source of strength? Source of conflict?* Albany, NY: SUNY Press.

Yovetich, N. A., & Rusbult, C. E. (1994). Accommodative behavior in close relationships: Exploring transformation of motivation. *Journal of Experimental Social Psychology*, **30**, 138–164.

Zack, N. (1993). *Race and mixed race*. Philadelphia: Temple University Press.

Zajonc, R. B. (1968). Attitudinal effects of mere exposure. *Journal of Personality and Social Psychology Monograph Supplement*, **9** (2, Pt. 2), 1–27.

Zanna, M. P., & Pack, S. J. (1975). On the self-fulfilling nature of apparent sex differences in behavior. *Journal of Experimental Social Psychology*, **11**, 583–591.

Zimbardo, P. G. (1977). *Shyness*. New York: Jove.

Zorn, T. (1995). Bosses and buddies: Constructing and performing simultaneous hierarchical and close friendship relationships. In J. T. Wood & S. W. Duck (Eds) *Under-studied relationships: Off the beaten track* (pp. 122–147). Thousand Oaks, CA: Sage.

Zweigenhaft, R. L., & Domhoff, G. W. (1991). *Blacks in the White establishment? A study of race and class in America*. New Haven, CT: Yale University Press.

邦訳文献リスト

Allport, G. W. 1954／原谷達夫・野村　昭（訳）1968　偏見の心理　培風館
Axelrod, R. 1984／松田裕之（訳）1998　つきあい方の科学——バクテリアから国際関係まで　ミネルヴァ書房
Blumstein, P., & Schwartz, P. 1983／南　博（訳）1985　アメリカン・カップルズ〈マネー・ワーク編〉,〈セックス編〉　白水社
Buss, D. M. 1994／狩野秀之（訳）2000　女と男のだましあい——ヒトの性行動の進化　草思社
Darwin, C. 1859／八杉龍一（訳）1990　種の起原〈上〉,〈下〉　岩波文庫
Darwin, C. 1872／浜中浜太郎（訳）1931　人及び動物の表情について　岩波文庫
Dawkins, R. 1976／日高敏隆・岸　由二・羽田節子・垂水雄二（訳）1991　利己的な遺伝子　紀伊国屋書店
Deci, E. L. 1975／安藤延男・石田梅男（訳）1990　内発的動機づけ——実験社会心理学的アプローチ　誠信書房
Derlega, V. J., Metts, S., Petronio, S., & Margulis, S. T. 1993／斉藤　勇・豊田ゆかり（訳）1999　人が心を開くとき・閉ざすとき——自己開示の心理学　金子書房
Du Bois, W. E. B. 1903／木島　始・鮫島重俊・黄　寅秀（訳）1992　黒人のたましい　岩波文庫
Duck, S. W. 1998／和田　実（訳）2000　コミュニケーションと対人関係　ナカニシヤ出版
Eible-Eibesfeldt, I. 1975／伊谷純一郎・美濃口坦（訳）1978/1979　比較行動学〈1〉,〈2〉　みすず書房
Eible-Eibesfeldt, I. 1989／日高敏隆（監修）桃木暁子・他（訳）2001　ヒューマン・エソロジー——人間行動の生物学　ミネルヴァ書房
Erikson, E. H. 1950／仁科弥生（訳）1977/1980　幼児期と社会〈1〉,〈2〉　みすず書房
Fisher, H. E. 1992／吉田利子（訳）1993　愛はなぜ終わるのか——結婚・不倫・離婚の自然史　草思社
Goffman, E. 1959／石黒　毅（訳）1974　行為と演技——日常生活における自己呈示　誠信書房
Goffman, E. 1963／石黒　毅（訳）1970　スティグマの社会学：烙印をおされたアイデンティティ　せりか書房
Heider, F. 1958／大橋正夫（訳）1978　対人関係の心理学　誠信書房
Homans, G. C. 1974／橋本　茂（訳）1978　社会行動——その基本形態　誠信書房
James, W. 1890／今田　恵（訳）1927　心理學　岩波書店
Jourard, S. M. 1971／岡堂哲雄（訳）1974　透明なる自己　誠信書房
Kelley, H. H., & Thibaut, J. W. 1978／黒川正流（監訳）1995　対人関係論　誠信書房
Köhler, W. 1947／田中良久・上村保子（訳）1971　ゲシタルト心理学入門　東京大学出版会
Lakoff, G., & Turner, M. 1989／大堀俊夫（訳）1994　詩と認知　紀伊国屋書店
Langer, S. K. 1948／矢野萬里・他（訳）1960　シンボルの哲学　岩波書店
Lorenz, K. 1970／丘　直通・日高敏隆（訳）1977　動物行動学　思索社

Mead, G. H.　1934／河村　望（訳）　1995　精神・自我・社会　人間の科学社
Pennebaker, J. W. 1997／余語真夫(監訳)　2000　オープニングアップ──秘密の告白と心身の健康　北大路書房
Piaget, J.　1963／谷村　覚・浜田寿美男（訳）　1978　知能の誕生　ミネルヴァ書房
Pinkers, S.　1994／椋田直子（訳）　1995　言語を生みだす本能〈上〉,〈下〉　NHKブックス
Rogers, C.　1970／畠瀬　稔・畠瀬直子（訳）　1982　エンカウンター・グループ──人間信頼の原点を求めて　創元社
Zimbardo, P. C.　1977／木村　駿・小川和彦（訳）　1982　シャイネス〈1部〉,〈2部〉　勁草書房

●人名索引●

【A】
アダムス (Adams, J. S.)　3
エインズワース (Ainsworth, M. D. S.)　66
オルポート (Allport, G. W.)　73, 79, 86, 90, 92, 96, 98
アルトマン (Altman, I.)　57, 59, 143, 164, 258, 260
アンダーセン (Andersen, P. A.)　262
アーガイル (Argyle, M.)　258, 260
アロン (Aron, A.)　5, 7, 57, 103, 123, 137, 138, 144, 146-148, 151, 153, 154, 156-158, 166, 170, 185
アロン (Aron, E. N.)　5, 57, 103, 123, 137, 138, 144, 153, 156-158, 166, 170, 185
アリアガ (Arriaga, X. B.)　130, 258

【B】
バンデューラ (Bandura, A.)　7, 138
バウマイスター (Baumeister, R. F.)　132, 162, 163, 165, 167, 169, 171, 173, 183
バクスター (Baxter, L. A.)　144, 180, 188, 263
ベルグ (Berg, J. H.)　164, 182, 201
バーガー (Berger, C. R.)　143
バーガー (Berger, P.)　260-262
バーシェイド (Berscheid, E.)　3, 54, 63, 89, 117, 129, 259, 262-265, 268
ブルームスタイン (Blumstein, P.)　115
ボンド (Bond, M. H.)　182
ボウルビィ (Bowlby, J.)　6, 48-53, 55, 126
ブラッドベリー (Bradbury, T. N.)　132, 173
バス (Buss, D. M.)　18-21, 25, 28, 32, 42, 43
ブーンク (Buunk, A. P.)　31, 32, 110, 112, 173
ブーンク (Buunk, B. P.)　111, 128, 129
バーン (Byrne, D.)　89, 156, 266

【C】
カーネギー (Carnegie, D.)　175
クラーク (Clark, M. S.)　22, 129

クラーク (Clark, R. D.)　25, 26, 28
コズビィ (Cozby, P. C.)　164
カニングハム (Cunningham, M. R.)　187
キュパック (Cupach, W. R.)　261, 262

【D】
ダーリー (Daly, M.)　26, 27, 31, 32, 34-36, 39
ダーレー (Darley, J. M.)　180
ダーウィン (Darwin, C.)　13, 14, 17, 24, 30
デイビス (Davis, K. E.)　132
デシ (Deci, E. L.)　138
ディパウロ (DePaulo, B. M.)　178
ダーレガ (Derlega, V. J.)　164, 182
ダック (Duck, S. W.)　2, 3, 9, 75, 86, 97, 134, 140, 197, 203, 214, 257, 258, 260-265, 268, 272
ダンカン (Duncan, S.)　249
ダットン (Dutton, D. G.)　147

【E】
アイブル=アイベスフェルト (Eibl-Eibesfeldt, I.)　24, 25, 54, 56
エクマン (Ekman, P.)　24

【F】
フィンチャム (Fincham, F. D.)　132, 173
フィスク (Fiske, D. W.)　245, 249
フィスク (Fiske, S. T.)　80, 130
フィッツパトリック (Fitzpatrick, M. A.)　182

【G】
ゴフマン (Goffman, E.)　74, 81, 94, 99, 100, 164, 173, 174, 188
ゴットマン (Gottman, J. M.)　206, 210
グディクンスト (Gudykunst, W.)　92, 264
ギュレロ (Guerrero, L. K.)　168, 169

【H】
ハーロー (Harlow, H.)　50, 55

ハーロー (Harlow, M. K.)　55
ハーヴェイ (Harvey, J. H.)　202, 213, 214
ハットフィールド (Hatfield, E.)　3, 25, 26, 60, 144, 157
ハザン (Hazan, C.)　48, 54, 57, 62, 66, 103, 126, 157
ハイダー (Heider, F.)　80, 82, 149
ヘンドリック (Hendrick, C.)　200, 207, 267
ヘンドリック (Hendrick, S. S.)　200, 207, 213, 267
ヒル (Hill, M. S.)　145
ホブホォル (Hobfoll, S. E.)　2
ホーファー (Hofer, M. A.)　63
ホルムス (Holmes, J. G.)　127
ホーマンズ (Homans, G. C.)　3
ヒューストン (Huston, M.)　265, 266
ヒューストン (Huston, T. L.)　166, 169, 203, 214

【I】
イックス (Ickes, W.)　2, 90, 149, 207, 208, 210, 212, 213, 216, 222, 224, 233, 245, 249, 253, 257-259, 271

【J】
ジェームス (James, W.)　150
ジョーンズ (Jones, E. E.)　132, 152, 164, 177, 183, 185
ジョーンズ (Jones, W. H.)　173
ジュラード (Jourard, S. M.)　164

【K】
ケーラー (Köhler, W.)　80
ケリー (Kelley, H. H.)　3, 75, 83, 86, 103-105, 107, 109, 110, 115, 118, 121, 124-128, 130, 131, 133, 134, 248, 257, 258, 262
ケリー (Kelly, G. A.)　81, 263
ケニー (Kenny, D. A.)　223, 225, 240, 248, 251, 254, 257, 259, 266
カーコッフ (Kerckhoff, A. C.)　93
コワルスキー (Kowalski, R. M.)　167, 172

【L】
ラムケ (Lamke, L. K.)　201

レアリー (Leary, M. R.)　5, 162-165, 167, 169, 172, 174, 177
レヴィンジャー (Levinger, G.)　72, 73, 75, 76, 95, 97, 127, 166
ローレンツ (Lorenz, K.)　50, 55

【M】
マーカス (Markus, H. R.)　154
メッツ (Metts, S.)　200, 262, 270
ミラー (Miller, D. T.)　175
ミラー (Miller, K.)　57
ミラー (Miller, L. C.)　124, 201
ミラー (Miller, R. S.)　5, 109, 168-170, 173, 174, 176, 186, 187, 262, 270
ミルズ (Mills, J.)　129
マースタイン (Murstein, B. I.)　156, 169, 266

【N】
ニスベット (Nisbett, R. E.)　152
ノラー (Noller, P.)　48

【P】
ペネベーカー (Pennebaker, J. W.)　164
ピットマン (Pittman, T. S.)　177, 185

【R】
ラジェッキ (Rajecki, D. W.)　77, 79, 82
リギオ (Riggio, R. E.)　175
ラズバルト (Rusbult, C. E.)　4, 5, 7, 95, 107-113, 117, 123, 125, 127, 128, 130, 152, 159, 161, 170, 258

【S】
サラソン (Sarason, B. R.)　3, 265, 271
サラソン (Sarason, I. G.)　265, 271
シュレンカー (Schlenker, B. R.)　171, 183, 185
シュワルツ (Schwartz, P.)　115
シェーバー (Shaver, P. R.)　48, 54, 55, 66, 67, 103, 126, 149, 152, 157, 200
シンプソン (Simpson, J. A.)　111
スナイダー (Snyder, M.)　117, 127
スパニアー (Spanier, G.)　200, 201

スペンス（Spence, J.）　199
スピッツバーグ（Spitzberg, B. H.）　261, 262
スプレッカー（Sprecher, S.）　107, 113, 157, 200
スターンバーグ（Sternberg, R. J.）　107
スティンソン（Stinson, L.）　222, 224, 233, 245, 249

【T】
タジフェル（Tajfel, H.）　149
テイラー（Taylor, D.）　59, 164
テイラー（Taylor, D. A.）　57
テイラー（Taylor, D. M.）　93
テイラー（Taylor, S.）　258
テイラー（Taylor, S. E.）　110
テノヴ（Tennov, D.）　58

テッサー（Tesser, A.）　138, 149
ティボー（Thibaut, J. W.）　3, 103-105, 107, 110, 113, 118, 121, 124, 128, 133, 167, 248
トリアンディス（Triandis, H. C.）　85
トリバース（Trivers, R. L.）　16, 17, 19, 23, 30, 33

【W】
ウォルスター（Walster, E.）　129, 156, 172, 176
ウォルスター（Walster, G. W.）　3, 129, 156, 176
ウィース（Weiss, R. S.）　53
ウィルソン（Wilson, M. I.）　26, 27, 31, 34-36, 39

●事項索引●

【あ行】
愛他的動機づけ　124
アイオワ・コミュニケーション記録（ICR）　203
欺き戦略　33
アタッチメント　47, 150
アタッチメント・スタイル　66, 157
アタッチメント的きずな　49, 51
アタッチメント理論　48, 49
安全基地　52
アンフェタミン　58, 61
異性間選択　17
依存水準　107
依存性　167
依存の基盤　114
依存の相互性　112
依存の程度　111
意味分析　130
印象構築　174
印象動機づけ　165
ウェイソン課題　34, 44
嘘　178
エントレインメント　64

オキシトシン　58
オピオイド　61
親の投資　17

【か行】
回帰モデル　244
外国人恐怖症　75, 77
回顧調査　50
片思い　157
関係基準　107
関係特定的動機　127
関係の印象操作　188
関係満足感　141
観察法　206, 215
観衆の分離　180
規範による拘束　182
キズナ　43
共感的理解　257
クラマー・ジャクリーン法　251
クロス級内相関　230
血縁関係　36
血縁選択　16
行動の相互依存性　258

個人主義　95
異なる民族間の対人関係　73
コミットメント　159
コントロール・システム理論　51

【さ行】
錯誤相関　81
削除のエラー　223
時系列的変換　122
自己開示　57, 163
自己概念　184
自己拡張動機　137
自己拡張モデル　137
自己拡張欲求　88
自己呈示　132, 162
自己報告法　199, 213
実験法　208, 216
嫉妬　31
質問紙研究　199
社会的アイデンティティ理論　93, 149
社会的イメージ　183
社会的規範　128
社会的なるもの　257
社会的文脈　258
習慣的な変換傾向　125
集団主義　96
集団的スティグマ　74
順位性　23
常動症　61
書簡研究　204
初期の魅力　155
進化心理学　13
進化適応的環境　20
新奇性の欲求　88
人種間の対人関係　71
親族関係　21
診断的状況　127
親密さ　153
成果相互依存性　110
生活出来事公文書法　207, 215
成果の一致　114
成果変換　121
性行動の二重基準　26
成人のアタッチメント　53

性選択　17
生理学的方法　209, 216
セクシュアリティ　25
接触仮説　92
折衷的手法　210
センチメント関係　82
潜在変数モデル　237
相互依存性　103, 221
相互依存性理論　124
相互作用　104
相互作用記録研究　202
相互作用成果の行列表現　105

【た行】
ターゲットの価値づけ　175
第一印象　166
対人関係　268
対人的傾性　126
対人的志向性　125
他者の自己への内包（IOS）尺度　151, 155
戯れの恋　56, 59
単一変数　224
長期的相互依存性　117
転移リスト　115
転置変換　122
動機づけの変換　118
当事者　71, 75, 85, 268
同性愛の潜在的適応性　42
同性内競争　17, 30
同調　56
独立性のエラー　222
トレード・オフ問題　194, 195, 198

【な行】
内在相関　240
内的作業モデル　59
仲間報告法　205, 214
日記と記述研究　201
認知的・感情的不均衡　81
ノン・アタッチメント　52

【は行】
パートナーの印象操作　186
配偶者選択基準　28

PEA　58
頻度依存戦略　18
フィルター理論　93
夫婦間の殺人　35
部外者　71, 75, 76, 268
不適応な自己呈示　177
プレ・アタッチメント的段階　52
プロトタイプ　55
分析レベルのエラー　223
ペアワイズ級内相関　226
ペアワイズ級内偏相関　227
ペアワイズ潜在変数モデル　243
ペアワイズ法　223
平均値−レベル相関　241
変換のタイプ　121
変換プロセス　118
包括適応度　16, 17
包括的相関　230

【ま行】

満足水準　107
魅力　147

明瞭なアタッチメント　53, 60
メタファー　139-141
面接研究　201
目的修正的パートナーシップ　53, 63
目標の価値　170

【や行】

役割の拘束　181
友人関係　22, 91
誘惑行動プログラム　56
ユニット関係　82

【ら行】

ラポール　88
利益関連状況　130
レベル横断のエラー　223
恋愛関係　21, 91
ロチェスター相互作用記録（RIR）　202, 203

【わ行】

割増原理　83

訳者あとがき

　本書は，William Ickes & Steve Duck(Ed.), *The Social Psychology of Personal Relationships* John Wiley & Sons, Ltd. 2000 の全訳である。

　編著者のウィリアム・イックスは，テキサス大学アーリントン校の心理学教授で，日常的な社会的相互作用における社会的認知に関心があり，最近では共感的な正確さや間主観的な社会的認知を研究している。これまで，ダックとの共編著として，"*Handbook of Personal Relationships*（2版）"や"*Compatible and Incompatible Relationships, and Empathic Accuracy*（編著）"があり，最近著として，2003年に"*Every day mind reading-Understanding what other people think and feel*"（Amherst, NY: Prometheus Books）がある。また，パーソナルな関係についての国際ネットワーク（INPR）から優秀中堅功労者（Distinguished Mid-career Achievement）賞であるバーシェード・ハットフィールド賞を，また，パーソナルな関係研究国際学会（ISSPR）から若手貢献賞（New Contribution Award）を受賞している。

　もうひとりの編著者であるスティーヴ・ダックは，アイオワ大学コミュニケーション学の教授であり，パーソナルな関係についての研究領域の第一人者である。これまで，『コミュニケーションと人間関係（*Human Relationships Ver.3*）』（和田　実訳，ナカニシヤ出版，2000年），『フレンズースキル社会の人間関係学（*Friends for life*）』（仁平義明監訳，福村出版，1995年）が翻訳されている。ダック教授は，1982年に，第1回パーソナルな関係国際会議を主宰したひとりであり，"*Journal of Social and Personal Relationships*"の設立者であり，初代編集長でもあった。彼の編集による，"*Handbook of Personal Relationships*"（初版は1988年，2版は1998年）は，パーソナルな関係のメカニズムを広範に網羅しており，その後の多くの研究者やこの領域をめざす学生に大きな影響を与えたものである。この領域の若き研究者の研究を推進するために，彼の貢献を記念した「スティーヴ・ダック若手研究者賞」も設けられている。

　なお，本書は，この2版をさらに詳細に増補し，5巻シリーズとして刊行されたものの1冊である。本書の概要は，詳しくは1章に述べられているが，個人間の関係を進化や発達を通じて，その成り立ちを，そして，所属性や文化，個人間の相互作用が生み出す個人レベルだけでは説明できないユニット性を相互依存性や自己概念の発展の観点から考え，また，個人間の関係における個人の行動基準としての自己の表現を扱っている。また，個人からあるいは当該の関係だけからはわれわれの行動は説明されるわけではなく，"外在"の環境として対比されが

ちな"社会"と個人はなんら別次元のものではなく，"関係"はこの両者を結ぶものであり，この点に注目することによって，マクロな社会心理現象とミクロな個人の概念や対人行動を適切に考えることができる。そして，社会的な社会心理学を推進することになることを主張している。本書の特色として，社会心理学の方法論，そしていかにパーソナルな関係自体をデータ的に過不足なく分析できるのかを述べた章が用意されていることであろう。

なお，本書の記述は密度の高いものである。できるだけ各章の記述をまとめてアッピールしたいとの意図から，原書にはないが，新たに各章の終わりにその章の内容の要点をまとめ図的に示すことにした。また，読者の便宜のために，巻末には，引用されている文献のうち，邦訳されているものについてはこれを掲げた。

本書は，生半可でない，今後の研究の方向性をじっくり考えたいという人々に大きな示唆を与えるものといえる。

本書は，監訳者の一人（大坊）が2000年に大阪大学にて一緒に研究することになった当時の大学院生の共通の関心であった親密な対人関係についてじっくり考えるのに適した研究書を勉強会のために選んだものである。この勉強会が進むに及んで，この成果を翻訳として世に出せないかとの話が彼らから出された。そこで，より充実したものとすべく，編者のダック教授のもとで研究された和田実先生，増田匡裕先生に加わっていただくことを大坊がお願いし，和田実先生には監訳者ともなっていただいた。多忙のなか，後進に大きな示唆をいただけるとの意を込めてこのように参加いただくことができたことに謝意を表したい。

本書の翻訳は，当初のもくろみに比べて，時間を要することになった。本書が論文集であり，各章執筆者が異なることとも関連して，用語の用い方に幅があり，訳語の統一はむずかしかった。訳語の確認などについては監訳者2人が行ない，これを調整した。なお，訳文に不十分な点があれば，それは監訳者に責任がある。

なお，編者のイックス教授は，この日本語版のために前書きを書いてくれた。日本で出されることを意識して彼の地で勉学されている大学院生である和久井氏と相談しながら，日本人読者向けの一文を寄せていただいたことにお礼申し上げたい。

末尾ながら，このような専門書の翻訳というのは，こなすべき作業が多く，やっかいなことを承知のうえで，刊行を快く引き受けていただいた北大路書房の西村泰一氏，そして編集の担当者となり，訳者への鼓舞激励，作業の遅い監訳者を根気よく待っていただいた奥野浩之氏に厚く感謝いたします。

2004年3月

訳者を代表して

監訳者　大坊郁夫・和田　実

● 監訳者紹介

大坊郁夫（だいぼう・いくお）
北海道に生まれる。
1973年　北海道大学大学院文学研究科博士課程退学
現　在　大阪大学大学院人間科学研究科教授
＜主著・論文＞
　社会心理学（共著）　岩波書店　1995
　魅力の心理学　ポーラ文化研究所　1997
　現代社会心理学（分担執筆）　東京大学出版会　1998
　しぐさのコミュニケーション——人は親しみをどう伝えあうか——　サイエンス社　1998
　化粧行動の社会心理学（編著）　北大路書房　2001
　社会心理学からみたコミュニケーション研究——対人関係を読み解く——　社会言語科学, 6, 122-137.　2003
　わたしそしてわれわれミレニアムバージョン（編著）　北大路書房　2004

和田　実（わだ・みのる）
三重県に生まれる。
1988年　名古屋大学大学院教育学研究科博士課程単位取得退学
現　在　名城大学人間学部教授（教育心理学博士）
＜主著・論文＞
　こころのオデッセイ－人と人との親しさ・親密さ・愛を尋ねる社会心理学（訳編）　川島書店　1998
　親しさが伝わるコミュニケーション——出会い，深まり，別れ——（共著）　金子書房　1999
　コミュニケーションと人間関係（訳）　ナカニシヤ出版　2000
　性，物理的距離が新旧の同性友人関係に及ぼす影響　心理学研究, 72, 186-194.　2001
　青年心理学への誘い——漂流する若者たち（共著）　ナカニシヤ出版　2002
　喪失体験とトラウマ——喪失心理学入門——（共編訳）　北大路書房　2003

●訳者一覧（執筆順）

大坊　郁夫	（監訳者）	1章
岸本　渉	（㈱電通）	2章
金政　祐司	（相愛大学人文学部講師）	3章
増田　匡裕	（広島国際大学人間環境学部講師）	4・10章
石盛　真徳	（京都光華女子大学人間関係学部講師）	5・9章
谷口　淳一	（大阪国際大学人間科学部講師）	6・7章
和田　実	（監訳者）	8章

パーソナルな関係の社会心理学

2004年 4月 1日　初版第1刷印刷　　＊定価はカバーに表
2004年 4月10日　初版第1刷発行　　　示してあります。

編　者　　W．イックス
　　　　　S．ダック
監訳者　　大 坊 郁 夫
　　　　　和 田 　実
発行者　　小 森 公 明
発行所　　㈱北大路書房
〒603-8303　京都市北区紫野十二坊町12-8
電　話　（075）４３１-０３６１㈹
ＦＡＸ　（075）４３１-９３９３
振　替　０１０５０-４-２０８３

©2004　　　　制作／見聞社　印刷・製本／㈱シナノ
検印省略　乱丁・落丁本はお取り替えいたします。

ISBN4-7628-2369-4　　Printed in Japan